OBRAS *escogidas*
de

ORÍGENES

· TRATADO DE LOS PRINCIPIOS ·

EDITOR:
Alfonso Ropero

editorial clie

EDITORIAL CLIE
Ferrocarril, 8
08232 VILADECAVALLS
(Barcelona) ESPAÑA
E-mail: clie@clie.es
www.clie.es

Editado por: Alfonso Ropero Berzosa

OBRAS ESCOGIDAS DE ORÍGENES
ISBN: 978-84-945561-9-7
Depósito Legal: B 16834-2016
Teología cristiana
Historia
Referencia: 225008

ÍNDICE GENERAL

Prólogo
a la Colección
PATRÍSTICA

A la Iglesia del siglo XXI se le plantea un reto complejo y difícil: compaginar la inmutabilidad de su mensaje, sus raíces históricas y su proyección de futuro con las tendencias contemporáneas, las nuevas tecnologías y el relativismo del pensamiento actual. El hombre postmoderno presenta unas carencias morales y espirituales concretas que a la Iglesia corresponde llenar. No es casualidad que, en los inicios del tercer milenio, uno de los mayores *best-sellers* a nivel mundial, escrito por el filósofo neoyorquino Lou Marinoff, tenga un título tan significativo como *Más Platón y menos Prozac*; esto debería decirnos algo...

Si queremos que nuestro mensaje cristiano impacte en el entorno social del siglo XXI, necesitamos construir un puente entre los dos milenios que la turbulenta historia del pensamiento cristiano abarca. Urge recuperar las raíces históricas de nuestra fe y exponerlas en el entorno actual como garantía de un futuro esperanzador.

"La Iglesia cristiana –afirma el teólogo José Grau en su prólogo al libro *Historia, fe y Dios*– siempre ha fomentado y protegido su herencia histórica; porque ha encontrado en ella su más importante aliado, el apoyo científico a la autenticidad de su mensaje". Un solo documento del siglo II que haga referencia a los orígenes del cristianismo tiene más valor que cien mil páginas de apologética escritas en el siglo XXI. Un fragmento del Evangelio de Mateo garabateado sobre un pedacito de papiro da más credibilidad a la Escritura que todos los comentarios publicados a lo largo de los últimos cien años. Nuestra herencia histórica es fundamental a la hora de apoyar la credibilidad de la fe que predicamos y demostrar su impacto positivo en la sociedad.

Sucede, sin embargo –y es muy de lamentar– que en algunos círculos evangélicos parece como si el valioso patrimonio que la Iglesia cristiana tiene en su historia haya quedado en el olvido o incluso sea visto con cierto rechazo. Y con este falso concepto en mente, algunos tienden a prescindir de la herencia histórica común y, dando un «salto acrobático», se obstinan en querer demostrar un vínculo directo entre su grupo, iglesia o denominación y la Iglesia de los apóstoles...

¡Como si la actividad de Dios en este mundo, la obra del Espíritu Santo, se hubiera paralizado tras la muerte del último apóstol, hubiera permanecido inactiva durante casi dos mil años y regresara ahora con su grupo! Al contrario, el Espíritu de Dios, que obró poderosamente en el nacimiento de la Iglesia, ha continuado haciéndolo desde entonces, ininterrumpidamente, a través de grandes hombres de fe que mantuvieron siempre en alto, encendida y activa, la antorcha de la Luz verdadera.

Quienes deliberadamente hacen caso omiso a todo lo acaecido en la comunidad cristiana a lo largo de casi veinte siglos pasan por alto un hecho lógico y de sentido común: que si la Iglesia parte de Jesucristo como personaje histórico, ha de ser forzosamente, en sí misma, un organismo histórico. *Iglesia* e *Historia* van, pues, juntas y son inseparables por su propio carácter.

En definitiva, cualquier grupo religioso que se aferra a la idea de que entronca directamente con la Iglesia apostólica y no forma parte de la historia de la Iglesia, en vez de favorecer la imagen de su iglesia en particular ante la sociedad secular, y la imagen de la verdadera Iglesia en general, lo que hace es perjudicarla, pues toda colectividad que pierde sus raíces está en trance de perder su identidad y de ser considerada como una secta.

Nuestro deber como cristianos es, por tanto, asumir nuestra identidad histórica consciente y responsablemente. Sólo en la medida en que seamos capaces de asumir y establecer nuestra identidad histórica común, seremos capaces de progresar en el camino de una mayor unidad y cooperación entre las distintas iglesias, denominaciones y grupos de creyentes. Es preciso evitar la mutua descalificación de unos para con otros que tanto perjudica a la cohesión del Cuerpo de Cristo y el testimonio del Evangelio ante el mundo. Para ello, necesitamos conocer y valorar lo que fueron, hicieron y escribieron nuestros antepasados en la fe; descubrir la riqueza de nuestras fuentes comunes y beber en ellas, tanto en lo que respecta a doctrina cristiana como en el seguimiento práctico de Cristo.

La colección PATRÍSTICA nace como un intento para suplir esta necesidad. Pone al alcance de los cristianos del siglo XXI, lo mejor de la herencia histórica escrita del pensamiento cristiano desde mediados del siglo I.

La tarea no ha sido sencilla. Una de las dificultades que hemos enfrentado al poner en marcha el proyecto es que la mayor parte de las obras escritas por los grandes autores cristianos son obras extensas y densas, poco digeribles en el entorno actual del hombre postmoderno, corto de tiempo, poco dado a la reflexión filosófica y acostumbrado a la asimilación de conocimientos con un mínimo esfuerzo. Conscientes de esta realidad, hemos dispuesto los textos de manera innovadora para que, además de resultar asequibles, cumplan tres funciones prácticas:

1. **Lectura rápida.** Dos columnas paralelas al texto completo hacen posible que todos aquellos que no disponen de tiempo suficiente puedan, cuanto menos, conocer al autor, hacerse una idea clara de su línea de pensamiento y leer un resumen de sus mejores frases en pocos minutos.

2. **Textos completos.** El cuerpo central del libro incluye una versión del texto completo de cada autor, en un lenguaje actualizado, pero con absoluta fidelidad al original. Ello da acceso a la lectura seria y a la investigación profunda.

3. **Índice de conceptos teológicos.** Un completo índice temático de conceptos teológicos permite consultar con facilidad lo que cada autor opinaba sobre las principales cuestiones de la fe.

Nuestra oración es que el arduo esfuerzo realizado en la recopilación y publicación de estos tesoros de nuestra herencia histórica, teológica y espiritual se transforme, por la acción del Espíritu Santo, en un alimento sólido que contribuya a la madurez del discípulo de Cristo; que esta colección constituya un instrumento útil para la formación teológica, la pastoral y el crecimiento de la Iglesia.

Editorial CLIE

Eliseo Vila
Presidente

Introducción
Maestro de la Palabra

Aunque no figura en el número de los llamados Santos Padres, Orígenes pasa por ser uno de los "santos" irreprochables y teólogos más eminentes y originales de la antigüedad cristiana, cuya fama saltó las barreras geográficas y temporales de su escuela y de su tiempo, cuyos padecimientos finales como mártir le acreditaron la veneración dada a los santos. Miles de peregrinos acudían a la ciudad de Tiro, donde descansaban sus restos mortales, en señal de reconocimiento de su autoridad moral y teológica. Por lo mismo, fue objeto de críticas por parte de quienes no estaban de acuerdo con sus métodos de interpretación bíblica, ni con sus conclusiones, que rayaban en la herejía o, cuando menos, en la heterodoxia.

Esta sospecha de heterodoxia explica suficientemente su ausencia de la lista oficial de los "santos", pese a lo intachable de su conducta y de su carácter, lo que no se puede decir de san Jerónimo, hombre de mal genio donde los haya. Téngase en cuenta que la calificación de "santos" es de carácter caprichoso y arbitrario al no estar basada en razones de santidad práctica, sino de fidelidad teológica.

De la inmensa producción literaria de Orígenes, más de seis mil títulos, según Epifanio de Salamina, se ha conservado sólo una exigua parte. Escribió obras de carácter apologético, dogmático y ascético, pero la mayor parte gira en torno a la Sagrada Escritura. Estudió todos los libros del Antiguo y Nuevo Testamento. La teología de Orígenes, como la de todos los escritores de épocas precedentes, está basada en la Sagrada Escritura, a la que reconoce una autoridad absoluta y determinante. Es el gran rasgo de la teología de los primeros siglos. Las citas bíblicas abundan en tal cantidad que casi se podría reconstruir la Biblia a partir de ellas. La mayor parte de las obras de Orígenes se compone de exégesis bíblicas. Desde sus primeros días de maestro de catequesis comprendió que la tarea de su vida era dedicarse exclusivamente a la

Aunque no figura en el número de los llamados Santos Padres, Orígenes pasa por ser uno de los "santos" irreprochables y teólogos más eminentes y originales de la antigüedad cristiana, cuya fama saltó las barreras geográficas y temporales de su escuela y de su tiempo, cuyos padecimientos finales como mártir le acreditaron la veneración dada a los santos.

De la inmensa producción literaria de Orígenes, más de seis mil títulos, según Epifanio de Salamina, se ha conservado sólo una exigua parte. Escribió obras de carácter apologético, dogmático y ascético, pero la mayor parte gira en torno a la Sagrada Escritura. Estudió todos los libros del Antiguo y Nuevo Testamento.

Joven egipcio de los tiempos de Cristo
(Retrato de Artemidoro, Museo Británico)

enseñanza de las Escrituras con todos los medios que disponía a su alcance.

De su incansable actividad como predicador son testimonio el medio millar de homilías que hoy se le atribuyen. Para Orígenes, la Escritura es un océano profundo, repleto de verdades místicas que es necesario descubrir y comprender, juntamente con su sentido histórico. Por esto, no considera suficiente la interpretación literal del texto sagrado, que nunca descuida, sino que se esfuerza por encontrar el sentido espiritual de la Palabra de Dios, tan necesario para alimentar al pueblo de Dios, visión pastoral ésta que alienta en su trabajo científico. Por eso mismo, Orígenes es un precursor en materia de espiritualidad, como han hecho notar sus estudiosos. Pese a lo enorme de su edificio teológico, Orígenes no es un teólogo sistemático, a la manera de Tomás de Aquino o Calvino, por ejemplo. No trata tanto de poner en orden lógico las verdades de la fe, como de hacerlas saborear mediante una especie de degustación espiritual. Orígenes, fiel a Pablo, vive de la convicción de que la justificación del pecador es puro don que Dios hace al que se entrega a Dios por la fe, y no mérito del hombre. Pero al mismo tiempo sabe que las obras son fruto y manifestación de la fe, y que Dios da con la fe el poder y el querer obrar el bien. Muchos temas de teología espiritual, como el de los sentidos espirituales y el de los grados de perfección espiritual, correspondientes a los grados de purificación y de unión con Dios, hasta la suma unión mística, fugaz e inefable, adquieren en Orígenes formulaciones definitivas que habían de ser patrimonio básico del monaquismo posterior (J. Vives, *Los Padres de la Iglesia*, p. 250. Herder, Barcelona 1988, 3ª ed.).

En todo momento Orígenes quiere ser un teólogo de la Palabra y de la Iglesia. En medio de una situación todavía no definida dogmáticamente, Orígenes propone, sugiere, aporta, inquiere en todo lo que puede contribuir a un mayor entendimeinto de la Sagrada Escritura, a cuyo juicio se somete en todo momento. "Para que no parezca que construimos nuestras aserciones sobre temas de tal importancia y dificultad sobre el fundamento de la sola inferencia, o que requerimos el asentimiento de nuestros lectores a lo que es sólo conjetural, veamos si podemos obtener algunas declaraciones de la santa Escritura, por autoridad de la cual pueden mantenerse estas posiciones de una manera creíble" (*Principios* I, 6,4).

Para él el estudio y la meditación de la Biblia es la mejor manera de ejercitarse en la piedad, pues, pese a su fama de teólogo especulativo, Orígenes es ante todo un cristiano que lee la Escritura en función de su utilidad práctica para la piedad y no meramente intelectual. "Quien no combate en la lucha y no es moderado con respecto a todas las cosas, y no quiere ejercitarse en la Palabra de Dios y meditar día y noche en la Ley del Señor, aunque se le pueda llamar hombre, no puede, sin embargo, decirse de él que es un hombre virtuoso" (*Hom. en Números*, XXV, 5).

Orígenes quiere ser un teólogo de la Palabra y de la Iglesia. En medio de una situación todavía no definida dogmáticamente, Orígenes propone, sugiere, aporta, inquiere en todo lo que puede contribuir a un mayor entendimeinto de la Sagrada Escritura, a cuyo juicio se somete en todo momento.

Orígenes es un hombre moderno. No hay en él fanatismo, ni prejuicios, ni espíritu de polémica. Por el contrario, aprecia el valor del conocimiento verdadero, venga de donde venga. Es un investigador nato, que cree y busca comprender.

A la vista del carácter práctico de la Escritura y en función del crecimiento espiritual, Orígenes busca ante todo ser obediente a la Palabra de Dios. En esa escucha obediente de la Palabra reside la primera condición del buen exegeta. La segunda es el tiempo dedicado a la misma. "Para quien se dispone a leer la Escritura, está claro que muchas cosas pueden tener un sentido más profundo de lo que parece a primera vista, y este sentido se manifiesta a aquellos que se aplican al examen de la Palabra en proporción al tiempo que se dedica a ella y en proporción a la entrega en su estudio" (*Contra Celso*, VII, 60).

Además de todo ello, Orígenes es un hombre moderno, como hizo notar a finales del siglo XIX el profesor G. P. Fisher. No hay en él fanatismo, ni prejuicios, ni espíritu de polémica. Por el contrario, aprecia el valor del conocimiento verdadero, venga de donde venga. Es un investigador nato, que cree y busca comprender. Para él el Evangelio está en relación con la verdad y la ciencia. En las cuestiones que no están cerradas, ni son claras al entendimiento humano, Orígenes expone con libertad sus ideas y deja a los demás que discrepen libremente, no en vano, como veremos después, es un defensor apasionado de la libertad en todos los aspectos.

Vista general de la Acrópolis de Atenas
Alejandría sucedió a Atenas como capital cultural
del mundo grecorromano

Alejandría, el triunfo de la fe

En nuestra anterior introducción a la obra de Clemente, *El Pedagogo*, nos referimos en detalle a la creación y predominio de la *Didaskaleion* o gran escuela de Alejandría que, con Orígenes, alcanzó su punto más elevado. Durante años Alejandría fue madre y maestra de muchas iglesias.

Conviene repasar que Alejandría era la segunda ciudad del Imperio romano que, desde la época helenística había desplazado la capitalidad cultural de Atenas y ocupado su lugar. En medio de una encrucijada política, administrativa y comercial, Alejandría tenía una población de orígenes muy diversos que favorecía la comunicación de ideas y creencias, en competencia entre sí, obligándolas a esforzarse en superarse unas a otras.

Las ciencias, las artes, las letras tenían un puesto privilegiado en el museo y la biblioteca, la mayor del mundo entonces conocido, con 50.000 títulos, con sabios y escritores trabajando mantenidos por el Estado.

El cristianismo logró bien pronto su victoria sobre la cultura y la vida de los alejandrinos. Cuando el emperador romano Decio comenzó su persecución contra los cristianos en el año 249 d.C., se produjo un hecho significativo en orden al número de seguidores de la fe de Cristo. Detenido el obispo Dionisio cuando intentaba salir de la ciudad, los soldados lo condujeron a Taposiris. Entonces, unos campesinos que se habían reunido para celebrar una boda se precipitaron en el lugar donde estaba preso el obispo, hicieron huir a los guardianes y le liberaron. De aquí se deduce que el campo de los alrededores de Alejandría estaba ya cristianizado en gran parte en aquella época. Precisamente el dominio cada vez más extenso de la fe cristiana sobre pueblos y naciones donde ni siquiera podían llegar las legiones del Imperio, se convirtió en uno de los argumentos principales del carácter divino del mensaje evangélico y la prueba más palmaria del cumplimiento de las profecías veterotestamentarias que anunciaban un conocimiento universal de Dios.

"Lo que no habían podido ciento treinta años de dominación persa y seiscientos años de ocupación griega y romana iba a realizarlo el cristianismo en un siglo o dos. Transformó los espíritus desde dentro. Por supuesto, las

Durante años Alejandría fue madre y maestra de muchas iglesias. El cristianismo logró bien pronto su victoria sobre la cultura y la vida de los alejandrinos. El dominio cada vez más extenso de la fe cristiana sobre pueblos y naciones donde ni siquiera podían llegar las legiones del Imperio, se convirtió en uno de los argumentos principales del carácter divino del mensaje evangélico.

El judío más famoso de todos los tiempos fue Filón, autor de una extensa obra teológica y filosófica de gran importancia. Partiendo de la filosofía griega expuso la religión de Moisés como la madre de toda sabiduría, de quien los filósofos habían bebido sus máximas principales.

grandes construcciones paganas cesan a fines del siglo III a raíz de la crisis económica, la cual se traduce por la constante degradación de la moneda desde el final de los Antoninos. Pero, además, una parte de la población había abandonado a los antiguos dioses. La religión antigua se había ido complicando cada vez más. Uno de los métodos más curiosos del pensamiento egipcio consistía en no desechar jamás una concepción para sustituirla por otra que pareciera mejor. Conservaban ambas como dos traducciones igualmente valederas de una misma realidad. Pero, si bien desde el punto de vista metafísico el procedimiento tiene algo bueno, prácticamente había transformado el culto y la teología en una especie de amalgama abstrusa y heteróclita que solamente podían penetrar los doctos. La sencillez de la nueva religión y la esperanza que daba a los infelices fueron conquistando poco a poco las almas" (François Daumas, *La civilización del Egipto faraónico*, p. 99. Ed. Óptima, Barcelona 2000).

Filón de Alejandría y la alegoresis

Desde su misma fundación, Alejandría contaba con una importante comunidad judía, germen de la que seguramente surgió la primera comunidad cristiana en la ciudad. Los judíos eran mayoría en dos de los cinco barrios de la ciudad. Tenían una jurisdicción propia, sus finanzas, su consejo de ancianos presidido por un etnarca. El judío más famoso de todos los tiempos fue Filón, autor de una extensa obra teológica y filosófica de gran importancia. Partiendo de la filosofía griega expuso la religión de Moisés como la madre de toda sabiduría, de quien los filósofos habían bebido sus máximas principales. Los primeros cristianos, por medio de los alejandrinos, adoptaron muchas de las ideas de Filón, especialmente las que conciernen a su uso e interpretación *alegórica* de la Escritura. Quizá por ello, Filón fue rechazado e ignorado por sus propios congéneres una vez muerto, por lo que nos han llegado tan pocos datos de su vida personal.

Para los cristianos, sin embargo, Filón fue considerado uno de los suyos, un autor cristiano, a pesar de su judaísmo. Entre los primeros estudiosos figuran Justino Mártir y Teófilo Antioqueno en el siglo II. En el siglo IV

Eusebio de Cesarea y Ambrosio compilaron los escritos filonianos sobre el Pentateuco. En los siglos VI y VII se hicieron unos *Excerpta* y una compilación de los libros de los Padres, entre los que figura Filón, que también aparece en la *catena locupletissima ad Octateuchum* de Procopio de Gaza, el cual tomó muchas citas de las *Preguntas y respuestas sobre Génesis y Éxodo*. Igualmente se encuentran amplios extractos de los *Sacra Parallela* de Juan Damasceno.

Filón, como la Iglesia primitiva, utilizó la versión griega de los LXX, traducida precisamente en Alejandría, que muchos creían, cristianos incluidos, que se había llevado a cabo por inspiración divina. Este es otro elemento más del rechazo de Filón por parte de sus compatriotas, cada vez más cerrados al helenismo y enemistados con sus competidores cristianos. Para marcar diferencias y poner distancia entre ambas religiones que apelaban por igual al Antiguo Testamento, los escribas reunidos en Janmia, bajo la dirección de Akiba, fundador del judaísmo rabínico, decidieron rechazar la Septuaginta y fijaron un texto hebreo diferente al utilizado por los traductores de la LXX, como texto autorizado.

Lo interesante de Filón es su interpretación alegórica de las Escrituras, que no es una producción original suya, sino que obedece a motivos apologéticos de la época, tanto judíos como griegos, que, desde un concepto más elevado de la ética, se enfrentan a pasajes moralmente comprometedores en sus libros sagrados (cf. Alfonso Ropero, *Introducción a la filosofía*, cap. II. CLIE, Terrassa 1999).

El objetivo de la interpretación alegórica no es eliminar la literalidad e historicidad del texto, sino ofrecer una explicación plausible a lugares y expresiones inspiradas que sugieran o admitan algo bajo e indigno de Dios. Ante los escollos morales y lógicos, a los que Orígenes atribuye una causa divina, el lector del texto sagrado tiene que entrar "en un camino estrecho –como indigno de Dios según la letra–, y pasar a un camino más alto y más sublime, para abrir así la inmensa anchura de la sabiduría divina" (*Principios*, V,15). El método alegórico es, ante todo, una exégesis *digna de Dios* y pastoralmente orientada.

> Lo interesante de Filón es su interpretación alegórica de las Escrituras. El objetivo no es eliminar la literalidad e historicidad del texto, sino ofrecer una explicación plausible a lugares y expresiones inspiradas que sugieran o admitan algo bajo e indigno de Dios.

La interpretación alegórica de la Escritura no niega la historicidad de ésta, simplemente añade otra dimensión al texto allí donde parece ser requerido. Lo que niega es la reducción de la Biblia a la categoría de un texto profano del que extraer observaciones históricas, religiosas y filosóficas sin relación a su naturaleza inspirada.

Alegoría, gramática y teodicea

Cuando los textos bíblicos, tomados en su sentido literal, conducen a un significado descabellado o inmoral, Orígenes piensa que no hay más remedio que acudir al método alegórico, de otro modo el cristiano no podría defenderse de la acusación de seguir mitos bárbaros, comparados con los cuales "las leyes de los romanos o los atenienses, parecen mucho más elevadas y razonables" (*Com. in Levítico* V, 1).

Para el intérprete moderno, más compenetrado con el sentido histórico de la revelación y del conocimiento, esos pasajes se pueden explicar en función de su tiempo, pero Orígenes, junto a sus contemporáneos, para los que la Biblia es un dictado del Espíritu ahistórico de carácter moral y salvífico, no tenía otra manera de defender el Antiguo Testamento contra los paganos y, especialmente, contra la crítica de los herejes, gnósticos y marcionitas, que mediante la *alegoresis*. "Además, la exégesis alegórica, aunque extravagante como método, no falsea siempre la intención real de la Biblia" (H. von Campenhausen, *Los padres de la Iglesia*, vol. I, p. 67. Cristiandad, Madrid 1974).

De hecho, la interpretación alegórica de la Escritura no niega la historicidad de ésta, simplemente añade otra dimensión al texto allí donde parece ser requerido. Lo que niega es la reducción de la Biblia a la categoría de un texto profano del que extraer observaciones históricas, religiosas y filosóficas sin relación a su naturaleza inspirada. La Biblia no es para él, ni para el resto de los creyentes, una colección de libros inconexos, sino el Libro de Dios, en el que cada detalle contribuye a explicar el conjunto y el todo ilustra el detalle. Para Orígenes, la Biblia es real y verdaderamente la inspirada Palabra de Dios, que a semejanza del Verbo encarnado, oculta su divinidad bajo la letra del texto, como Cristo la oculta bajo su cuerpo humano; y sería impío pretender encerrar la infinita fecundidad de la Palabra de Dios en una determinada interpretación imaginada por la débil mente humana. "En realidad, para Orígenes la Sagrada Escritura encierra infinitos significados, infinitos tesoros ocultos bajo la envoltura terrena de la letra, y esos significados se despliegan gradualmente ante el exegeta que progresa continuamente en el estudio y en la santidad, sin poder agotarlos nunca. En otros tér-

minos, la relación entre el texto sagrado y la persona que
lo aborda no se configura de modo estático, como adquisición de un significado determinado y concluido, sino de
forma eminentemente dinámica y existencial, para penetrar cada vez más a fondo en la fecundidad de la palabra
divina. Infinitos son los niveles a los que puede acceder
quien se acerca a ella, a medida que profundiza en su
estudio y paralelamente aumenta la propia vida espiritual" (Manlio Simonetti).

Siguiendo la división tricotómica del ser humano de
san Pablo, Orígenes afirma que la Escritura está en analogía al hombre, consta de cuerpo (*soma*); alma (*psique*) y
espíritu (*pneuma*), a los que corresponde el sentido literal,
moral y espiritual o alegórico (*Principios* IV, 11). Según
Orígenes el triple sentido de la Escritura se funda en un
texto de la misma, entendido a su manera, Proverbios
22:20: "¿No te he escrito tres veces en consejos y en ciencia?" De aquí deduce lo siguiente: "Cada uno debería
describir en su propia mente, en una manera triple, el
entendimiento de las letras divinas, es decir, para que
todos los individuos más simples puedan ser edificados,
por así decirlo, por el cuerpo mismo de la Escritura; porque así llamamos el sentido común e histórico; mientras
que si algunos han comenzado a hacer progresos considerables y son capaces de ver algo más, pueden ser edificados por el alma misma de la Escritura. Aquellos, por otra
parte, que son perfectos, y que se parecen a los que al
apóstol se refiere: "Hablamos sabiduría de Dios entre
perfectos; y sabiduría, no de este siglo, ni de los príncipes
de este siglo, que se deshacen: Mas hablamos sabiduría de
Dios en misterio, la sabiduría oculta, la cual Dios
predestinó antes de los siglos para nuestra gloria" (1ª Co.
2:6-7); los tales pueden ser edificados por la ley espiritual
misma, que es una sombra de las buenas cosas por venir,
como si fuera por el Espíritu" (*Principios* IV, 11).

El problema del método alegórico es su subjetividad
y falta de dominio por un criterio externo, igualmente
accesible a todos. La interpretación alegórica conduce
fácilmente a utilizar el texto bíblico como un pretexto para
legitimar el pensamiento del exegeta. Pero no extrememos
las desviaciones y recordemos en todo momento el carácter apologético del alegorismo o alegoresis. En el caso de
los autores cristianos siempre se encuentran presentes

Siguiendo
la división
tricotómica
del ser
humano de
san Pablo,
Orígenes
afirma que
la Escritura
está en
analogía al
hombre,
consta de
cuerpo (*soma*),
alma (*psique*)
y espíritu
(*pneuma*),
a los que
corresponde
el sentido
literal,
moral y
espiritual o
alegórico.

Orígenes nunca olvida el sentido literal de la Escritura, que él llama histórico o corporal. En la interpretación del texto sagrado, Orígenes hace intervenir sus conocimientos de geografía, historia, geometría, astronomía, filosofía, medicina y todo lo que la ciencia de su época le ofrece.

otros factores reguladores como son la fe de la Iglesia y el sentido general y contextual del texto bíblico mismo. Una y otra vez, Orígenes somete al juicio de sus lectores lo acertado o erróneo de sus interpretaciones alegóricas, para lo que los remite al texto de la Escritura leído por ellos independientemente.

Orígenes nunca olvida el sentido literal de la Escritura, que él llama histórico o corporal. Es más, está bien equipado para la tarea gracias a la formación filológica recibida en su ciudad natal, cuyo máximo logro será las *Héxaplas*, obra de erudición filológica monumental, de la que hablaremos más tarde, pero que indica el especial cuidado que puso en el componente filológico de su trabajo de exégesis. De modo que, paradójicamente, Orígenes, el exegeta alegórico por antonomasia, ha sido en el mundo cristiano el primero en cuidar los límites del texto original y su correcta interpretación gramatical. "En efecto, sólo la exacta verificación de la letra del texto sagrado permite el planteamiento de la interpretación espiritual de modo no arbitrario y por ello correcto; solamente partiendo de las realidades terrenas (= letra de la Sagrada Escritura), las únicas con las que nosotros podemos entrar en contacto inmediatamente, podremos gradualmente alcanzar las realidades celestes (= espíritu de la Sagrada Escritura)" (M. Simonetti).

Además, en la interpretación del texto sagrado, Orígenes hace intervenir sus conocimientos de geografía, historia, geometría, astronomía, filosofía, medicina y todo lo que la ciencia de su época le ofrece. Tampoco duda en recurrir a sus amigos rabinos a quienes consulta sobre las interpretaciones, las costumbres o las tradiciones judías. Luego, en ningún modo, es Orígenes esa especie de fabulador bíblico que algunos imaginan. Es un intérprete serio, responsable, y precisamente por ello, cuando encuentra textos en la Escritura que, a primera vista, parecen contradecir la ética general del cristianismo, o comprometer el carácter santo de Dios, Orígenes piensa que es una indicación del Espíritu divino para señalar un sentido más profundo o espiritual. A esto le lleva también su preocupación pastoral. Orígenes entiende que la Biblia es, ante todo, un libro que enseña a los creyentes a vivir mejor. Esta finalidad le lleva a buscar aplicaciones pastorales en muchos pasajes históricos, aparentemente irrelevantes para la vida del cristiano. Más o menos lo que hacen muchos predicadores modernos al aplicar la Biblia a la vida de sus oyentes. Como bien se pregunta Henri Crouzel: "¿Debemos considerar hoy esta clase de exégesis tan sólo como un hecho cultural del pasado, que tuvo ciertamente su grandeza, o en cierta medida sigue siendo valedera todavía hoy para nosotros, cuando la exégesis contemporánea parece totalmente diferente?", para responder a continuación: "Se puede señalar que después de tres siglos de una incomprensión casi total, se ha redescubierto no hace tanto tiempo el sentido y el valor de esta manera de interpretación. Por lo demás, la Biblia desempeña un rol muchísimo mayor en la piedad común de los cristianos que en tiempos anteriores, y nos podemos preguntar si a veces no hacemos exégesis espiritual sin saberlo… No se medita el Antiguo Testamento al modo cristiano si no se ve en él la prefiguración de Cristo. Por valederas que sean las lecciones que se pueden sacar de muchos de sus pasajes, se es todavía en ese caso un hombre de la antigua alianza que no ha llegado a ser cristiano, se es incapaz de descubrir cómo Jesús da sentido a toda la historia que lo precede… A veces se ha opuesto la exégesis científica de nuestros contemporáneos a la exégesis espiritual como si fuesen incompatibles. Esta oposición no puede ser tan categórica. Tanto Orígenes como Jerónimo pusieron ambas en práctica sin ningún problema. Según su definición moderna, la exégesis literal apunta a descubrir lo que quiso decir el autor sagrado. Una vez que se ha establecido esto, la exégesis espiritual lo sitúa en el misterio de Cristo. Explicar la Biblia como se explica un libro profano es tan sólo una primera etapa. La segunda es la que procura al cristiano un alimento espiritual. No se debe oponer lo que es complementario" (H. Crouzel, *Orígenes*, pp. 121, 122. BAC, Madrid 1998).

Si no hay provecho espiritual en la lectura del Antiguo Testamento, sino que por el contrario uno se enreda en observancias que han sido abolidas por la venida de Cristo, como ocurría en los días de Orígenes, y en realidad en todos los tiempos a partir de los judaizantes, el pasado histórico de Israel se convierte, entonces, en fábula judaica, historias que nada tienen que decir al lector cristiano moderno. Con el agravante de que la interpretación rigurosamente literal del Antiguo Testamento no puede dar

Se puede señalar que después de tres siglos de una incomprensión casi total, se ha redescubierto no hace tanto tiempo el sentido y el valor de esta manera de interpretación. No se medita el Antiguo Testamento al modo cristiano si no se ve en él la prefiguración de Cristo.

El método alegórico sirve para poner de relieve el cristocentrismo básico de la Escritura. Para que la Escritura no se convierta en un mero libro de historia sagrada, sino que sea un canal de revelación divina, tiene que mostrar su relación a Cristo.

razón suficiente del cumplimiento de las profecías en Cristo, por el contrario, la lectura cristiana del Antiguo Testamento requiere, por necesidad, la interpretación alegórica y espiritual. No hacerlo es dar razón al rabinismo y los impugnadores judíos del cristianismo.

Orígenes encuentra su método alegórico fundado en el mismo apóstol Pablo, maestro de los intérpretes cristianos del Antiguo Testamento (cf. 1ª Co. 10:1-11; Gá. 4:21-31), de quien deduce uno de sus principios exegéticos fundamentales: El Antiguo Testamento fue escrito para nosotros, cristianos, ya que lo ocurrido a Israel fue una figura (*typikós*) para los que han llegado al fin de los siglos. Esta afirmación supone necesariamente una exégesis espiritual, pues buena parte de sus preceptos, los relativos a las ceremonias y a la ley, ya no nos obligan en su literalidad, pero por cuanto han sido escritos para nosotros deben tener algún sentido para nosotros. Los relatos, en sí mismos, sólo tienen un sentido histórico, pero encierran un alto significado espiritual.

Y lo más importante, el método alegórico sirve para poner de relieve el cristocentrismo básico de la Escritura. El Antiguo Testamento en su totalidad, según Cristo, es un testimonio de Él (Lc. 24:27). Para que la Escritura no se convierta en un mero libro de historia sagrada, sino que sea un canal de revelación divina, tiene que mostrar su relación a Cristo. El Padre habla por el Hijo, y la Escritura es, de algún modo, el Verbo encarnado en letra. El sentido alegórico es la afirmación de Cristo como clave del Antiguo Testamento y centro de la historia de la salvación. Como más tarde hará Agustín –y Lutero en su día–, Orígenes busca en todas partes de la Escritura a Cristo. "Está como obsesionado por su presencia. La exégesis del Antiguo Testamento no es para él, sino una ocasión constante de volver al Evangelio. En todo momento compara los textos de una manera inimitable que hace honor tanto al teólogo como al exegeta" (H. Rondet, *Historia del dogma*, p. 62. Herder, Barcelona 1972).

Por otra parte, y en relación al intérprete, Orígenes sienta un principio exegético de primer orden: para interpretar convenientemente la Escritura inspirada, el intérprete debe estar igualmente inspirado que sus autores originales. A la inspiración de los textos sagrados, corresponde una misma inspiración en los lectores de esos textos, accesible mediante la fe y el Espíritu Santo. El carisma del intérprete es el mismo que el del autor inspirado. Para comprender a Isaías o a Daniel hay que tener en sí el mismo Espíritu Santo, y no se interpreta el Evangelio a menos que se tenga en sí el *noûs*, la mentalidad de Cristo, dada por el Espíritu, afirmación frecuente que repite también Gregorio el Taumaturgo (cf. H. Crouzel, *op. cit.*, p. 107).

El carisma del intérprete es el mismo que el del autor inspirado. Para comprender a Isaías o a Daniel hay que tener en sí el mismo Espíritu Santo, y no se interpreta el Evangelio a menos que se tenga en sí el *noûs*, la mentalidad de Cristo, dada por el Espíritu.

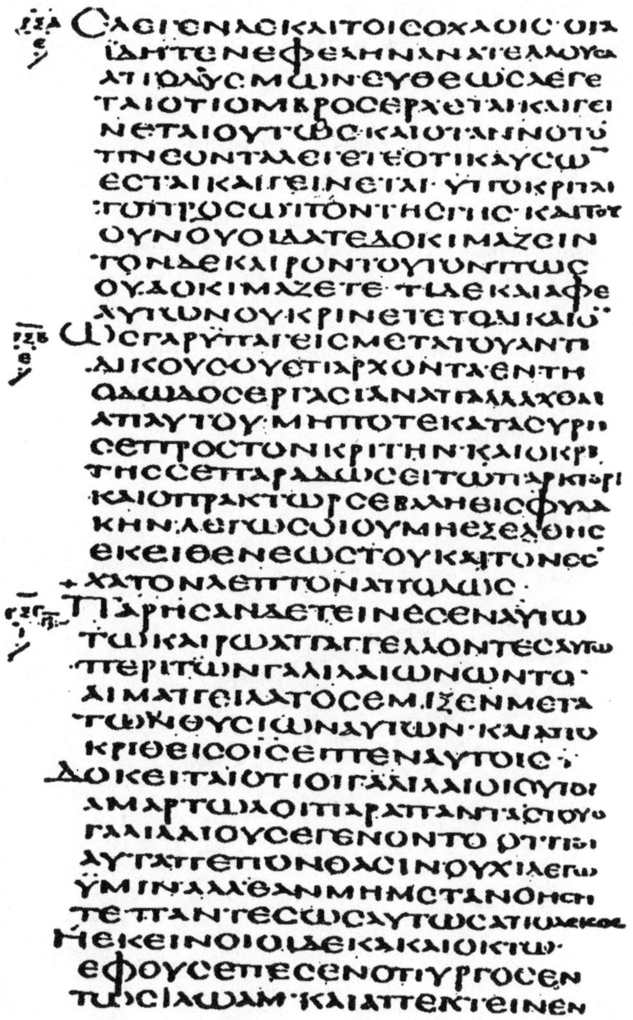

PLATE XXIII.

Códice Alejandrino
(Lc. 12:54-13:4), siglo V (Museo Británico)

Las Héxaplas

Al estudiar la Biblia, Orígenes busca una base amplia y firme, todo lo contrario de los que creen que se dejaba llevar por fantasías alegoristas. Por eso preparó para su uso personal la importante edición del texto del Antiguo Testamento, las *Héxaplas*.

Al estudiar la Biblia, Orígenes busca una base amplia y firme, todo lo contrario de los que creen que se dejaba llevar por fantasías alegoristas. Por esta razón preparó para su uso personal la importante edición del texto del Antiguo Testamento, las *Héxaplas,* o seis columnas, obra de gigantesca ingeniería intelectual para su época. Junto al texto hebreo sin vocales se encontraba una transcripción fonética en caracteres griegos para fijar la pronunciación; luego, en otras columnas, estaban las diferentes traducciones griegas, la de Aquila, Símaco, Teodoción, y también la de los Setenta. Había, pues, cuatro traducciones que, con el tex-to hebreo y la transcripción, daban un total de seis estrechas columnas, las cuales permitían ser abarcadas de una sola mirada y establecer comparaciones. Pero a veces Orígenes añade una quinta y hasta una sexta o séptima traducción.

Para un círculo de lectores más amplio publicó un extracto de las *Héxaplas*, llamado *Tétraplas*, edición que sólo comprendía las cuatro traducciones griegas, sin presentar

Alejandría figura entre las comunidades cristianas más antiguas
mencionadas en documentos del siglo I

el texto hebreo. Por consiguiente, en sus trabajos de exégesis, Orígenes podía ya referirse a una base textual sólida. Sus interpretaciones, especialmente en los grandes comentarios, aspiran siempre a la objetividad rigurosa de una labor altamente científica.

Libertad y determinismo

En cierto sentido, Orígenes es el defensor por antonomasia de la libre voluntad o libertad de elección de todas las criaturas, debido a la cual cada una tiene lo que han merecido sus actos libres. No hay efecto sin causa precedente. Este axioma lógico le conduce a terrenos difíciles sobre el estado actual de los individuos como resultado de un mérito o demérito anterior, sin continuidad en la teología eclesial. Para entender su vigorosa defensa de la libertad humana hay que tener el contexto humano en que se desenvuelve y al que trata de responder y contrarrestar con su enseñanza.

El fatalismo y el determinismo estaban trágicamente presentes en la vida antigua mediante la astrología y las filosofías de corte estoico. Durante el gobierno de Augusto, la astrología llegó a ser una práctica corriente en todas las capas sociales del imperio. La caída de las ciudades antiguas, las luchas interiores y las conquistas pusieron término a la concepción de una sociedad simple y pequeña donde cada uno puede asumir su parte de responsabilidad. Al crecer el poder y la maquinaria imperiales, crece en los individuos el sentimiento de estar abandonados a un destino insondable y omnipotente. Los hombres se consideran juguetes de ese destino, y por eso los estoicos recomiendan que más vale someterse que oponerse a él.

La astrología se convirtió en una especie de religión astral. El mundo de los astros reina sobre el mundo terrestre y son venerados como divinidades que mantienen entre sí relaciones jerárquicas y que ejercen cada uno una acción particular. Marte, por ejemplo, es una fuente de desdicha, mientras Venus tiene una acción favorable. El Sol y la Luna son los amos del mundo astral.

Los cristianos, anclados firmemente en su fe monoteísta y en Cristo como el poder victorioso de las potencias terrestres y celestiales, rechazaron desde el principio la astrología como religión de los astros. No sólo Orígenes,

El fatalismo y el determinismo estaban trágicamente presentes en la vida antigua mediante la astrología y las filosofías de corte estoico. Los cristianos, anclados firmemente en su fe monoteísta y en Cristo como el poder victorioso de las potencias terrestres y celestiales, rechazaron desde el principio la astrología como religión de los astros.

A Orígenes le preocupaba seriamente el fatalismo astrológico en especial, y cualquier otro tipo de determinismo moral. El hombre ha sido creado libre por Dios, y nada de lo que le ocurre ha sido determinado por los dioses-astros.

sino Ignacio de Antioquía, Justino Mártir, Arístides, Taciano y Tertuliano reaccionaron contra la astrología, asociada a prácticas adivinatorias e idolátricas.

Como todas las creencias que tienen un amplio arraigo social, son difíciles de erradicar por completo. Recordemos cómo Agustín nos cuenta en sus *Confesiones*, lo atrapado que estuvo por la superstición astrológica de los maniqueos, hasta su conversión a la fe. A juzgar por la importancia de los ataques de Orígenes contra la astrología en sus homilías, es de suponer que gran número de cristianos prestaban atención a los astrólogos. A Orígenes le preocupaba seriamente el fatalismo astrológico en especial, y cualquier otro tipo de determinismo moral. El hombre ha sido creado libre por Dios, y nada de lo que le ocurre ha sido determinado por los dioses-astros. Los astros son signos, señales (gr. *semainein*), no causas-agentes de los acontecimientos humanos (gr. *poiein*). En esta distinción se advierte la influencia de su conciudadano Filón, quien en su comentario a Génesis 1:14, escribe: "Las estrellas fueron creadas, como el mismo Moisés dijo, no sólo para enviar luz sobre la tierra, sino para develar los signos del porvenir. Por su salida y su puesta, sus eclipses e incluso sus ocultamientos o por cualquier otra diferenciación de sus movimientos, el hombre conjetura lo que va a suceder: abundancia o escasez, aumento o muerte del ganado... Y además, por hipótesis sacadas de los movimientos de los astros en el cielo, algunos han predicho también los temblores de tierra, los terremotos y otros mil fenómenos entre los más insólitos, si bien está escrito con toda verdad: 'los astros fueron creados para servir como señales' (Gn. 1:14)".

La creencia en un destino fijado de antemano por los dioses y escrito en las estrellas se remonta a la religión caldea y los renombrados magos-astrólogos de Babilonia. Todo está escrito y sellado en los cielos. A esto se conoce por fatalismo astrológico y Orígenes se erige en su mayor enemigo, en nombre de la libertad humana enseñada por la Escritura. Eusebio de Cesarea reprodujo el comentario de Orígenes sobre Génesis 1:14 en este mismo combate antiastrológico. A refutar el fatalismo dedicó Gregorio de Nicea su *Tratado sobre el destino*, Nemesio de Emeso, Diodoro de Tarso, Juan Crisóstomo, Agustín y Juan Filopón hicieron otro tanto.

Pero, ¿no enseña la Escritura un determinismo teológico cuando dice que Dios ama y aborrece a quien le place, adjudicando a cada uno su lugar en la economía de la salvación? A estos pasajes también aplicará Orígenes su talento. Los gnósticos enseñaban, basados en las afirmaciones del apóstol Pablo, que algunos hombres eran elegidos y salvados por Dios, por haber sido provistos de una naturaleza buena, mientras que otros eran separados desde su nacimiento y recibían una naturaleza mala.

Orígenes responde afirmando que la presciencia está basada en la presciencia divina, por la que Dios conoce anticipadamente todos los acontecimientos futuros, incluso los posibles no acontecidos que pudieran haber acontecido. "Dios ha recorrido con su inteligencia cada uno de los futuros. Posee el conocimiento perfecto de cada una de las realidades, de tal modo que nada, incluso lo que se considera banal y de poca importancia, escapa a su divinidad. Pero la presciencia no sólo sabe cómo se producirán los acontecimientos futuros, sino que percibe también las intenciones de aquellos que serán sus protagonistas. Dios ha percibido la inclinación de la libertad de ciertos hombres hacia la piedad, así como su impulso hacia la piedad, consecuencia de la inclinación" (*Filocalia*, cap. 25).

Así, pues, Dios conoce de antemano los actos libres de cada hombre, sin que sea la causa de ellos, pues el hombre es libre. La presciencia no es la causa de los acontecimientos futuros, y la libre elección del hombre está preservada en todas las circunstancias. La presciencia, en sí misma, pertenece únicamente al orden del conocimiento. No crea el porvenir, sólo lo conoce. Aquí coinciden todos los escritores de la época: Hermas, Justino, Ireneo y Clemente.

En buena lógica, los elegidos son aquellos cuyos méritos Dios conoció de antemano. No son, como pretendían los gnósticos, hombres de naturaleza excepcional, escogidos precisamente por ello. La condición de cada criatura deriva de sus méritos. Dios da a cada uno lo que merece, atestiguando así su justicia y su bondad. En este mundo de pecado y desarmonía, Dios encuentra la forma de conseguir que los pecados de los malos, de los cuales no es responsable, sirvan al todo (*Contra Celso*, IV, 54). El propósito de los primeros teólogos cristianos fue asegurarse

Los gnósticos enseñaban, basados en las afirmaciones del apóstol Pablo, que algunos hombres eran elegidos y salvados por Dios, mientras que otros eran separados desde su nacimiento. Orígenes responde afirmando que la predestinación está basada en la presciencia divina.

Su apasionada defensa de la libertad humana, sin demasiada reflexión sobre el misterio de la soberanía y providencia divinas, le llevó a meterse en problemas de orden escatológico. Como Dios es bueno y el hombre es libre, Orígenes se niega a admitir que haya un límite a la bondad divina, que la libertad humana no sea capaz de rebasar.

contra todos sus enemigos de la libertad humana, de modo que Dios no sea tenido por culpable del pecado ni de la miseria humana.

Precisamente su apasionada defensa de la libertad humana, sin demasiada reflexión sobre el misterio de la soberanía y providencia divinas, le llevó a meterse en problemas de orden escatológico. Como Dios es bueno y el hombre es libre, Orígenes se niega a admitir que haya un límite a la bondad divina –representada por la condenación eterna–, que la libertad humana no sea capaz de rebasar. Para él no existe el "mal absoluto". Nadie puede perder su libertad, ni en consecuencia, la posibilidad de convertirse. Dios es un pedagogo paciente que esperará el tiempo que sea necesario para que las almas se unan libremente a Él. "La obra de Orígenes está animada por la fe en que todos los hombres, sin excepción, elegirán en definitiva ser conocidos y amados por Dios." Esto nos lleva a la doctrina más polémica de Orígenes, la restauración final de todas las criaturas o *apocatástasis*.

Preexistencia de las almas y *Apocatástasis*

Aunque Orígenes manifiesta una y otra vez mantenerse dentro de los límites de la enseñanza o tradición de la Iglesia, extraña que en este punto no cayera en la cuenta de la herejía de sus proposiciones. Desde luego era consciente de que sobrepasaba los límites de la revelación cristiana, "sabe bien que en todas las especulaciones hay sin duda algo de irreal, de imaginario de poético. Pero él tiene fe en su visión; espera que ella lo llevará más cerca de la verdad contenida en la Biblia que si solamente se hubiera detenido en los antropomorfismos del texto literal y 'revelado', con el que la masa de los creyentes no filósofos se contenta de ordinario" (H. von Campenhausen, *op. cit.*, p. 61).

Orígenes parte de un axioma no sostenido por ningún teólogo cristiano, dictado por las necesidades apologéticas antignósticas. Se trata de la preexistencia de las almas. Esta doctrina se explica en virtud de su búsqueda racional de una explicación de las desigualdades e injusticias de las criaturas en este mundo. Inquietud presente en todas las culturas y religiones, que dio a los indios la doctrina del *karma*; y a la que, a su manera, arriba Orígenes.

Para él, un número definido de seres espirituales incorpóreos, o naturalezas racionales libres, fue creado al principio, todos iguales y sin distinción entre ellos, ya que en Dios, bondad simplicísima, no podía haber causa de diversidad, que implica imperfección. La diversidad en la creación surgió como consecuencia de las opciones de las naturalezas racionales originariamente iguales. Fueron hechas para que libremente pudieran conocer y adherirse a Dios, su único bien. Poseían libre albedrío, que es inseparable de su existencia. Pero sus decisiones morales no fueron uniformes, en virtud de las cuales merecieron recibir unos cuerpos u otros. Sólo el uso de su libertad por cada uno ha introducido desigualdades entre ellos. Esta afirmación, dirigida contra los gnósticos, es absolutamente fundamental. La diferencia entre los ángeles y los hombres no es de origen, sino consecuencia y fruto del pecado.

Para este propósito hizo Dios el mundo material, que tuvo un comienzo en el tiempo. Este mundo, donde cada cual nace según los méritos o deméritos de su existencia espiritual, es, por tanto, "un juicio antes del juicio final" y "la historia del mundo es el juicio del mundo" (R. Seeberg, *Manual de historia de las doctrinas*, I, p. 158. CPB, El Paso 1967, 2ª ed.). El país, lugar y circunstancias de nacimientos de una persona son señalados a cada uno de acuerdo con su condición en el estado preexistente, dada por el ejercicio de su libre voluntad (*Principios* II, 9). Así se explica la infinita variedad que se ve en el mundo, sin que se pueda culpar al destino ni a Dios, pues es resultado del ejercicio del libre albedrío de las criaturas espirituales.

Aquí no se encuentra ningún rastro de creencia en la *reencarnación*, como muchos teósofos y ocultistas sostienen. Los méritos y deméritos de las criaturas se produjeron en su existencia espiritual *en el cielo*, no en previas existencias terrenales. Las almas no entran en los cuerpos por transmigración. Orígenes mismo se opuso a la creencia en la reencarnación, mantenida por muchos de sus contemporáneos. "No decimos en absoluto –escribe– que se dé la transmigración del alma, ni que ésta caiga en animales irracionales" (*Contra Celso*, VIII, 30, *Principios* I, 8,4).

A la vez, la creación de este mundo material es una prueba de la misericordia divina y un acto de condescendencia con las criaturas racionales, a fin de que tuvieran

Un número definido de seres espirituales incorpóreos, o naturalezas racionales libres, fue creado al principio, todos iguales y sin distinción entre ellos. El país, lugar y circunstancias de nacimientos de una persona son señalados a cada uno de acuerdo con su condición en el estado preexistente, dada por el ejercicio de su libre voluntad.

Las almas impías entran en el infierno, que es el fuego del juicio, una llama de nuestro propio fuego, que se alimenta de la propia pecaminosidad del individuo, torturado por su conciencia. Pero no se trata de un castigo permanente, sino un proceso de purificación.

un lugar en el que pudieran volver sobre sí y convertirse a su Creador.

Las almas conversas, salvas por el sacrificio de Cristo y purificadas por la fe y santidad del Espíritu, entran al "paraíso" después de la muerte, que es una especie de escuela de almas, pues la instrucción y la purificación moral nunca terminan. Las almas impías, sin embargo, entran en el infierno, que es el fuego del juicio, una llama de nuestro propio fuego, que se alimenta de la propia pecaminosidad del individuo, torturado por su conciencia. "Encontramos en el profeta Isaías, que el fuego con el cual cada uno es castigado es descrito como suyo, ya que dice: 'Andad a la luz de vuestro fuego, y a las centellas que encendisteis' (Is. 1:11). Por estas palabras parece indicarnos que cada pecador enciende por sí mismo la llama de su propio fuego, y no es arrojado en algún fuego que haya sido encendido por otro, o que existía antes de él mismo. El combustible y el alimento de este fuego son nuestros pecados, que son llamados por el apóstol Pablo, 'madera, heno y hojarasca'» (1ª Co. 3:12)" (*Principios* II, 10,4).

Pero no se trata de un castigo permanente, sino un proceso de purificación. "Le agrada al Dios bueno destruir la maldad por el fuego de los castigos" (*Contra Celso*, VI, 72). Mientras los malos son así purificados, los buenos se elevan de esfera en esfera para encontrarse con Cristo (*Prin.* III, 6,6). Por ello, tanto unos como otros llegarán a la meta de la unión con Dios, aunque sea después de infinitas edades. Luego, con la segunda venida de Cristo, llegará el fin y ocurrirá la resurrección de los cuerpos de los hombres, cuerpos espirituales y gloriosos. Dios será entonces todo en todos y todas las cosas creadas vivirán en la plena visión de la divinidad. Su total oposición a cualquier tipo de dualismo le lleva a negar entidad verdaderamente independiente al mal, que es incompatible con el dominio absoluto del Bien.

"Soy de la opinión de que la expresión, por la que se dice de Dios que será 'todas las cosas en todos' (1ª Co. 15:28), significa que Él es 'todo' en cada persona individual. Ahora, Él será 'todo' en cada individuo de este modo: Cuando todo entendimiento racional, limpiado de las heces de todo tipo de vicio y barrido completamente de toda clase de nube de maldad, pueda sentir o entender o pensar, será totalmente Dios, y cuando no pueda mantener o retener nada más que Dios, y Dios sea la medida y modelo de todos sus movimientos, entonces Dios será 'todo', porque entonces no habrá distinción entre el bien y el mal, viendo que el mal ya no existirá en ninguna parte, porque Dios es todas las cosas en todos, y no hay mal cerca de Él. Tampoco habrá ya más deseo de comer del árbol del fruto del conocimiento del bien y del mal de parte de quien siempre está en posesión del bien y para quien Dios es todo. Así, entonces, cuando el fin haya restaurado el principio, y la terminación de las cosas sea comparable a su comienzo, la condición en la que la naturaleza racional fue colocada será restablecida, cuando no haya necesidad de comer del fruto del árbol del conocimiento del bien y del mal; y así, cuando todo sentimiento de malicia sea quitado, y el individuo purificado y limpiado, aquel que sólo es el buen Dios será 'todo' para él, y esto no en el caso de unos pocos individuos, sino de un número considerable" (*Prin.* III, 6,3).

Para Henri Crouzel la posibilidad de conversión de los demonios no aparece en Orígenes con tanta claridad como se dice habitualmente. De hecho, Orígenes se queja de que se le haya atribuido la opinión de que el Diablo se salvaría, esto ni siquiera un loco podría decirlo. Los demonios no son malos por naturaleza, afirmar lo contrario sería culpar a Dios de haberlos hecho así, sino que se han hecho malos por opción de su libre albedrío. Debido a su malicia inveterada, el hábito de la maldad puede bloquear el libre el libre albedrío y hacer imposible su conversión a Dios. Una certeza acerca de una apocatástasis universal está en contradicción con la autenticidad del libre albedrío con que Dios ha dotado al hombre. Los interesados pueden dirigirse a la obra de este autor para profundizar en este tema (H. Crouzel, *Orígenes*, cap. XIII).

Formación y ministerio

Orígenes fue conocido por el sobrenombre de *Adamancio*, hombre de acero, a causa de su extraordinaria energía. Modesto, enemigo de la vanidad, no encontramos referencias personales en sus escritos. Lo que sabemos de él se lo debemos a tres fuentes distintas. Una, Eusebio de Cesarea, quien en su aprecio por Orígenes, le consagra casi todo el libro sexto de su *Historia eclesiástica*. Recoge en él

Orígenes se queja de que se le haya atribuido la opinión de que el Diablo se salvaría, esto ni siquiera un loco podría decirlo. Los demonios no son malos por naturaleza, afirmar lo contrario sería culpar a Dios de haberlos hecho así, sino que se han hecho malos por opción de su libre albedrío.

Sabemos que Orígenes nació probablemente en Alejandría de Egipto hacia el año 185. No era un convertido del paganismo, sino el hijo mayor de una familia cristiana numerosa. Es, pues, el primer escritor cristiano nacido en el seno de una familia cristiana.

la correspondencia de Orígenes, tan necesaria para bosquejar su perfil biográfico y hoy perdida. Otra, el *Discurso de despedida* de Gregorio el Taumaturgo, importante documento tanto para la vida personal de Orígenes como para su método de enseñanza. Finalmente, Jerónimo menciona a Orígenes en su *De viris illustribus*, 54, 62, y en una de sus cartas, *Epist*. 33.

Según estas fuentes, y otros datos dispersos, sabemos que Orígenes nació probablemente en Alejandría de Egipto hacia el año 185. No era un convertido del paganismo, sino el hijo mayor de una familia cristiana numerosa. Es, pues, el primer escritor cristiano nacido en el seno de una familia cristiana. Por no ser un convertido del paganismo, no se preocupa de los "puentes", ni de los "puntos de contacto" entre la Iglesia y el mundo. "Su evolución espiritual se desarrolló sin fanatismo ni compromisos, sin choques, crisis ni interrupciones. Se tiene la impresión de que este hombre, cuya vida fue notable *desde los pañales*, como dice Eusebio, nunca perdió un instante de su existencia ni conoció la menor duda" (Campenhausen, *op. cit.*, p. 55).

Su nombre, Orígenes, obedece a una deidad egipcia, pero no hay ninguna razón para dudar de que sus padres fueran cristianos en el momento de su nacimiento. Su padre Leónidas era probablemente, como se ha conjeturado, uno de muchos profesores de retórica o gramática que abundaron en aquella ciudad de cultura griega, y parece haber sido un hombre de piedad decidida. De hecho murió mártir durante la persecución de Septimio Severo alrededor del año 202, 203. Bajo su dirección, el joven Orígenes fue educado en las varias ramas de estudio de la cultura griega, pero también se le exigió aprender de memoria y repetir después las partes de Escritura señaladas por su padre.

Según una leyenda, si su madre no hubiese escondido sus vestidos, el joven Orígenes, en su vivo deseo del martirio, habría seguido la suerte de su padre.

El Estado confiscó el patrimonio familiar; su madre y sus hermanos quedaron en la calle. Una señora rica y benévola de Alejandría les abrió su casa. Pero Orígenes no se sentía a gusto a causa de las inclinaciones gnósticas de su protectora y de otro de sus pupilos, cuyos conceptos eran tan heterodoxos que Orígenes no se sentía cómodo al tener que unirse con ellos en las oraciones familiares. Entonces resolvió ejercer de profesor de gramática y apoyarse en sus propios recursos. Gracias a la instrucción recibida de su padre en literatura griega pudo realizar satisfactoriamente su intención. Parece que muy pronto se vio rodeado de discípulos que se sentían atraídos por el valor de sus enseñanzas en gramática, retórica, geometría. Entonces el obispo de Alejandría, Demetrio, le confió la dirección de la escuela catequética, en lugar de Clemente que andaba fugitivo a causa de la persecución. Entonces Orígenes abandonó sus enseñanzas de literatura y retórica para dedicarse exclusivamente a la enseñanza de la Escritura en la escuela de catequesis. Por sus trabajos rechazó toda remuneración. Para poder subsistir tuvo que vender la biblioteca de su padre, que contenía una colección de autores paganos, que le proporcionó una renta módica. Según él, era antibíblico cobrar por la educación. Jesús había echado del templo a los que vendían palomas, y ya que la paloma simboliza el Espíritu Santo que es la fuente de la sabiduría de todo maestro, Orígenes se sentía obligado a enseñar gratuitamente por temer que, al vender el Espíritu Santo, él fuera echado del templo de Dios. Pero las migas que caían de la mesa del Señor no estaban prohibidas. El labrador es digno de su salario, y sin embargo, el Evangelio no había de predicarse por la paga material. Como escribe Shirley J. Case, "el espíritu misionero dominaba en la escuela cristiana. Contrataban a los maestros que se comprometían a esforzarse altruistamente a fin de rescatar para la Iglesia la vida intelectual del imperio romano" (*Los forjadores del cristianismo*, p. 111. CLIE, Terrassa 1987).

El celo religioso, la dedicación a la práctica de la piedad y la erudición del joven maestro convirtieron muy pronto aquel centro educativo en semillero de confesores y mártires. No se trataba sólo de la calidad de su enseñanza, sino también del ejemplo de su vida, sometido a una rigurosa ascesis cristiana de ayuno, oración y confianza en la provisión divina, pues el Señor "nos recomienda no tener dos vestidos, ni llevar sandalias, ni pasar el tiempo preocupándonos por el futuro". "Tal como hablaba, vivía; y tal como vivía, hablaba. A esto se debió principalmente el que, con la ayuda del poder divino, moviera a innumerables discípulos a emular su ejemplo" (Eusebio, *op. cit.*, VI, 3,7,9-10).

El celo religioso, la dedicación a la práctica de la piedad y la erudición del joven maestro convirtieron muy pronto aquel centro educativo en semillero de confesores y mártires. No se trataba sólo de la calidad de su enseñanza, sino también del ejemplo de su vida.

Fue el primer cristiano que perteneció a la *elite* intelectual de su tiempo y que profesó la doctrina cristiana de una manera que suscitaba el interés y el respeto de sus adversarios. Vinieron a él oyentes paganos y de todo tipo.

Más o menos por esta época, Orígenes, arrastrado por su juvenil entusiasmo e interpretando a Mateo 19:12 demasiado literalmente, quizá también para evitar murmuraciones porque la escuela estaba frecuentada asimismo por mujeres, se castró, acto del que más tarde se lamentaría y utilizaría como un ejemplo de a lo que puede llevar un exceso de preocupación por la letra de la Escritura.

Cuando se calmaron los tiempos de la persecución, su enseñanza fue conocida mucho más allá de los límites de la escuela catequética. Fue el primer cristiano que perteneció a la *elite* intelectual de su tiempo y que profesó la doctrina cristiana de una manera que suscitaba el interés y el respeto de sus adversarios. Vinieron a él oyentes paganos y de todo tipo. El número de alumnos se multiplicó gradualmente, siendo algunos de los más distinguidos, convertidos de la escuela rival de los gnósticos, entre ellos estaba Heraclas, que más tarde llegó a ser su ayudante y luego obispo de la ciudad.

Sus éxitos como educador y la admiración de sus amigos no le hizo ignorar la necesidad de completar su formación intelectual. Por tanto, en sus horas libres, volvió a estudiar profundamente el ciclo de las disciplinas clásicas y, sobre todo, la filosofía, bajo la dirección de Ammonio Saccas, maestro también de Plotino, célebre fundador del neoplatonismo.

Hacia el año 212 fue a Roma, porque, según Eusebio, "deseaba ver la antiquísima Iglesia de los romanos". Allí, quizá, se encontró con el más renombrado teólogo de la época, el presbítero Hipólito, que después llegó a obispo, originario de Oriente, filósofo y gran erudito, que redactó los primeros comentarios bíblicos seguidos y una crónica de la historia del mundo. Una estatua, erigida por sus discípulos, lo presenta sentado, como doctor, en el trono episcopal, donde aparece grabada la lista de sus obras. De todos modos, a Orígenes, educado en la severa religiosidad del ambiente alejandrino, heredero de la rigurosidad egipcia, le disgustó mucho la laxitud que encontró en la generalidad de las comunidades romanas, por lo que pronto regresó a su ciudad natal.

Entonces dividió la escuela en dos cursos: uno elemental, dirigido a los verdaderos catecúmenos para la preparación al bautismo, del que fue responsable su amigo y alumno Heráclides; y un curso superior de cultura cristiana, abierto a todos, incluso a los no cristianos, centrado en la interpretación sistemática de la Sagrada Escritura y dirigido por el propio Orígenes. Enseñaba lógica y dialéctica como medios para rectificar el pensamiento y perfeccionar la expresión, y puesto que la geometría y la astronomía eran disciplinas fundamentales para comprender inteligentemente el mundo físico, también estaban incluidas en el programa de su curso.

La fama de Orígenes se difundió por todo el Oriente, y empezaron a requerirlo de aquí y de allá, bien para rebatir a los herejes, bien para proponer su enseñanza o también para acercarse a los paganos de alto nivel, que tenían interés por la religión cristiana; en ese sentido, tuvo varios contactos, con el gobernador romano de Arabia, y en Antioquía con Julia Mamea, madre del emperador Alejandro Severo. Entre los muchos cristianos que fuera de Egipto se unieron a él con profunda amistad, recordemos a los obispos Alejandro de Jerusalén, Teoctisto de Cesarea de Palestina y Fermiliano de Cesarea de Capadocia.

La gran celebridad de Orígenes, empezaba a levantar sospechas en el obispo alejandrino Demetrio, cuyo autoritarismo malamente podía tolerar a su lado a un doctor de fama universal y a quien por esa razón consideraba demasiado independiente en sus opiniones. De cualquier modo, la ruptura definitiva no tuvo lugar hasta el año 230 aproximadamente.

En el año 216 el emperador Caracalla visitó Alejandría y dirigió una persecución sangrienta contra sus habitantes, sobre todo contra los miembros literarios de la comunidad, en venganza por unos versos sarcásticos compuestos sobre él por el asesinato de su hermano Geta; un crimen que Caracalla había cometido en circunstancias de la más baja traición y crueldad. Furioso, Caracalla saqueó la ciudad, mandó cerrar las escuelas y perseguir a los maestros; entonces Orígenes decidió marchar a Palestina, en ese mismo año 216.

Los obispos de Cesarea y Jerusalén le rogaron que predicara sermones y explicara las Escrituras a sus respectivas comunidades. Orígenes lo hizo a pesar de no ser presbítero. Este paso demostró ser principio de sus problemas posteriores. Su obispo, Demetrio, protestó y censuró a los obispos de Palestina por permitir que un laico predicara en presencia de los obispos, cosa nunca oída,

De paso por Cesarea camino de Grecia, adonde se dirigía, por mandato de su obispo, a refutar a algunos herejes, Orígenes fue ordenado presbítero por Alejandro y Teoctisto, sin que Demetrio, de quien Orígenes dependía eclesiásticamente, hubiese sido informado.

según él. Orígenes obedeció la orden de su superior de volver inmediatamente a Alejandría, y durante algunos años parece haberse dedicado únicamente a sus estudios y enseñanza en su espíritu habitual de sacrificio.

Ruinas del viejo puerto hundido de Cesarea, ciudad donde Orígenes abrió una nueva escuela que se hizo muy famosa en todo Oriente Medio.

Quince años después, de paso por Cesarea camino de Grecia, adonde se dirigía, por mandato de su obispo, a refutar a algunos herejes, Orígenes fue ordenado presbítero por Alejandro y Teoctisto, sin que Demetrio, de quien Orígenes dependía eclesiásticamente, hubiese sido informado. Demetrio consideró este hecho como una afrenta a su autoridad e hizo que se condenase a Orígenes en dos sínodos celebrados en Alejandría, el primero excomulgó a Orígenes de la Iglesia de Alejandría, el segundo, en el año 231, negó su presbiterado.

Considerando insostenible, a partir de ese momento, la situación en su patria, Orígenes prefirió abandonar Egipto y establecerse en Cesarea de Palestina, comenzando así el segundo período de su vida. Allí, animado por el obispo, abrió una nueva escuela, que muy pronto se hizo famosa en Palestina, Siria, Arabia y Asia Menor; entre sus discípulos figura Gregorio el Taumaturgo, o sanador, evangelizador del Ponto.

Aunque Roma había confirmado la condena que Demetrio hizo que se infligiese a Orígenes, las iglesias de Oriente, en su gran mayoría, no la tuvieron en cuenta; así que el célebre estudioso no sólo pudo continuar su obra de maestro, sino que la completó con la predicación en la iglesia, que llevaba con escrupulosa diligencia, mientras se multiplicaban sus viajes a causa de las peticiones que llegaban de todas partes. Quedó como cosa célebre su polémica con el obispo Berillo de Bostra, en Arabia, cuya doctrina trinitaria suscitaba profundas sospechas; Berillo, al final de la discusión, se pasó a la postura ortodoxa de Orígenes (Eusebio, *op. cit.* III, 33).

Durante la persecución de Decio (año 250), el gran maestro fue detenido, y a pesar de su avanzada edad fue sometido a tortura, que soportó sin claudicar: "Las numerosas cartas que dejó escritas este hombre describen con verdad y exactitud los sufrimientos que padeció por la palabra de Cristo: cadenas y torturas, tormentos en el cuerpo, tormentos por el hierro, tormentos en lobregueces del calabozo; cómo tuvo, durante cuatro días, sus pies metidos en el cepo hasta el cuarto agujero; cómo soportó con firmeza de corazón las amenazas del fuego y todo lo demás que le infligieron sus enemigos; cuando acabó todo aquello, no queriendo el juez en ninguna manera sentenciarle a muerte; y qué sentencias dejó, llenas de utilidad, para los que necesitan consuelo" (Eusebio, *op. cit.*, VI, 39,5).

En esta ocasión el obispo de Alejandría, que por entonces era su antiguo alumno Dionisio, lo reconcilió con su iglesia. Puesto en libertad, pero reducido a condiciones de salud muy precarias, a causa de los tormentos sufridos, Orígenes murió el año 253 en Tiro, Fenicia, a donde se había retirado no sabemos por qué motivos. Su sepulcro se convirtió bien pronto en un centro de peregrinación. De la iglesia que lo albergaba apenas si quedan

Considerando insostenible, a partir de ese momento, la situación en su patria, Orígenes prefirió abandonar Egipto y establecerse en Cesarea de Palestina, comenzando así el segundo período de su vida. Allí, animado por el obispo, abrió una nueva escuela, que muy pronto se hizo famosa en Palestina, Siria, Arabia y Asia Menor.

Orígenes emprendió, en nombre de la Iglesia y de la enseñanza apostólica ortodoxa, la tarea de no rehuir ninguna cuestión, sino de investigar la verdad hasta donde fuera posible a la razón humana, siempre en línea con la enseñanza de la Escritura.

algunos restos en ruinas. En Cesarea de Palestina la admiración por Orígenes se convirtió en pasión.

El teólogo y su obra

"Orígenes es, sin duda, el más profundo, original y audaz de los padres de la Iglesia anteriores a san Agustín. En un momento en el que la doctrina de la Iglesia estaba todavía en buena parte informe e indefinida, intentó construir una síntesis ideológica del cristianismo amplia y coherente, utilizando todas las adquisiciones del pensamiento de su época en el intento de explicar y profundizar el sentido de la Escritura, que fue para él siempre la fuente definitiva y última de toda sabiduría. Bajo este aspecto puede ser considerado como el primer 'teólogo' en el sentido más estricto de la palabra, es decir, como el que se lanza a la búsqueda de una explicación racionalmente coherente de lo que acepta por la fe" (J. Vives).

Para entender globalmente su significación y valor, hay que tener en cuenta que la principal finalidad que Orígenes se propuso fue la de elevar adecuadamente el nivel de la cultura cristiana, para plantear sobre esa base una acción que tendiese a difundir el cristianismo, en los ambientes social y culturalmente más elevados, de la sociedad pagana de la época y, sobre todo, a recuperar para la Iglesia católica al nada despreciable sector que se había pasado al gnosticismo. Los gnósticos, que reunían elementos de distintas procedencia, cristiana, judía y oriental, como ocurre a menudo en la actualidad, se ocupaban de cuestiones intelectuales no resueltas o no tratadas por la Iglesia, atrayendo así a aquellos miembros más inquietos, intelectualmente hablando, de las comunidades cristianas, ofreciendo una especie de conocimiento superior al del creyente ordinario y simple, señuelo que siempre cumple su propósito de alagar la vanidad del ego humano. Orígenes emprendió, en nombre de la Iglesia y de la enseñanza apostólica ortodoxa, la tarea de no rehuir ninguna cuestión, sino de investigar la verdad hasta donde fuera posible a la razón humana, siempre en línea con la enseñanza de la Escritura, sea que las cuestiones a investigar se traten explícita o implícitamente en ella. Orígenes no duda en entrar en discusión sobre un tema que preocupaba mucho en su día, en especial a los neoplatónicos, si las estrellas son seres vivientes, con alma incluida, o no. "Aunque esta disquisición pueda parecer parecer algo atrevida, como estamos incitados por el deseo de averiguar la verdad tanto como sea posible, no creo que sea ninguna absurdidad el intento de investigar un tema conforme a la gracia del Espíritu Santo" (*Principios* I,V, 3).

Por eso, más que un teólogo dogmático, Orígenes es un teólogo especulativo, en el mejor sentido de la palabra, que busca respuestas mediante el tanteo de las posibilidades que le ofrecen la Escritura, la tradición de la Iglesia y la razón. En este examen de razones Orígenes siempre deja la puerta abierta a una posible interpretación mejor y más exacta. "Estos pensamientos se nos han ocurrido mientras tratábamos de doctrinas de tal dificultad como la encarnación y la deidad de Cristo. Si hay alguien que, de verdad, llega descubrir algo mejor y puede establecer sus proposiciones por pruebas más claras de la Sagrada Escritura, dejemos que su opinión sea recibida antes que la mía" (*Prin.*, II, VI, 7). Su especulación, pues, es de orden filosófico, por la que examina, mira con atención en una cosa para reconocerla, medita en ella, la contempla y conjetura con la esperanza puesta en ulteriores reflexiones. Especula (latín *speculari*) como el que mira a través del espejo (latín *espéculo*) oscuro del que habla Pablo (1ª Co. 13:12). Orígenes es plenamente consciente de aquellos temas en los que no sigue la regla de fe, pues no está definida al respecto, y sigue su camino de inspección y búsqueda sin entregarse a procedimientos atrevidos, sino en la misma línea de moderación y responsabilidad para la fe y sus lectores: "Estos temas, ciertamente, son tratados por nosotros con gran solicitud y precaución a modo de una investigación y discusión, antes que como una decisión ya fija y cierta. Porque ya hemos advertido en las páginas precedentes aquellas cuestiones que deben exponerse en proposiciones dogmáticas claras, como pienso que he hecho con lo mejor de mi capacidad al hablar de la Trinidad. Pero en la ocasión presente [el fin del mundo y el destino final de las almas] nuestro ejercicio debe ser llevado, como mejor podemos, en el estilo de una discusión más bien que de una definición estricta" (*Prin.* I, 6,1).

La producción literaria de Orígenes fue asombrosamente copiosa. Su amigo Ambrosio, convertido por él al catolicismo y que era muy rico, puso a su disposición un

Más que un teólogo dogmático, Orígenes es un teólogo especulativo, en el mejor sentido de la palabra, que busca respuestas mediante el tanteo de las posibilidades que le ofrecen la Escritura, la tradición de la Iglesia y la razón.

En esta inmensa tarea y riguroso modo de vida, a la que Orígenes se consagraba por completo, hay una intención misionera y pastoral: evitar que los creyentes busquen entre los herejes lo que la Iglesia les puede ofrecer tanto en orden espiritual como intelectual.

equipo de siete estenógrafos y otros tantos copistas y varios calígrafos para que no se perdiera ni una sola de sus palabras (Eusebio, *op. cit.*, VI, 23,1,2). En broma y en serio, decía Orígenes que Ambrosio le hacía trabajar como un esclavo.

En esta inmensa tarea y riguroso modo de vida, a la que Orígenes se consagraba por completo, hay una intención misionera y pastoral: evitar que los creyentes busquen entre los herejes lo que la Iglesia les puede ofrecer tanto en orden espiritual como intelectual. Orígenes quiere aportar a los más inquisitivos de los miembros de la comunidad razones suficientes para creer. A ellos dedica su *Tratado de los principios*. Se trata de cristianos cultos que tienen problemas, "los que plantea la inserción de su fe cristiana en el mundo del pensamiento que los rodea, de cuya cultura participan, y también los que la filosofía griega pretende resolver y a los cuales ellos desean dar una respuesta conforme a su fe. Según el precepto del apóstol (1ª P. 3:15), están preocupados por poder dar razón de su esperanza a quienquiera se lo pida. Además han de ser protegidos por la atracción de las grandes herejías gnósticas, que ejercen sobre ellos un atractivo tanto más fuerte cuanto que sus exigencias intelectuales son grandes" (H. Crouzel, *op. cit.*, p. 82).

Orígenes quiere ofrecer a los creyentes que se plantean problemas de orden intelectual, que reconoce que no son muchos, respuestas acordes con la Escritura para evitar que fuesen a buscarlas en las sectas gnósticas, tan atractivas como falsas.

Discípulos y críticos

Ya hemos visto la gran influencia que ejerció Orígenes sobre sus contemporáneos. Obispos y maestros de catequesis rivalizaban por contarle entre sus amigos y maestros. Su reputación, aumentada por su martirio, continuó extendiéndose después de muerto en todo el orbe cristiano. Gregorio Nacianceno, en colaboración con Basilio, publicó un volumen antológico de selecciones del maestro, con el título de *Filocalia*. Pamfilo, Eusebio de Cesarea, Dídimo el Ciego, Atanasio y muchos otros siguieron sus pasos. Gregorio de Nisa llamó a Orígenes el "príncipe de los sabios cristianos del siglo tercero". Según Jerónimo,

Eusebio de Verceil, Hilario de Poitiers y Ambrosio de Milán fueron sus principales imitadores en el mundo de habla latina, para los que Rufino de Aquilea tradujo el *Tratado sobre los principios*.

Pero no todos fueron admiradores y alabanza indiscriminada. También surgieron voces críticas dentro de las iglesias, como la del obispo de Filipo, Metodio, muerto mártir hacia el 311, que ataca sus tesis sobre la antropología, la preexistencia de las almas y la resurrección de los cuerpo. Eustasio de Antioquía, que se lamentaba de su alegorismo (siguiendo en esto la línea de su escuela antioqueña, de corte literalista); pero sus principales enemigos fueron los herejes sabelianos, arrianos, pelagianos, nestorianos y apoloniaristas.

Como escribe F. Pratt, las discusiones acerca de Orígenes y su enseñanza son de un carácter muy singular y muy complejo. Estallan de improviso, en largos intervalos, y asumen una importancia inmensa bastante imprevista, en sus principios humildes. Se complican con tantas discusiones personales y tantas preguntas ajenas al tema fundamental en la controversia que un informe y exposición rápidos de la polémica son difíciles y casi imposibles. Finalmente, las discusiones disminuyen tan de repente que uno está obligado a concluir que la controversia era superficial y que el Orígenes ortodoxo no era el punto exclusivo en la discusión.

La primera crisis origenista estalló en Egipto, se extendió a Palestina y terminó en Constantinopla con la condenación de Juan Crisóstomo (véase nuestra introducción a sus seis libros sobre el sacerdocio, *La dignidad del ministerio*, CLIE). Durante la segunda mitad del cuarto siglo los monjes de Nitria profesaron un entusiasmo exagerado por Orígenes, mientras los hermanos vecinos de Sceta, como consecuencia de una reacción injustificada y un miedo excesivo del alegorismo, cayeron en el antropomorfismo. Estas discusiones doctrinales gradualmente invadieron los monasterios de Palestina, que estaban bajo el cuidado de Epifanio, obispo de Salames, quien, convencido de los peligros de origenismo, lo combatió para prevenir su extensión y extirparlo completamente. Habiendo ido a Jerusalén en 394, predicó vehementemente contra los errores de Orígenes, en la presencia del obispo de aquella ciudad, Juan, que era considerado un origenista. Juan, a

Las discusiones acerca de Orígenes y su enseñanza son de un carácter muy singular y muy complejo. Estallan de improviso, en largos intervalos, y asumen una importancia inmensa bastante imprevista, en sus principios humildes. La primera crisis origenista estalló en Egipto, se extendió a Palestina y terminó en Constantinopla con la condenación de Juan Crisóstomo.

Las polémicas a favor y en contra de Orígenes se renovaron a partir del año 500, pero hay que llegar a nuestro siglo para lograr una rehabilitación global de la figura y de la obra de Orígenes; en adelante, es convicción general que la experiencia origenista había marcado un momento decisivo en el desarrollo de la cultura cristiana, bajo todos los aspectos, de la teología a la exégesis, de la eclesiología a la mística.

su turno, mostró su crítica del antropomorfismo, dirigiendo su discurso tan claramente contra Epifanio, que no cabía duda. Otro incidente pronto ayudó a amargar la discusión. Epifanio había elevado a Paulino, el hermano de Jerónimo, al sacerdocio en un lugar sujeto a la sede de Jerusalén. Juan se quejó amargamente de esta violación de sus derechos, y la respuesta de Epifanio no fue de una naturaleza apaciguadora. Esta primera crisis es paradigmática de las que siguieron: en el debate sobre el origenismo intervinieron demasiados asuntos extrateológicos que nada tenían que ver con el sabio de Alejandría. Pero dejemos la historia de estos debates para los interesados. Para nuestro propósito baste saber que en el siglo VI, sobre todo a consecuencia de la difusión y del radicalismo que la doctrina de Orígenes había tenido en ambientes monásticos, después de varias condenas, se llegó a una definitiva en el concilio ecuménico de Constantinopla, en el año 553. Condena discutible bajo muchos aspectos. Las polémicas a favor y en contra de Orígenes se renovaron a partir del año 500, pero hay que llegar a nuestro siglo para lograr una rehabilitación global de la figura y de la obra de Orígenes; en adelante, es convicción general que la experiencia origenista había marcado un momento decisivo en el desarrollo de la cultura cristiana, bajo todos los aspectos, de la teología a la exégesis, de la eclesiología a la mística.

Tratado de los principios

Su grandioso tratado que en griego lleva el título de *Peri archón* y en latín *De Principiis*, es un intento de ser una dogmática cristiana que trata de los "principios", o sea, de los "fundamentos", o más bien, de las "doctrinas principales" del cristianismo. En él Orígenes pretende, en primer lugar, ofrecer lo que era patrimonio doctrinal de la Iglesia recibido por tradición y análisis de las Escrituras, y luego sus propias reflexiones encaminadas a mostrar la coherencia interna entre los diversos elementos del cuerpo doctrinal cristiano, frente a los absurdos de los "simples" y los errores de los herejes. El *Tratado de los principios* es donde mejor se manifiesta la profundidad y la audacia especulativa de Orígenes. Su preocupación principal es la de hacer que la doctrina de la Escritura y de la tradición eclesiástica pudiera llegar a ser comprensible y aceptable a los hombres cultos de su tiempo, cristianos incluidos, que bien por pereza, bien por falta de formación, se dejaban llevar por ideas y doctrinas contrarias al sano entendimiento de la fe. No se olvide que en Alejandría, y en aquellos tiempos, los temas religiosos interesaban vivamente y gozaban de prestigio social.

En las cuestiones esenciales, aquellas que componen la "regla de fe" y la tradición transmite sin vacilaciones como provenientes de los apóstoles, Orígenes se esfuerza en asentar de un modo directo y positivo, confirmando cada punto con la Escritura y la sana lógica; en cuestiones secundarias, aquellos sobre las que no se ha alcanzado una definición precisa, se muestra flexible, abierto y siempre dispuesto a la corrección de un entendimiento más claro y completo.

Los cuatro libros que componen el tratado fueron escritos en torno al año 220, Orígenes tendría entonces 35 años. Es la obra de un talento ya maduro y en posesión de todos sus recursos. Aunque no constituyeron un tratado sistemático de teología como se entiende hoy, la obra trata de los principales temas, objeto de estudio en la Escuela de Alejandría: Dios, Cristo, el Espíritu Santo, el mundo, el fin, la Sagrada Escritura, el libre arbitrio. Orígenes es consciente de que sobre muchos puntos la enseñanza de la Iglesia todavía estaba muda o insegura y que, por eso mismo, la solución que él indicaba puede suscitar perplejidad; pero él la propondrá sobre todo como una invitación a la discusión y a la profundización, con la Biblia como base. Tan pronto advierte que sus puntos de vista pueden causar perplejidad e incredulidad en sus lectores, Orígenes recurre al texto bíblico como tribunal supremo de la verdad. Muchas veces sobre una misma cuestión él mismo sugiere dos o más soluciones alternativas, que deja a la discreción del lector.

Así es cómo Orígenes expone una serie de teorías –la preexistencia de las almas, la restauración final de las criaturas, el sentido alegórico de la Biblia– que se convirtieron en objeto de críticas, hasta desembocar en la condena.

En la base de ellas está la convicción, contra el dualismo gnóstico, de que todo lo que Dios ha creado está destinado, tarde o temprano, a ser recuperado para el bien,

Los cuatro libros que componen el tratado fueron escritos en torno al año 220, Orígenes tendría entonces 35 años. Es la obra de un talento ya maduro y en posesión de todos sus recursos. Orígenes es consciente de que sobre muchos puntos la enseñanza de la Iglesia todavía estaba muda o insegura y que, por eso mismo, la solución que él indicaba puede suscitar perplejidad.

Más allá de la validez de las soluciones propuestas, esta obra origenista es apreciada sobre todo como tentativa de organizar en una síntesis armónica y profunda los puntos fundamentales de la doctrina cristiana. Superaba con mucho a todo cuanto se había hecho hasta entonces en los distintos puntos y proponía a toda persona culta una visión global del cristianismo que nada tenía que envidiar a las más audaces especulaciones de la filosofía griega.

cualquiera que sea su actual decadencia en el mal; en este sentido esboza un proceso de todos los seres racionales que, creados todos iguales por Dios, en virtud del comportamiento determinado por el libre arbitrio, se han diferenciado en las categorías de ángeles, hombres, demonios, para retornar todos, en el momento final, a la condición originaria. Como hemos dicho, varios puntos de los *Principios* fueron criticados y condenados; pero muchos fijaron de manera casi definitiva la tradición cristiana por materias; baste con aludir además a varios puntos sobre teología trinitaria, a los tratados sobre la incorporeidad de Dios y su libre albedrío. Pero más allá de la validez de las soluciones propuestas, esta obra origenista es apreciada sobre todo como tentativa de organizar en una síntesis armónica y profunda los puntos fundamentales y de comprensión más dificultosa de la doctrina cristiana. En este sentido, superaba con mucho a todo cuanto se había hecho hasta entonces en los distintos puntos y proponía a toda persona culta una visión global del cristianismo que nada tenía que envidiar a las más audaces especulaciones de la filosofía griega. Había mucho riesgo en esta tentativa; pero, históricamente, su importancia fue muy grande.

El *Tratado de los principios*, se articula en torno a la idea fundamental de la preexistencia, caída y restauración de las almas. Todo lo demás, antropología, soteriología y escatología deriva de ahí. Esta idea estaba en el aire en Alejandría. El tema de caída de las almas era familiar a los platónicos de la gran ciudad. La novedad de Orígenes, en cuanto cristiano, fue subrayar que esta caída y esta restauración no debían concebirse como una necesidad fatal, sino como efecto de una libre elección.

En la cima de todas las cosas hay un solo Dios en tres personas, este el punto de partida de la creencia cristiana. Todo lo que no es Dios fue creado por Él, sacado de la nada y no de una materia preexistente. Orígenes rechaza aquí expresamente el dualismo platónico. Por eso todo lo creado, retornará un día a Dios para que se cumpla lo escrito por el apóstol Pablo: "Dios será todo en todos".

En los grandes fundamentos del credo cristiano Orígenes es incuestionablemente sano y verdadero, pero hay quien se puede escandalizar de algunos aspectos de su manera de entender algunos puntos cristianos. Lo importante no es detenerse en aquellas cuestiones que él no consideraba esenciales, sino abiertas al examen y la búsqueda y hacer notar que Orígenes fue el primero en ver en el hecho histórico de la redención el destino de la humanidad entera, que caída de la vida espiritual, debe volver a ella. "Por primera vez se ha reunido en una única visión de conjunto la suerte de la humanidad y la suerte del mundo, haciendo de la antropología cristiana el elemento de su concepción cosmológica. Por primera vez, en fin, ha afirmado enérgicamente la exigencia de la libertad humana, que se había perdido no sólo en las doctrinas dualistas de los gnósticos, sino también en todas aquellas interpretaciones que hacían del hombre el sujeto pasivo de la obra redentora de Cristo" (N. Abbagnano, *Historia de la filosofía*, "Orígenes").

De la obra original de Orígenes, escrita en griego, sólo se han conservado algunos fragmentos. Hasta nosotros ha llegado completa la traducción al latín hecha por Rufino, que vio la luz en el año 397, con el título *De Principiis*, donde el traductor se permite ciertas libertades y glosas. Más fiel al original griego fue la versión de Jerónimo, pero desgraciadamente se ha perdido, excepto algunas frases sueltas.

Para nuestro texto del *Tratado de los principios* hemos seguido la traducción inglesa de la colección *A Select Library of the Nicene and Post-Nicene Fhaters*, vol. 4, dirigida por Philip Schaff, cotejada con todo lo que hay al respecto en castellano.

ALFONSO ROPERO

> Hay quien se puede escandalizar de algunos aspectos de su manera de entender algunos puntos cristianos. Lo importante no es detenerse en aquellas cuestiones que él no con- sideraba esenciales, sino abiertas al examen y la búsqueda y hacer notar que Orígenes fue el primero en ver en el hecho histórico de la redención el destino de la humanidad entera.

Obras de Orígenes en castellano

Orígenes, *Contra Celso*. BAC, Madrid 1996, 2ª ed.

–*Comentario al Cantar de los Cantares*. Ciudad Nueva, Madrid 1994, 2ª ed.

–*Homilías sobre el Éxodo*. Ciudad Nueva, Madrid 1992.

–*Sobre el libre albedrío*. Filocalia 21-27. Ed. Lumen, Buenos Aires 1990.

–*Exhortación al martirio. Tratado de la oración*. Sígueme, Salamanca 1991.

Prefacio

Planteamientos de los temas a tratar

1. Todos los que creen y tienen la convicción de que la gracia y la verdad nos han sido dadas por Jesucristo, saben que Cristo es la verdad, como Él mismo dijo: "Yo soy la verdad" (Jn. 14:6), y que la sabiduría que induce a los hombres a vivir bien y alcanzar la felicidad no viene de otra parte que de las mismas palabras y enseñanzas de Cristo. Por las palabras de Cristo no entendemos sino aquellas que Él mismo habló cuando se hizo el hombre y habitó en la carne; ya que antes de ese tiempo, Cristo, la Palabra de Dios, estaba en Moisés y en los profetas. Porque sin la Palabra de Dios, ¿cómo podrían haber sido capaces de profetizar de Cristo?

Si no fuera nuestro propósito reducir el tratado presente dentro de los límites de la mayor brevedad posible, no sería difícil mostrar, en prueba de esta afirmación, con las Santas Escrituras, cómo Moisés y los profetas hablaron e hicieron lo que hicieron debido a que estaban llenos del Espíritu de Cristo. Y por lo tanto pienso que es suficiente citar el testimonio de Pablo en la Epístola a los Hebreos,[1] se dice: "Por la fe Moisés, hecho ya grande, rehusó llamarse hijo de la hija del Faraón; escogiendo antes ser maltratado con el pueblo de Dios, que disfrutar de los placeres

Todos los que creen y tienen la convicción de que la gracia y la verdad nos han sido dadas por Jesucristo, saben que Cristo es la verdad, y que la sabiduría que induce a los hombres a vivir bien y alcanzar la felicidad no viene de otra parte que de las mismas palabras y enseñanzas de Cristo.

---

[1] Orígenes, sin ignorar los cambios de estilo y sin decir la última palabra al respecto, atribuye a Pablo la paternidad literaria de la carta a los Hebreos, argumentando: "La dicción en Hebreos no tiene la calidad ruda que el mismo apóstol admitía tener (2ª Co. 11:6), y su sintaxis es más griega. Pero el contenido de la epístola es excelente, y no es inferior a los auténticos escritos del apóstol. Si yo fuera a aventurar mi propia opinión, diría que los pensamientos son del apóstol, pero que el estilo y la composición reflejan a alguien que recordaba las enseñanzas del apóstol y que las interpretó. Así, si alguna iglesia considera que esta epístola es de Pablo, debería ser elogiada por ello, porque los varones antiguos nos la transmitieron como suya. Pero sólo Dios sabe quién escribió esta epístola. Tradiciones que nos han llegado dicen que fue quizá Clemente, obispo de Roma, o Lucas, que escribió el Evangelio y los Hechos" (Eusebio, *Historia eclesiástica* VI, 25).

Cuando entre los muchos que piensan tener los sentimientos de Cristo hay algunos que opinan de manera distinta que los demás, hay que guardar la doctrina de la Iglesia, la cual proviene de los apóstoles por la tradición sucesoria, y permanece en la Iglesia hasta el tiempo presente; y sólo hay que dar crédito a aquella verdad que en nada se aparta de la tradición eclesiástica y apostólica.

temporales de pecado, teniendo por mayores riquezas el vituperio de Cristo que los tesoros de los egipcios" (He. 11:24-26). Además, que después de su ascensión al cielo Cristo habló a sus apóstoles, Pablo lo muestra con estas palabras: "Pues buscáis una prueba de que habla Cristo en mí" (2ª Co. 13:3).

La regla de fe y la doctrina de la Iglesia

2. Sin embargo, muchos de los que profesan creer en Cristo no están de acuerdo entre sí no sólo en las cosas pequeñas e insignificantes, sino aun en las grandes e importantes, como es en lo que se refiere a Dios, o al mismo Señor Jesucristo, o al Espíritu Santo; y no sólo en cuanto a estos asuntos, sino también en cuanto a otros, como son las existencias creadas, a saber, los poderes y las virtudes santas; por esto parece necesario que acerca de todas estas cuestiones sigamos una línea segura y una regla clara; luego ya podremos hacer investigaciones acerca de lo demás. De la misma manera que muchos de entre los griegos y bárbaros prometen la verdad, nosotros ya hemos dejado de buscarla entre ellos, puesto que sólo tenían opiniones falsas, y hemos venido a creer que Cristo es el Hijo de Dios y que es de Él de quien hemos de aprender la verdad, así también cuando entre los muchos que piensan tener los sentimientos de Cristo hay algunos que opinan de manera distinta que los demás, hay que guardar la doctrina de la Iglesia, la cual proviene de los apóstoles por la tradición sucesoria, y permanece en la Iglesia hasta el tiempo presente; y sólo hay que dar crédito a aquella verdad que en nada se aparta de la tradición eclesiástica y apostólica.

Lo que es necesario creer y lo que es preciso buscar

3. Sin embargo, hay que hacer notar que los santos apóstoles que predicaron la fe de Cristo, comunicaron algunas cosas que claramente creían necesarias para todos los creyentes, aun para aquellos que se mostraban perezosos en su interés por las cosas del conocimiento de Dios, dejando, en cambio, que las razones de sus afirmaciones

las investigaran aquellos que se hubieren hecho merecedores de dones superiores, principalmente los que hubieren recibido del mismo Espíritu Santo el don de la palabra, de la sabiduría y de la ciencia. Respecto de ciertas cosas, afirmaron ser así, pero no dieron explicación del cómo ni del por qué de las mismas, sin duda para que los más diligentes de sus sucesores, mostrando amor a la sabiduría, tuvieran en qué ejercitarse y hacer fructificar su ingenio, esos sucesores, quiero decir, que tenían que prepararse para ser receptores aptos y dignos de sabiduría.

Los puntos esenciales de la fe sobre Dios Padre, Cristo y el Espíritu Santo

4. Los puntos particulares claramente entregados en la enseñanza de los apóstoles son como siguen:

Primero, que hay un Dios, que creó y ordenó todas las cosas, quien, cuando nada existía, llamó todas las cosas a la existencia. Dios desde el principio de la creación y la fundación del mundo; el Dios de todos los justos, de Adán, Abel, Set, Enós, Enoc, Noé, Sem, Abrahán, Isaac, Jacob, los doce patriarcas, Moisés, y los profetas; y que este Dios, en los últimos días, como había anunciado de antemano por sus profetas, envió a nuestro Señor Jesucristo para llamar en primer lugar a Israel de vuelta a Él, y en segundo lugar los gentiles, después de la infidelidad del pueblo de Israel. Este Dios justo y bueno,[2] el Padre de nuestro Señor Jesucristo, Él mismo dio la ley y los profetas, y los Evangelios, siendo también el Dios de los apóstoles y de los Testamentos Viejo y Nuevo.

En segundo lugar, aquel Jesucristo mismo, que vino al mundo, nació del Padre antes de todas las criaturas; y después de haber sido el siervo del Padre en la creación de todas las cosas: "Todas las cosas por él fueron hechas"

Nota marginal: Los puntos particulares claramente entregados en la enseñanza de los apóstoles son como siguen: Primero, que hay un Dios, que creó y ordenó todas las cosas, quien, cuando nada existía, llamó todas las cosas a la existencia. Dios desde el principio de la creación y la fundación del mundo.

---

[2] "Dios justo y bueno", como en Clemente de Alejandría, la unión de estos dos atributos divinos está dirigido contra los marcionitas que enseñaban la oposición irreductible entre el Dios de justicia del judaísmo, y el Dios de amor de Cristo. En lo que sigue se ve claramente la polémica antimarcionita, enfatizando la identidad del mismo Dios del Antiguo y del Nuevo Testamento. No es conforme a la regla de fe de la Iglesia separar al Dios creador y justo del A.T. del Dios bueno del N.T. No hay más que un solo Dios que ha creado todo a partir de la nada, que es Dios de todos los hombres santos en la antigua alianza y en la nueva.

En segundo lugar, aquel Jesucristo mismo, que vino al mundo, nació del Padre antes de todas las criaturas; y en los últimos días, despojándose a sí mismo, se hizo un hombre, y se encarnó aunque era Dios, y mientras fue hombre permaneció siendo el mismo Dios que era. En tercer lugar, los apóstoles cuentan que, después de la Ascensión, el Espíritu Santo es asociado al Padre y al Hijo en honor y dignidad.

(Jn. 1:3), en los últimos días, despojándose a sí mismo (de Su gloria), se hizo un hombre, y se encarnó aunque era Dios, y mientras fue hombre permaneció siendo el mismo Dios que era; y asumió un cuerpo como el nuestro, distinguiéndose de nosotros sólo en que nació de una virgen y del Espíritu Santo; así este Jesucristo nació realmente y realmente sufrió,[3] y no soportó esta muerte sólo en apariencia, sino que realmente murió y realmente resucitó de entre los muertos; y que después de su resurrección Él habló con sus discípulos, y ha tornado arriba (en el cielo).

En tercer lugar, los apóstoles cuentan que, después de la Ascensión, el Espíritu Santo es asociado al Padre y al Hijo en honor y dignidad. Pero acerca de Él no podemos decir claramente si ha de ser considerado como engendrado (*nato*) o inengendrado (*innato*),[4] o si es o no Hijo de Dios; ya que estos son los puntos que tienen que ser investigados desde la Escritura sagrada según lo mejor de nuestra capacidad, lo que exige una investigación cuidadosa. Y que este Espíritu inspiró a cada uno de los santos, tanto profetas como apóstoles; y que no hubo un Espíritu en los hombres de la antigua dispensación y otro en los que han sido inspirados en el advenimiento de Cristo, lo cual se enseña con mucha claridad en todas las iglesias.

---

[3] Estas puntualizaciones tienen un objetivo antignóstico y antidoceta, al enfatizar la plena realidad de la humanidad de Cristo, no la apariencia fantasmal que los herejes le atribuían, para salvar su divinidad de la supuesta mancha contraída por el contacto con el cuerpo humano.

[4] Las palabras que Rufino traduce como *natus an innatus* son traducidas por Jerónimo en su Epístola a Avito como *factus an infectus*. Criticando los errores del primer libro de *Los principios*, Jerónimo dice: "Orígenes declara que el Espíritu Santo es el tercero en honor y dignidad después del Padre y del Hijo; y aunque confiesa su ignorancia sobre si fue creado o no (*factus an infectus*), después presenta su opinión al respecto, manteniendo que nada es increado excepto Dios Padre".

Aquí, al parecer, Jerónimo, se ha dejado llevar por sus prejuicios, pues Orígenes, un poco más adelante, deja bien asentado que Dios Espíritu Santo es increado igualmente que el Padre o el Hijo: "Hasta ahora no he hallado pasaje alguno de las Escrituras que sugiera que el Espíritu Santo sea un ser creado, ni siquiera en el sentido en que, como he explicado, habla Salomón de que la Sabiduría es creada (cf. Pr. 8, 2), o en el sentido en que, como dije, han de entenderse las apelaciones del Hijo como «vida» o «palabra». Por tanto, concluyo que el Espíritu de Dios que «se movía sobre las aguas» (Gn. 1:2) no es otro que el Espíritu Santo. Ésta parece la interpretación más razonable; pero no hay que mantenerla como fundada directamente en la narración de la Escritura, sino en el entendimiento espiritual de la misma" (*Prin.* I, 3,3).

El alma y su libertad

5. Después de estos puntos, la enseñanza apostólica también consiste en que el alma, teniendo una sustancia y vida propias, después de su salida del mundo, será recompensada según su méritos, siendo destinada a recibir su herencia de vida eterna y felicidad, si sus acciones procuraron esto, o a ser entregado al fuego eterno y al castigo, si la culpa de sus crímenes la ha llevado a eso; y también, que habrá un tiempo de resurrección de los muertos, cuando este cuerpo, que ahora "es sembrado en la corrupción, se elevará en incorrupción", y el que "es sembrado en deshonra se elevará en gloria" (1ª Co. 15:42, 43).

El punto siguiente también está definido por la predicación eclesiástica: toda alma racional está dotada de libre albedrío y de voluntad; y está en lucha con diablo y sus ángeles, así como las potencias adversas, que se esfuerzan entonces por cargarla de pecados; pero si vivimos correcta y sabiamente, debemos procurar sacudirnos y quedar libres de una carga de esta clase.

De esto se sigue, por tanto, que entendemos que no estamos sometidos a la necesidad y que no somos forzados de todas maneras ni a pesar nuestro a obrar el mal o el bien. Dotados como lo estamos del libre albedrío, algunas potencias nos pueden empujar al mal y otras ayudarnos a obrar nuestra salvación; sin embargo no estamos constreñidos por la necesidad a obrar bien o mal.

Piensan lo contrario los que nos dicen que el curso y los movimientos de las estrellas son la causa de los actos humanos, no sólo de aquellos que no dependen del libre albedrío, sino también de los que están en nuestro poder.[5]

Pero en lo que concierne al alma, si el alma se propaga mediante el semen, de manera que su esencia y sustancia se encuentre en el mismo semen corporal, o bien tenga otro origen por generación o sin ella, o si es infundida en el cuerpo desde el exterior o no, no está suficientemente precisado por la predicación apostólica.

El punto siguiente también está definido por la predicación eclesiástica: toda alma racional está dotada de libre albedrío y de voluntad; y está en lucha con diablo y sus ángeles, así como las potencias adversas, que se esfuerzan entonces por cargarla de pecados.

---

[5] "Frente al determinismo pagano de la astrología y de las filosofías inspiradas en ella, frente al determinismo gnóstico de los 'herejes de las naturalezas', Orígenes permanecerá a través de todo su pensamiento como un intrépido paladín del libre arbitrio del hombre que es una de las ideas-fuerza de su teología y, en diálogo con la acción divina, uno

Las
Escrituras
han sido
escritas por
el Espíritu
de Dios,
y tienen un
significado,
no sólo el
que es
evidente
a primera
vista,
sino también
otro,
que se
escapa del
conocimiento
de la
mayoría.
Porque
aquellas
[palabras]
que están
escritas son
las formas
de ciertos
misterios
(*sacramentos*)
y las
imágenes
de las cosas
divinas.

El diablo y sus ángeles

6. En cuanto a la existencia del diablo y sus ángeles, y también de las potencias adversas, la predicación apostólica no ha expuesto con claridad suficiente su naturaleza y modo de ser. Muchos son de la opinión de que el diablo ha sido un ángel y que, devenido apóstata, ha convencido a numerosos ángeles para que lo siguieran en su alejamiento; por eso estos últimos son llamados hasta ahora sus ángeles.

La creación de la nada en el tiempo

7. Esto también es parte de la enseñanza de la Iglesia, que el mundo fue hecho y tomó su principio en un cierto tiempo, y que será destruido debido a su maldad. Pero qué existió antes de este mundo, o qué existirá después de él, muchos no lo saben con certeza, porque no hay ninguna declaración clara sobre ello en la enseñanza de la Iglesia.

Las Escrituras inspiradas divinamente

8. Entonces, finalmente, que las Escrituras han sido escritas por el Espíritu de Dios, y tienen un significado, no sólo el que es evidente a primera vista, sino también otro, que se escapa del conocimiento de la mayoría. Porque aquellas [palabras] que están escritas son las formas de ciertos misterios (*sacramentos*) y las imágenes de las cosas divinas. Respecto a lo cual hay una opinión universal en toda la Iglesia, que la ley entera es verdaderamente espiritual; pero que el significado espiritual que la ley encierra no es conocido a todos, sino únicamente a aquellos a quienes es concedida la gracia del Espíritu Santo en la palabra de sabiduría y de conocimiento.

El término *aswmaton*, esto es, incorpóreo, está en desuso y es desconocido, no sólo en muchas otras escrituras, sino también en las nuestras propias. Y si alguien nos las cita del pequeño tratado titulado la *Doctrina de*

---

de los motores de su cosmología" (H. Crouzel, *Orígenes, un teólogo controvertido*, p. 295. BAC, Madrid 1998). Erasmo se inspiró ampliamente en las ideas de Orígenes expuestas en este libro y conservadas en griego por la *Filocalia*.

Pedro[6], donde el Salvador parece decir a sus discípulos: "No soy un espíritu (*daemonium*) sin cuerpo", tengo que contestar, en primer lugar, que esta obra no está incluida entre los libros eclesiásticos; ya que podemos mostrar que no ha sido compuesta ni por Pedro ni por ningún otro inspirado por el Espíritu de Dios. Pero aunque admitiera este punto, la palabra *aswmaton* no tiene allí el mismo significado que es requerido por los autores griegos y gentiles cuando la naturaleza incorpórea es discutida por filósofos. Porque en el pequeño tratado referido, se usa la frase "espíritu incorpóreo" para denotar que aquella forma o contorno de cuerpo espiritual, sea lo que fuere, no se parecen a este cuerpo nuestro, palpable y visible; pero, de acuerdo con la intención del autor del tratado, debe entenderse que quiere decir que Él no tenía tal cuerpo como los espíritus tienen, que es naturalmente fino (sutil) y delgado, como formado de aire (por esta razón es considerado o llamado por muchos incorpóreo), sino que Él tenía un cuerpo sólido y palpable. Ahora, según la costumbre humana, todo que no es de esta naturaleza es llamado incorpóreo por el simple o ignorante; como si uno tuviera que decir que el aire que respiramos es incorpóreo, porque el aire no es un cuerpo de tal naturaleza que pueda ser agarrado y sostenido, o que pueda ofrecer resistencia a la presión.

El tema de la incorporeidad de Dios

9. Investigaremos, sin embargo, si lo que los filósofos griegos llaman *aswmaton*, "o incorpóreo", se encuentra en la Santa Escritura bajo otro nombre. Ya que debe también ser un tema de investigación saber si Dios mismo tiene que ser entendido como corpóreo o compuesto según alguna forma, o de una naturaleza diferente de los cuerpos; un

Investigaremos si lo que los filósofos griegos llaman *aswmaton*, "o incorpóreo", se encuentra en la Santa Escritura bajo otro nombre. Ya que debe también ser un tema de investigación saber si Dios mismo tiene que ser entendido como corpóreo o compuesto según alguna forma, o de una naturaleza diferente de los cuerpos.

---

[6] Quizás a este escrito se refiere Eusebio cuando trata de Ignacio de Antioquía, y dice que éste, en su carta a Esmirna, "cita de una fuente desconocida acerca de Cristo: 'Sé y creo que incluso después de la resurrección Él estaba en la carne. Cuando acudió a Pedro y a sus compañeros, les dijo: Asidme y tocadme, y ved que no soy un espíritu sin cuerpo. Y ellos tocaron en el acto y creyeron»'" (Eusebio (*Historia eclesiástica*, III, 36). Jerónimo, en su catálogo de escritores eclesiásticos, dice que las palabras citadas corresponden al Evangelio de los Nazarenos, una obra recientemente traducida. Orígenes, sin embargo, la cita como La doctrina de Pedro, que podía encontrarse en esas obras apócrifas.

Esto también es una parte de la enseñanza de la Iglesia, que hay ciertos ángeles de Dios, y ciertas influencias buenas, que son sus siervos en el cumplimiento de la salvación de hombres. Sin embargo, cuándo fueron creados, o cuál es su naturaleza, o cómo existen, no está dicho con claridad.

punto que no está claramente indicado en nuestra enseñanza. Y las mismas averiguaciones tienen que hacerse en cuanto a Cristo y el Espíritu Santo, así como respecto a cada alma y todo lo que posee una naturaleza racional.[7]

Los ángeles, ministros de Dios para la salvación humana

10. Esto también es una parte de la enseñanza de la Iglesia, que hay ciertos ángeles de Dios, y ciertas influencias buenas, que son sus siervos en el cumplimiento de la salvación de hombres. Sin embargo, cuándo fueron creados, o cuál es su naturaleza, o cómo existen, no está dicho con claridad. Respecto al sol, la luna, y las estrellas, si ellas son criaturas vivas o sin vida, no hay ninguna afirmación distintiva.

Cada uno, por lo tanto, debe aprovechar elementos y fundamentos de esta clase, según el precepto: "Encender en vosotros la luz del conocimiento" (Os. 10:12).[8] Y así construir una serie y un cuerpo de doctrinas a partir de las razones y de todo eso, para profundizar con la ayuda de asertos claros y necesarios la verdad de cada punto, a fin de construir con ellos, como hemos dicho, un solo cuerpo de doctrina, ayudándose con comparaciones y afirmaciones que se hayan encontrado en las Sagradas Escrituras o que se hayan descubierto, buscando la consecuencia lógica y siguiendo un razonamiento recto.

---

[7] La argumentación de Orígenes sobre la incoporeidad de Dios fue tan fulminante que a partir de él no vuelve a aparecer como problema en la teología cristiana.

[8] Orígenes cita de la versión de los Setenta, que aquí obedece a un error del traductor, que confunde la palabra hebrea para "tiempo de buscar al Señor", por "ciencia" o "conocimiento".

Libro I

1

Dios

Dios no tiene cuerpo en ningún sentido

1. Sé que algunos pretenden decir, apoyándose incluso en nuestras Escrituras, que Dios es un cuerpo,[9] alegando que lo que encuentran escrito en Moisés: "Nuestro Dios es un fuego consumidor" (Dt. 4:24), y en el evangelio de Juan: "Dios es espíritu, y los que le adoran, en espíritu y verdad es necesario que le adoren" (Jn. 4:24). El fuego y el espíritu, según ellos, no pueden entenderse sino como cuerpo. Ahora, me gustaría preguntar a estas personas qué dicen de lo que está escrito: "Dios es luz, y en Él no hay tinieblas" (1ª Jn. 1:5), como dice Juan en su epístola. Realmente Él es aquella luz que ilumina el entendimiento de todos los que son capaces de recibir la verdad, como se dice en los Salmos: "En tu luz veremos la luz" (35:10). ¿Y qué otra cosa ha de llamarse luz de Dios, en la cual vemos la luz, sino la virtud de Dios, iluminados por la cual conocemos ya la verdad de todas las cosas, ya al mismo Dios, que se llama la Verdad? Tal, pues, es el sentido de las palabras: "En tu luz veremos la luz", esto es, en tu Verbo y tu sabiduría, que es tu Hijo, en Él mismo, te vemos a Ti, el Padre. ¿Acaso porque se llama luz ha de creérsele semejante a la luz de nuestro sol? ¿Cómo podrá darse un intelecto, por leve que sea, que reciba de esta luz corporal la causa de su conocimiento y alcance por ella el entendimiento de la verdad?

Dios es fuego consumidor en sentido moral-espiritual

2. Si, entonces, ellos consienten esta afirmación nuestra sobre la naturaleza de esa luz, que la misma razón demuestra, y confiesan que Dios no puede entenderse

Sé que algunos pretenden decir, apoyándose incluso en nuestras Escrituras, que Dios es un cuerpo, alegando que lo que encuentran escrito en Moisés: "Nuestro Dios es un fuego consumidor", y en el evangelio de Juan: "Dios es espíritu, el fuego y el espíritu", según ellos, no pueden entenderse sino como cuerpo.

---

[9] La primera preocupación de Orígenes es afirmar contra los herejes la espiritualidad de Dios. Dios no es un cuerpo y no existe en ningún tipo de cuerpo; su naturaleza es espiritual y simplicísima.

Consideremos que Dios consume ciertamente y extermina, pero consume los malos pensamientos de las mentes, consume las acciones vergonzosas, consume los deseos del pecado, cuando se introduce en las mentes de los creyentes.

como un cuerpo, según la intelección de esa luz, el mismo razonamiento podrá aplicarse al "fuego que consume" (Dt. 4:24). Porque, ¿qué consumirá Dios en cuanto es fuego? ¿Podrá creerse acaso, que consume la materia corporal, como el leño, el heno, o la paja? Y si Dios es un fuego consumidor de las materias de esa índole, ¿qué se dirá con ello que merezca la alabanza de Dios? Consideremos, en cambio, que Dios consume ciertamente y extermina, pero consume los malos pensamientos de las mentes, consume las acciones vergonzosas, consume los deseos del pecado, cuando se introduce en las mentes de los creyentes, y de esas almas hechas capaces de su Verbo y su sabiduría al habitarlas juntamente con su Hijo según lo que está dicho: "Yo y el Padre vendremos a él, y en él haremos morada" (Jn. 14:23), hace un templo puro para sí y digno de sí, consumiendo en ellas todos los vicios y pasiones.

Y a los que porque está dicho que Dios es espíritu, juzgan que Dios es cuerpo, juzgo que debe respondérseles de esta manera: es costumbre de la Sagrada Escritura, cuando quiere significar algo contrario a este cuerpo craso y sólido, denominarlo "espíritu", y así dice: "La letra mata, pero el espíritu da vida" (2ª Co. 3:6), significando, sin duda, por "letra" lo corporal, y por "espíritu" lo intelectual, que también llamamos espiritual. El apóstol dice también: "Hasta el día de hoy, siempre que leen a Moisés, el velo persiste tendido sobre sus corazones; mas cuando se vuelvan al Señor será corrido el velo. El Señor es espíritu, y donde está el espíritu del Señor está la libertad" (2ª Co. 3:15-17). Porque mientras los hombres no se convierten a la inteligencia espiritual un velo cubre su corazón, y por ese velo, es decir, por la inteligencia crasa, se dice y considera velada la propia Escritura; y por eso se dice que un velo cubría el rostro de Moisés cuando hablaba al pueblo, es decir, cuando se leía la ley públicamente (Éx. 34:36). Pero si nos convertimos al Señor, donde esté también el Verbo de Dios y donde el Espíritu Santo revela la ciencia espiritual, entonces será quitado el velo, y, con el rostro descubierto, contemplaremos en las Santas Escrituras la gloria del Señor.

El Espíritu Santo no es un cuerpo

3. Y aunque muchos santos participan del Espíritu Santo, no puede entenderse el Espíritu Santo como un cuerpo que, dividido en partes corporales, es recibido por cada uno de los santos, sino que es un poder santificante en el cual, se dice, tienen participación todos los que han merecido ser santificados por su gracia. Y para que pueda comprenderse más fácilmente lo que decimos, tomemos un ejemplo aun de cosas distintas: son muchos los que participan el arte de la medicina; ¿acaso hemos de entender que a todos los que participan de la medicina se les ha ofrecido un cuerpo llamado medicina y que se han hecho participantes de él llevándose cada uno una porción? ¿O se ha de entender más bien que participan de la medicina todos aquellos que con mentes prontas y dispuestas perciben la intelección de este arte y disciplina? No debe entenderse, sin embargo, que se trata de un ejemplo absolutamente semejante cuando comparamos la medicina al Espíritu Santo, sino adecuado sólo para probar que no se ha de creer sin más, cuerpo aquello en que participan muchos; porque el Espíritu Santo difiere mucho tanto de la ciencia como de la disciplina de la medicina; el Espíritu Santo es una existencia (*subsistentia*) intelectual, y subsiste y existe de por sí, mientras que la medicina no es nada semejante.

Aunque muchos santos participan del Espíritu Santo, no puede entenderse el Espíritu Santo como un cuerpo que, dividido en partes corporales, es recibido por cada uno de los santos. El Espíritu Santo es una existencia intelectual, y subsiste y existe de por sí.

Dios es espíritu

4. Pero pasemos ya a las mismas palabras del Evangelio donde está escrito que "Dios es espíritu" (Jn. 4:24), y mostremos cómo deben entenderse de acuerdo con lo que hemos dicho. Preguntemos, pues, cuándo dijo esto nuestro Salvador, a quién, y en respuesta a qué. Encontramos que pronunció las palabra, "Dios es espíritu", hablando a la mujer samaritana, a aquella que creía que se debía adorar a Dios en el monte Gerizim, según la opinión de los samaritanos. En efecto, la mujer samaritana preguntaba, creyendo que era uno de los judíos, si se debía adorar a Dios en Jerusalén o en ese monte, y decía así: "Nuestros padres adoraron en este monte, y vosotros decís que es Jerusalén el sitio donde hay que adorar" (Jn. 4:20). Así, pues, a lo que creía la samaritana pensando que según la

Decimos que realmente Dios es incomprensible e inconmensurable, pues si hay algo que podemos sentir o entender acerca de Dios, hemos de creer necesariamente que Dios es infinitamente mejor de lo que sentimos.

prerrogativa de los lugares corporales Dios era adorado menos recta o debidamente por lo judíos en Jerusalén o por los samaritanos en el monte Gerizim, respondió el Salvador que el que quiere seguir al Señor debe guardarse de todo prejuicio sobre los lugares corporales, y dice así: "Llega la hora, y ésta es cuando verdaderos adoradores adorarán al Padre en espíritu y en verdad. Dios es espíritu, y los que le adoran deben adorarle en espíritu y en verdad" (Jn. 4:23-24). Y observa cuán consecuentemente asoció la verdad al espíritu, de modo que empleó el nombre de espíritu para establecer una distinción respecto de los cuerpos, y el de verdad para establecer una distinción respecto de la sombra o imagen. En efecto, los que adoraban en Jerusalén, sirviendo a la sombra o imagen de las cosas celestes, no adoraban a Dios en verdad ni en espíritu como tampoco los que adoraban en el monte Gerizim.

Dios es incomprensible e inconmensurable

5. Habiendo, pues, refutado, en la medida en que podemos, todos los sentidos que pudieran sugerir que nosotros pensamos de Dios algo corpóreo, decimos que realmente Dios es incomprensible e inconmensurable (*inaestimabilem*), pues si hay algo que podemos sentir o entender acerca de Dios, hemos de creer necesariamente que Dios es infinitamente mejor de lo que sentimos. En efecto, si viéramos un hombre que con dificultad pudiera mirar una chispa de luz, o la llama de una lamparilla, y quisiéramos hacer comprender a uno cuya vista no pudiera abarcar más luz que la mencionada claridad y esplendor del sol, ¿no deberíamos decirle que el esplendor del sol es indecible e incalculablemente mejor y más excelente que toda la luz que él ve? Así nuestra mente, por estar encerrada en la prisión de la carne y la sangre, y hacerse más embotada y obtusa por la participación de esta materia, aunque sea considerada como muy superior en comparación de la naturaleza corpórea, ocupa apenas el lugar de una chispa o de una lucecita cuando se esfuerza por comprender lo incorpóreo y procura contemplarlo. Pero ¿qué hay entre todos los objetos intelectuales, es decir, incorpóreos, que sea tan superior a los demás y les sea tan indecible a incalculablemente superior como Dios?

La agudeza de la mente humana, por más pura y clara que esta sea, no puede alcanzar ni contemplar la naturaleza divina.

Dios es homogéneo e indivisible

6. Pero no aparecerá absurdo si empleamos otra similitud para hacer más evidente la explicación de nuestro objeto: Nuestros ojos no pueden contemplar la naturaleza misma del sol, esto es, su sustancia; pero contemplando su resplandor, o los rayos que penetran quizá por las ventanas o por otros pequeños receptáculos de luz, podemos considerar cuál será la magnitud del propio hogar y fuente de la luz corpórea. Y así las obras de la divina providencia y el arte de este universo son como ciertos rayos de la naturaleza de Dios, en comparación de su propia sustancia y naturaleza.[10] Y porque nuestra mente, por sí misma, no puede contemplar a Dios mismo como es, entiende al Padre del universo partiendo de la hermosura de sus obras y la belleza de sus criaturas. Por consiguiente, no se ha de pensar que Dios es cuerpo, ni está en un cuerpo, sino que es una naturaleza intelectual simple (*simplex intellectualis natura*), que no admite en sí ninguna adición; de modo que no puede creerse que tiene en sí algo mayor y algo inferior, sino que es por todas partes *mónada*[11] y, por así decirlo unidad, y mente, y la fuente de la que toda la naturaleza intelectual o la mente toman su principio.

Por otra parte, la mente, para sus movimientos u operaciones, no tiene necesidad de ningún espacio físico, ni magnitud sensible, ni de hábito corporal, o color, ni de ninguna otra cosa de las que son propias del cuerpo o de la materia. Por eso aquella naturaleza simple que es toda mente, para moverse a operar algo, no puede tener dilación ni demora alguna, para que no parezca restringirse o circunscribirse en alguna medida, por una adición de este género, la simplicidad de la naturaleza divina; de

No se ha de pensar que Dios es cuerpo, ni está en un cuerpo, sino que es una naturaleza intelectual simple, que no admite en sí ninguna adición; de modo que no puede creerse que tiene en sí algo mayor y algo inferior, sino que es por todas partes *mónada* y, por así decirlo unidad, y mente, y la fuente de la que toda la naturaleza intelectual o la mente toman su principio.

---

[10] Dios es superior a la misma sustancia, ya que no participa de ella; la sustancia participa de Dios, pero Dios no participa de nada.

[11] *Mónada* es un término pitagórico, del que Orígenes se sirve para expresar la unidad de Dios. También utiliza el término neoplatónico de *énada*, que expresa aún más netamente la singularidad absoluta de Dios.

Que la mente no necesita lugar para moverse según su naturaleza es cosa segura aun partiendo de la consideración de nuestra mente. Tampoco tiene necesidad la mente de un tamaño corporal para hacer algo, o para moverse, como el ojo que se difunde al contemplar los cuerpos grandes, pero se contrae y comprime para ver los pequeños y reducidos.

suerte que lo que es principio de todas las cosas resulta compuesto y diverso, y sea muchas cosas y no una sola aquello que debe ser ajeno a toda mezcla corpórea, y constar por así decirlo, de la sola especie divina.

Que la mente no necesita lugar para moverse según su naturaleza es cosa segura aun partiendo de la consideración de nuestra mente. Ya que si la mente permanece en su propia medida y no está embotada por alguna causa, nunca sufrirá demora en la ejecución de sus movimientos a consecuencia de la diversidad de los lugares, ni adquirirá tampoco, en virtud de la cualidad de los lugares, aumento o incremento alguno. Y si alguien lo pretende fundándose en que, por ejemplo, los que navegan y están agitados por el oleaje del mar tienen la mente bastante menos vigorosa que suele estarlo en tierra, no debe creerse que les acontece esto por la diversidad del lugar, sino por la conmoción y agitación del cuerpo, al que la mente está unida o en el que está injerta. Porque el cuerpo humano parece vivir en el mar contra la naturaleza, y soportar entonces los movimientos de la mente desordenadamente, como por cierta incapacidad suya, siguiendo de un modo más obtuso el compás de aquélla. Lo mismo acontece en tierra cuando se sufre un ataque de fiebre: es indudable que si, por la violencia de la fiebre, la mente no desempeña su cometido no es culpa del lugar, sino que se debe acusar de ello a la enfermedad del cuerpo, que, turbándole y confundiéndole, no le permite prestar a la mente los servicios acostumbrados por las vías conocidas y naturales; ya que nosotros, los seres humanos, somos animales compuestos por la unión de un cuerpo y un alma. Y esto es lo que hizo posible que nosotros habitásemos sobre la tierra. Pero no puede considerarse que Dios, que es principio de todas las cosas, es un compuesto, porque resultarían anteriores al mismo principio los elementos, de los cuales se compone todo aquello, sea lo que fuere, que se llama compuesto. Tampoco tiene necesidad la mente de un tamaño corporal para hacer algo, o para moverse, como el ojo que se difunde al contemplar los cuerpos grandes, pero se contrae y comprime para ver los pequeños y reducidos. La mente, sin duda, necesita, una magnitud inteligible que no crece corporalmente, sino inteligiblemente. En efecto, la mente no crece a una con el cuerpo mientras tiene lugar el crecimiento corporal, hasta los veinte o los treinta años de edad, sino que por la instrucción y el ejercicio se va perfeccionando la agudeza del ingenio, y las facultades que se encuentran en él como en germen son provocadas a la inteligencia, haciéndose capaz de una comprensión mayor, no porque la aumente el crecimiento corporal, sino porque es perfeccionada por el ejercicio de la instrucción. Y no es susceptible de ella desde la infancia o desde el nacimiento, porque la contextura de los miembros de que la mente se sirve como de instrumentos de su propio ejercicio es aún débil y floja, y no puede ni sostener la fuerza de la operación de la mente, ni ofrecer la posibilidad de aprender una disciplina.

La mente como imagen intelectual de Dios

7. Pero si hay quien piensa que la mente misma y el alma son cuerpo, quisiera que me respondieran cómo puede abarcar las razones y aserciones de tantas cosas, y de cosas tan difíciles y sutiles. ¿De dónde le viene el poder de la memoria? ¿De dónde la facultad de contemplar las cosas invisibles? ¿De dónde el que un cuerpo pueda entender lo incorpóreo? ¿Cómo una naturaleza corporal investiga los procesos de las varias artes, y contempla los motivos de las cosas? ¿De dónde le viene el poder entender y sentir las verdades divinas, que son evidentemente incorpóreas? Podría pensarse que, así como nuestra forma corpórea, y la misma configuración de las orejas y de los ojos contribuyen en cierta medida al oído y a la vista, y todos los miembros formados por Dios tienen cierta adaptación que deriva de la misma cualidad de su forma para aquello que naturalmente están destinados a hacer, así también la configuración del alma y de la mente debe entenderse como apta y adecuadamente formada para sentir y entender todas las cosas y ser movida por los movimientos vitales. Pero no veo cómo podría describirse o expresarse el color de la mente en cuanto es mente y se mueve inteligiblemente.

Para confirmación y explicación de lo que hemos dicho sobre la mente o el alma partiendo de su superioridad respecto de toda naturaleza corpórea puede añadirse aún lo siguiente: a cada sentido corpóreo le es propia una sustancia sensible a la cual el mismo sentido se dirige.

Existe
cierto
parentesco
entre
la mente
y Dios,
de quien la
misma mente
es imagen
intelectual;
y por ello
puede sentir
algo de la
naturaleza
de la
divinidad.

Por ejemplo, a la vista, los colores, la configuración, el tamaño; al oído las voces y sonidos; al olfato, los vapores y los olores buenos y malos; al gusto, los sabores; al tacto, lo caliente y lo frío lo duro y lo blando, lo áspero y lo liso. Ahora bien, para todos es claro que el sentido de la mente es muy superior a todos esos sentidos que hemos mencionado. ¿Cómo, pues, no parecerá absurdo que esos sentidos inferiores tengan, como su correlato, sustancias, y que al sentido de la mente, que es una facultad superior, no responda correlato sustancial alguno, sino que la facultad de la naturaleza intelectual sea un mero accidente o consecuencia del cual los que tal afirman afrentan, sin duda?; al hacerlo, la sustancia más excelente que hay en ellos, y, lo que es más, el menosprecio alcanza al mismo Dios cuando creen que puede ser comprendido por medio de la naturaleza corpórea, porque, según ellos, es cuerpo también lo que puede comprenderse o sentir por medio del cuerpo. No quieren comprender que existe cierto parentesco entre la mente y Dios, de quien la misma mente es imagen intelectual; y por ello puede sentir algo de la naturaleza de la divinidad, sobre todo si está purgada y apartada de la materia corporal.

Diferencia entre ver y conocer a Dios

8. Pero, quizás, estas declaraciones pueden parecer que tienen menos autoridad para aquellos que quieren instruirse sobre las cosas divinas partiendo de las Sagradas Escrituras y que procuran también por ellas convencerse de la supremacía de la naturaleza de Dios respecto de la corpórea. Considera, pues, si no afirma esto el mismo apóstol cuando habla de Cristo diciendo: "El cual es la imagen de Dios invisible, primogénito de toda criatura" (Col. 1:15).

La naturaleza de Dios no es, como algunos creen, visible para unos e invisible para otros, pues no dice el apóstol "la imagen de Dios invisible" para los hombres o invisible para los pecadores, sino que con gran firmeza hace una declaración sobre la misma naturaleza de Dios diciendo: "imagen del Dios invisible". Asimismo, Juan en su Evangelio, al decir que "a Dios nadie le vio jamás" (Jn. 1:18), declara manifiestamente a todos los que son capaces de entender, que no hay ninguna naturaleza para la cual

Dios sea visible; y no porque, siendo visible por naturaleza escape y exceda a la visión de la criatura demasiado frágil, sino porque es naturalmente imposible que sea visto. Y si me preguntaras cuál es mi opinión del mismo Unigénito y dijere que tampoco para Él es visible la naturaleza de Dios, que es naturalmente invisible, no te apresures a juzgar esta respuesta impía o absurda. En seguida te diré la razón. Una cosa es ver y otra conocer; ser visto y ver son cosas propias de los cuerpos; ser conocido y conocer es propio de la naturaleza intelectual. Por consiguiente, lo que es propio de los cuerpos no se ha de pensar del Padre ni del Hijo. En cambio, lo que pertenece a la naturaleza de la deidad es común al Padre y al Hijo (*constat inter Patrem et Filium*). Finalmente, tampoco Él mismo dijo en el Evangelio que nadie vio al Padre, sino el Hijo, ni al Hijo sino el Padre, sino que dice: "Nadie conoce al Hijo, sino el Padre, y nadie conoce al Padre, sino el Hijo" (Mt. 11:27). Con esto se indica claramente que lo que entre naturalezas corpóreas se llama ser visto y ver, entre el Padre y el Hijo se llama conocer y ser conocido, por la facultad del conocimiento, y no por la fragilidad de la visualidad. Por consiguiente, como de la naturaleza incorpórea e invisible no se dice propiamente que ve ni que es vista, por eso no se dice en el Evangelio que el Padre es visto por el Hijo, ni el Hijo por el Padre, sino que son conocidos.

A Dios se ve y se conoce por la mente

9. Y si alguien nos pregunta por qué está dicho: "Bienaventurados los limpios de corazón, porque ellos verán a Dios" (Mt. 5:8), nuestra posición, a mi juicio, se afirmará mucho más con esto, pues ¿qué otra cosa es ver a Dios con el corazón, sino entenderle y conocerle con la mente, según lo que antes hemos expuesto? En efecto, muchas veces los nombres de los miembros sensibles se refieren al alma, de modo que se dice que ve con los ojos del corazón esto es, que comprende algo intelectual con la facultad de la inteligencia. Así se dice también que oye con los oídos cuando advierte el sentido de la inteligencia más profunda. Así decimos que el alma se sirve de dientes cuando come, y que come el pan de vida que descendió del cielo. Igualmente se dice que se sirve de los oídos de los demás miembros que, trasladados de su sentido corporal, se

Lo que entre naturalezas corpóreas se llama ser visto y ver, entre el Padre y el Hijo se llama conocer y ser conocido, por la facultad del conocimiento, y no por la fragilidad de la visualidad. Por eso no se dice en el Evangelio que el Padre es visto por el Hijo, ni el Hijo por el Padre, sino que son conocidos.

Hay dos clases de sentidos en nosotros: uno mortal, corruptible humano; otro inmortal e intelectual, que en ese pasaje llamó divino. Es pues con ese sentido divino, no de los ojos, sino del corazón limpio, que es la mente, con el que Dios puede ser visto por aquellos que son dignos.

aplican a las facultades del alma, como dice también Salomón: "Hallarás el sentido divino" (Pr. 2:5). Él ya sabía que hay dos clases de sentidos en nosotros: uno mortal, corruptible humano; otro inmortal e intelectual, que en ese pasaje llamó divino. Por consiguiente es con ese sentido divino, no de los ojos, sino del corazón limpio, que es la mente, con el que Dios puede ser visto por aquellos que son dignos. En efecto, encontrarás que en todas las Escrituras, tanto antiguas como nuevas, el término "corazón" se usa con frecuencia en lugar de "mente", esto es, la facultad intelectual.

De esta manera, por tanto, aunque muy por debajo de la dignidad del tema, hemos hablado de la naturaleza de Dios, como los que la entienden bajo la limitación del entendimiento humano. En el próximo punto, veremos lo que se quiere decir por el nombre de Cristo.

2

Cristo

Examen de la naturaleza de Cristo, Hijo unigénito de Dios

1. En primer lugar, debemos notar que la naturaleza de aquella deidad que está en Cristo respecto a su ser Hijo unigénito de Dios, es una cosa, y que la naturaleza humana por Él asumida en estos últimos días con el propósito de la dispensación [de la gracia] es otro. Por lo tanto, primero tenemos que averiguar qué es el Hijo unigénito de Dios, viendo que es llamado por muchos nombres diferentes,[12] según las circunstancias y las opiniones individuales. Ya que es llamado Sabiduría, según la expresión de Salomón: "El Señor me poseía en el principio de su camino, ya de antiguo, antes de sus obras. Eternamente tuve el principado, desde el principio, antes de la tierra. Antes de los abismos fui engendrada; antes que fuesen las fuentes de las muchas aguas. Antes que los montes fuesen fundados. Antes de los collados, era yo engendrada" (Pr. 8:22-25).

También es llamado el Primogénito de toda criatura, como el apóstol declaraba: "El primogénito de cada creación" (Col. 1:15). El primogénito, sin embargo, no es por naturaleza una persona diferente de la Sabiduría, sino que es una y la misma. Finalmente, el apóstol Pablo dice que "Cristo (es) poder de Dios y sabiduría de Dios" (1ª Co. 1:24).

Cristo no fue engendrado en el tiempo, sino en la eternidad

2. No vaya alguno a imaginarse que queremos decir algo impersonal (*aliquid insubstantivum*) cuando lo llama-

En primer lugar, debemos notar que la naturaleza de aquella deidad que está en Cristo respecto a su ser Hijo unigénito de Dios, es una cosa, y que la naturaleza humana por Él asumida en estos últimos días con el propósito de la dispensación [de la gracia] es otro.

---

[12] La cristología de Orígenes es una teología de los nombres o títulos de Cristo, que se le dan en el Nuevo Testamento y también en el Antiguo, leído según la exégesis alegórica. Los nombres de Cristo representan las diversas funciones o atributos de que Cristo se reviste en su papel de mediador con respecto a los hombres. Los valentinianos habían hipostasiado los nombres bíblicos de Cristo como entidades separadas para designar algunos de los Eones que poblaban su Pleroma. Para Orígenes se trata sólo de los diversos aspectos en que se nos presenta Cristo.

mos sabiduría de Dios; o suponga, por ejemplo, que lo entendemos no como un ser vivo dotado de sabiduría, sino algo que hace a los hombres sabios, dándose a sí mismo e implantándose en las mentes de los que son capaces de recibir sus virtudes e inteligencia. Si, entonces, se entiende correctamente que el Hijo unigénito de Dios es su sabiduría hipostáticamente existiendo (*substantialiter*), no sé si nuestra curiosidad debería avanzar más allá de esto, o albergar la sospecha de que esta *hypostasis* o sustancia contenga algo de una naturaleza corporal, ya que todo lo que es corpóreo es distinguido por la forma, o el color, o la magnitud. ¿Y quién en su sentido cabal ha buscado alguna vez forma, color, o tamaño en la sabiduría, respecto a su ser sabiduría? ¿Y quién que sea capaz de tener sentimientos o pensamientos respetuosos sobre Dios, puede suponer o creer que Dios el Padre existió alguna vez, incluso durante un instante de tiempo (*ad punctum alicujus momenti*) sin haber generado esta Sabiduría? Ya que en ese caso debe decir que Dios fue incapaz de generar la Sabiduría antes de que Él la produjera, de modo que Él llamó después a la existencia lo que anteriormente no existía, o que Él poseía el poder ciertamente, pero lo que no se puede decir de Dios sin impiedad es que no estaba dispuesto a usarlo; ambas suposiciones, es evidente, son impías y absurdas, ya que ello significaría que Dios avanzó de una condición de inhabilidad a una de capacidad, que aunque poseía el poder, lo ocultó, y retrasó la generación de Sabiduría. Pero nosotros siempre hemos mantenido que Dios es el Padre de Su Hijo unigénito, quien ciertamente nació de Él, y deriva de Él lo que Él es, pero sin comienzo ni principio, no sólo el que puede ser medido por cualquier división de tiempo, sino hasta el que sólo la mente puede contemplar dentro de sí misma, u observar, por así decirlo, con los poderes desnudos del entendimiento.[13]

Por lo tanto debemos creer que la Sabiduría ha sido generada antes de cualquier principio que pueda ser com-

---

[13] Para Orígenes está claro que el Padre no ha comenzado a ser Padre, como si no lo hubiese sido antes, puesto que todo cambio en Dios es inconcebible. "No existe momento en que el Hijo no fuese." Es inconcebible que el Padre haya existido jamás sin su Sabiduría, su Razón, su Palabra, expresiones que designan al Hijo.

prendido o expresado. Y ya que todo el poder creativo de la futura creación (*omnis virtus ac deformatio futurae creaturae*) estaba incluido en la misma existencia de Sabiduría (tanto de aquellas cosas que tienen un original o de las que tienen una existencia derivada), habiendo sido formadas de antemano y arreglado por el poder de la presciencia; debido a las criaturas que hemos descrito y como si estuvieran prefiguradas en la Sabiduría misma, la Sabiduría dice, en las palabras de Salomón, que ella ha sido creada al principio de los caminos de Dios, puesto que ella contuvo dentro de sí los principios, o las formas, o las especies de toda la creación.

Cristo, Verbo revelatorio de Dios

3. De la misma manera en que hemos entendido que la Sabiduría fue el principio de los caminos de Dios, y se dice que es creada, formando de antemano y conteniendo dentro de ella las especies y los principios de todas las criaturas, debemos nosotros entender que ella es la Palabra [Verbo] de Dios, debido a su revelación a todos otros seres, esto es, a la creación universal, la naturaleza de los misterios y los secretos que están contenidos en la sabiduría divina; y por esta razón es llamada la Palabra, porque ella es, como así decir, el intérprete de los secretos de la mente. Y por tanto, ese lenguaje que encontramos en los *Hechos de Pablo*,[14] donde se dice que "aquí está la Palabra de un ser viviente", me aparece correctamente usado. Juan, sin embargo, con más sublimidad y propiedad, dice en el principio de su Evangelio, definiendo a Dios mediante una especial definición, que es la Palabra: "Y Dios era la Palabra.[15] Este era en el principio con Dios" (Jn. 1:1). Dejemos, entonces, que quien asigna un principio al Verbo o la Sabiduría de Dios, tenga cuidado de no ser culpable de impiedad contra el Padre inengendrado, viendo que Él siempre ha sido Padre, habiendo generado la Palabra y poseído la sabiduría en todos los períodos precedentes,

Dejemos que quien asigna un principio al Verbo o la Sabiduría de Dios, tenga cuidado de no ser culpable de impiedad contra el Padre inengendrado, viendo que Él siempre ha sido Padre, habiendo generado la Palabra y poseído la sabiduría en todos los períodos precedentes.

---

[14] Eusebio menciona esta obra en su *Historia eclesiástica* III, 3, 25, como perteneciente a los escritos apócrifos que entonces circulaban por las iglesias. Los *Hechos de Pablo y Tecla* es un escrito diferente a los *Hechos de Pablo*.

[15] O: "Y el Verbo era Dios" (Jn. 1:1).

Pero ya que iba a ocurrir que también algunos cayeran de la vida y acarrearan su propia muerte, y como no debía ser que lo que una vez fue creado para gozar de la vida pereciera completamente, fue necesario que, antes de la muerte, existiera un poder que destruyera la muerte venidera y que hubiera así resurrección –el tipo del cual estaba en nuestro Señor.

tanto si éstos son llamados tiempos o edades, o cualquier otro título que pueda dárseles.

Cristo es la razón de todo cuanto existe

4. Consecuentemente, este Hijo es también la verdad y la vida de todo lo que existe. Y con razón. Porque ¿cómo podrían ser aquellas cosas que han sido creadas vivas, a menos que deriven su ser de la vida? ¿O cómo podrían ser aquellas cosas que verdaderamente existen, a menos que procedan de la verdad? ¿O cómo podrían existir seres racionales de no ser que la Palabra o la razón haya existido previamente? ¿O cómo podrían ser sabios sin la existencia de la sabiduría? Pero ya que iba a ocurrir que también algunos cayeran de la vida y acarrearan su propia muerte por su declinación –porque la muerte no es otra cosa que apartarse de la vida–, y como no debía ser que lo que una vez fue creado para gozar de la vida pereciera completamente, fue necesario que, antes de la muerte, existiera un poder que destruyera la muerte venidera y que hubiera así resurrección –el tipo del cual estaba en nuestro Señor y Salvador–; y que esta resurrección debería tener su fundamento en la sabiduría, la Palabra y la vida de Dios.

Entonces, en segundo lugar, ya que algunos de los que fueron creados no iban a estar siempre dispuestos a permanecer inmutables e inalterables en la calma y goce moderado de las bendiciones que poseían, sino que, a consecuencia de lo bueno que estaba en ellos no siendo suyo por naturaleza o esencia, sino por accidente, debían pervertirse y cambiar, y caer de su posición, por lo tanto fue la Palabra y la Sabiduría de Dios que hizo el Camino. Y se ha llamado así porque esto conduce al Padre a los que andan en Él.[16]

La distinta generación de las criaturas y del Hijo

Cualquier cosa que hayamos predicado de la sabiduría de Dios, tiene que entenderse y aplicarse de manera apropiada al Hijo de Dios, en virtud de su ser: Vida, Pa-

---

[16] Cf. "Yo soy el camino, la verdad, y la vida; nadie viene al Padre, sino por mí" (Jn. 14:6).

labra, Verdad y Resurrección; ya que todos estos títulos están sacados de su poder y operaciones, y en ninguno de ellos se encuentra la más mínima razón para entenderlos de un modo corporal, que pudiera denotar tamaño, o forma, o color; porque aquellos hijos de los hombres que aparecen entre nosotros, o los que descienden de otras criaturas vivas, corresponden a la semilla de los que los han engendrado, o se derivan de aquellas madres, en cuyas matrices han sido formados y nutridos, independientemente de lo que ellos traigan a esta vida y llevan con ellos cuando nacen.

Es cosa blasfema e inadmisible pensar que la manera como Dios Padre engendra al Hijo y le da el ser es igual a la manera como engendra un hombre o cualquier otro ser viviente. Al contrario, se trata necesariamente de algo muy particular y digno de Dios, con el cual nada absolutamente se puede comparar. No hay pensamiento ni imaginación humana que permita llegar a comprender cómo el Dios inengendrado viene a ser Padre del Hijo unigénito. Porque se trata, en efecto, de una generación desde siempre y eterna, a la manera como el resplandor procede de la luz. El Hijo no queda constituido como tal de una manera extrínseca, por adopción, sino que es verdaderamente Hijo por naturaleza.[17]

Confirmación de la Escritura

5. Vayamos a examinar ahora cómo aquellas declaraciones que hemos adelantado son mantenidas por la autoridad de la santa Escritura. El apóstol Pablo dice, que el Hijo unigénito es "la imagen del Dios invisible", y "el primogénito de toda creación" (Col. 1:15), y escribiendo a los Hebreos, dice de Él que es "el resplandor de su gloria, y la imagen misma de su sustancia" (He. 1:3). Ahora, encontramos en el tratado llamado la *Sabiduría de Salomón*

No hay pensamiento ni imaginación humana que permita llegar a comprender cómo el Dios inengendrado viene a ser Padre del Hijo unigénito. Porque se trata, en efecto, de una generación desde siempre y eterna, a la manera como el resplandor procede de la luz. El Hijo no queda constituido como tal de una manera extrínseca, por adopción, sino que es verdaderamente Hijo por naturaleza.

---

[17] "Hemos de entender –escribe Orígenes en otro lugar– que la luz eterna no es otra que el mismo Dios Padre. Ahora bien, nunca se da la luz sin que se dé juntamente con ella el resplandor, ya que es inconcebible una luz que no tenga su propio resplandor. Si esto es así, no se puede decir que hubiera un tiempo en el que no existiera el Hijo; y, sin embargo, no era inengendrado, sino que era como un resplandor de una luz inengendrada, que era su principio fontal en cuanto que de ella procedía. Con todo, no hubo tiempo en el que (el Hijo) no existiera" (*In He.*, fr. 1).

**Veamos
ahora cómo
debemos
entender
la expresión
"la imagen
invisible",
de modo
que podamos
de esta
manera
percibir por
qué Dios es
correctamente
llamado
Padre de su
Hijo.
Saquemos,
en primer
lugar,
nuestras
conclusiones
de lo que
solemos
llamar
imágenes.**

la descripción siguiente de la sabiduría de Dios: "Ella es el aliento del poder de Dios, y el flujo más puro de la gloria del Todopoderoso" (Sab. 7:25).[18] Nada que es contaminado, por tanto, puede encontrarse en ella. Porque ella es el esplendor de la luz eterna y el espejo inmaculado de la obra de Dios, y la imagen de su bondad. Ahora decimos, igual que antes, que la Sabiduría tiene su existencia en ninguna parte, sino en Él, que es el principio de todas las cosas; de quien también se deriva que es sabio, porque Él mismo es el único que es por naturaleza Hijo y, por lo tanto, llamado Unigénito.

Cristo, imagen del Dios invisible

6. Veamos ahora cómo debemos entender la expresión "la imagen invisible" (Col. 1:15), de modo que podamos de esta manera percibir por qué Dios es correctamente llamado Padre de su Hijo. Saquemos, en primer lugar, nuestras conclusiones de lo que solemos llamar imágenes entre los hombres. A veces se llama imagen a algo que está pintado o esculpido en alguna sustancia material, como la madera o la piedra; y a veces se dice de un niño que es la imagen de su padre, cuando sus rasgos en ningún aspecto desdicen la semejanza con su padre. Pienso, por tanto, que el hombre que ha sido formado a imagen y semejanza de Dios puede compararse debidamente a la primera ilustración. Respecto a Él, de todos modos, lo veremos con más precisión, si Dios lo quiere, cuando tratemos de exponer el pasaje de Génesis.[19]

Pero la imagen del Hijo de Dios, de quien ahora hablamos, puede ser comparada al segundo de los susodichos ejemplos, incluso respecto a esto: que Él es la imagen invisible del Dios invisible, en la misma manera que decimos, según la historia sagrada, que la imagen de Adán es su hijo Set. Las palabras son, "y Adán engendró a Set

---

[18] "La sabiduría es más ágil que todo cuanto se mueve. Se difunde su pureza y lo penetra todo; porque es un hálito de su poder divino y una emanación pura de la gloria de Dios Omnipotente, por lo cual nada manchada hay en ella. Es el resplandor de la luz eterna, el espejo sin mancha del actuar de Dios, imagen de su bondad" (Sab. 7:24-25, Nácar-Colunga).

[19] Sobre Génesis, Orígenes escribió 13 libros, según Jerónimo, 12, según Eusebio, y predicó 17 homilías.

a su semejanza, conforme a su imagen" (Gn. 5:3). Ahora, esta imagen contiene la unidad de naturaleza y sustancia pertenecientes al Padre y al Hijo. Porque si el Hijo hace, de la misma manera, todas las cosas que hace el Padre, entonces, en virtud de este hacer del Hijo semejante al Padre, es la imagen del Padre formada en el Hijo, quien es nacido de Él, como un acto de Su voluntad procedente de su mente. No soy, por tanto, de la opinión de que la sola voluntad del Padre debería ser suficiente para la existencia de todo lo que Él desea que exista. Porque en el ejercicio de su voluntad Él no emplea nada que lo que es dado a conocer por el consejo de su voluntad. Así, también, la existencia del Hijo es generada por Él. Este punto debe mantenerse por encima de todos los demás por aquellos que no permiten que nada puede ser inengendrado, esto es, nonato, salvo Dios el Padre únicamente.

Debemos tener cuidado para no caer en las absurdidades de los que imaginan ciertas emanaciones, para dividir la naturaleza divina en partes, y así dividir a Dios Padre tanto como pueden, pues aun albergar la más remota sospecha de tal cosa en cuanto a un ser incorpóreo es no sólo lo máximo de la impiedad, sino una señal de gran locura; siendo lo más remoto de cualquier concepción inteligente que pueda hacerse de la división física de una naturaleza incorpórea. Antes bien, como acto de la voluntad, proviene del entendimiento, y ni corta ninguna parte, ni la separa ni la divide, como algunos suponen que el Padre engendra al Hijo, a su propia imagen, a saber, que el que es invisible por naturaleza, engendró una naturaleza invisible. Porque el Hijo es la Palabra y, por tanto, no debemos entender que algo en Él sea reconocible por los sentidos.

Él es sabiduría, y en la sabiduría no puede haber ninguna sospecha de nada corpóreo. Él es la luz verdadera "que ilumina a todo hombre que viene a este mundo" (Jn. 1:10); pero Él no tiene nada en común con la luz del sol. Nuestro Salvador, por tanto, es la imagen del Dios invisible, puesto que comparado con el Padre, Él es la verdad; y comparado con nosotros, a quienes nos revela al Padre, es la imagen por la que venimos al conocimiento del Padre, a quien nadie conoce "sino el Hijo, y aquel a quien el Hijo lo quiera revelar" (Mt. 11:27). Y su método de reve-revelación es por el entendimiento. Por Él, por quien el Hijo mismo es entendido, entiende, como consecuencia, al

Debemos tener cuidado para no caer en las absurdidades de los que imaginan ciertas emanaciones, para dividir la naturaleza divina en partes, y así dividir a Dios Padre tanto como pueden. Él es sabiduría, y en la sabiduría no puede haber ninguna sospecha de nada corpóreo.

Pero ya que citamos el lenguaje de Pablo en cuanto a Cristo, donde dice de Él que "el resplandor de la gloria de Dios, y la imagen misma de su sustancia", no está de más preguntarse cómo puede decirse que se es la imagen misma de una persona, excepto de la persona misma de Dios, independientemente de ser el significado de persona y sustancia.

Padre también, según sus propias palabras: "El que me ha visto a mí, ha visto al Padre" (Jn. 14:9).

Dios de luz y dador de luz

7. Pero ya que citamos el lenguaje de Pablo en cuanto a Cristo, donde dice de Él que "el resplandor de la gloria de Dios, y la imagen misma de su sustancia" (He. 1:3), vayamos a considerar qué idea tenemos que formarnos de esto. Según Juan, "Dios es luz" (1ª Jn. 1:5). El Hijo unigénito, por tanto, es la gloria de esta luz, procediendo inseparablemente de Dios mismo, como el resplandor de la luz, e iluminando toda la creación. Porque, de acuerdo a lo que ya hemos explicado en cuanto a la manera en la que Él es el Camino, y que conduce al Padre; y en la que Él es la Palabra, interpretando los secretos de la sabiduría y los misterios del conocimiento, haciéndolos saber a la creación racional; y es también la Verdad, y la Vida, y la Resurrección, de la misma manera deberíamos entender el significado de su resplandor; porque es por su esplendor que entendemos y sentimos lo que es la luz. Y este esplendor, presentándose cuidadosa y suavemente a los ojos frágiles y débiles de los mortales, y gradualmente educándolos y acostumbrándolos a soportar el resplandor de la luz, cuando quita de ellos todo obstáculo y obstrucción de la visión, según el propio precepto del Señor, "saca primero la viga de tu propio ojo" (Lc. 6:42), para hacerles capaces de aguantar el esplendor de la luz, siendo también hecho en este sentido una especie de mediador entre hombres y la luz.

Imagen de la misma persona o sustancia de Dios

8. Pero ya que el apóstol lo llama no sólo el resplandor de Su gloria, sino también la imagen misma de su persona o sustancia (He. 1:3), no está de más preguntarse cómo puede decirse que se es la imagen misma de una persona, excepto de la persona misma de Dios, independientemente de ser el significado de persona y sustancia. Considera, entonces, si el Hijo de Dios, sabiendo que es su Palabra y Sabiduría, quien sólo conoce al Padre y lo revela a quien Él lo desea —es decir, a los que son capaces de recibir su palabra y sabiduría—, no puede, respecto a este

punto de revelar y hacer conocer a Dios, ser llamado la imagen de su persona y sustancia; es decir, cuando aquella Sabiduría, que desea dar a conocer a otros los medios por los que Dios es reconocido y entendido, se describe ante todo a sí misma, pueda de esta manera ser llamada la misma imagen de Dios.

Con vistas a alcanzar un entendimiento mayor de la manera en la cual el Salvador es la imagen de la persona o la sustancia de Dios, utilicemos un ejemplo que, aunque no describa el tema que tratamos total o apropiadamente, puede, sin embargo, ser empleado por un solo propósito: mostrar que el Hijo de Dios, que era en forma de Dios, se despojó a sí mismo (de su gloria), por este mismo despojamiento, nos demostró la plenitud de su deidad. Por ejemplo, supongamos que hubiera una estatua de tamaño tan enorme como para llenar el mundo entero, y que por esta razón nadie pudiera verla; y que otra estatua fuera formada pareciéndose totalmente en la forma de sus miembros, y en los rasgos del semblante, y en la naturaleza de su material, pero sin la misma inmensidad de tamaño, para que los que eran incapaces de contemplar a la de enormes proporciones, al ver la otra, reconocieran que han visto la primera, porque la más pequeña conservó de ella todos los rasgos de los miembros y semblante, y hasta la misma forma y el material, tan estrechamente que totalmente indistinguible de ella. Por tal similitud, el Hijo de Dios, despojándose de su igualdad con el Padre, y mostrándonos el camino del conocimiento de Él, ha sido hecho la misma imagen de su persona, para que nosotros, incapaces de ver la gloria de aquella maravillosa luz cuando se presenta en la grandeza de su deidad, podamos obtener, por haber sido hecho luz para nosotros, los medios de contemplar la luz divina mediante la contemplación de su resplandor.

Esta comparación de estatuas, desde luego, en cuanto pertenece a cosas materiales, no es empleada con ningún otro propósito que para mostrar que el Hijo de Dios, aunque colocado en la insignificante forma de un cuerpo humano, a causa de la semejanza de sus obras y del poder con el Padre,[20] mostró que había en Él una grandeza

> El Hijo de Dios, despojándose de su igualdad con el Padre, y mostrándonos el camino del conocimiento de Él, ha sido hecho la misma imagen de su persona, para que nosotros, incapaces de ver la gloria de aquella maravillosa luz cuando se presenta en la grandeza de su deidad, podamos obtener, por haber sido hecho luz para nosotros, los medios de contemplar la luz divina mediante la contemplación de su resplandor.

---

[20] Cf. "Creedme que yo soy en el Padre, y el Padre en mí; de otra manera, creedme por las mismas obras" (Jn. 14:11).

Veamos ahora cuál es el significado de la expresión que dice que "es una especie de aliento del poder de Dios, el flujo más puro de la gloria del omnipotente; el resplandor de la luz eterna; el espejo sin mancha de la obra o del poder de Dios; la imagen de su bondad".

inmensa e invisible, como dijo a sus discípulos: "El que me ha visto a mí, ha visto al Padre" (Jn. 14:9); y, "Yo y el Padre somos uno" (Jn. 10:30). O: "El Padre está en mí, y yo en el Padre" (Jn. 10:38).

El poder del poder

9. Veamos ahora cuál es el significado de la expresión que se encuentra en la *Sabiduría de Salomón*, donde se dice de la Sabiduría que "es una especie de aliento del poder de Dios, el flujo más puro de la gloria del omnipotente; el resplandor de la luz eterna; el espejo sin mancha de la obra o del poder de Dios; la imagen de su bondad" (Sab. 7:25, 26). Estas son las definiciones que da de Dios, señalando con cada una los atributos que pertenecen a la Sabiduría de Dios, llamando sabiduría al poder, la gloria, la luz eterna, la obra y la bondad de Dios.

Salomón no dice, sin embargo, que la sabiduría es el aliento de la gloria del todopoderoso, ni de la luz eterna, ni del actuar del Padre, ni de su bondad, ya que no era apropiado que se atribuyera ninguno de estos al aliento, sino que con toda la propiedad, dice que la sabiduría es el aliento del poder de Dios. Ahora, por el poder de Dios debe entenderse aquello por lo que es fuerte; mediante el cual Él designa, refrena, y gobierna todas las cosas visibles e invisibles; que es suficiente para todas aquellas cosas que Él gobierna en su providencia; entre las que Él está presente, como si fuera un individuo. Y aunque el aliento de todo este poder fuerte e inmensurable, y el vigor producido por su misma existencia, procede del poder mismo, como la voluntad de la mente, incluso esta voluntad de Dios, sin embargo está hecha para ser el poder de Dios.

Consecuentemente, se produce otro poder, que existe con las propiedades de sí mismo, una clase de aliento, como dice la Escritura, del poder primero e inengendrado de Dios, derivando de Él su ser, y nunca inexistente en ningún tiempo. Porque si alguno afirma que no existió anteriormente, sino que vino después en la existencia, pidámosle que explique la razón por la que el Padre, que le dio el ser, no lo hizo antes. Y si él concediera que hubo una vez un principio, cuando aquel aliento provino del poder de Dios, le preguntaremos otra vez, ¿por qué no antes del principio, que Él ha concedido?; y de este modo, exigiendo siempre una fecha más temprana, y yendo hacia arriba con nuestras interrogaciones, llegaremos a esta conclusión: que como Dios siempre ha poseído el poder y la voluntad, nunca ha habido ninguna razón de propiedad o de otro modo, por la que Él nunca haya poseído la bendición que Él desea.

Así queda demostrado que el aliento del poder de Dios siempre existió, no teniendo ningún comienzo, sino Dios mismo. Tampoco era apropiado que debiera haber otro principio excepto Dios mismo, del que deriva su nacimiento. De acuerdo a lo dicho por el apóstol, Cristo "es poder de Dios" (1ª Co. 1:24), y debería llamarse no sólo el aliento del poder de Dios, sino el poder del poder.

El Padre y el Hijo son un mismo Dios

10. Vamos ahora a examinar la expresión "la sabiduría es el flujo más puro de la gloria del Todopoderoso" (Sab. 7:25). Consideremos primero qué es la gloria del Dios Omnipotente, y luego entonces entenderemos qué es su aliento o flujo. Así como nadie puede ser padre sin tener a un hijo, ni señor sin poseer a un criado, Dios mismo no puede ser llamado omnipotente a menos que existan aquellos sobre los que pueda ejercer su poder; y por lo tanto, para que Dios pueda mostrarse todopoderoso es necesario que existan todas las cosas. Ya que si alguien tuviera algunos tiempos o porciones de tiempo, o como quiera que guste llamarlos,[21] que hubieran dejado de ser, mientras que las cosas que iban a hacerse después todavía no existían, él indudablemente mostraría que durante aquellos años o períodos Dios no era omnipotente, sino que se convirtió en tal después de ello, a saber, a partir del momento en que comenzó a tener personas sobre los que ejercer su poder; y de este modo parecerá que ha recibido un cierto aumento, y haberse elevado de un estado inferior a otro superior, ya que no puede dudarse que es mejor para Él ser omnipotente que no serlo.

¿Y cómo no puede parecer absurdo que cuando Dios no poseía ninguna cosa que le convenía poseer, después, por una especie de progreso, iba a entrar en posesión de

Vamos ahora a examinar la expresión "la sabiduría es el flujo más puro de la gloria del Todopoderoso". Consideremos primero qué es la gloria del Dios Omnipotente, y luego entonces entenderemos qué es su aliento o flujo.

---

[21] *Eones* era el término favorito de los gnósticos para referirse al tiempo.

Por medio de la Sabiduría, que es Cristo, Dios tiene poder sobre todas las cosas, no sólo por la autoridad de señor, sino también por la obediencia voluntaria de los súbditos. Y como nadie debería ofenderse al ver que Dios es el Padre, y que el Salvador también es Dios; nadie debería ofenderse tampoco de que el Hijo sea considerado Omnipotente, igual que el Padre es llamado Omnipotente.

ellas? Pero si nunca hubo un tiempo en que no fue omnipotente, aquellas cosas por las que necesariamente recibe ese título debían existir también; y siempre debió tener aquellos sobre los que ejerció su poder, a los que gobernaba como el rey o príncipe, de lo que hablaremos con más extensión en lugar apropiado, cuando tratemos el tema de las criaturas.

Pero, incluso ahora, pienso que es necesario decir una palabra de advertencia, aunque muy por encima, ya que la cuestión que tenemos delante es saber cómo la sabiduría es "el puro flujo" de la gloria del Todopoderoso, no sea que alguien piense que el título de Omnipotente sea anterior en Dios al nacimiento de Sabiduría, por quien es llamado Padre, sabiendo que la Sabiduría, que es el Hijo de Dios, es el puro flujo de la gloria del todopoderoso. Que quien sostenga esta sospecha escuche la declaración indudable de la Escritura al decir: "Hiciste todas ellas con sabiduría" (Sal. 104:24). Y la enseñanza del Evangelio: "Todas las cosas por Él fueron hechas, y sin Él nada de lo que ha sido hecho, fue hecho" (Jn. 1:3); y que entienda que el título de Omnipotente Dios no puede ser más viejo que el de Padre; ya que es por el Hijo que el Padre es todopoderoso.

Tocante a la expresión "la gloria del Todopoderoso", del cual la Sabiduría es el flujo, debe entenderse que la Sabiduría, por la cual Dios es llamado Omnipotente, participa en la gloria del Todopoderoso. Porque por medio de la Sabiduría, que es Cristo, Dios tiene poder sobre todas las cosas, no sólo por la autoridad de señor, sino también por la obediencia voluntaria de los súbditos. Y para que entiendas que la omnipotencia de Padre y el Hijo son una y la misma, como Dios y el Señor son uno y el mismo con el Padre, escucha el modo en que Juan habla en el Apocalipsis: "Así dice el Señor, el que es y el que era y el que ha venir, el Todopoderoso" (Ap. 1:8). ¿Porque quién es el que ha de venir, sino Cristo?

Y como nadie debería ofenderse al ver que Dios es el Padre, y que el Salvador también es Dios; nadie debería ofenderse tampoco de que el Hijo sea considerado Omnipotente, igual que el Padre es llamado Omnipotente. De este modo se cumplirá el dicho verdadero que proclama: "Todo lo mío es tuyo, y lo tuyo mío; y yo he sido glorificado en ellos" (Jn. 17:10). Ahora, si todas las cosas que son del Padre son también de Cristo, seguramente que entre esas cosas está la omnipotencia del Padre; e indudablemente el Hijo unigénito debe ser omnipotente, para que el Hijo pueda tener también todas las cosas que el Padre posee. "Y yo he sido glorificado en ellos" (Jn. 17:10), declara "para que en el nombre de Jesús se doble toda rodilla de los que están en los cielos, y en la tierra, y debajo de la tierra; y toda lengua confiese que Jesucristo es el Señor, para la gloria de Dios Padre" (Fil. 2:10, 11).

La gloria y el señorío de Cristo

Por lo tanto Él es el flujo de la gloria de Dios en este sentido, que Él es omnipotente –la misma Sabiduría pura y sin mancha–, glorificado como el flujo de la omnipotencia o de la gloria. Y para que se entienda más claramente qué es la gloria de la omnipotencia, nosotros añadiremos lo siguiente. Dios Padre es omnipotente, porque Él tiene poder sobre todas las cosas, esto es, sobre el cielo y la tierra, el sol, la luna, y estrellas, y todas las cosas que hay en ellos. Y Él ejerce su poder sobre ellos mediante su Palabra, porque en el nombre de Jesús toda rodilla se doblará, las cosas del cielo y las cosas de la tierra, y las cosas bajo la tierra. Y si toda rodilla se doblará ante Jesús, entonces, sin duda, es a Jesús a quien todas las cosas están sometidas, y quien ejerce poder sobre todas las cosas; por quien todas las cosas están sujetas al Padre; ya que por la sabiduría, esto es, por la palabra y la razón, no por la fuerza y la necesidad, todas las cosas están sujetas. Por lo tanto su gloria consiste en esto, que Él posee todas las cosas, y esta es la gloria pura e inmaculada de la omnipotencia, que por la razón y la sabiduría, no por la fuerza y la necesidad, todas las cosas están sometidas.

La gloria pura e inmaculada de la sabiduría es una expresión conveniente para distinguirse de aquella gloria que no puede llamarse pura ni sincera. Pero cada naturaleza que es convertible y cambiable, aunque glorificada en los trabajos de justicia y sabiduría, por el mismo hecho de que la justicia o la sabiduría son cualidades accidentales, y ya que lo que es accidental también puede desaparecer, su gloria no puede llamarse pura y sincera. Pero la Sabiduría de Dios, que es su Hijo unigénito, siendo en todos los aspectos incapaz de cambio o alteración, y siendo

Si toda rodilla se doblará ante Jesús, entonces, sin duda, es a Jesús a quien todas las cosas están sometidas, y quien ejerce poder sobre todas las cosas; por quien todas las cosas están sujetas al Padre.

Así como la imagen formada en un espejo refleja infaliblemente todos los actos y los movimientos de quien lo mira, así tiene que entenderse la Sabiduría cuando es llamada *el espejo sin mancha del actuar del Padre*; como el Señor Jesucristo, que es la Sabiduría de Dios, declara de sí mismo: "Todo lo que Él hace, esto también hace el Hijo juntamente.

esencial en Él toda buena cualidad, tal que no puede cambiarse ni mudarse, su gloria, por lo tanto, es declarada pura y sincera.

Luz de Luz

11. En tercer lugar, la sabiduría es llamada "resplandor de la luz eterna" (Sab. 7:26). En las páginas precedentes hemos explicado la fuerza de esta expresión, cuando introdujimos la similitud del sol y el resplandor de sus rayos, y se mostró de la mejor manera posible cómo debería entenderse esto. A lo que entonces dijimos sólo podemos añadir la siguiente observación. Se llama correctamente eterno lo que no tiene principio de existencia, ni tampoco puede alguna vez dejar de ser lo que es. Y esto es la idea expresada por Juan cuando dice que "Dios es luz" (1ª Jn. 1:5).

Ahora, su sabiduría es el resplandor de esa luz, no sólo respecto a ser luz, sino también a ser luz eterna, para que su sabiduría sea su resplandor eterno y para siempre. Si esto se entiende totalmente, se verá claramente que la existencia del Hijo es derivada del Padre, pero no en el tiempo, ni de cualquier otro principio, excepto, como hemos dicho, de Dios mismo.

Cristo, espejo del Padre

12. Pero la sabiduría también es llamada "el espejo sin mancha del actuar (*energeia*) de Dios" (Sab. 7:26). Primero debemos entender, entonces, qué es el actuar del poder de Dios. Es una especie de vigor, por decirlo así, por el que Dios obra en la creación, en la providencia y en el juicio, o en la disposición y arreglo de cosas individuales, cada cual en su tiempo. Así como la imagen formada en un espejo refleja infaliblemente todos los actos y los movimientos de quien lo mira, así tiene que entenderse la Sabiduría cuando es llamada *el espejo sin mancha del actuar del Padre*; como el Señor Jesucristo, que es la Sabiduría de Dios, declara de sí mismo cuando dice: "Todo lo que Él hace, esto también hace el Hijo juntamente" (Jn. 5:19), como acaba de decir: "No puede el Hijo hacer nada de sí mismo, sino lo que viere hacer al Padre". Por lo tanto, el Hijo no se diferencia en ningún aspecto del Padre, en a

poder y obrar, y la del Hijo no es diferente de la del Padre, sino uno y el mismo movimiento en todas las cosas, por así decirlo, por lo que es llamado "espejo sin mancha", para que mediante tal expresión se entienda que no hay ninguna desemejanza en absoluto entre el Hijo y el Padre.

¿Cómo, en verdad, pueden estar de acuerdo con las declaraciones de la Escritura, las opiniones de aquellos que dicen que algunas cosas están hechas conforme a la manera en que un discípulo se parece o imita a su maestro, o con la opinión de los que dicen el Hijo realiza en material corporal lo que primero ha sido formado por el Padre en su esencia espiritual, viendo que en el Evangelio se dice que el Hijo no hace cosas similares, sino las mismas cosas de una manera similar?

Bondad de la Bondad

13. Resta que investiguemos qué es "la imagen de su bondad" (Sab. 7:26); y pienso que aquí debemos entender lo mismo que expresé hace poco, al hablar de la imagen formada en un espejo. Porque Él es la bondad primera de la que, indudablemente, ha nacido el Hijo, quien, en todos los sentidos, es la imagen del Padre, y puede llamarse con propiedad la imagen de su bondad. Porque no hay ninguna otra segunda bondad existiendo en el Hijo, salvo la que está en el Padre. Por eso, también el Salvador mismo dice correctamente en el Evangelio: "No hay ninguno bueno, sino el Padre Dios" (Lc. 18:19). Mediante tal expresión se puede entender que el Hijo no es de una bondad diferente, sino de la única que existe en el Padre, de quien se dice con fuerza que es la imagen, porque Él no proviene de ninguna otra fuente, sino de aquella primera bondad, no sea que pudiera parecer que en el Hijo hay una bondad diferente de la que hay en el Padre. No hay allí ninguna desemejanza o diferencia de bondad en el Hijo. Y por lo tanto no debe ser imaginado como una especie de blasfemia, lo que se dice en las palabras, "ninguno hay bueno, sino sólo Dios" (Lc. 18:19), como si aquí se negara que Cristo o el Espíritu Santo son buenos.

Pero, como ya hemos dicho, la primera bondad debe entenderse como residente en Dios el Padre, de quien el Hijo es nacido y el Espíritu Santo procede, conservando en ellos, sin género de duda, la naturaleza de aquella

El Hijo no es de una bondad diferente, sino de la única que existe en el Padre, de quien se dice con fuerza que es la imagen, porque Él no proviene de ninguna otra fuente, sino de aquella primera bondad, no sea que pudiera parecer que en el Hijo hay una bondad diferente de la que hay en el Padre.

Si en la Escritura hay otras cosas que se llaman buenas, sea un ángel, o un hombre; un criado, o un tesoro; un buen corazón, un árbol bueno, todos ellos llamados así impropiamente, ya que su bondad es accidental, no esencial.

bondad que está en la fuente de donde se derivan. Y si en la Escritura hay otras cosas que se llaman buenas, sea un ángel, o un hombre; un criado, o un tesoro; un buen corazón, un árbol bueno, todos ellos llamados así impropiamente, ya que su bondad es accidental, no esencial.

Requeriría mucho tiempo y trabajo poner juntos todos los títulos del Hijo de Dios, tales como, por ejemplo, luz verdadera, puerta, justicia, santificación, redención, e incontables otros; y mostrar cómo y por qué motivos se dan cada uno de ellos. Satisfecho, pues, con lo que ya hemos avanzado, seguimos con nuestra investigación en aquellos asuntos que siguen.

3

El Espíritu Santo

1. El punto siguiente debe investigar tan brevemente como sea posible el tema del Espíritu Santo. Todos lo que, de algún modo, perciben la existencia de la Providencia, con- fiesan que Dios, que ha creado y dispuesto todas las cosas, es inengendrado, y lo reconocen como Padre del universo.

La autoridad única y superior de las Escrituras

Ahora, que a Él pertenece un Hijo, es una declaración no hecha sólo por nosotros; aunque esto pueda parecer una aserción suficientemente maravillosa e increíble a los que tienen reputación de filósofos entre los griegos y los bárbaros; algunos de los cuales, sin embargo, parecen haber concebido una idea de su existencia al reconocer que todas las cosas han sido creadas por la palabra o la razón de Dios. Nosotros, sin embargo, conforme a nuestra creencia en la doctrina, que mantenemos que es divinamente inspirada, creemos que no es posible explicar y traer dentro del alcance del entendimiento humano esta razón más alta y más divina del Hijo de Dios, de ningún otro modo que mediante las Escrituras, que sólo han sido inspiradas por el Espíritu Santo, esto es, los Evangelios y Epístolas, y la ley y los profetas, según la declaración de Cristo mismo.

Del Espíritu Santo nadie podía sospechar su existencia, excepto los que están familiarizados con la ley y los profetas, o los que profesan una creencia en Cristo. Porque aunque nadie sea capaz de hablar con certeza de Dios el Padre, sin embargo es posible adquirir algún conocimiento de Dios mediante la creación visible y los sentimientos naturales de la mente humana; y posible, además, confirmar este conocimiento por las Escrituras sagradas. Pero con respecto al Hijo de Dios, aunque "nadie conoce el Hijo, sino el Padre", es también desde la Escritura sagrada que se enseña a la mente humana cómo pensar del Hijo; y no sólo en el Nuevo, sino también en el Antiguo Testamento, mediante aquellas cosas que, aunque efectuadas por los

Del Espíritu Santo nadie podía sospechar su existencia, excepto los que están familiarizados con la ley y los profetas, o los que profesan una creencia en Cristo. Porque aunque nadie sea capaz de hablar con certeza de Dios el Padre, sin embargo es posible adquirir algún conocimiento de Dios mediante la creación visible.

Qué es el
Espíritu
Santo,
se nos enseña
en muchos
pasajes de la
Escritura,
aprendemos
que la
persona del
Espíritu
Santo era de
tal autoridad
y dignidad,
que el
bautismo
salvífico no
era completo
excepto por
la autoridad
de lo más
excelente de
la Trinidad,
esto es,
por el
nombre del
Padre,
el Hijo,
y el Espíritu.

santos, son figurativamente referidas a Cristo, en los cuales se puede descubrir su naturaleza divina y la naturaleza humana que asumió.

El Espíritu sólo es conocido por la Escritura

2. Ahora, qué es el Espíritu Santo, se nos enseña en muchos pasajes de la Escritura, como David en el Salmo 51, cuando dice: "Y no quites de mí tu Santo Espíritu" (Sal. 51:11). Y por Daniel, cuando dice: "El Espíritu Santo que está en ti" (Dn. 4:8).[22] En el N.T. tenemos testimonios abundantes, como cuando el Espíritu Santo se describe como descendiendo sobre Cristo, y cuando el Señor sopló sobre sus apóstoles tras Su resurrección, diciendo: "Tomad el Espíritu Santo" (Jn. 20:22). Y el saludo del ángel a María: "El Espíritu Santo vendrá sobre ti" (Lc. 1:35). La declaración de Pablo, de que nadie puede llamar Señor a Jesús, excepto por el Espíritu Santo (1ª Co. 12:3). En los Hechos de los Apóstoles, el Espíritu Santo se dio por la imposición de manos de los apóstoles en el bautismo (Hch. 8:18).

De todo esto aprendemos que la persona del Espíritu Santo era de tal autoridad y dignidad, que el bautismo salvífico no era completo excepto por la autoridad de lo más excelente de la Trinidad, esto es, por el nombre del Padre, el Hijo, y el Espíritu Santo; uniendo al Dios inengendrado, el Padre, y a Su Hijo unigénito, también el nombre del Espíritu Santo. ¿Quién, entonces, no se queda asombrado ante la suprema majestad del Espíritu Santo, cuando oye que quien hable una palabra contra el Hijo del Hombre puede tener la esperanza de perdón; ¡pero quien es culpable de blasfemia contra el Espíritu Santo no tiene perdón en este mundo presente ni en el venidero! (cf. Mt. 12:32; Lc. 12:10).

El Espíritu Santo es increado

3. Que todas las cosas han sido creadas por Dios, y que no hay ninguna criatura que exista, sino por haber

---

[22] "Hasta que entró delante de mí Daniel, cuyo nombre es Beltsasar, como el nombre de mi dios, y en quien mora el espíritu de los dioses santos" (RV).

derivado de Él su ser, está establecido en muchas declaraciones de la Escritura; así quedan refutadas y rechazadas aquellas aserciones falsamente alegadas por algunos respecto a la existencia de una materia coeterna con Dios, o de almas inengendradas, en las que Dios no tendría que implantar tanto el poder de la existencia, como la igualdad y el orden.

Para hasta en el pequeño tratado llamado *El pastor* o *El ángel del arrepentimiento*, compuesto por Hermas,[23] tenemos lo siguiente: "En primer lugar, creemos que hay un Dios que creó y ordenó todas las cosas; quien, cuando nada existía anteriormente, causó que todas las cosas fueran; quien contiene todas las cosas, pero Él no es contenido por ninguna".

Y en el *Libro de Enoc*[24] también tenemos descripciones similares. Hasta ahora no he hallado pasaje alguno de las Escrituras que sugiera que el Espíritu Santo sea un ser creado, ni siquiera en el sentido en que, como he explicado, habla Salomón de que la Sabiduría es creada,[25] o en el sentido en que, como dije, han de entenderse las apelaciones del Hijo como "vida" o "palabra". Por tanto, concluyo que el Espíritu de Dios que "se movía sobre las aguas" (Gn. 1:2) no es otro que el Espíritu Santo. Ésta parece la interpretación más razonable; pero no hay que mantenerla como fundada directamente en la narración de la Escritura, sino en el entendimiento espiritual de la misma.

El Espíritu escudriña lo profundo de Dios

4. Algunos de nuestros precursores han observado que en el Nuevo Testamento siempre que el Espíritu es llamado sin aquel adjetivo que denota cualidad, debe en-

Hasta ahora no he hallado pasaje alguno de las Escrituras que sugiera que el Espíritu Santo sea un ser creado, ni siquiera en el sentido en que, como he explicado, habla Salomón de que la Sabiduría es creada.

---

[23] Hermas, contemporáneo de Clemente, es considerado tradicionalmente uno de los Padres Apostólicos. Su obra *El Pastor* fue incluida con frecuencia en las Escrituras canónicas hasta el siglo III. Todavía en los tiempos de Atanasio se usaba para propósitos catequéticos.

[24] Hay una serie de obras con el nombre Enoc, convertido en una figura popular en el período intertestamentario. *1 Enoc* (Enoc etíope), algunos de cuyos manuscritos fueron encontrados en la comunidad de Qumrán. *3 Enoc* (Enoc hebreo), obra judía de fecha incierta, y *2 Enoc* (Enoc eslavónico), obra cristiana tardía que quizá incorpora material judaico (cf. A. Díez Macho, *Apócrifos del Antiguo Testamento*, vol. I. Madrid 1982).

[25] Cf. Proverbios 8:25: "Antes que los montes fuesen fundados, Antes de los collados, era yo engendrada".

Así como se dice del Hijo, que "nadie conoce al Padre, sino el Hijo, y aquel a quien el Hijo lo quiera revelar", lo mismo se dice también del Espíritu Santo, cuando el apóstol declara: "Dios nos lo reveló a nosotros por el Espíritu; porque el Espíritu todo lo escudriña.

tenderse el Espíritu Santo; como por ejemplo, en la expresión: "Mas el fruto del Espíritu es amor, alegría y paz" (Gá. 5:22). Y: "¿Habiendo comenzado por el Espíritu, ahora os perfeccionáis por la carne?" (Gá. 3:3).

Somos de la opinión de que esta distinción también puede observarse en el Antiguo Testamento, como cuando se dice: "El que da respiración al pueblo que mora sobre la tierra, y Espíritu a los que por ella andan" (Is. 42:5). Porque, sin duda, todo el que camina sobre la tierra (esto es, seres terrenales y corpóreos) es también un participante del Espíritu Santo, que lo recibe de Dios. Mi maestro hebreo también acostumbraba decir que los dos serafines de Isaías, que se describen con seis alas cada uno, y que claman: "Santo, santo, santo, es el Señor de los ejércitos" (Is. 6:3), debían entenderse como referidos al Hijo unigénito de Dios y al Espíritu Santo.

Y pensamos que la expresión que aparece en el himno de Habacuc: "En medio de los dos seres vivientes, o de las dos vidas, hazte conocer" (Hab. 3:2),[26] también debería ser entendido de Cristo y del Espíritu Santo. Porque todo conocimiento del Padre es obtenido por la revelación del Hijo y por el Espíritu Santo, de modo que ambos, llamados por el profeta "seres vivos", o sea, "vidas", existen como fundamento del conocimiento de Dios el Padre.

Así como se dice del Hijo, que "nadie conoce al Padre, sino el Hijo, y aquel a quien el Hijo lo quiera revelar" (Mt. 11:27; Lc. 10:22), lo mismo se dice también del Espíritu Santo, cuando el apóstol declara: "Dios nos lo reveló a nosotros por el Espíritu; porque el Espíritu todo lo escudriña, aun lo profundo de Dios" (1ª Co. 2:10). Y otra vez en el Evangelio, cuando el Salvador habla de las partes divinas y más profundas de su enseñanza, que sus discípulos no eran todavía capaces de recibir, les dice: "Aún tengo muchas cosas que deciros, mas ahora no las podéis llevar. Pero cuando viniere aquel Espíritu de verdad, él os guiará a toda verdad; él os enseñará todas las cosas, y os recordará todas las cosas que os he dicho" (Jn. 16:12, 13; 14:26).

---

[26] Aquí, la versión Septuaginta, seguida tan fielmente por Orígenes, por respeto a la costumbre legada por los apóstoles, se aparta mucho del original hebreo, que dice: "Aviva tu obra en medio de los tiempos, en medio de los tiempos hazla conocer" (RV).

Debemos entender, por tanto, que así como el Hijo, quien solo Él conoce al Padre y lo revela a quien Él quiere, también el Espíritu Santo, que escudriña las cosas profundas de Dios, revela a Dios a quienes Él quiere: "Porque el Espíritu sopla donde Él quiere" (Jn. 3:8). No debemos suponer, sin embargo, que el Espíritu deriva su conocimiento de la revelación del Hijo. Ya que si el Espíritu Santo conoce al Padre por la revelación del Hijo, pasa de un estado de ignorancia a uno de conocimiento; pero es tan impío como absurdo confesar al Espíritu Santo, y aun así, atribuirle ignorancia.

Porque aunque existiera algo más antes del Espíritu Santo, no fue por avance progresivo que llegó a ser Espíritu Santo, como si alguno se aventurara a decir que en el tiempo en que todavía no era el Espíritu Santo, ignoraba al Padre, y que después de haber recibido el conocimiento fue hecho Espíritu Santo. Ya que si este fuera el caso, el Espíritu Santo no debería contarse nunca en la Unidad de la Trinidad, a saber, en línea con el Padre y el Hijo inmutables, a no ser que no haya sido siempre el Espíritu Santo.

Cuando nosotros usamos términos como "siempre", "era" o "fue", o cualquier otra designación del tiempo, no deben tomarse en sentido absoluto, sino con la debida concesión; porque mientras el significado de estas palabras se relaciona con el tiempo, y los sujetos de los que hablamos son mentados por una extensión del lenguaje como existentes en el tiempo, en su naturaleza verdadera sobrepasan todo concepto del entendimiento finito.

Las operaciones del Espíritu

5. Sin embargo, parece apropiado preguntarse por qué cuando un hombre viene a renacer para la salvación que viene de Dios hay necesidad de invocar al Padre, y al Hijo, y al Espíritu Santo, de suerte que no quedaría asegurada su salvación sin la cooperación de toda la Trinidad; y por qué es imposible participar del Padre o del Hijo sin el Espíritu Santo. Para contestar esto será necesario, sin duda, definir las particulares operaciones del Padre, del Hijo, y del Espíritu Santo. En mi opinión, las operaciones del Padre y del Hijo se extienden no sólo a los santos, sino también a los pecadores, y no sólo a los hombres racionales, sino también a los animales y a las cosas

No debemos suponer, sin embargo, que el Espíritu deriva su conocimiento de la revelación del Hijo. Ya que si el Espíritu Santo conoce al Padre por la revelación del Hijo, pasa de un estado de ignorancia a uno de conocimiento; pero es tan impío como absurdo confesar al Espíritu Santo, y aun así, atribuirle ignorancia.

La acción del Espíritu Santo está limitada a los que se van orientando hacia las cosas mejores y andan en los caminos de Cristo Jesús, a saber, los que se ocupan de las buenas obras y permanecen en Dios.

inanimadas; es decir, a todo lo que tiene existencia. Pero la operación del Espíritu Santo de ninguna manera alcanza a las cosas inanimadas, ni a los animales que no tienen habla; ni siquiera puede discernirse en los que, aunque dotados de razón, se entregan a la maldad y no están orientados hacia las cosas mejores. En suma, la acción del Espíritu Santo está limitada a los que se van orientando hacia las cosas mejores y andan en los caminos de Cristo Jesús, a saber, los que se ocupan de las buenas obras y permanecen en Dios.

Participantes de la naturaleza divina

6. Que las operaciones del Padre y el Hijo actúan tanto en santos como en pecadores, se manifiesta en esto: que todos los seres racionales participan de la palabra, esto es, de la razón, y por este medio llevan ciertas semillas de sabiduría y justicia, implantadas en ellos, que es Cristo. Mas todas las cosas, cualesquiera que sean, participan en el que realmente existe y que dijo por Moisés: "Soy el que soy" (Éx. 3:14); participación en Dios Padre que es compartida por justos y pecadores, por seres racionales e irracionales, y por todas las cosas que universalmente existen.

El apóstol Pablo también muestra que todos tienen una parte en Cristo, cuando dice: "No digas en tu corazón: ¿Quién subirá al cielo? (esto es, para traer abajo a Cristo), o, ¿quién descenderá al abismo? (esto es, para volver a traer a Cristo de entre los muertos). Mas ¿qué dice? Cerca de ti está la palabra, en tu boca y en tu corazón" (Ro. 10:6-8). Pablo quiere dar a entender que Cristo está en el corazón de todos, en virtud de su palabra o razón, al participar en lo que son seres racionales.

También esa declaración del Evangelio que dice: "Si no hubiera venido, ni les hubiera hablado, no tendrían pecado, mas ahora no tienen excusa de su pecado" (Jn. 15:22), hace manifiesto y patente a todos los que tienen un conocimiento racional de cuánto tiempo está un hombre sin pecado, y a partir de qué período es responsable de él, cómo, por participar en la palabra o razón, los hombres, como se dice, han pecado, a saber, desde el momento que fueron capaces de entendimiento y conocimiento, cuando la razón implantada en su interior les indicó la diferencia entre el bien y mal; y después de haber comenzado a saber qué es el mal, son culpables de pecado, si lo cometen. Este es el significado de la expresión, "no tienen excusa de su pecado" (Jn. 15:22), a saber, que desde el momento en que la palabra o razón divina comenzó a mostrarles internamente la diferencia entre bien y mal, deben evitar y guardarse de la malicia; contra el que es malo: "El pecado está en aquel que sabe hacer lo bueno, y no lo hace" (Stg. 4:17).

Además, que todos los hombres no están sin comunión con Dios, es enseñado en el Evangelio mediante las palabras del Salvador: "El reino de Dios no vendrá con advertencia, ni dirán: Helo aquí, o helo allí; porque he aquí el reino de Dios está entre vosotros" (Lc. 17:20, 21). Pero aquí debemos observar si esto no tiene el mismo significado que la expresión de Génesis: "y alentó en su nariz soplo de vida; y fue el hombre en alma viviente" (Gn. 2:7). Porque si esto se entiende como referido a todos los hombres en general, entonces todos los hombres tienen una participación en Dios.

Participación en el Espíritu

7. Pero si esto se entiende con referencia al Espíritu de Dios, ya que Adán también profetizó algunas cosas, no se puede tomar como aplicación general, sino limitada a los santos. También, en los días del diluvio, cuando toda carne corrompió su camino delante de Dios, está escrito que Dios habló así de los hombres indignos y pecadores: "No contenderá mi espíritu con el hombre para siempre" (Gn. 6:3).

Por esto se ve claramente que el Espíritu de Dios es quitado de todos los que son indignos. En los Salmos también esto es escrito: "Escondes tu rostro, se turban; les quitas el espíritu, dejan de ser, y se tornan en su polvo. Envías tu espíritu, se crean; y renuevas la haz de la tierra" (Sal. 104:29, 30), lo que indica manifiestamente al Espíritu Santo, quien, después de que los pecadores e impíos han sido quitados y destruidos, crea para sí a un pueblo nuevo y renueva la faz de la tierra, que dejando a un lado, por la gracia del Espíritu, el camino viejo con sus hechos, comienza a andar en novedad de vida[27]. Por lo tanto, esta

El Espíritu Santo, después de que los pecadores e impíos han sido quitados y destruidos, crea para sí a un pueblo nuevo y renueva la faz de la tierra, y dejando a un lado, por la gracia del Espíritu, el camino viejo con sus hechos, comienza a andar en novedad de vida.

---

[27] Cf. Romanos 6:4: "Porque somos sepultados juntamente con él para muerte por el bautismo; para que como Cristo resucitó de los muertos por la gloria del Padre, así también nosotros andemos en novedad de vida".

Quien haya pecado contra el Hijo del Hombre puede recibir perdón; porque si quien participa de la palabra o la razón de Dios deja de vivir conforme a ella, parece haber caído en un estado de ignorancia o locura, y por tanto merece perdón; mientras que quien ha sido considerado digno de participar del Espíritu Santo y recae, es por este mismo acto y obra, declarado culpable de blasfemia contra el Espíritu Santo.

expresión se aplica correctamente al Espíritu Santo, porque Él tendrá su morada no en todos los hombres, no en los que son carne, sino en los que su tierra ha sido renovada.

Finalmente, por esta razón fue la gracia y la revelación del Espíritu Santo concedida mediante la imposición de las manos de los apóstoles después del bautismo. También nuestro Salvador, después de la resurrección, cuando las cosas viejas pasaron y todas se hicieron nuevas,[28] siendo Él mismo un hombre nuevo, y el primogénito de los muertos (Col. 1:18; Ap. 1:5), sus apóstoles también renovados por la fe en su resurrección, dice: "Recibid el Espíritu Santo" (Jn. 20:22). Esto es sin duda lo que el Señor quiso señalar en el Evangelio, cuando dijo que el vino nuevo no puede ser puesto en botellas viejas, sino que mandó que las botellas también fueran nuevas, esto es, que los hombres deberían andar en novedad de vida para que pudieran recibir el vino nuevo, esto es, la novedad de gracia del Espíritu Santo.

De esta manera, pues, actúa el poder de Dios Padre y del Hijo, extendido sin distinción a toda criatura; pero una participación en el Espíritu Santo sólo la encontramos en los santos. Y por lo tanto se ha dicho: "Nadie puede llamar a Jesús Señor, sino por Espíritu Santo" (1ª Co. 12:3).

Y en una ocasión, hasta los apóstoles mismos apenas si fueron considerados dignos de oír las palabras: "Mas recibiréis la virtud del Espíritu Santo que vendrá sobre vosotros" (Hch. 1:8). Por esta razón, también, pienso se deduce que quien haya pecado contra el Hijo de Hombre puede recibir perdón; porque si quien participa de la palabra o la razón de Dios deja de vivir conforme a ella, parece haber caído en un estado de ignorancia o locura, y por tanto merece perdón; mientras que quien ha sido considerado digno de participar del Espíritu Santo y recae, es por este mismo acto y obra, declarado culpable de blasfemia contra el Espíritu Santo.

---

[28] Cf. 2ª Corintios 5:17: "De modo que si alguno está en Cristo, nueva criatura es; las cosas viejas pasaron; he aquí todas son hechas nuevas".

Gracia especial y gracia general de la Trinidad

Que nadie imagine que nosotros, al afirmar que el Espíritu Santo es concedido sólo a los santos, y que los beneficios u operaciones del Padre y del Hijo se extienden a buenos y malos, a justos e injustos, damos preferencia al Espíritu Santo sobre el Padre y el Hijo, o afirmamos que su dignidad es más grande, lo que ciertamente sería una conclusión muy ilógica. Porque es la peculiaridad de su gracia y operaciones las que hemos estado describiendo.

Además, no puede decirse que nada en la Trinidad sea más grande o más pequeño, ya que la fuente de la divinidad sola contiene todas las cosas por su palabra y razón, y por el Espíritu de su boca santifica todas las cosas que son dignas de santificación, como está escrito en el Salmo: "Por la palabra del Señor fueron hechos los cielos, Y todo el ejército de ellos por el espíritu de su boca" (Sal. 33:6).

También hay una obra especial de Dios Padre, además de aquella por la que concede a todas las cosas el don de vida natural.

Asimismo, hay un ministerio especial del Señor Jesucristo hacia los que confiere por naturaleza el don de la razón, por medio de la cual son capaces de ser correctamente lo que son.

Hay también otra gracia del Espíritu Santo, que es concedida en merecimiento, por el ministerio de Cristo y la obra del Padre, en proporción a los méritos de quienes son considerados capaces de recibirla. Esto es claramente indicado por el apóstol Pablo, cuando demostrando que el poder de la Trinidad es uno y el mismo, dice: "Hay diversidad de dones; mas el mismo Espíritu es. Y hay repartimiento de ministerios; mas el mismo Señor es. Y hay repartimiento de operaciones; mas el mismo Dios es el que obra todas las cosas en todos. Pero a cada uno le es dada manifestación del Espíritu para provecho" (1ª Co. 12:4-7). De lo que se deduce claramente que no hay ninguna diferencia en la Trinidad, sino que lo que es llamado don del Espíritu es dado a conocer por medio del Hijo, y operado por Dios Padre. "Mas todas estas cosas obra uno y el mismo Espíritu, repartiendo particularmente a cada uno como quiere" (1ª Co. 12:11).

No puede decirse que nada en la Trinidad sea más grande o más pequeño, ya que la fuente de la divinidad sola contiene todas las cosas por su palabra y razón, y por el Espíritu de su boca santifica todas las cosas que son dignas de santificación.

Dios Padre concede la existencia a todos; la participación de éstos en Cristo, respecto a su ser palabra de razón, los hace seres racionales. De aquí se deduce que merecen alabanza o reprobación, en cuanto capaces de virtud y vicio. Sobre esta base, por tanto, la gracia del Espíritu Santo está presente, para que aquellos seres que no son santos en su esencia pueden ser hechos santos mediante la participación en Él.

Recapitulación y exhortación

8. Habiendo hecho estas declaraciones en cuanto a la unidad del Padre, y del Hijo, y del Espíritu Santo, volvamos al orden en que comenzamos nuestra discusión.

Dios Padre concede la existencia a todos; la participación de éstos en Cristo, respecto a su ser palabra de razón, los hace seres racionales. De aquí se deduce que merecen alabanza o reprobación, en cuanto capaces de virtud y vicio. Sobre esta base, por tanto, la gracia del Espíritu Santo está presente, para que aquellos seres que no son santos en su esencia pueden ser hechos santos mediante la participación en Él.

Vemos, entonces, y en primer lugar, que derivan su existencia de Dios Padre; en segundo lugar, su naturaleza racional de la Palabra; en tercer lugar, su santidad del Espíritu Santo –los que previamente han sido santificados por el Espíritu Santo son hechos de nuevo capaces de recibir a Cristo, ya que Él es la justicia de Dios; y los que han ganado el avance a este grado por la santificación del Espíritu Santo, obtendrán no obstante el don de sabiduría según el poder y la operación.

Considero que este es el significado de Pablo, cuando él dice que "a unos da palabra de sabiduría, a otros palabra de conocimiento, según el mismo Espíritu" (1ª Co. 12:8). Y mientras señala la distinción individual de dones, refiere la totalidad de ellos a la fuente de todas las cosas, con las palabras: "Hay diversidades de operaciones, mas el mismo Dios es el que obra todas las cosas en todos" (1ª Co. 12:6). De donde también la obra del Padre, que confiere la existencia a todas las cosas, se revela más gloriosa y magnífica, mientras que cada uno, por la participación en Cristo, en cuanto sabiduría, conocimiento, y santificación,[29] progresa y avanza a los grados más altos de perfección; y en vista de que es por participar del Espíritu Santo que uno es hecho más puro y más santo, obtiene, cuando es hecho digno, la gracia de la sabiduría y del conocimiento, para que, después de limpiar y eliminar toda mancha de contaminación e ignorancia, pueda realizar un

---

[29] Cf. 1ª Corintios 1:30: "Mas por él estáis vosotros en Cristo Jesús, el cual nos ha sido hecho por Dios sabiduría, y justificación, y santificación, y redención".

tan gran avance en la santidad y la pureza, para que la naturaleza que ha recibido de Dios pueda hacerse tal como es digna de Él que la dio para ser puro y perfecto, de modo que el ser que existe pueda ser tan digno como quien lo llamó a la existencia.

De este modo, quien es como su Creador quiere que sea, recibirá de Dios poder para existir siempre jamás. Que este puede ser el caso, y que aquellos que Él ha creado puedan estar sin cesar e inseparablemente presentes con Él, que es quien es, es la obra de la sabiduría, que les instruya y entrene para traerles a la perfección mediante la confirmación de su Espíritu Santo y la incesante santificación, por la que sólo son capaces de recibir a Dios. De este modo, entonces, por la renovación de la incesante operación del Padre, el Hijo, y el Espíritu Santo en nosotros, en sus varias etapas de progreso, seremos capaces en algún tiempo futuro quizás, aunque con la dificultad, de contemplar la vida santa y bienaventurada, en la cual (ya que es sólo después de muchas luchas que somos capaces de alcanzarla) nosotros deberíamos continuar, para que ninguna saciedad de aquella felicidad nos detenga alguna vez, sino que cuanto más percibamos su felicidad, más debería aumentar e intensificarse en nosotros el deseo de ella, mientras que nosotros con más prontitud y libertad recibamos y nos aferremos al Padre, y al Hijo, y al Espíritu Santo.

Pero si la saciedad o cansancio toman alguna vez posesión de los que están de pie sobre la cumbre alta y perfecta de la meta, no creo que el tal sea depuesto de repente de su posición y caiga, sino que irá disminuyendo gradualmente y poco a poco, pero puede ocurrir a veces que si un breve lapsus tiene lugar, y el individuo rápidamente se arrepiente y vuelve en sí mismo[30], puede que no caiga completamente, sino que regrese sobre sus pasos y vuelva a su primer lugar, y de nuevo haga bueno lo que había perdido por su negligencia.

Si la saciedad o cansancio toman alguna vez posesión de los que están de pie sobre la cumbre alta y perfecta de la meta, no creo que el tal sea depuesto de repente de su posición y caiga, sino que irá disminuyendo gradualmente y poco a poco, pero puede ocurrir a veces que si un breve lapsus tiene lugar, y el individuo rápidamente se arrepiente y vuelve en sí mismo, puede que no caiga completamente.

---

[30] Todo este párrafo es una alusión a la parábola del hijo pródigo, modelo gráfico del significado de la conversión y arrepentimiento como una "vuelta en sí" –"Y volviendo en sí" (Lc. 15:17)– tan explorada por Agustín de Hipona en sus *Confesiones*.

4

La defección o apartamiento

Supongamos
el caso de
uno que se va
introduciendo
gradualmente
en el arte
o la ciencia.
Es posible
que cuando
al principio
comienza a
alejarse de
sus estudios
y a ceder a
la influencia
corruptora
de una
negligencia
que todavía
es pequeña,
puede
despertarse
y volver
rápidamente
en sí,
reparar las
pérdidas que
aún estaban
recientes,
y recuperar
aquel
conocimiento
que hasta
entonces sólo
había sido
borrado
ligeramente
de su mente.

1. Para exponer la naturaleza de la defección o apartamiento de parte de quienes viven sin la debida atención, no parecerá fuera de lugar hacer uso de una similitud por vía de ilustración.

Supongamos, entonces, el caso de uno que se va introduciendo gradualmente en el arte o la ciencia, sea la geometría o la medicina, hasta que alcanza la perfección, después de haberse entrenado en sus principios y práctica durante un tiempo prolongado, hasta el punto de lograr un dominio completo de su arte. A esta persona nunca le ocurrirá que cuando se vaya a dormir despierte en un estado de ignorancia.

Nuestro objetivo aquí no es aducir o notar aquellos accidentes que son ocasionados por heridas o debilidad, ya que estos no se aplican a nuestra ilustración presente. Según nuestro punto de vista, en tanto que nuestro geómetra o médico siga ejercitándose en el estudio de su arte y en la práctica de su ciencia, el conocimiento de su profesión reside en él; pero si se retira de su práctica, y deja a un lado sus hábitos de trabajo, entonces, por su negligencia, algunas cosas se le escaparán gradualmente al principio, entonces, dentro de poco y cada vez más, con el paso del tiempo irá olvidando todo lo que sabía, hasta borrársele completamente de la memoria. Es posible, desde luego, que cuando al principio comienza a alejarse de sus estudios y a ceder a la influencia corruptora de una negligencia que todavía es pequeña, puede despertarse y volver rápidamente en sí, reparar las pérdidas que aún estaban recientes, y recuperar aquel conocimiento que hasta entonces sólo había sido borrado ligeramente de su mente.

Apliquemos esto ahora al caso de quienes se han dedicado al conocimiento y a la sabiduría de Dios, cuyos estudios y diligencia superan incomparablemente toda otra educación; y contemplemos, según la forma de similitud empleada, qué es la adquisición de conocimiento, o qué es su desaparición, sobre todo cuando oímos del apóstol que los que son perfectos contemplarán cara a cara la gloria del Señor en la revelación de sus misterios.[31]

2. Pero en nuestro deseo de mostrar los beneficios divinos que nos han sido concedidos por el Padre, el Hijo, y el Espíritu Santo, cuya Trinidad es la fuente de toda santidad, hemos caído, por lo que hemos dicho, en una digresión, habiendo considerado que el tema del alma, que por casualidad vino antes de nosotros, debería ser mencionado, aunque por encima, ya que estábamos tratando un tópico relacionado con la naturaleza racional. Consideraremos, sin embargo, con el permiso de Dios por Jesucristo y el Espíritu Santo, más convenientemente en el lugar apropiado el tema de todos los seres racionales, que se clasifican en tres géneros y especies.

En nuestro deseo de mostrar los beneficios divinos que nos han sido concedidos por el Padre, el Hijo, y el Espíritu Santo, cuya Trinidad es la fuente de toda santidad, hemos caído, por lo que hemos dicho, en una digresión.

---

[31] Cf. 1ª Pedro 4:13: "Antes bien gozaos en que sois participantes de las aflicciones de Cristo; para que también en la revelación de su gloria os gocéis en triunfo".

5

Las naturalezas racionales

En la santa
Escritura
encontramos
nombres
numerosos
de ciertos
órdenes
y oficios,
no sólo de
seres santos,
sino también
de sus
opuestos,
que traeremos
ante nosotros.
Hay ciertos
ángeles santos
de Dios a
quienes Pablo
llama
"espíritus
administradores"

1. Después de la disertación, que brevemente hemos llevado a cabo con lo mejor de nuestra capacidad, en cuanto al Padre, el Hijo, y el Espíritu Santo, procede que ofrezcamos unos pocos comentarios sobre el tema de las naturalezas racionales, sus especies y órdenes; sobre los cometidos de los poderes santos así como de los malignos, y también sobre los que ocupan una posición intermedia entre estos poderes del bien y el mal, que todavía están situados en un estado de lucha y prueba.

Poderes y dominios

En la santa Escritura encontramos nombres numerosos de ciertos órdenes y oficios, no sólo de seres santos, sino también de sus opuestos, que traeremos ante nosotros en primer lugar; el significado de lo cual procuraremos presentarlo, en segundo lugar, tanto como lo permita averiguar nuestra capacidad.

Hay ciertos ángeles santos de Dios a quienes Pablo llama "espíritus administradores, enviados para servicio a favor de los que serán herederos de salud" (He. 1:14). En los escritos de Pablo también encontramos que los designa, según alguna fuente desconocida,[32] como tronos y dominios; principados y poderes;[33] y después de esta enumeración, como si supiera que había todavía otros oficios (*officia*) racionales y órdenes además de los ya mencionados, dice del Salvador: "Sobre todo principado, y potestad, y potencia, y señorío, y todo nombre que se nombra, no sólo en este siglo, mas aun en el venidero" (Ef. 1:21). De esto se deduce que había ciertos seres además de los que Pablo ha mencionado, que pueden ser nombrados

---

[32] La reflexión sobre estos temas estaba muy extendida en los días del Nuevo Testamento en todo el imperio romano. Cf. H. Berkhof, *Cristo y los poderes* (TELL, Grand Rapids).

[33] Cf. Colosenses 1:16: "Porque por él fueron creadas todas las cosas, las que están en los cielos, y las que están en la tierra, visibles e invisibles; sean tronos, sean dominios, sean principados, sean potestades; todo fue creado por él y para él".

en este mundo, pero que no han sido enumerados por él entonces, y que quizás no fueron conocidos por ningún otro individuo; y que allí estaban otros que no pueden ser nombrados en este mundo, pero que serán nombrados en el mundo por venir.

El diablo y sus ángeles y la lucha espiritual

2. Entonces, en segundo lugar, debemos saber que cada ser que está dotado de razón, y transgrede sus estatutos y limitaciones, indudablemente está implicado en pecado al desviarse de la rectitud y de la justicia. Toda criatura racional, pues, es capaz de merecer alabanza y censura; de alabanza, si en conformidad a aquella razón que posee, avanza a mejores cosas; de censura, si se aparta del plan y del curso de rectitud, por cuya razón es justamente sometido a dolores y penas.

Y esto también debe creerse como aplicable al diablo mismo y a los que son con él, que son llamados sus ángeles.[34] Estos seres tienen que ser explicados para que podamos saber qué son.

El nombre de Diablo y Satán e Inicuo, también descrito como Enemigo de Dios, es mencionado en muchos lugares de la Escritura. Además se mencionan ciertos ángeles del diablo, y también un príncipe de este mundo, que es el diablo mismo o algún otro no claramente manifiesto. Hay también ciertos príncipes de este mundo de los que se habla como en posesión de una especie de sabiduría que vendrá a nada; pero si éstos son aquellos príncipes que son también los principados con quienes tenemos que luchar, u otros seres, me parece un punto sobre el que no es fácil para nadie pronunciarse.

Después de los principados, son mencionados ciertos poderes con los que también tenemos que luchar, y mantener una lucha hasta con los príncipes de este mundo y los gobernadores de estas tinieblas.

El diablo y sus ángeles tienen que ser explicados para que podamos saber qué son. El nombre de Diablo y Satán e Inicuo, también descrito como Enemigo de Dios, es mencionado en muchos lugares de la Escritura.

---

[34] Cf. Mateo 25:41: "Entonces dirá también a los que estarán a la izquierda: Apartaos de mí, malditos, al fuego eterno preparado para el diablo y para sus ángeles". Apocalipsis 12:9: "Y fue lanzado fuera aquel gran dragón, la serpiente antigua, que se llama Diablo y Satanás, el cual engaña a todo el mundo; fue arrojado en tierra, y sus ángeles fueron arrojados con él".

Debemos examinar a fondo la razón del alma humana. Inquiramos si Dios, creador y fundador de todas las cosas, creó cierto número de ellos santo y feliz, y otro para que puedan ser capaces de virtud y de vicio; o si debemos suponer que Dios creó algunos para ser totalmente incapaces de virtud, y otros totalmente incapaces de maldad.

Ciertos poderes espirituales de maldad en lugares celestes, también son mencionados por Pablo.[35] ¿Qué debemos decir, además, de los espíritus impuros mencionado en el Evangelio? Tenemos también ciertos seres celestes llamados por un nombre similar que, como se dice, doblan o doblarán la rodilla ante el nombre de Jesús.[36]

Seguramente, en un lugar donde hemos hablado del tema de las naturalezas racionales, no es apropiado guardar silencio sobre nosotros mismos, seres humanos llamados animales racionales; es más, incluso este punto no debe ser ociosamente pasado por alto, ya que hasta de nosotros seres humanos se mencionan ciertos órdenes diferentes, según las palabras: "La parte del Señor es su pueblo; Jacob la cuerda de su heredad" (Dt. 32:9). Otras naciones son llamadas parte de los ángeles, ya que "cuando el Altísimo dividió las naciones, y dispersó los hijos de Adán, fijó las fronteras de las naciones según el número de los ángeles de Dios" (v. 8).[37] Por lo tanto, con otras naturalezas racionales, nosotros también debemos examinar a fondo la razón del alma humana.

Creación, determinismo y libertad

3. Después de la enumeración de tantos y tan importantes nombres de órdenes y oficios, en la que subyace la seguridad de que hay existencias personales, inquiramos si Dios, creador y fundador de todas las cosas, creó cierto número de ellos santo y feliz, de modo que no pudieran admitir ningún elemento de clase opuesta, y otro para que puedan ser capaces de virtud y de vicio; o si debemos suponer que Dios creó algunos para ser totalmente incapaces de virtud, y otros totalmente incapaces de maldad, pero con el poder de permanecer solamente en estado de felicidad, y otros capaces de ambas condiciones.

---

[35] Cf. Efesios 6:12: "Porque no tenemos lucha contra sangre y carne; sino contra principados, contra potestades, contra señores del mundo, gobernadores de estas tinieblas, contra malicias espirituales en los aires".

[36] Cf. Filipenses 2:10: "Para que en el nombre de Jesús se doble toda rodilla de los que están en los cielos, y en la tierra, y debajo de la tierra".

[37] La Septuaginta difiere aquí del texto masorético: "Cuando el Altísimo hizo heredar a las gentes, cuando hizo dividir los hijos de los hombres, estableció los términos de los pueblos según el número de los hijos de Israel" (RV).

Para que nuestra primera investigación pueda comenzar con los nombres mismos, consideremos si los santos ángeles, desde el período de su primera existencia, han sido siempre santos, y son santos todavía, y serán santos, y nunca han admitido o tenido el poder de admitir ninguna ocasión de pecado. Entonces, en segundo lugar, consideremos si los que se llaman principados santos comenzaron desde el momento de su creación por Dios a ejercer poder sobre quienes les han sido sometidos, y si estos últimos han sido creados de tal naturaleza, y formados con el objetivo de estar sometidos y subordinados. De la misma manera, también, si los que llaman poderes fueron creados de tal naturaleza y con el expreso propósito de ejercer poder, o si su llegada a ese poder y dignidad es una recompensa y merecimiento a su virtud.

Además, si los que se llaman tronos ganaron también la estabilidad de felicidad al mismo tiempo de su venida al ser,[38] de modo que tengan aquella posesión por la sola voluntad del Creador; o si los que llaman dominios se les confirió su dominio no como una recompensa por su habilidad, sino como un privilegio peculiar de su creación (*conditionis praerogativa*), de modo que esto es algo que en un cierto grado es natural e inseparable en ellos. Mas si adoptamos la opinión de que los ángeles santos y los poderes santos, y los tronos benditos, y las virtudes gloriosas, y los dominios magníficos, tienen que considerarse como poseyendo los poderes y dignidades y glorias en virtud de su naturaleza, indudablemente se seguirá que aquellos seres mencionados como la propiedad de los oficios de una clase opuesta deben considerarse en la misma manera; para que aquellos principados con quienes tenemos que luchar sean vistos, no como habiendo recibido aquel espíritu de oposición y resistencia a todo lo bueno en un período posterior, o habiendo caído del bien por la libertad de la voluntad, sino como habiéndolo tenido en ellos como la esencia de su ser desde el principio de su existencia.

De manera parecida también, este es el caso de los poderes y virtudes, en ninguno de los cuales la maldad fue subsecuente o posterior a su primera existencia. También

Para que nuestra primera investigación pueda comenzar con los nombres mismos, consideremos si los santos ángeles, desde el período de su primera existencia, han sido siempre santos, y son santos todavía, y serán santos, y nunca han admitido o tenido el poder de admitir ninguna ocasión de pecado.

---

[38] *Simul cum substantiae suae prolatione*: al mismo tiempo que la emación de su sustancia.

Para que no parezca que construimos nuestras aserciones sobre temas de tal importancia y dificultad sobre el fundamento de la sola inferencia, veamos si podemos obtener algunas declaraciones de la santa Escritura, por autoridad de la cual puedan mantenerse estas posiciones de una manera creíble.

de aquellos a quienes el apóstol llamó señores y príncipes de las tinieblas de este mundo, se dice, respecto a su gobierno y ocupación de las tinieblas, que no cayeron por perversidad de intención, sino por necesidad de su creación. El razonamiento lógico nos obligará a adoptar la misma postura con respecto a los espíritus malos y malignos y los demonios impuros. Pero si mantener esta opinión en cuanto a los poderes malignos y contrarios parece absurdo, como seguramente es absurdo que la causa de su maldad sea quitada del objeto de su propia voluntad y sea atribuida de necesidad a su Creador, ¿por qué no estamos obligados también a hacer una confesión similar respecto a los poderes buenos y santos, a saber, lo bueno que hay en ellos no es suyo por esencia? Hemos mostrado evidentemente que este es el caso de Cristo y del Espíritu Santo solamente, sin duda del Padre también.

Porque se probó que no había nada compuesto en la naturaleza de la Trinidad, de manera que esas cualidades pudieran pertenecer a nosotros como consecuencias accidentales. De esto se sigue, que en el caso de las criaturas es el resultado de sus propias obras y movimientos, que aquellos poderes que parecen dominar a otros o ejercer poder y dominio, han sido preferidos y colocados sobre los que gobiernan o ejercen poder, y no a consecuencia de un privilegio peculiar inherente en sus constituciones, sino debido al mérito.

El testimonio de la autoridad de las Escrituras

4. Pero, para que no parezca que construimos nuestras aserciones sobre temas de tal importancia y dificultad sobre el fundamento de la sola inferencia, o que requerimos el asentimiento de nuestros lectores a lo que es únicamente conjetural, veamos si podemos obtener algunas declaraciones de la santa Escritura, por autoridad de la cual puedan mantenerse estas posiciones de una manera creíble.

En primer lugar, aduciremos lo que la Escritura santa contiene en cuanto a los poderes malos; después seguiremos nuestra investigación con respecto a otros, en cuanto el Señor quiera ilustrarnos, para que en asuntos de tal dificultad podamos averiguar qué es lo más cercano a la verdad, o cuál debería ser nuestra opinión de acuerdo a la norma de la religión.

Las profecías de Ezequiel y la naturaleza de los poderes celestiales

5. En el profeta Ezequiel encontramos dos profecías escritas sobre el príncipe de Tiro, la primera de las cuales podría parecer a alguien, antes de haber oído la segunda, que se refiere a algún hombre que fue el príncipe de los tirios. Por ello, de momento no tomaremos nada de la primera profecía; pues como la segunda es manifiestamente de tal clase que no puede entenderse de un hombre, sino de algún poder superior que había caído de una posición más alta, y reducido a una condición inferior y peor, tomaremos de ella una ilustración por la que pueda demostrarse con la mayor claridad que los poderes opuestos malignos no han sido formados o creados así por naturaleza, sino que cayeron de una posición mejor a otra peor, y se convirtieron en seres malvados; y que aquellos poderes benditos tampoco eran de tal naturaleza que fueran incapaces de admitir lo opuesto a su ser si tuvieran inclinación hacia ello, hechos negligentes y perezosos de no guardar con cuidado la bienaventuranza de su condición.

Porque si se relata que el que es llamado príncipe de Tiro estaba entre los santos, y era sin mancha, y fue colocado en el paraíso de Dios, y adornado también con una corona atractiva y bella, debe suponerse que tal personaje no puede ser en ningún grado inferior a ninguno de los santos. Ya que es descrito como habiendo sido adornado con una corona de atractivo y belleza, y como habiendo andado sin mancha en el paraíso de Dios, ¿y cómo puede alguien suponer que tal ser no era uno de aquellos poderes santos y benditos colocado en un estado de felicidad, al que debemos suponer dotado de un honor no inferior a éste?

Pero dejemos que las palabras de la profecía misma nos enseñe: "Y fue a mí palabra del Señor, diciendo: Hijo de hombre, levanta endechas sobre el rey de Tiro, y dile: Así ha dicho Jehová: Tú eras el sello de la perfección, lleno de sabiduría, y acabado de hermosura. En Edén, en el huerto de Dios estuviste; toda piedra preciosa fue tu vestidura; el sardio, topacio, diamante, crisólito, ónice, y

Tomaremos una ilustración por la que pueda demostrarse con la mayor claridad que los poderes opuestos malignos no han sido formados o creados así por naturaleza, sino que cayeron de una posición mejor a otra peor, y se convirtieron en seres malvados.

¿De qué hombre se puede decir que ha andado "en medio de piedras de fuego"? ¿O quién se debe suponer sin mancha del día mismo de su creación, y que la maldad se descubrió después en él, y que fue arrojado a la tierra? El significado de esto es que aquel que no estaba aún sobre la tierra, es arrojado en ella.

berilo, el zafiro, carbunclo, y esmeralda, y oro; los primores de tus tamboriles y pífanos estuvieron apercibidos para ti en el día de tu creación. Tú, querubín grande, cubridor; y yo te puse en el santo monte de Dios, allí estuviste; en medio de piedras de fuego has andado. Perfecto eras en todos tus caminos desde el día que fuiste creado, hasta que se halló en ti maldad. A causa de la multitud de tu contratación fuiste lleno de iniquidad, y pecaste; por lo que yo te eché del monte de Dios, y te arrojé de entre las piedras del fuego, oh querubín cubridor. Enalteció se tu corazón a causa de tu hermosura, corrompiste tu sabiduría a causa de tu resplandor; yo te arrojaré por tierra; delante de los reyes te pondré para que miren en ti. Con la multitud de tus maldades, y con la iniquidad de tu contratación ensuciaste tu santuario; yo, pues, saqué fuego de en medio de ti, el cual te consumió, y te puse en ceniza sobre la tierra a los ojos de todos los que te miran. Todos los que te conocieron de entre los pueblos, se maravillarán sobre ti: en espanto serás, y para siempre dejarás de ser" (Ez. 28:11-19).[39]

Viendo, entonces, que tales son las palabras del profeta que dicen: "Tú ers el sello de la perfección, lleno de sabiduría, y acabado de hermosura", o "en el día de tu creación, tú, querubín grande, yo te puse en el santo monte de Dios", ¿quién puede debilitar el significado de estas expresiones para suponer que este lenguaje se usa de algún hombre o santo, por no decir del príncipe de Tiro? ¿De qué hombre se puede decir que ha andado "en medio de piedras de fuego"? ¿O quién se debe suponer sin mancha del día mismo de su creación, y que la maldad se descubrió después en él, y que fue arrojado a la tierra?

El significado de esto es que aquel que no estaba aún sobre la tierra, es arrojado en ella, de cuyos lugares santos también se dice que están contaminados. Hemos mostrado

---

[39] Con esta interpretación de las profecías de Ezequiel sobre el príncipe de Tiro y de Isaías sobre el rey de Babilonia aplicadas a la existencia de Lucifer antes de convertirse en Satanás, Orígenes da pie a una tradición hermenéutica que ha llegado hasta nosotros, entendiendo así el *origen angélico* de Satanás, única manera de evitar el dualismo en la doctrina cristiana para explicar la existencia del Mal, del cual Dios nunca es responsable, ni una fuerza opuesta igual a Él, sino el propio orgullo de la criatura, reflejado en la hermosura recibida de manos de su Creador.

que la cita del profeta Ezequiel respecto al príncipe de Tiro se refiere a un poder adverso, y por ello se demuestra claramente que aquel poder era antes santo y bienaventurado; de cuyo estado de felicidad cayó en el momento que se encontró iniquidad en él y fue arrojado a la tierra; y no fue así por naturaleza y creación. Somos de la opinión, por lo tanto, de que estas palabras se refieren a cierto ángel que recibió el oficio de gobernar la nación de los tirios, y a quien también se le confió el cuidado de sus almas. Pero para saber qué Tiro, o a qué almas de Tiro se refiere, deberíamos averiguar si se trata de Tiro que está situado dentro de las fronteras de la provincia de Fenicia, o algún otro del cual, este Tiro terrenal que conocemos, es el modelo. De las almas de los tirios, tanto si son las de los habitantes anteriores o las de los que pertenecen al Tiro entendido espiritualmente, no parece ser una cuestión cuyo examen corresponda hacer en este lugar; no deberíamos investigar asuntos de tanto misterio e importancia, que exigen un trato y una labor especial, de una manera superficial.

La profecía de Isaías sobre Lucifer

6. El profeta Isaías también nos enseña en cuanto a otro poder contrario: "¡Cómo caíste del cielo, oh Lucero, hijo de la mañana! Cortado fuiste por tierra, tú que debilitabas las gentes. Tú que decías en tu corazón: Subiré al cielo, en lo alto junto a las estrellas de Dios ensalzaré mi solio, y en el monte del testimonio me sentaré, á los lados del aquilón; sobre las alturas de las nubes subiré, y seré semejante al Altísimo. Mas tú derribado eres en el sepulcro, a los lados de la huesa. Inclinarse han hacia ti los que te vieren, te considerarán diciendo: ¿Es este aquel varón que hacía temblar la tierra, que trastornaba los reinos; que puso el mundo como un desierto, que asoló sus ciudades; que á sus presos nunca abrió la cárcel? Todos los reyes de las gentes, todos ellos yacen con honra cada uno en su casa. Mas tú echado eres de tu sepulcro como tronco abominable, como vestido de muertos pasados á cuchillo, que descendieron al fondo de la sepultura; como cuerpo muerto hollado. No serás contado con ellos en la sepultura; porque tú destruiste tu tierra, mataste tu pueblo. No será nombrada para siempre la simiente de los malignos.

Somos de la opinión, por lo tanto, de que estas palabras se refieren a cierto ángel que recibió el oficio de gobernar la nación de los tirios, y a quien también se le confió el cuidado de sus almas. Pero para saber qué Tiro, o a qué almas de Tiro se refiere, deberíamos averiguar si se trata de Tiro que está situado dentro de las fronteras de la provincia de Fenicia, o algún otro del cual, este Tiro terrenal que conocemos, es el modelo.

Con estas palabras se enseña claramente que quien ha caído del cielo fue anteriormente Lucifer, quien solía surgir por la mañana. Porque si, como algunos piensan, era una naturaleza de tinieblas, ¿cómo se dice que Lucifer ha existido antes? Este ser una vez existió como luz antes de perderse y caer de su lugar, convirtiendo su gloria en polvo.

Aparejad sus hijos para el matadero por la maldad de sus padres: no se levanten, ni posean la tierra, ni llenen la haz del mundo de ciudades. Porque yo me levantaré sobre ellos, dice Jehová de los ejércitos, y raeré de Babilonia el nombre y las reliquias, hijo y nieto, dice el Señor" (Is. 14:12-22).

Con estas palabras se enseña claramente que quien ha caído del cielo fue anteriormente Lucifer, quien solía surgir por la mañana. Porque si, como algunos piensan, era una naturaleza de tinieblas, ¿cómo se dice que Lucifer ha existido antes? ¿O cómo podría él surgir por la mañana si no tenía en él nada de luz? Pero hasta el mismo Salvador nos enseña al decir del diablo: "Yo veía a Satanás, como un rayo, que caía del cielo" (Lc. 10:18), porque durante un tiempo fue luz.

Además nuestro Señor, que es la verdad, comparó el poder de su propio advenimiento glorioso al relámpago con las palabras: "Porque como el relámpago que sale del oriente y se muestra hasta el occidente, así será también la venida del Hijo del Hombre" (Mt. 24:27). Y no obstante, Él lo compara con el relámpago, y dice que cae del cielo, para mostrar que durante un tiempo había estado en el cielo y había tenido un lugar entre los santos, disfrutando de una parte de aquella luz en la que todos los santos participan, por la que ellos son hechos ángeles de luz, y por la que los apóstoles son llamados por el Señor la luz del mundo (Mt. 5:14).

De esta manera, entonces, este ser una vez existió como luz antes de perderse y caer de su lugar, convirtiendo su gloria en polvo, que es la marca peculiar de los malvados, como asimismo dice el profeta; de donde, también, se le llama el príncipe de este mundo, es decir, de una vivienda terrenal: ya que él ejerce su poder sobre los que son obedientes a su maldad, pues "todo este mundo" –porque llamó mundo a esta tierra– "está bajo el maligno" (1ª Jn. 5:19), que es un apóstata.

Que sea un apóstata, es decir, un fugitivo, hasta lo dice el mismo Señor en el libro de Job: "Tú tomarás con un gancho el falso dragón", esto es, el fugitivo (Job 40:10, LXX).[40] Es seguro que por dragón debe entenderse el mis-

---

[40] "He aquí ahora behemoth, al cual yo hice contigo; Hierba come como buey. He aquí ahora que su fuerza está en sus lomos, y su fortaleza

mo diablo.[41] Por tanto, si son llamados poderes contrarios, y como se dice, una vez estuvieron sin la mancha, aunque la pureza intachable sólo existe en el ser esencial del Padre, el Hijo, y el Espíritu Santo, y como una cualidad accidental en toda cosa creada; y ya que lo que es accidental también puede desaparecer, y puesto que aquellos poderes opuestos fueron una vez intachables, y estuvieron entre los que todavía permanecen sin mancha, es evidente de todo esto que nadie es puro por esencia o naturaleza, ni tampoco contaminado por naturaleza.

La consecuencia de esto es que está en nosotros y en nuestras acciones ser felices y santos, o, por pereza y negligencia, caer de la felicidad en la maldad y la ruina, en tal grado que, por la gran habilidad en la malicia, por así decirlo (si un hombre puede ser culpable de negligencia tan grande), puede descender hasta el estado en el que será cambiado en lo que llaman un "poder opuesto".

Lo que es accidental puede desaparecer, y puesto que aquellos poderes opuestos fueron una vez intachables, y estuvieron entre los que todavía permanecen sin mancha, es evidente de todo esto que nadie es puro por esencia o naturaleza, ni tampoco contaminado por naturaleza.

---

en el ombligo de su vientre. Su cola mueve como un cedro, Y los nervios de sus muslos son entretejidos. Sus huesos son fuertes como bronce, y sus miembros como barras de hierro. Él es la cabeza de los caminos de Dios; el que lo hizo, puede hacer que su cuchillo a él se acerque" (Job. 40:15-19).

[41] Cf. Apocalipsis 12:9: "Y fue lanzado fuera aquel gran dragón, la serpiente antigua, que se llama Diablo y Satanás, el cual engaña a todo el mundo".

6

El final o consumación

El fin del
mundo,
entonces,
y la
consumación
final,
ocurrirá
cuando cada
uno sea
sometido al
castigo por
sus pecados;
un tiempo
que sólo
Dios conoce,
cuando Él
otorgará a
cada uno
lo que
se merece.
Pensamos,
en verdad,
que la
bondad de
Dios en
Cristo,
llevará a
todas sus
criaturas a
un final;
hasta sus
enemigos
serán
conquistados
y sometidos.

Prejuicio, dogma y discusión

1. El final o consumación parece ser una indicación de la perfección y la terminación de las cosas. Esto nos recuerda aquí, que si hay alguien lleno con el deseo de lectura y de entendimiento de asuntos de tal dificultad e importancia, debería llevar a su esfuerzo un entendimiento perfecto e instruido, no sea que quizás, si no ha tenido experiencia en cuestiones de esta clase, puedan parecerle vanas y superfluas; o si su mente está llena de preconcepciones y prejuicios sobre otros puntos, puede juzgar que estos son heréticos y opuestos a la fe de la Iglesia, cediendo así no tanto a las convicciones de la razón cuanto al dogmatismo del prejuicio.

Estos temas, ciertamente, son tratados por nosotros con gran solicitud y precaución a modo de una investigación y discusión, antes que como una decisión ya fija y cierta. Porque ya hemos advertido en las páginas precedentes aquellas cuestiones que deben exponerse en proposiciones dogmáticas claras, como pienso que he hecho con lo mejor de mi capacidad al hablar de la Trinidad. Pero en la ocasión presente nuestro ejercicio debe ser llevado, como mejor podemos, más bien en el estilo de una discusión que de una definición estricta.

El sometimiento final a Cristo

El fin del mundo, entonces, y la consumación final, ocurrirá cuando cada uno sea sometido al castigo por sus pecados; un tiempo que sólo Dios conoce, cuando Él otorgará a cada uno lo que se merece. Pensamos, en verdad, que la bondad de Dios en Cristo, llevará a todas sus criaturas a un final; hasta sus enemigos serán conquistados y sometidos. Porque la santa Escritura dice: "El Señor dijo a mi Señor: Siéntate a mi diestra, en tanto que pongo tus enemigos por estrado de tus pies" (Sal. 110:1; He. 1:13). Y si el significado de la lengua del profeta es aquí menos claro, podemos averiguarlo del apóstol Pablo, que habla más abiertamente así: "Porque es necesario que Él reine, hasta poner a todos sus enemigos debajo de sus pies" (1ª Co. 15:25). Pero si hasta esta innegable declaración del apóstol no nos informa suficientemente sobre lo que significa "poner sus enemigos bajo sus pies", escuchemos lo que dice en las palabras siguientes: "Todos sus enemigos debajo de sus pies" ¿Qué es, entonces, este "poner bajo" por el que todas las cosas se someterán a Cristo?

Pienso que este es el mismo sometimiento por el que también nosotros deseamos someternos a Él, por el cual los apóstoles también fueron sometidos, así como todos los santos que han sido seguidores de Cristo. Porque el nombre "sometimiento", por el que nos sometemos a Cristo, indica la salvación que proviene de Él y que pertenece a sus siervos, según la declaración de David: "En Dios solamente está sometida mi alma: De Él viene mi salvación" (Sal. 62:1).[42]

Conocer el principio por el final

2. Sabiendo, entonces, que tal es el final, cuando todos los enemigos serán sometidos a Cristo, cuando la muerte, el último enemigo, será destruida, y cuando el reino sea entregado por Cristo (a quien todas las cosas están sometidas) a Dios el Padre;[43] contemplemos, digo, desde el final el comienzo de las cosas.

Porque el final es siempre como el principio; y, por tanto, como hay un fin de todas las cosas, debemos entender que hubo un principio; y así como hay un final de muchas cosas, así brotan de un principio muchas diferencias y variedades, que una vez más, por la bondad de Dios, por el sometimiento a Cristo y por la unidad del Espíritu Santo, son llamadas a un final, que es como el principio: todos los que doblan la rodilla ante el nombre de Jesús,

Contemplemos desde el final el comienzo de las cosas. Porque el final es siempre como el principio; y, por tanto, como hay un fin de todas las cosas, debemos entender que hubo un principio; y así como hay un final de muchas cosas, así brotan de un principio muchas diferencias y variedades.

---

[42] "En Dios solamente está *callada* mi alma: De Él viene mi salud" (RV).

[43] "Porque es menester que Él reine, hasta poner a todos sus enemigos debajo de sus pies. Y el postrer enemigo que será deshecho, será la muerte. Porque todas las cosas sujetó debajo de sus pies. Y cuando dice: Todas las cosas son sujetadas a Él, claro está exceptuado aquel que sujetó a Él todas las cosas. Mas luego que todas las cosas le fueren sujetas, entonces también el mismo Hijo se sujetará al que le sujetó a Él todas las cosas, para que Dios sea todas las cosas en todos" (1ª Co. 15:25-28).

Sólo en la Trinidad existe la bondad en virtud de su ser esencial; mientras que los demás la poseen como una cualidad accidental y perecedera, y sólo entonces disfrutan de la felicidad, cuando participan en la santidad, en la sabiduría y en la misma divinidad.

haciendo saber así su sometimiento a Él; y estos son los que están en el cielo, en la tierra, y bajo la tierra; por lo cual se indican tres clases en todo el universo, a saber, aquellos que desde el principio fueron dispuestos, cada uno según la diversidad de su conducta, entre las órdenes diferentes, conforme a sus acciones; porque no había allí ninguna bondad esencial en ellos, como hay en Dios, Cristo, y en el Espíritu Santo. Porque sólo en la Trinidad, que es el autor de todas las cosas, existe la bondad en virtud de su ser esencial; mientras que los demás la poseen como una cualidad accidental y perecedera, y sólo entonces disfrutan de la felicidad, cuando participan en la santidad, en la sabiduría y en la misma divinidad.[44] Pero si descuidan y desprecian tal participación, cada uno, por la falta de su propia pereza, uno más rápida, otros más lentamente, uno en un grado mayor, otro menor, es la causa de su propia caída.

Y, como ya hemos comentado, el lapso por el que un individuo cae de su posición es caracterizado por una gran diversidad, según los movimientos de la mente y la voluntad. Uno con más facilidad, otro con más dificultad, todos caen en una condición inferior; en esto debe verse el juicio justo de la providencia de Dios, que suceda a cada uno según la diversidad de su conducta, en proporción a su declinación y abandono.

La unidad final

Los que han sido quitados de su primer estado de bienaventuranza no han sido quitados irreparablemente, sino que han sido colocados bajo la regla de las órdenes santas y benditas que hemos descrito, para que sirviéndose de su ayuda éstos sean remodelados por los sanos principios de la disciplina, y así puedan recuperarse, y ser restaurados a su condición de felicidad. Por eso soy de la opinión, hasta donde puedo ver, que este orden de la raza humana ha sido designado para que en el mundo futuro,

---

[44] Cf. 2ª Pedro 1:4: "Como todas las cosas que pertenecen a la vida y a la piedad nos han sido dadas de su divina potencia, por el conocimiento de aquel que nos ha llamado por su gloria y virtud; por las cuales nos son dadas preciosas y grandísimas promesas, para que por ellas fueseis hechos participantes de la naturaleza divina".

o en la era por venir, cuando será el cielo nuevo y la tierra
nueva, profetizada por Isaías, pueda ser restaurada a esa
unidad prometida por el Señor Jesús en su oración a Dios
Padre, en nombre de sus discípulos: "Mas no ruego solamente por éstos, sino también por los que han de creer en
mí por la palabra de ellos. Para que todos sean una cosa;
como tú, oh Padre, en mí, y yo en ti, que también ellos sean
en nosotros una cosa" (Jn. 17:20, 21). Y otra vez, cuando
dice: "Para que sean una cosa, como también nosotros
somos una cosa. Yo en ellos, y tú en mí, para que sean
consumadamente una cosa" (Jn. 17:22, 23). Esto es confirmado todavía más por el lenguaje del apóstol Pablo:
"Hasta que todos lleguemos a la unidad de la fe y del
conocimiento del Hijo de Dios" (Ef. 4:13). De acuerdo con
esto el mismo apóstol nos exhorta: "Que habléis todos una
misma cosa, y que no haya entre vosotros disensiones,
antes seáis perfectamente unidos en una misma mente y
en un mismo parecer" (1ª Co. 1:10), pues en la vida presente estamos colocados en la Iglesia, en la cual está la
forma del reino venidero, en semejanza de unidad.

Especulación sobre la condenación y la salvación final

3. De todos modos, debe tenerse en cuenta que ciertos
seres que cayeron de ese principio del cual hemos hablado,
se han hundido en tal profundidad de indignidad y
maldad que parece totalmente inmerecido de ese entrenamiento e instrucción por el cual la raza humana, mientras
está en la carne, es entrenada e instruida con la asistencia
de los poderes divinos; y siga, por el contrario, en un
estado de enemistad y oposición para con los que reciben
esa instrucción y enseñanza. De ahí que la totalidad de esta
vida mortal esté llena de luchas y pruebas, causadas por
la oposición y la enemistad de los que caen de una condición mejor sin mirar hacia atrás, que son llamados el
diablo y sus ángeles, y otras órdenes del mal, que el
apóstol clasifica entre los poderes opuestos.

Pero si alguna de estas órdenes que actúa bajo el gobierno del diablo y obedece sus malvados mandamientos,
ha de ser convertida a la justicia en un mundo de futuro
debido a su posesión de la facultad de la libre voluntad,
o si la maldad persistente y empedernida puede ser cam-

Debe tenerse
en cuenta
que ciertos
seres que
cayeron de
ese principio
del cual
hemos
hablado,
se han
hundido
en tal
profundidad
de
indignidad
y maldad
que parece
totalmente
inmerecido
que ese
entrenamiento
e instrucción
por el cual la
raza humana,
mientras está
en la carne,
es entrenada
e instruida
con la
asistencia de
los poderes
divinos;
y siga,
por el
contrario,
en un estado
de enemistad
y oposición.

Unos al principio del tiempo, otros después, y otros hasta en los últimos tiempos, después de haber sufrido castigos más pesados y más severos, aguantados durante un largo período y durante muchas edades, mejoran, por así decirlo, por este método severo de entrenamiento, y son restaurados al principio por la instrucción de los ángeles, y posteriormente por los poderes de un grado más alto.

biada por el poder de hábito en naturaleza, es un resultado que tú mismo, lector, puedes aprobar, si en alguno de los mundos presentes, que se ven y son temporales, ni en los que no son vistos y eternos, aquella parte va a diferenciarse totalmente de la unidad final y la salud de cosas. Pero tanto en los mundos temporales que vemos como en los eternos que no vemos, todos los seres están ordenados conforme a un plan regular, en el orden y grado de sus méritos; de manera que unos al principio del tiempo, otros después, y otros hasta en los últimos tiempos, después de haber sufrido castigos más pesados y más severos, aguantados durante un largo período y durante muchas edades, mejoran, por así decirlo, por este método severo de entrenamiento, y son restaurados al principio por la instrucción de los ángeles, y posteriormente por los poderes de un grado más alto, y así, avanzando por cada etapa a una mejor condición, alcancen aquello que es invisible y eterno, habiendo atravesado, por una especie de educación, cada uno de los oficios de los poderes divinos. Por lo cual, pienso, debe deducirse como una inferencia necesaria, que cada naturaleza racional, al pasar de un orden a otro y avanzar por todos y cada uno, mientras están sometidos a los varios grados de habilidad y fracaso según sus propias acciones y esfuerzos, gocen del poder de su libre voluntad.

La renovación y la conservación de la materia

4. Pero ya que Pablo dice que ciertas cosas son visibles y temporales, y otras invisibles y eternas,[45] nos ponemos a inquirir cómo son esas cosas que se ven y son temporales, si porque allí no habrá nada en absoluto después de los períodos del mundo venidero, en el que la dispersión y separación del principio sufren un proceso de restauración hacia el único y mismo final y semejanza; o porque, mientras la forma de las cosas que pasan, su naturaleza esencial no estará sometida a ninguna corrupción. Y Pablo

---

[45] Cf. 2ª Corintios 4:18: "No mirando nosotros a las cosas que se ven; sino a las que no se ven: porque las cosas que se ven son temporales, mas las que no se ven son eternas".

parece confirmar la última idea, cuando dice: "La apariencia de este mundo se pasa" (1ª Co. 7:31). David también aparece afirmar lo mismo en las palabras: "Los cielos son obra de tus manos. Ellos perecerán, y tú permanecerás; y todos ellos como un vestido se envejecerán; como una ropa de vestir los mudarás, y serán mudados" (Sal. 102:25, 26). Porque si el cielo ha de ser cambiado, sin duda el que es cambiado no fallece, y si la apariencia del mundo pasa, no es en ningún caso una aniquilación o destrucción de su sustancia material lo que ha de tener lugar, sino una especie de cambio de cualidad y la transformación de su apariencia. Isaías también, al declarar proféticamente que habrá un cielo nuevo y una tierra nueva, indudablemente sugiere una idea similar. Para esta renovación del cielo y de la tierra, y esta transmutación de la forma del mundo presente, y este cambio de los cielos indudablemente serán preparados para los que andan a lo largo de aquel camino que hemos indicado y que tienden a la meta de la felicidad, de la cual se dice que hasta los mismos enemigos serán sujetados, y Dios será "todo en todos" (1ª Co. 15:28).

Y si alguien se imagina que al final lo material, es decir, la naturaleza corpórea, será completamente destruida, no puede en muchos aspectos entender mi idea, cómo los seres tan numerosos y poderosos son capaces de vivir y existir sin cuerpos, ya que esto es solamente un atributo de la naturaleza divina, o sea, del Padre, del Hijo, y del Espíritu Santo: existir sin ninguna sustancia material y sin participar en ningún grado de corporalidad.

Otro, quizás, puede decir que en el final cada sustancia corporal será tan pura y refinada como el éter, de una pureza y claridad celeste. Sin embargo, cómo será todo esto sólo es conocido con certeza por Dios y por los que son sus amigos por Cristo y el Espíritu Santo.

Si el cielo ha de ser cambiado, sin duda el que es cambiado no fallece, y si la apariencia del mundo pasa, no es en ningún caso una aniquilación o destrucción de su sustancia material lo que ha de tener lugar, sino una especie de cambio de cualidad y la transformación de su apariencia.

7

Los seres incorpóreos y corpóreos

Los temas
considerados
en el capítulo
anterior han
sido tratados
en un
lenguaje
general.
Ahora
tenemos que
averiguar lo
que son esas
cuestiones
para ser
tratadas
apropiadamente
en las páginas
siguientes
según nuestra
creencia
dogmática,
es decir,
de acuerdo
con el credo
de la Iglesia.

1. Los temas considerados en el capítulo anterior han sido tratados en un lenguaje general, la naturaleza de los seres racionales fueron tratados más por vía de inferencia lógica que por una definición dogmática estricta, a excepción del lugar donde tratamos, lo mejor que pudimos, de las personas del Padre, del Hijo, y del Espíritu Santo.

Ahora tenemos que averiguar lo que son esas cuestiones para ser tratadas apropiadamente en las páginas siguientes según nuestra creencia dogmática, es decir, de acuerdo con el credo de la Iglesia. Todas las almas y todas las naturalezas racionales, sean santas o pecadoras, han sido formadas o creadas, y todas ellas, según su propia naturaleza, son incorpóreas; pero aunque incorpóreas han sido creadas, porque todas las cosas han sido hechas por Dios mediante Cristo, como Juan enseña de un modo general en su Evangelio, diciendo: "En el principio era el Verbo, y el Verbo era con Dios, y el Verbo era Dios. Este era en el principio con Dios. Todas las cosas por Él fueron hechas; y sin Él nada de lo que es hecho, fue hecho" (Jn. 1:1-3). El apóstol Pablo, además, al describir las cosas creadas por especies, números y órdenes, habla como sigue, mostrando que todas las cosas han sido hechas por Cristo: "Porque por Él fueron creadas todas las cosas que están en los cielos, y las que están en la tierra, visibles e invisibles; sean tronos, sean dominios, sean principados, sean potestades; todo fue creado por Él y para Él. Y Él es antes de todas las cosas, y por Él todas las cosas subsisten, y Él es la cabeza del cuerpo" (Col. 1:16-18). Por lo tanto, Pablo declara manifiestamente que en Cristo y por Cristo todas las cosas fueron hechas y creadas, sean visibles, que son corpóreas, o invisibles, que no considero otra que los poderes incorpóreos y espirituales. Pero de las cosas que él ha llamado generalmente corpóreo o incorpóreo, me parece, por las palabras que siguen, que enumeran las varias clases, a saber, tronos, dominios, principados, poderes, influencias.

Estos asuntos han sido citados por nosotros, en nuestro deseo de seguir una manera ordenada la investigación del sol y de la luna, y deducir por vía de inferencia lógica, y averiguar si también deberían contarse correctamente entre los principados, debido a haber sido creados para dominar el día y la noche; o si deben ser considerados como dominando solamente el día y la noche mediante su oficio de iluminación, y no son en realidad señores de ese orden de principados.

La naturaleza astral es mutable

2. Cuando se dice que todas las cosas han sido hechas por Él, y que en Él han sido creadas todas las cosas en el cielo y en la tierra, no puede haber duda de que también ha creado las cosas que están en el firmamento, que es llamado cielo, en el cual esas lumbreras son colocadas y están incluidas entre el número de las cosas celestes.

En segundo lugar, viendo que en el curso de la discusión se ha descubierto manifiestamente que todas las cosas han sido hechas o creadas, y que entre las cosas creadas no hay ninguna que no pueda admitir el bien y el mal, y ser capaz de lo uno y lo otro, ¿qué diremos de la opinión que ciertos amigos mantienen en cuanto al sol, la luna, y las estrellas, a saber, que son inmutables e incapaces de convertirse en lo opuesto de lo que son? Otro buen número ha sostenido esta misma opinión en cuanto a los ángeles santos, y ciertos herejes también en cuanto a las almas, que ellos llaman naturalezas espirituales.

Primero, pues, veamos qué razón se puede descubrir sobre el sol, la luna, y las estrellas, si es correcto que su naturaleza sea inmutable, y ofrezcamos primero las declaraciones de la Escritura santa, en la medida de lo posible.

Job parece afirmar que las estrellas no solamente pueden pecar, sino que en realidad no están limpias del contagio del pecado. Lo siguiente son sus palabras: "He aquí que ni aun la misma luna será resplandeciente, ni las estrellas son limpias delante de sus ojos" (Job 25:5). Esto debe entenderse del resplandor de su naturaleza o sustancia física, como si se dijera, por ejemplo, que la ropa no está limpia; porque si este fuera el significado, entonces la acusación de una carencia de limpieza en el resplandor de su sustancia corporal implicaría un reflejo perjudicial sobre su Creador. Ya que si ellas son incapaces, a pesar de sus esfuerzos diligentes, de adquirir para ellas un cuerpo

Cuando se dice que todas las cosas han sido hechas por Él no puede haber duda de que también ha creado las cosas que están en el firmamento, que es llamado cielo. Primero veamos qué razón se puede descubrir sobre el sol, la luna, y las estrellas, si es correcto que su naturaleza sea inmutable, y ofrezcamos primero las declaraciones de la Escritura santa, en la medida de lo posible.

Deberíamos inquirir sobre un punto: si es aceptable suponer que las estrellas viven y son seres racionales. Aunque esta disquisición pueda parecer algo atrevida, como estamos incitados por el deseo de averiguar la verdad tanto como sea posible, no creo que sea ninguna absurdidad el intento de investigar un tema conforme a la gracia del Espíritu Santo.

de mayor resplandor, o por su pereza, hacer menos puro el que tienen, ¿cómo incurrirán en censura por ser estrellas no limpias, si no reciben ninguna alabanza por ser así?

Las estrellas, criaturas vivas

3. Pero para llegar a un entendimiento más claro sobre estos asuntos, deberíamos inquirir primero sobre un punto: si es aceptable suponer que las estrellas viven y son seres racionales;[46] entonces, después, si sus almas nacieron al mismo tiempo que sus cuerpos, o son anteriores a ellos; y también si, después del final del mundo, debemos entender que serán liberadas de sus cuerpos; y si, como nosotros dejamos de vivir, también ellas cesarán de iluminar el mundo. Aunque esta disquisición pueda parecer algo atrevida, como estamos incitados por el deseo de averiguar la verdad tanto como sea posible, no creo que sea ninguna absurdidad el intento de investigar un tema conforme a la gracia del Espíritu Santo.

Pensamos, entonces, que pueden designarse como criaturas vivas, por esta razón, porque se dice que reciben mandamientos de Dios, lo cual, generalmente, es el caso sólo de los seres racionales. "Que manda al sol, y no sale; y sella las estrellas" (Job 9:7). ¿Qué son estos mandamientos? Estos, a saber, que cada estrella, en su orden y curso, deber arrojar sobre el mundo la cantidad de resplandor que le ha sido confiado. Para los que se llaman "planetas", el movimiento de sus órbitas de una clase, y los que son llamados *aplaneis* son diferentes.

Ahora, de esto se deduce manifiestamente que el movimiento de un cuerpo no ocurre sin un alma, ni tampoco los seres vivos pueden ser en ningún momento sin moción. Y viendo que las estrellas se mueven en tal orden y la regularidad que sus movimientos nunca parecen estar sometidos en ningún momento a descomposición, ¿no sería el colmo de la locura decir que una observancia tan ordenada en método y plan podría ser hecha o efectuada por seres irracionales?

En las escrituras de Jeremías, ciertamente, la luna es llamada reina de cielo (Jer. 7:18). Si las estrellas viven y son

---

[46] Era creencia común considerar a los planetas como seres vivos. Cf. Alan Richardson, *Así se hicieron los credos*, p. 42. CLIE, Terrassa, 1999.

seres racionales, entonces, indudablemente, entre ellas tiene que producirse un avance y un retroceso. Las palabras de Job: "Ni las estrellas son limpias delante de sus ojos" (Job 25:5), me parecen sugerir esa idea.

¿Cuándo es creada el alma?

4. Ahora tenemos que averiguar si aquellos seres que en el curso de nuestra discusión hemos descubierto que poseen vida y razón, han sido dotados con un alma junto a sus cuerpos en el tiempo mencionado en la Escritura, cuando Dios hizo "lumbreras en la expansión de los cielos para apartar el día y la noche... para alumbrar sobre la tierra... hizo también las estrellas" (Gn. 1:14-16); o si su espíritu fue implantado en ellos, no en la creación de sus cuerpos, sino sin ellos, después de haber sido hechos. Por mi parte, sospecho que el espíritu fue implantado en ellos desde fuera; pero vale la pena que lo demostremos con la Escritura, porque es demasiado fácil hacer afirmaciones en base a meras conjeturas, mientras que es más difícil establecerlas con el testimonio de la Escritura. Ahora bien, esto se puede establecer conjeturalmente del modo siguiente. Si el alma de un hombre, que es ciertamente inferior en cuanto alma de hombre, no fue formada juntamente con su cuerpo, sino que, como está escrito, fue implantada estrictamente desde fuera, mucho más debe ser este el caso con aquellas criaturas vivas que se llaman celestes.

Porque, en el caso del hombre, ¿cómo podría el alma, por ejemplo de Jacob, que suplantó a su hermano en la matriz, aparecer formada juntamente con su cuerpo? ¿O cómo podría su alma, o sus imágenes, ser formada juntamente con su cuerpo en quien, cuando estaba dentro de la matriz de su madre, fue lleno del Espíritu Santo? Me refiero a Juan, que saltó en la matriz de su madre y se regocijó porque el saludo de María había venido a los oídos de su madre Elisabet. ¿Cómo podría su alma y sus imágenes ser formada juntamente con su cuerpo, si antes de que fuera creado en la matriz, se dice que conocía a Dios y había sido santificado por Él antes de su nacimiento? Alguien, quizás, pueda pensar que Dios llena a los individuos de su Espíritu Santo, y les concede la santificación, no en base a la justicia y según sus méritos, sino inmerecidamente. Y ¿cómo vamos nosotros a evitar esa

Ahora tenemos que averiguar si aquellos seres que en el curso de nuestra discusión hemos descubierto que poseen vida y razón, han sido dotados con un alma junto a sus cuerpos; o si su espíritu fue implantado en ellos, no en la creación de sus cuerpos, sino sin ellos, después de haber sido hechos.

Aunque el cuerpo de las estrellas es etéreo, es sin embargo material. Por eso también Salomón caracteriza toda la naturaleza corpórea como una especie de carga que debilita el vigor del alma, en la expresión siguiente: "Vanidad de vanidades, dice el predicador; todo es vanidad". A esta vanidad, entonces, está sujeta la criatura.

declaración: "¿Pues qué diremos? ¿Que hay injusticia en Dios? En ninguna manera" (Ro. 9:14). O: ¿Hace Dios acepción de personas? (Ro. 2:11). Ya que esta es la defensa de los que mantienen que las almas nacen juntamente con sus cuerpos. Creo que podemos formarnos una opinión al comparar la condición del hombre y mantener que lo mismo se aplica correctamente a los seres celestiales, que la misma razón y la autoridad de la Escritura nos muestran ser el caso de los hombres.

La sujeción de las criaturas

5. Pero, veamos si podemos encontrar en la Escritura alguna indicación que se aplique correctamente a estas existencias celestes. Lo siguiente es una declaración del apóstol Pablo: "Porque las criaturas sujetas fueron a vanidad, no de grado, mas por causa del que las sujetó con esperanza, que también las mismas criaturas serán libradas de la servidumbre de corrupción en la libertad gloriosa de los hijos de Dios" (Ro. 8:20, 21). ¿A qué vanidad fue sujetada la criatura, o a qué criatura se refiere, o cómo se dice "no de buen grado", y "con esperanza" de qué? ¿Y de qué manera la criatura será librada de la esclavitud de corrupción?

En otro sitio, también, el mismo apóstol dice: "Porque el continuo anhelar de las criaturas espera la manifestación de los hijos de Dios" (Ro. 8:19). Y en otro pasaje: "Porque sabemos que todas las criaturas gimen a una, y a una están de parto hasta ahora" (Ro. 8:22). De ahí que tengamos que preguntarnos qué son los gemidos y qué los dolores. Veamos, entonces, en primer lugar, qué es la vanidad a la que la criatura fue sometida.

Sospecho que no es otra cosa que el cuerpo; ya que aunque el cuerpo de las estrellas es etéreo, es sin embargo material. Por eso también Salomón caracteriza toda la naturaleza corpórea como una especie de carga que debilita el vigor del alma, en la expresión siguiente: "Vanidad de vanidades, dice el predicador; todo es vanidad. Yo miré todas las obras que se hacen debajo del sol; y he aquí, todo ello es vanidad y aflicción de espíritu" (Ec. 1:2, 14). A esta vanidad, entonces, está sujeta la criatura, especialmente esa criatura que, sin duda la más grande en este mundo, sostiene también un principado distinguido de labor, a saber, el sol, la luna, y las estrellas. Se dice que están sujetas a vanidad, porque son vestidas con cuerpos, y puestas aparte para el oficio de dar la luz a la raza humana. Por eso, Pablo comenta que estas criaturas fueron sujetadas no de buen grado (Ro. 8:20). Porque no emprendieron un servicio voluntario de vanidad, sino porque esta es la voluntad de quien las hizo sujetar, y debido a la promesa del Sujetador a los que han sido reducidos a esta obediencia involuntaria, cuando el ministerio de su gran trabajo haya sido realizado, serán liberados de esta esclavitud de corrupción y vanidad cuando llegue el tiempo de la redención gloriosa de los hijos de Dios. Y toda la creación, habiendo recibido esta esperanza, y aguardando el cumplimiento de esta promesa, ahora, mientras llega aquel día, como sintiendo afecto hacia los que sirven, gime juntamente con ellos, y con ellos sufre pacientemente, esperando el cumplimiento de la promesa.

Viendo si las palabras siguientes de Pablo también pueden aplicarse a los que, aunque no de buen grado, se conforman a la voluntad de aquel que las sujetó y, en la esperanza de la promesa, fueron sujetados a la vanidad, cuando dice: "Porque deseo ser desatado, y estar con Cristo, lo cual es mucho mejor" (Fil. 1:23). Porque pienso que el sol podría decir de manera parecida: "Deseo ser desatado, y estar con Cristo, lo cual es mucho mejor". Pablo, en verdad, añade: "Sin embargo, quedar en la carne es más necesario por causa de vosotros" (Fil. 1:24), mientras el sol podría decir: "Quedar en este cuerpo brillante y celeste es más necesario, debido a la manifestación de los hijos de Dios". Las mismas ideas deben aplicarse a la luna y a las estrellas.

Veamos ahora qué es la libertad de la criatura, o la terminación de su esclavitud. Cuando Cristo haya entregado el reino a Dios Padre, entonces también aquellos seres vivientes, cuando primero sean hechos del reino de Cristo, serán entregados juntamente con la totalidad del reino a la regla del Padre, cuando Dios sea todo en todos, ellos también, ya que son parte de todas las cosas, pueden tener a Dios en ellos, como Él está en todas las cosas.

Veamos ahora qué es la libertad de la criatura, o la terminación de su esclavitud. Cuando Cristo haya entregado el reino a Dios Padre, entonces también aquellos seres vivientes, cuando primero sean hechos del reino de Cristo, serán entregados juntamente con la totalidad del reino a la regla del Padre, cuando Dios sea todo en todos.

8

Los ángeles

La asignación de cada ángel

1. Al tratar el tema de los ángeles, seguiremos un método similar, no debemos suponer que es resultado de un accidente que un oficio particular sea asignado a un ángel en particular, como a Rafael, por ejemplo, la cura y sanación; a Gabriel, la dirección de guerras; a Miguel, atender las oraciones y súplicas de los mortales.

No debemos imaginarnos que ellos obtuvieron estos oficios de otra manera que por sus propios méritos y por el celo y las excelentes cualidades que mostraron por separado antes de la formación de este mundo; para que después en el orden de los arcángeles, este u otro oficio se asignara a cada; mientras otros merecieron ser enrolados en la orden de los ángeles; y actuar según este o aquel arcángel, o aquel líder o cabeza de una orden. Todas estas cosas no han sido dispuestas, como he dicho, sin criterio y por casualidad, sino por una decisión justa y apropiada de Dios, que los colocó según sus merecimientos, conforme a su propia aprobación y juicio; para que a un ángel se le confiara la iglesia de los efesios; a otro, la de los esmirneos. Un ángel debía estar con Pedro, otro con Pablo; y así con cada pequeño que están en la Iglesia, porque tal y tales ángeles, que diariamente contemplan el rostro de Dios, son asignados a cada uno de ellos.[47] Y también tiene que haber un ángel que acampe alrededor de los que temen a Dios.[48] Cosas todas ellas que deben creerse que no son realizadas por casualidad o por accidente, sino porque los ángeles han sido creados, a menos que en esta cuestión el Creador sea acusado de parcialidad; pero debe creerse que fueron consultados por Dios, el Juez justo e imparcial de todas las cosas, de acuerdo a sus méritos y buenas cualidades y al vigor mental de cada espíritu individual.

---

[47] Cf. "Mirad no tengáis en poco a alguno de estos pequeños; porque os digo que sus ángeles en los cielos ven siempre la faz de mi Padre que está en los cielos" (Mt. 18:10).

[48] "El ángel del Señor acampa alrededor de los que le temen, y los defiende" (Sal. 34:7).

Fábulas sobre distintos creadores y personalidades

2. Digamos ahora algo sobre los que mantienen la existencia de una diversidad de naturalezas espirituales, para que podamos evitar de caer en fábulas ridículas e impías como las de los que pretenden que hay una diversidad de naturalezas espirituales, tanto entre las existencias celestes como en almas humanas; por esta razón alegan que fueron llamadas a la existencia por creadores diferentes. Porque mientras me parece, y es realmente absurdo que al Creador mismo se le atribuya la creación de diferentes naturalezas de seres racionales, son, sin embargo, ignorantes de la causa de aquella diversidad. Porque dicen que parece inconsistente que el mismo Creador, sin ninguna razón de mérito, confiera a algunos seres el poder de dominio y a la vez someta a otros a la autoridad; conceda el principado a unos, y haga a otros subordinados a mandos.

Estas opiniones son completamente rechazables, a mi juicio, si seguimos el razonamiento explicado arriba, por el que se mostró que la causa de la diversidad y la variedad entre estos seres es debida a su conducta, que ha sido marcada con la seriedad o con la indiferencia, según la bondad o la maldad de su naturaleza, y no de ninguna parcialidad de parte del Dispensador. Para que se pueda mostrar que este es el caso de los seres celestes, tomemos prestada una ilustración de lo que se hizo o se hace entre los hombres, para que a partir de las cosas visibles podamos, por vía de consecuencia,[49] contemplar también las cosas invisibles.

Está indudablemente demostrado que Pablo y Pedro fueron hombres de naturaleza espiritual. Cuando Pablo actuó contrariamente a la religión, al haber perseguido a la Iglesia de Dios, y cuando Pedro cometió un pecado tan grave al ser identificado por la criada y negar con juramento que no conocía a Cristo, ¿cómo es posible que estos de quien hablamos, fueran espirituales y cayeran en pecados de tal naturaleza, sobre todo como ellos decían con frecuencia, que un árbol bueno no puede dar frutos malos?

La diversidad y la variedad entre estos seres es debida a su conducta, que ha sido marcada con la seriedad o con la indiferencia, según la bondad o la maldad de su naturaleza, y no de ninguna parcialidad de parte del Dispensador.

---

[49] O método de analogía, tan común en la teología tradicional.

Según nuestro punto de vista, no hay ninguna criatura racional que no sea capaz del bien y del mal. Pero de aquí no se sigue que porque decimos que no hay ninguna naturaleza que no puede admitir el mal, mantenemos que cada naturaleza ha admitido el mal, esto es, se ha hecho mala.

¿Y si un árbol bueno no puede producir fruto malo, cómo, según ellos, Pedro y Pablo se apartaron de la raíz del árbol bueno y cómo produjeron frutos tan malos? Y si se devuelve la pregunta que es generalmente inventada, que no fue Pablo quien persiguió, sino alguna otra persona, no sé quién estaba en Pablo; y si no fue Pedro quien negó, sino algún otro individuo en él; ¿cómo podría decir Pablo, si él no hubiera pecado, "yo no soy digno de ser llamado apóstol, porque perseguí la Iglesia de Dios?" (1ª Co. 15:9). ¿O por qué lloró Pedro amargamente, si fue otro en él quien pecó? De lo cual se deduce que todas sus ridículas aserciones no tienen fundamento.

Toda naturaleza es capaz del bien y del mal

3. Según nuestro punto de vista, no hay ninguna criatura racional que no sea capaz del bien y del mal. Pero de aquí no se sigue que porque decimos que no hay ninguna naturaleza que no puede admitir el mal, mantenemos que cada naturaleza ha admitido el mal, esto es, se ha hecho mala. Así como podemos decir que la naturaleza de cada hombre admite el ser un marinero, de esto no se sigue que cada hombre se convertirá en tal; o porque es posible para cada uno aprender gramática o medicina, no queda demostrado que cada hombre es médico o gramático; así, si decimos que no hay ninguna naturaleza que no pueda admitir el mal, no estamos indicando que necesariamente lo ha admitido. Porque, a nuestro parecer, ni hasta el mismo diablo era incapaz de lo bueno; sino que aunque capaz de admitir lo bueno, no lo deseó consecuentemente, ni hizo ningún esfuerzo hacia la virtud.

Porque, como se nos enseña en los dos pasajes que adujimos de los profetas, hubo una vez un tiempo cuando el diablo fue bueno, cuando anduvo en el paraíso de Dios entre los querubines. Entonces poseía el poder de recibir el bien o el mal, pero cayó de su curso virtuoso y se volvió al mal con todos los poderes de su mente; así como otras criaturas, que teniendo capacidad para una y otra condición, en el ejercicio de su libre voluntad, huyeron del mal y se refugiaron en el bien.

No hay ninguna naturaleza, pues, que no pueda admitir el bien o el mal, excepto la naturaleza de Dios –la fuente de todas las cosas buenas– y de Cristo; ya que es sabiduría, y la sabiduría sin duda no puede admitir la locura; y es la justicia, y la justicia ciertamente nunca admitirá lo injusto; y es la Palabra, o Razón, que ciertamente no puede ser hecha irracional; es también la luz, y es seguro que las tinieblas no reciben la luz. De igual forma también, la naturaleza del Espíritu Santo, que es santo, no admite contaminación; porque es santo por naturaleza o ser esencial. Si hay alguna otra naturaleza que es santa, posee esta propiedad de ser hecho santo por la recepción o inspiración del Espíritu Santo, no porque la tenga por naturaleza, sino como una cualidad accidental, por cuya razón puede perderse, a consecuencia de ser accidental.

Así también un hombre puede poseer una justicia accidental, de la que es posible que caiga. Hasta la sabiduría que un hombre tiene es accidental, aunque esté dentro de nuestro poder hacernos sabios, si nos dedicamos a la sabiduría con todo el celo y el esfuerzo de nuestra vida; y si siempre perseguimos su estudio, siempre podemos ser participantes de la sabiduría; y este resultado seguirá, en mayor o menor grado, según los actos de nuestra vida o la pasión de nuestro celo. Porque la de Dios, como es digno de Él, incita y atrae todo hacia aquel final dichoso, donde el dolor, la tristeza y el sufrimiento dejarán de ser y desaparecerán.[50]

La imparcialidad y la justicia de Dios

4. Soy de la opinión, hasta donde me parece a mí, que la discusión precedente ha demostrado suficientemente que no es por discriminación, ni por cualquier causa accidental, que "los principados" sostienen su dominio, o que las otras órdenes de espíritus han obtenido sus respectivos oficios; sino que han recibido los grados de su rango debido a sus méritos, aunque no sea nuestro privilegio saber o inquirir qué actos fueron, por los cuales ganaron un lugar en un orden particular. Esto es suficiente para

(marginalia: La discusión precedente ha demostrado suficientemente que no es por discriminación, ni por cualquier causa accidental, que "los principados" sostienen su dominio, o que las otras órdenes de espíritus han obtenido sus respectivos oficios; sino que han recibido los grados de su rango debido a sus méritos.)

---

[50] Cf. Apocalipsis 21:4: "Y limpiará Dios toda lágrima de los ojos de ellos; y la muerte no será más; y no habrá más llanto, ni clamor, ni dolor; porque las primeras cosas son pasadas".

Aquellas potencias contrarias que se han dado a sí mismas tales lugares y oficios, que ellos derivan la propiedad por la que son hechos "principados" o "poderes", o gobernadores de las tinieblas del mundo, no de su naturaleza esencial, ni de su ser creados, sino que han obtenido estos grados en el mal en proporción a su conducta y al progreso que hicieron en la maldad.

demostrar la imparcialidad y la justicia de Dios que conforma la declaración del apóstol Pablo: "Porque no hay acepción de personas para con Dios" (Ro. 2:11), quien más bien dispone todo según las obras y el progreso moral de cada individuo.

Así, pues, el oficio angelical no existe excepto como una consecuencia de sus obras; tampoco "los poderes" ejercen poder excepto en virtud de su progreso moral; ni tampoco los que se llaman "tronos", es decir, los poderes para juzgar y gobernar, administran sus poderes a no ser por su mérito; tampoco "los dominios" gobiernan inmerecidamente, porque este gran y distinguido orden de criaturas racionales entre las existencias celestes es ordenado en una variedad gloriosa de oficios.

Y la misma opinión debe mantenerse respecto a aquellas potencias contrarias que se han dado a sí mismas tales lugares y oficios, que ellos derivan la propiedad por la que son hechos "principados" o "poderes", o gobernadores de las tinieblas del mundo, o espíritus de maldad, o espíritus malignos, o demonios impuros, no de su naturaleza esencial, ni de su ser creados, sino que han obtenido estos grados en el mal en proporción a su conducta y al progreso que hicieron en la maldad. Y este es un segundo orden de criaturas racionales, que se han dedicado a la maldad en un curso tan precipitado que están indispuestos, más bien que incapaces, de recordarse a sí mismas; la sed por el mal es ya una pasión, que les imparte placer.

El tercer orden de criaturas racionales es el de los que Dios juzga aptos para multiplicar la raza humana, o sea, las almas de los hombres, asumidos a consecuencia de su progreso moral en el orden de los ángeles; de quienes vemos que algunos son asumidos en el número; o sea, aquellos que han sido hechos hijos de Dios, o los hijos de la resurrección, o los que han abandonado las tinieblas y gustado la luz han sido hechos hijos de la luz; o los que, triunfando en cada lucha, y hechos hombres de paz, han sido hijos de paz e hijos de Dios; o los que, mortificando sus miembros en la tierra se elevan por encima no solamente de su naturaleza corpórea, sino hasta los inciertos y frágiles movimientos del alma y se unen al Señor, siendo hechos totalmente espirituales; de modo que puedan ser para siempre un espíritu con Él; discerniendo con Él cada cosa individual, hasta que lleguen a la condición de espiritualidad perfecta y disciernan todas las cosas por su iluminación perfecta en toda santidad de palabra y sabiduría divinas, y sean totalmente indistinguibles por alguien.

Pensamos que en ningún caso deben admitirse aquellas ideas que algunos quieren avanzar y mantener innecesariamente, a saber, que las almas descienden a tal abismo de degradación que se olvidan de su naturaleza racional y dignidad, y caen en la condición de animales irracionales, sean grandes o pequeños.[51] En apoyo de estas aserciones generalmente citan algunas pretendidas declaraciones de la Escritura, como que una bestia, que ha sido antinaturalmente prostituida por una mujer, debe considerarse igualmente culpable que la mujer, y condenada a morir apedreada; o como el toro que golpea con su cuerno debe ser matado de la misma manera.[52] Incluso citan el caso del habla de la burra de Balaam, cuando Dios abrió su boca, y la bestia muda de carga contestó con voz humana reprobando la locura del profeta (Nm. 22:21-30).

No sólo no recibimos estas ideas, sino que las rechazamos y refutamos como contrarias a nuestra creencia. Después de la refutación y el rechazo de opiniones tan perversas mostraremos, en el tiempo y lugar apropiado, cómo deben citarse y entenderse los citados pasajes de las Sagradas Escrituras.

---

[51] Por este y el texto siguiente de Orígenes *Contra Celso*, queda suficientemente demostrada la falsedad de quienes atribuyen a Orígenes una creencia en la reencarnación o metempsícosis, y extienden tal creencia al resto de la Iglesia, alegando que la reencarnación fue una creencia mantenida oculta por la Iglesia. Nada más lejos de la verdad, si atendemos con seriedad al testimonio de los documentos de la época: "No decimos en absoluto que se dé la transmigración del alma, ni que ésta caiga en animales irracionales" (*Contra Celso*, VIII, 30).

[52] Cf. Éxodo 21:28: "Si un buey acorneare hombre o mujer, y de resultas muriere, el buey será apedreado".

Libro II

1

El mundo y su creación

1. Aunque las discusiones en el libro precedente hayan tenido como referencia el mundo y su ordenación, ahora parece consecuente seguir indagando propiamente unas pocas cuestiones acerca del mundo mismo, esto es, de su principio y de su fin, de las cosas dispuestas por la divina providencia entre el principio y el final; de aquellos acontecimientos que, como se supone, han ocurrido antes de la creación del mundo, o que ocurrirán después del final.

En esta investigación, lo primero que aparece con evidencia es que todo estado del mundo, que es vario y diverso consta no sólo de naturalezas racionales y más divinas y de diversos cuerpos, sino también de animales mudos, a saber: fieras, bestias, ganados y aves, y todos los animales que viven en las aguas; y después de los distintos lugares, a saber: el del cielo o los cielos, el de la tierra o el del agua, y también del que ocupa el lugar intermedio entre éstos, el aire o el que llaman éter; finalmente, de todos los seres que proceden o nacen de la tierra.[53]

Siendo, pues, tan grande la variedad del mundo, y existiendo una diversidad tan grande en los mismos seres racionales, en razón de la cual toda otra variedad y diversidad es supuesto también que ha venido a la existencia, ¿qué otra cosa se ha de considerar como causa de la existencia del mundo, especialmente si consideramos el fin por los medios, por los cuales, como se ha mostrado en el libro precedente, todo será restaurado a su condición original?

Y si esto debería afirmarse lógicamente, ¿qué otra causa, como ya hemos dicho, debemos imaginarnos para tan gran diversidad en el mundo, excepto la diversidad y

En esta investigación, lo primero que aparece con evidencia es que todo estado del mundo, que es vario y diverso consta no sólo de naturalezas racionales y más divinas y de diversos cuerpos, sino también de animales mudos, a saber: fieras, bestias, ganados y aves, y todos los animales que viven en las aguas.

---

[53] El original de esta sentencia se encuentra al final de la Epístola del emperador Justiniano a Menas, patriarca de Constantinopla, que traducida literalmente dice: "El ser del mundo es tan variado, y contiene seres racionales tan diferentes, que ¿qué más debería decirse de la causa de su existencia que la diversidad de la caída de los que se apartaron de la unidad en diferentes caminos".

Dios, Padre de todas las cosas, lo ha dispuesto todo de tal modo, por el plan inefable de su Verbo y su sabiduría, para la salvación de todas sus criaturas, que todos los espíritus, almas, o cualquiera que sea el nombre que deba darse a las subsistencias racionales, no fuesen forzadas contra la libertad de su arbitrio.

variedad en los movimientos y las declinaciones de los que se caen de aquella unidad y armonía primitiva en la que fueron creados por Dios al principio, los que, alejados del estado de bondad y dispersados en varias direcciones por la agotadora influencia de diferentes motivos y deseos, que han cambiado, según sus diferentes tendencias, la sola e indivisa bondad de su naturaleza en mentes de varias clases.

La ordenación del mundo para la libertad

2. Pero Dios, por el arte inefable de su sabiduría, al restaurar y transformar todas las cosas que ocurren en algo útil y en provecho común para todas, vuelve a llevar a estas mismas criaturas que distaban tanto de sí mismas por la variedad de sus almas, a un acuerdo único de actuación y propósito a fin de que, aun con distintos movimientos de sus almas, lleven a cabo, sin embargo, la plenitud y perfección de un solo mundo, y la misma variedad de mentes tienda a un solo fin de perfección. En efecto, es una sola la virtud que une y sostiene toda la diversidad del mundo y conduce a una sola obra sus distintos movimientos, para evitar que la obra inmensa del mundo se disuelva por las disensiones de las almas. Y por esto pensamos que Dios, Padre de todas las cosas, lo ha dispuesto todo de tal modo, por el plan inefable de su Verbo y su sabiduría, para la salvación de todas sus criaturas, que todos los espíritus, almas, o cualquiera que sea el nombre que deba darse a las subsistencias racionales, no fuesen forzadas contra la libertad de su arbitrio o a algo ajeno al movimiento de su mente, de suerte que parecieran privadas, por esto, de la facultad del libre albedrío, cambiándose así la cualidad de su misma naturaleza, sino que los diversos movimientos propios de dichas subsistencias racionales se adaptasen acordada y útilmente. Y así unas necesitan ayuda, otras pueden ayudar, otras suscitan combates y luchas a las que progresan para que su diligencia se muestre más digna de alabanza, y se retenga con más seguridad, después de la victoria, el puesto del paso conquistado, logrado a costa de dificultades y esfuerzos.[54]

---

[54] *Et diversi motus porpositi earum (rationabilium subsistentiarum) ad unius mundi consonantiam competenter atque utiliter aptarentur, dum aliae*

Un cuerpo y muchos miembros

3. Por consiguiente, aun cuando el mundo esté ordenado en varios oficios, no se ha de entender por eso el estado de todo el mundo como un estado de disonancia y discrepancia respecto de sí mismo, sino que, de la misma manera que nuestro cuerpo, constituido por muchos miembros, es uno sólo y está mantenido por una sola alma, así también el universo mundo, como un animal inmenso y enorme, creo que debe considerarse mantenido por el poder y razón de Dios como por un alma.

A mi juicio, la misma Sagrada Escritura lo indica también en lo que fue dicho por el profeta: "¿No lleno yo los cielos y la tierra? Palabra del Señor" (Jer. 23:24), y otra vez: "El cielo es mi trono y la tierra el escabel de mis pies" (Is. 66:1), y lo que dijo el Salvador cuando declaró que no se debía jurar "ni por el cielo, pues es el trono de Dios, ni por la tierra, pues es el escabel de sus pies" (Mt. 3:34), y asimismo, lo que declara Pablo al decir que "en Él vivimos y nos movemos y existimos" (Hch. 17:28). Pues, ¿cómo vivimos y nos movemos y existimos en Dios, sino porque une y contiene el mundo con su poder? ¿Y cómo es el cielo el trono de Dios y la tierra el escabel de sus pies, como el mismo Salvador proclama, sino porque tanto en el cielo como en la tierra su poder lo llena todo, como también dice el Señor? No creo, por consiguiente, que nadie tenga dificultad en conceder, de acuerdo con lo que hemos mostrado, que Dios llena y contiene con la plenitud de su virtud el universo mundo

Una vez mostrado, en lo que precede, que los diversos movimientos de las criaturas racionales y sus distintos modos de pensar han sido la causa de la diversidad de este mundo, hemos de ver si acaso conviene a este mundo un fin apropiado a su principio. Porque no hay duda de que su fin debe hallarse también en su mucha diversidad y variedad; variedad que, cogida por sorpresa en el fin de este mundo, dará de nuevo ocasión a la diversidad de otro mundo que existirá después de éste.

Una vez mostrado que los diversos movimientos de las criaturas racionales y sus distintos modos de pensar han sido la causa de la diversidad de este mundo, hemos de ver si acaso conviene a este mundo un fin apropiado a su principio.

---

juvari indigent, aliae juvare possunt, aliae vero proficientibus certamina atque agones movent, in quibus eorum probabilior haberetur industria, et certior post victoriam reparati gradus statio teneretur, quae per difficultates laborantium constitisset.

Llegados
a esta
conclusión,
parece
consecuente
explicar el
carácter de la
naturaleza
corpórea,
no
comprendo
cómo tantos
hombres
ilustres han
podido
creerla
increada,
esto es,
no hecha
por el mismo
Dios,
creador de
todas las
cosas,
y decir que
su naturaleza
y existencia
son obra
del azar.

La materia no es increada, sino creada

4. Llegados a esta conclusión en el orden de nuestra exposición, parece consecuente ahora explicar el carácter de la naturaleza corpórea, ya que la diversidad del mundo no puede subsistir sin cuerpos. La misma realidad demuestra que la naturaleza corpórea es susceptible de cambios diversos y variados, de modo que cualquier cosa puede transformarse en cualquier otra; así, por ejemplo, el leño se convierte en fuego, el fuego en humo, el humo en aire. También el aceite líquido se cambia en fuego. El alimento mismo de los hombres ¿no presenta la misma mutación? Cualquiera que sea, en efecto, el alimento que tomemos, se convierte en la sustancia de nuestro cuerpo. Pero, aun cuando no sería difícil exponer cómo se cambia el agua en tierra o en aire, o el aire en fuego, o el fuego en aire, o el aire en agua, basta aquí tener esto en cuenta para considerar la índole de la sustancia corpórea.

Entendemos por materia aquello que está a la base de los cuerpos, esto es, aquello a lo que los cuerpos deben el subsistir con las cualidades puestas e introducidas en ellos. Las cualidades son cuatro: la cálida, la fría, la seca y la húmeda. Estas cuatro cualidades están implantadas en la materia (porque la materia, en sí misma considerada, existe aparte de dichas cualidades) son causa de las distintas especies de cuerpos. Esta materia, aunque, como hemos dicho, por sí misma no tiene cualidades, no subsiste nunca aparte de la cualidad. Y siendo tan abundante y de tal índole que es suficiente para todos los cuerpos del mundo que Dios quiso que existieran y ayuda y sirve al Creador para realizar todas las formas y especies, recibiendo en sí misma las cualidades que Él quiso imponerle, no comprendo cómo tantos hombres ilustres han podido creerla increada, esto es, no hecha por el mismo Dios, creador de todas las cosas, y decir que su naturaleza y existencia son obra del azar. Lo que a mí me sorprende es cómo estos mismos hombres censuren a los que niegan la creación o la providencia que gobierna este universo, declarando que es impío pensar que la obra tan grande del mundo carece de artífice o de gobernador, cuando ellos también incurren en la misma culpa de impiedad al decir que la materia es increada y coeterna con el Dios increado. En efecto, si suponemos que no hubiera existido la materia, entonces Dios, en su manera de ver, no hubiera podido tener actividad alguna, pues no hubiera tenido materia con la cual comenzar a operar. Porque, según ellos, Dios no puede hacer nada de la nada, y al mismo tiempo dicen que la materia existe por azar, y no por designio divino. A su juicio, lo que se produjo fortuitamente es suficiente explicación de la grandiosa obra de la creación.

A mí me parece este pensamiento completamente absurdo y propio de hombres que ignoran en absoluto el poder y la inteligencia de la naturaleza increada. Pero, para poder contemplar con más claridad esta cuestión, concédase, por un poco de tiempo, que no había materia, y que Dios, sin que antes existiese nada, hizo que fuese lo que Él quiso que fuese: ¿en qué pensaremos que la habría hecho mejor, o mayor, o superior, al sacarla de su poder y su sabiduría de modo que fuese no habiendo sido antes? ¿O pensaremos que la habría hecho inferior y peor? ¿O semejante e igual a la que ellos llaman increada? Creo que la inteligencia descubrirá facilísimamente a todos que si no hubiese sido tal como es, ya hubiera sido mejor, ya inferior, no habría sido susceptible de acoger en sí las formas y especies del mundo que ha acogido, ¿y cómo no ha de parecer impío llamar increado a lo que, si se creyera hecho por Dios, sería, sin duda, idéntico a lo que se llama increado?

La creación de la nada

5. Pero para que creamos también por la autoridad de las Escrituras que esto es así, considera cómo en los libros de los Macabeos, cuando la madre de los siete mártires exhorta a uno de sus hijos a soportar los tormentos, se confirma esta verdad. Dice ella, en efecto: "Te ruego, hijo, que mires al cielo y a la tierra, y veas cuanto hay en ellos, y entiendas que de la nada lo hizo todo Dios" (2 Mac. 7:28). También en el libro del *Pastor*, en el primer mandamiento, dice así: "Cree lo primero de todo que Dios es uno, el cual creó y ordenó todas las cosas, e hizo que fuera el universo de lo que no era nada".[55] Quizá puede aplicarse también

---

[55] *Pastor de Hermas*, II. Desde un principio, y siguiendo en esto al pensamiento judío, el cristianismo afirmó con insistencia la creación

---

Marginal note:

Según ellos, Dios no puede hacer nada de la nada, y al mismo tiempo dicen que la materia existe por azar, y no por designio divino. A su juicio, lo que se produjo fortuitamente es suficiente explicación de la grandiosa obra de la creación. A mí me parece este pensamiento completamente absurdo.

a esta cuestión lo que está escrito en los Salmos: "Él habló y fueron hechos; Él lo mandó y fueron creados" (Sal. 148:5), pues al decir "Él habló y fueron hechos", parece referirse a la sustancia de las cosas que son, y al decir "Él mandó y fueron creados", a las cualidades que informan la misma sustancia.

de la nada, frente al pensamiento griego y oriental que carecía de la idea misma de la creación, postulando la eternidad del tiempo y la materia.

2

La naturaleza corporal e incorpórea

Cuestiones sobre la corporeidad

1. En este punto suelen algunos investigar si, así como el Padre engendra al Hijo eterno, y produce al Espíritu Santo no como no existiendo éstos antes, sino por estar en el Padre el origen y la fuente del Hijo y del Espíritu Santo, y sin que pueda entenderse en ellos algo anterior ni posterior, así también puede entenderse una sociedad o parentesco semejante entre las naturalezas racionales y la materia corporal; y para investigar más plena y atentamente esta cuestión suelen empezar su estudio indagando si esta misma naturaleza corpórea que es soporte de la vida de las mentes espirituales y racionales y contiene sus movimientos, ha de perdurar eternamente con aquellas o morirá y perecerá separada de ellas. Para poder esclarecer esto con la mayor precisión parece que debe investigarse, en primer lugar, si es posible que las naturalezas racionales permanezcan incorpóreas en absoluto una vez llegadas a la cima de la santidad y la felicidad, cosa que a mí al menos me parece dificilísima y casi imposible, o si es necesario que estén siempre unidas a los cuerpos. Por consiguiente, si se puede presentar una razón que haga posible que las naturalezas racionales carezcan absolutamente de cuerpo, parecerá consecuente que la naturaleza corpórea, creada de la nada y por un intervalo de tiempo, de la misma manera que no siendo fue hecha, deje de existir también una vez pasada la necesidad del objetivo al que sirvió su existencia.

Debe investigarse si es posible que las naturalezas racionales permanezcan incorpóreas en absoluto una vez llegadas a la cima de la santidad y la felicidad, cosa que a mí al menos me parece dificilísima y casi imposible, o si es necesario que estén siempre unidas a los cuerpos.

Sólo la divinidad es incorpórea

2. Pero si es imposible afirmar en modo alguno que pueda vivir fuera del cuerpo una naturaleza que no sea la del Padre, el Hijo, y el Espíritu Santo, la necesidad de razonamiento lógico nos obliga a entender que, si bien las naturalezas racionales han sido creadas en el principio, pero que la sustancia material ha sido separada de ellas sólo en el pensamiento y el entendimiento, y parece haber

Teniendo esa sustancia material del mundo, una naturaleza que se transforma de cualquier cosa en cualquier cosa, cuando recae en seres inferiores recibe la forma de un cuerpo craso y sólido, de modo que da lugar a estas especies visibles y diversas del mundo; pero cuando sirve a seres más perfectos y bienaventurados, resplandece en el fulgor de los cuerpos celestes.

sido formada para ellos, o después de ellos, y que ellos nunca han vivido, ni viven sin ella; y así se pensará rectamente que la vida incorpórea es una prerrogativa de la Trinidad sola.

Por consiguiente, teniendo esa sustancia material del mundo, como hemos dicho antes, una naturaleza que se transforma de cualquier cosa en cualquier cosa cuando recae en seres inferiores recibe la forma de un cuerpo craso y sólido, de modo que da lugar a estas especies visibles y diversas del mundo; pero cuando sirve a seres más perfectos y bienaventurados, resplandece en el fulgor de los cuerpos celestes, y adorna con el ropaje del cuerpo espiritual a los ángeles de Dios, o a los hijos de resurrección, y todos estos seres integran el estado diverso y variado de un solo mundo.

Pero si se quiere discutir estas cosas más plenamente será preciso escudriñar las Escrituras atenta y diligentemente, con todo temor de Dios y reverencia, por si se descubre en ellas algún sentido secreto y oculto sobre tales cuestiones, o puede encontrarse algo en sus palabras recónditas y misteriosas (que el Espíritu Santo manifiesta a aquellos que son dignos) una vez reunidos muchos testimonios de esta misma especie.

3

La creación y su renovación

Del principio del mundo y sus causas

1. Después de esto nos falta inquirir si antes de este mundo existió otro mundo; y si existió, si fue como este que existe ahora, o un poco diferente, o inferior, o si no hubo mundo en absoluto, sino algo semejante a aquello que creemos que será después del fin de todas las cosas, cuando se entregue el reino a Dios y al Padre, estado que, sin embargo, habría sido el fin de otro mundo, a saber, de aquel después del cual tuvo su comienzo el nuestro, por haber provocado a Dios las distintas caídas de las naturalezas intelectuales a establecer esta condición variada y diversa del mundo. También creo que debe inquirirse del mismo modo si después de este mundo habrá alguna cura y enmienda, severa, sin duda, y llena de dolor para aquellos que no quisieron obedecer a la Palabra de Dios, pero mediante una educación e instrucción racional por la cual puedan alcanzar una inteligencia más rica de la verdad, como los que en la vida presente se entregaron a estos estudios y, purificados en sus mentes, salieron de aquí ya capaces de la divina sabiduría; y si tras esto vendrá inmediatamente el fin de todas las cosas, y, para la corrección y mejora de los que las necesitan, habrá de nuevo otro mundo semejante al que ahora es, o mejor que este, o mucho peor; y cuánto tiempo existirá el mundo que venga detrás de este, sea como fuere; y si habrá un tiempo en que no exista ningún mundo, o si ha habido un tiempo en que no existió en absoluto ningún mundo; o si han existido varios, o existirán; y si sucede alguna vez que surge un mundo igual y semejante en todo e idéntico a otro.

Después de esto nos falta inquirir si antes de este mundo existió otro mundo; y si existió, si fue como este que existe ahora, o un poco diferente, o inferior, o si no hubo mundo en absoluto, sino algo semejante a aquello que creemos que será después del fin de todas las cosas, cuando se entregue el reino a Dios y al Padre.

El cuerpo corruptible y la incorruptibilidad

2. Así, pues, para que aparezca de un modo más manifiesto si la naturaleza corporal subsiste sólo por intervalos y así como no existió antes de ser creada se disolverá de nuevo de suerte que ya no sea, veamos, en

Veamos, en primer término, si es posible que algo viva sin cuerpo. Esta materia del cuerpo, que ahora es corruptible, se revestirá de incorrupción cuando el alma, perfecta e instruida en las pruebas de incorrupción, comience en ese estado a servirse de ella.

primer término, si es posible que algo viva sin cuerpo. Pues si algo puede vivir sin cuerpo, podrán también todas las cosas existir sin cuerpo; todo, en efecto, tiende a un solo fin, como he mostrado en el primer libro. Y si todo puede carecer de cuerpo, no existirá, sin duda, la sustancia corporal, de la que no habrá necesidad alguna. ¿Y cómo entenderemos entonces lo que dice el Apóstol en aquellos pasajes en que discute sobre la resurrección de los muertos, cuando afirma: "Porque es preciso que lo corruptible se revista de incorrupción y que este ser mortal se revista de inmortalidad. Y cuando este ser corruptible se revista de incorruptibilidad y este ser mortal se revista de inmortalidad, entonces se cumplirá lo que está escrito: La muerte ha sido sorbida por la victoria. Dónde está, oh muerte, tu victoria? ¿Dónde está, oh muerte, tu aguijón? El aguijón de la muerte es el pecado, y la fuerza del pecado es la ley" (1ª Co. 15:53-56).[56]

Parece, pues, que el apóstol sugiere un sentido semejante al que nosotros sostenemos. En efecto, cuando habla de "este ser corruptible" y "este ser mortal", con el énfasis de quien señala y toca aquello a que se refiere, ¿a qué otra cosa, sino a la materia corporal, pueden aplicarse estos términos? Por consiguiente, esta materia del cuerpo, que ahora es corruptible, se revestirá de incorrupción cuando el alma, perfecta e instruida en las pruebas de incorrupción, comience en ese estado a servirse de ella. Y no lo extrañes si llamamos ropaje del cuerpo al alma perfecta que a causa del Verbo de Dios y de su sabiduría recibe aquí el nombre de incorrupción, sobre todo siendo así que el Señor y creador del alma, Jesucristo, es llamado ropaje de los santos, como dice el apóstol: "Vestíos del Señor Jesucristo" (Ro. 13:14). Por consiguiente, de la misma manera que Cristo es ropaje del alma así también, por una razón comprensible, se dice que el alma es ropaje del cuerpo, y en efecto, es un ornamento suyo que vela y cubre su naturaleza mortal. Esto es lo que significa "es preciso que lo

---

[56] Cf. Oseas 13:14; Is. 25:8: "De la mano del sepulcro los redimiré, los libraré de la muerte. Oh muerte, yo seré tu muerte; y seré tu destrucción, oh sepulcro; arrepentimiento será escondido de mis ojos... Destruirá a la muerte para siempre; y enjugará el Señor toda lágrima de todos los rostros: y quitará la afrenta de su pueblo de toda la tierra: porque el Señor lo ha dicho".

corruptible se revista de incorrupción" (1ª Co. 15:53), como si dijera que es necesario que esta naturaleza corruptible del cuerpo reciba un ropaje de incorrupción, un alma que tenga en sí la incorrupción por haberse revestido de Cristo, que es la sabiduría y el Verbo de Dios. Y cuando este cuerpo que alguna vez tendremos glorioso, participe de la vida, entonces accederá a lo que es inmortal, de modo que se hará también incorruptible. Pues si una cosa es mortal, es necesariamente también corruptible; pero no porque una cosa sea corruptible puede ser llamada mortal. Así decimos ciertamente que la piedra y el leño son corruptibles, pero no podemos decir en consecuencia que son mortales.

En cambio, el cuerpo, por participar de la vida, y porque la vida puede separarse de él, y de hecho se separa, es llamado consecuentemente mortal, y también, desde otro punto de vista, corruptible. Con maravillosa razón pues, el santo apóstol considerando la causa general primera de la materia corporal, materia que es siempre el instrumento de un alma, en cualquier cualidad que esté puesta, ya sea en la carnal ya en la más sutil y más pura que recibe el nombre de espiritual, el alma hace el empleo constante, dice: "Es preciso que lo corruptible se revista de incorrupción". Y en segundo lugar, buscando la causa especial del cuerpo, dice que "este ser mortal se revista de inmortalidad".

Ahora bien, ¿qué puede revestir y adorar el alma aparte de la sabiduría, la palabra y la justicia de Dios? Y de ahí que se diga: "Es necesario que esto corruptible sea vestido de incorrupción, y esto mortal sea vestido de inmortalidad" (1ª Co. 15:53), porque aunque ahora podamos realizar grandes avances, aun sólo conocemos en parte y en parte profetizamos; vemos como por un cristal, oscuramente, aquellas mismas cosas que parecemos entender; esto corruptible todavía no se ha vestido de incorrupción, ni esto mortal de inmoralidad; y como esta educación en el cuerpo es prolongada indudablemente a un período más largo, hasta el tiempo cuando los mismos cuerpos con los que estamos revestidos, debido a la Palabra de Dios, y su sabiduría y justicia perfecta, ganen la incorruptibilidad y la inmortalidad, por ello se ha dicho: "Es necesario que esto corruptible sea vestido de incorrupción, y esto mortal sea vestido de inmortalidad".

El cuerpo, por participar de la vida, y porque la vida puede separarse de él, y de hecho se separa, es llamado consecuentemente mortal, y también, desde otro punto de vista, corruptible. Con maravillosa razón pues, el santo apóstol considerando la causa general primera de la materia corporal, materia que es siempre el instrumento de un alma. "Es preciso que lo corruptible se revista de incorrupción."

Sin embargo, los que piensan que las criaturas racionales en cualquier momento pueden vivir fuera de los cuerpos, pueden presentar en este punto algunas objeciones. Si sus conclusiones, pues, parecen consecuentes, hemos de creer que nuestro estado será en algún tiempo futuro incorpóreo, y si esto se acepta y se dice que todos han de someterse a Cristo, necesariamente esto se aplicará a todos aquellos en que se realice esta sumisión.

La materia corporal restablecida y renovada

3. Sin embargo, los que piensan que las criaturas racionales en cualquier momento pueden vivir fuera de los cuerpos, pueden presentar en este punto algunas objeciones de esta naturaleza: si es verdad que este ser corruptible se revestirá de incorrupción y este ser mortal de inmortalidad y que la muerte será sorbida por la victoria, esto no significa otra cosa que la destrucción de la naturaleza material, en la cual la muerte podía operar algo, ya que la agudeza de la mente de los que están en el cuerpo parece ser debilitada por la naturaleza de la materia corporal, y, en cambio, estando fuera del cuerpo escapará totalmente a la molestia de una perturbación de ese género.

Pero como las naturalezas racionales no podrán rehuir todo ropaje corporal súbitamente, debe juzgarse que morarán primero en cuerpos más sutiles y más puros, que no pueden ya ser vencidos por la muerte ni picados por su aguijón, de modo que, finalmente, al desaparecer poco a poco la naturaleza material, la misma muerte sea sorbida y exterminada, y todo aguijón suyo aplastado por la gracia divina, de la cual el alma se habrá hecho capaz, mereciendo así alcanzar la incorrupción y la inmortalidad. Y entonces todos dirán con razón: "¿Dónde está, oh muerte, tu victoria? ¿Dónde está, oh muerte, tu aguijón? El aguijón de la muerte es el pecado" (1ª Co. 15:55, 56).

Si estas conclusiones, pues, parecen consecuentes, hemos de creer que nuestro estado será en algún tiempo futuro incorpóreo, y si esto se acepta y se dice que todos han de someterse a Cristo, necesariamente esto se aplicará a todos aquellos en que se realice esta sumisión, porque todos los que se han sujetado a Cristo serán sometidos también al fin a Dios Padre, al cual se dice que Cristo entregará el reino,[57] y así parece que entonces también cesará el uso de los cuerpos. Y si cesa, volverá la naturaleza corpórea a la nada, del mismo modo que antes tampoco existía.

---

[57] Cf. 1ª Corintios 15:24, 28: "Luego el fin; cuando entregará el reino a Dios y al Padre, cuando habrá quitado todo imperio, y toda potencia y potestad... Mas luego que todas las cosas le fueren sujetas, entonces también el mismo Hijo se sujetará al que le sujetó a Él todas las cosas, para que Dios sea todas las cosas en todos."

Veamos, sin embargo, las consecuencias de esta afirmación. Parece necesario que si se aniquila la naturaleza corpórea tenga que ser restablecida y creada de nuevo, ya que parece posible que las naturalezas racionales, a las que nunca se quita la facultad del libre albedrío, puedan de nuevo hallarse sometidas a algunos movimientos, permitiéndolo el mismo Señor, no sea que, si conservan siempre un estado inmóvil, ignoren que se hallan establecidas en aquel estado final de felicidad por la gracia de Dios y no por su propio mérito. Y a esos movimientos seguirá de nuevo, sin duda, la variedad y diversidad de los cuerpos que adorna siempre el mundo. El mundo no podrá nunca constar sino de diversidad y variedad, lo cual no puede producirse de ningún modo fuera de la materia corporal.

No hay tiempo cíclico ni eterno retorno

4. En cuanto a los que afirman que se producen a veces mundos semejantes e iguales en todo, no sé en qué pruebas se apoyan. Si creemos que puede surgir un mundo semejante en todo a éste, podrá ocurrir que Adán y Eva vuelvan a hacer lo que hicieron; volverá a haber el mismo diluvio, y el mismo Moisés volverá a sacar de Egipto al pueblo en número de seiscientos mil; Judas entregará también dos veces al Señor; Pablo guardará por segunda vez las ropas de los que apedrearon a Esteban; y habrá que decir que volverán a hacerse todas las cosas que se han hecho en esta vida.[58] Pero no creo que haya razón ninguna para afirmar esto si las almas son conducidas por la libertad de su albedrío y tanto sus progresos como sus caídas dependen del poder de su voluntad.

---

[58] Aquí Orígenes, y con él todo el pensamiento cristiano, rompe con el concepto cíclico del tiempo y el eterno retorno de las cosas, común al pensamiento antiguo en general, y griego en particular. Mucho antes que Agustín en su *Ciudad de Dios*, Orígenes ataca la teoría de los ciclos, pues contradice los grandes acontecimientos, únicos e irrepetibles, de la historia de la salvación y niega, de paso, la salvación del individuo humano, el cual, según esa teoría, carecería de identidad personal propia. Para los cristianos, "la historia no consiste en una serie de patrones repetidos, sino que marca un avance efectivo, aunque vacilante, hacia una meta final. Como tal, tiene un principio, medio y fin. En tal convicción halla, por decirlo así, la orden de marcha de la *militia* de Cristo" (Charles N. Cochrane, *Cristianismo y cultura clásica*, p. 470. FCE, México 1983, 2ª ed.).

Las almas no son conducidas al cabo de muchos siglos a los mismos círculos en virtud de una revolución determinada, de suerte que tengan que hacer o desear esto o aquello, sino que dirigen el curso de sus hechos allí donde las usa la libertad de su propia naturaleza.

Porque las almas no son conducidas al cabo de muchos siglos a los mismos círculos en virtud de una revolución determinada, de suerte que tengan que hacer o desear esto o aquello, sino que dirigen el curso de sus hechos allí donde las usa la libertad de su propia naturaleza. Lo que aquellos dicen es igual que si uno afirmara que echando repetidas veces en tierra un modio de trigo puede ocurrir que tengan lugar dos veces las mismas e idénticas caídas de los granos, de modo que cada grano vuelva a caer donde fue echado primero, y en el mismo orden, y que todos queden dispersados en la misma forma en que antes se habían esparcido, probabilidad que, sin duda, es imposible que ocurra con los innumerables granos de un modio, aun cuando se estén echando incesante y continuamente durante la inmensidad de los siglos. Del mismo modo me parece imposible que pueda darse tal mundo en que todo suceda en el mismo orden, y cuyos moradores nazcan, mueran y actúen de la misma manera que en otro. Pero creo que pueden existir diversos mundos con no mínimas variaciones, de suerte que por causas manifiestas el estado de tal mundo sea superior, o inferior, o intermedio respecto a otros. En cuanto al número o medida de estos mundos, confieso que los ignoro; si alguno pudiera mostrármelos yo aprendería con mucho gusto de él.

Cristo, consumador de los siglos pasados y futuros

5. Sin embargo, se dice que este mundo, que también se llama siglo, es el fin de muchos siglos. Enseña, en efecto, el santo apóstol que Cristo no padeció en el siglo que precedió al nuestro, ni tampoco en el anterior, e ignoro si podría yo enumerar cuántos siglos anteriores han existido en los cuales no padeció. Citaré, sin embargo, las palabras de Pablo de las cuales he llegado a esta conclusión. Dice así: "Pero una sola vez en la plenitud de los siglos se manifestó para destruir el pecado por el sacrificio de sí mismo" (He. 9:26).

Dice, en efecto, que se ha hecho víctima una sola vez, y que se ha manifestado en la plenitud de los siglos pera destruir el pecado. Y que después de este siglo, que se nos dice hecho para consumación o plenitud de otros siglos, habrá otros subsiguientes lo aprendemos de modo manifiesto del mismo Pablo cuando dice: "A fin de mostrar en los siglos venideros las excelsas riquezas de su gracia por su bondad hacia nosotros" (Ef. 2:7). No dijo "en el siglo venidero", ni "en los dos siglos venideros", y por eso pienso que sus palabras indican muchos siglos.

Pero si hay algo mayor que los siglos, de suerte que los siglos se entiendan como criaturas, pero que se considere como de otra índole aquello que excede y sobrepasa a las criaturas visibles (lo cual quizá tendrá lugar en la restitución de todas las cosas, cuando el universo entero llegue a un fin perfecto), es posible que deba entenderse como algo más que un siglo aquel estado en el cual tendrá lugar la consumación de todas las cosas. Y me mueve en este punto la autoridad de la Sagrada Escritura que dice: "En el siglo y aún"; y lo que llama "aún" indudablemente significa algo más grande que el siglo. Considera también si lo que dice el Salvador: "Quiero que donde yo esté, estén ellos también conmigo… a fin de que sean uno, como nosotros somos uno" (Jn. 17:22, 24), no parece indicar algo más que el siglo y los siglos, y quizá aún más que los siglos de los siglos, a saber, aquella condición en que ya no están todas las cosas en el siglo, sino en todas las cosas Dios.

Los distintos significados de la palabra mundo

6. Explicadas, en la medida de nuestra capacidad, estas cuestiones sobre el mundo, no parece impertinente indagar qué significa el nombre mismo de mundo, que en las Sagradas Escrituras aparece con diversos sentidos. En efecto, lo que llamamos *mundus* en latín, se llama en griego *kosmos*, y significa no sólo mundo, sino *ornamento*. Así, en Isaías, en el pasaje en que se dirige una imprecación a las principales hijas de Sión, se dice que en lugar del adorno de oro de su cabeza tendrán calvicie a causa de sus obras, y se emplea para "adorno" el mismo nombre que para mundo, a saber, *kosmos* (Is. 3:24).[59] La misma palabra se emplea también en la descripción de las vestiduras del

No parece impertinente indagar qué significa el nombre mismo de mundo, que en las Sagradas Escrituras aparece con diversos sentidos. En efecto, lo que llamamos *mundus* en latín, se llama en griego *kosmos*, y significa no sólo mundo, sino *ornamento*.

---

[59] Orígenes cita la Septuaginta, que difiere del hebreo.

Hay riesgo de hacer pensar a algunos que afirmamos la existencia de ciertas imágenes que los griegos llaman *ideas*, cuando es ajeno por completo a nuestra intención hablar de un mundo incorpóreo, consistente en la sola fantasía de la mente o en lo resbaladizo de los pensamientos.

sacerdote, como hallamos en la Sabiduría de Salomón: "Llevaba en su vestido talar el mundo entero" (Sab. 18:24).

El mismo término se aplica a este nuestro orbe terrestre con todos sus habitantes cuando dice la Escritura: "El mundo entero está bajo el maligno" (1ª Jn. 5:19). Clemente, el discípulo de los apóstoles, hace mención de aquello que los griegos llamaron *antikqones* y de otras partes del orbe terrestre a las que no tiene acceso ninguno de nosotros y de las que ningún habitante puede pasar hasta nosotros, y llama mundos a todas estas regiones cuando dice: "El océano es infranqueable para los hombres, así como los mundos que se hallan al otro lado de él, que son gobernados por las mismas disposiciones y dominio de Dios".[60] Se llama también mundo a todo lo que contiene el cielo y la tierra, y así dice Pablo: "La apariencia de este mundo pasa" (1ª Co. 7:31).

Nuestro Señor y Salvador designa también "otro mundo", además de este visible, mundo difícil de describir y caracterizar, cuando dice: "Yo no soy de este mundo" (Jn. 17:16). En efecto, dice "no soy de este mundo", como si fuese de algún otro. Ahora bien, de este mundo hemos dicho de antemano, que la explicación es difícil; y es por esta razón, porque hay riesgo de hacer pensar a algunos que afirmamos la existencia de ciertas imágenes que los griegos llaman *ideas*, cuando es ajeno por completo a nuestra intención hablar de un mundo incorpóreo, consistente en la sola fantasía de la mente o en lo resbaladizo de los pensamientos.

Tampoco veo cómo podría ser de allí el Salvador, ni cómo podrá afirmarse que también los santos irán allá. Sin embargo, no es dudoso que el Salvador indica algo más preclaro y espléndido que el mundo actual y que incita y anima a los creyentes a aspirar a él. Pero si ese mundo que quiere dar a conocer está separado o muy alejado de este por el lugar, la cualidad o la gloria, o si, siendo muy superior al nuestro en cualidad y gloria, está contenido, sin embargo, dentro de la circunscripción de este mundo (lo cual me parece a mí más verosímil), son cuestiones que se ignoran y, a mi entender, no tratadas aún por los pensa-

---

[60] Clemente Romano, *Ep. I., ad Cor.* 20. Padres Apostólicos. CLIE, Terrassa 2002.

mientos y las mentes humanas. Sin embargo, según lo que Clemente parece indicar cuando dice que "el Océano es infranqueable para los hombres, así como los mundos que están tras él", al nombrar en plural los mundos que están tras él y decir que son conducidos y regidos por la misma providencia de Dios sumo, parece como esparcir la semilla de una interpretación según la cual se piense que todo el universo de las cosas que son y subsisten, celestes, supra-celestes, terrenas e infernales, reciben en general el nombre de un mundo único y perfecto, dentro del cual, o por el cual, debe creerse que son contenidos los demás en el caso de que existan. Y por eso, sin duda, se llaman mundos, individualmente, el globo de la luna, el del Sol, y los de los demás astros que se llaman planetas. Incluso la misma esfera supereminente que llaman *aplanh* recibe propia-mente el nombre de mundo, y se aduce como testimonio de esta aserción el libro del profeta Baruc, porque allí se alude de modo evidente a los siete mundos o cielos. No obstante, pretenden que sobre la esfera que llaman *aplanh* hay otra esfera que, del mismo modo que entre nosotros el cielo contiene con su magnitud inmensa y ámbito inefa-ble todo lo que se halla debajo de él, abraza con su con-torno grandioso los espacios de todas las esferas, de suerte que todas las cosas están dentro de ella como nuestra tierra está debajo del cielo. Y esa esfera es también la que se cree que es nombrada en las Santas Escrituras "tierra buena" y "tierra de los vivientes", teniendo su propio cielo, que está sobre ella, en el cual dice el Salvador que están o son escritos los nombres de los santos, cielo por el cual está limitada la tierra que el Salvador en el Evangelio prometió a los mansos y humildes (Mt. 5:4). Del nombre de esa tierra dicen que recibió el suyo esta nuestra, que antes había sido llamada *seca*, así como nuestro cielo firmamento recibió su nombre de aquel otro cielo. Pero de estas opiniones tra-taremos de un modo más completo cuando investiguemos qué son el cielo y la tierra que Dios creó en el principio (Gn. 1:1). Porque, en efecto, se da a entender que es otro cielo y otra tierra que el firmamento, del cual se nos dice que fue hecho dos días después, o la *seca*, que después se llama tierra. Y, ciertamente, lo que algunos dicen de este mundo, a saber, que es corruptible, sin duda porque ha sido hecho, pero, sin embargo, no se corrompe, porque es más fuerte y más poderosa que la corrupción la voluntad

De estas opiniones trataremos de un modo más completo cuando investiguemos qué son el cielo y la tierra que Dios creó en el principio. Porque, en efecto, se da a entender que es otro cielo y otra tierra que el firmamento, del cual se nos dice que fue hecho dos días después, o la seca, que después se llama tierra.

Habiendo
bosquejado,
pues,
en la medida
en que
nuestra
inteligencia
lo permite,
estas tres
opiniones en
cuanto al
final de todas
las cosas,
y la felicidad
suprema,
cada lector
debe juzgar
por sí mismo
con toda
diligencia y
escrupulosidad
si alguna de
ellas le
parece digna
de ser
aprobada o
elegida.

de Dios que lo hizo y que lo mantiene para que no se enseñoree de él la corrupción, puede aplicarse más rectamente a ese mundo que hemos llamado esfera *aplanh,* ya que, por la voluntad de Dios, no está en modo alguno sometido a la corrupción; por no haber recibido tampoco las causas de la corrupción. En efecto, aquel mundo es un mundo de santos y de purificados hasta la transparencia, y no de impíos como este nuestro. Y se ha de considerar si acaso el apóstol no piensa en él cuando dice: "No ponemos los ojos en las cosas visibles, sino en las que no se ven, pues las visibles son temporales; las que no se ven, eternas" (2ª Co. 4:18). "Pues sabemos que si la tienda de nuestra mansión terrena se deshace, tenemos de Dios un edificio, una casa no hecha por mano, eterna en los cielos" (2ª Co. 5:1). Y diciendo en otro lugar: "Cuando contemplo los cielos, obra de tus manos" (Sal. 8:3), y afirmando Dios por el profeta respecto de todas las cocas visibles: "Mis manos hicieron todas estas cosas" (Is. 66:2), declara que esa casa eterna en los cielos que promete a los santos no está hecha de manos, para mostrar, sin duda, a la criatura, la diferencia entre las cosas que se ven y las que no se ven. Porque no hay que entender en el mismo sentido las cosas que no se ven y las cosas que son invisibles; las cosas que son invisibles no sólo no se ven, sino que tampoco tienen una naturaleza tal que puedan ser vistas, y los griegos las llaman *aswmata*, esto es, incorpóreas; mientras que las cosas de las cuales dice Pablo "que no se ven" tienen, ciertamente, una naturaleza que les permite ser vistas, pero, como él explica, no son vistas aún por aquellos a quienes son prometidas.

Cielos nuevos y tierra nueva

7. Habiendo bosquejado, pues, en la medida en que nuestra inteligencia lo permite, estas tres opiniones en cuanto al final de todas las cosas, y la felicidad suprema, cada lector debe juzgar por sí mismo con toda diligencia y escrupulosidad si alguna de ellas le parece digna de ser aprobada o elegida.

Se ha dicho, en efecto, que o bien debe creerse que puede existir una vida incorpórea después de que todas las cosas hayan sido sometidas a Cristo y por Cristo a Dios Padre, cuando Dios sea todo en todos (1ª Co. 15:24-28); o bien que, concediendo que todas las cosas serán sometidas a Cristo y por Cristo a Dios, con el cual se hacen un solo espíritu en cuanto las naturalezas racionales son espíritu, la misma sustancia corporal resplandecerá también, sin embargo, asociada entonces a los espíritus mejores y más puros y transformada al estado etéreo en razón de la cualidad o los méritos de los que la asumen, según lo que dice el apóstol: "Y nosotros seremos transformados" (1ª Co. 15:52) y brillaremos en adelante en el esplendor; o que, pasado el estado de las cosas que se ven, sacudida y limpiada toda corrupción, y trascendida y superada toda esta condición del mundo en la que se dice que existen las esferas de los planetas, la morada de los piadosos y bienaventurados se coloca encima de aquella esfera que llaman *aplanh* como en la tierra buena y tierra de los vivientes que los mansos y humildes recibirán en heredad, a la cual pertenece ese cielo que en su contorno magnífico la circunda y contiene, y que se llama, en verdad y de un modo principal cielo.

En este cielo y en esta tierra puede detenerse el fin y perfección de todas las cosas en morada segura y fidelísima; unos merecen habitar esa tierra después de haber soportado la corrección y el castigo para obtener la purgación de sus delitos, una vez cumplidas y pagadas todas las cosas; de otros, en cambio, que fueron obedientes a la Palabra de Dios y, por su docilidad, se mostraron ya aquí capaces de su sabiduría, se dice que merecen el reino de aquel cielo o cielos, y así se cumplirá más dignamente lo que está dicho: "Bienaventurados los mansos, porque poseerán la tierra. Bienaventurados los pobres de espíritu, porque suyo es el reino de los cielos" (Mt. 5:5, 3) y también lo que dice en el salmo: "Él te ensalzará para que poseas la tierra" (Sal. 37:34). En efecto, de esta tierra nuestra se dice que desciende, pero de aquella que está en lo alto, que se es exaltada. Por tanto, parece como que se abre una especie de camino por los progresos de los santos de aquella tierra a aquellos cielos, de suerte que más bien parecen habitar por algún tiempo en aquella tierra que permanecer en ella, estando destinados a pasar, cuando hayan alcanzado aquel grado también, a la herencia del reino de los cielos.

De esta tierra nuestra se dice que desciende, pero de aquella que está en lo alto, que se es exaltada. Por tanto, parece como que se abre una especie de camino por los progresos de los santos de aquella tierra a aquellos cielos, de suerte que más bien parecen habitar por algún tiempo en aquella tierra que permanecer en ella, estando destinados a pasar, cuando hayan alcanzado aquel grado también, a la herencia del reino de los cielos.

4

La unidad de Dios

Refutemos
los que
piensan que
el Padre de
nuestro
Señor
Jesucristo
es un Dios
diferente del
que dio la ley
a Moisés;
quien envió
a los profetas
es el mismo
que profetizó
lo
preanunciado
sobre Cristo.
Y no hay
ninguna
duda de que
el Padre
mismo,
y no otro
diferente
a Él.

Identidad de Dios
en ambos Testamentos

1. Habiendo ordenado brevemente estos puntos lo mejor que pudimos, se sigue que, conforme a nuestra intención desde el principio, refutemos los que piensan que el Padre de nuestro Señor Jesucristo es un Dios diferente del que dio la ley a Moisés, o comisionó a los profetas, que es el Dios de nuestros padres, Abrahán, Isaac y Jacob. En este artículo de fe, ante todo, debemos permanecer firmemente establecidos. Tenemos que considerar la expresión que se repite con frecuencia en los Evangelios, y unirla a todos los actos de nuestro Señor y Salvador: "Todo esto aconteció para que se cumpliese lo que fue dicho por el Señor, por el profeta" (Mt. 1:22), siendo evidente que los profetas son los profetas del Dios que hizo el mundo. De esto sacamos la siguiente conclusión, que quien envió a los profetas es el mismo que profetizó lo preanunciado sobre Cristo. Y no hay ninguna duda de que el Padre mismo, y no otro diferente a Él, pronunció estas predicciones. La práctica, además, del Salvador o sus apóstoles, citando con frecuencia ilustraciones del Antiguo Testamento, muestra que ellos atribuían autoridad a los antiguos.

La prescripción del Salvador, exhortando a sus discípulos al ejercicio de bondad: "Para que seáis hijos de vuestro Padre que está en los cielos; que hace que su sol salga sobre malos y buenos, y que llueva sobre justos e injustos. Sed perfectos como vuestro Padre que está en el cielo es perfecto" (Mt. 5:45, 48), sugiere con claridad, hasta para una persona de entendimiento débil, que no propone a la imitación de sus discípulos a ningún otro Dios que el hacedor de cielo y el otorgador de la lluvia. Además, ¿qué otra cosa significa la expresión, que tiene que ser usada por los que oran: "Padre nuestro que estás en el cielo" (Mt. 6:9), sino que Dios debe ser buscado en las mejores partes del mundo, esto es, de su creación?

Cristo dejó dicho sobre los juramentos: "No juréis en ninguna manera: ni por el cielo, porque es el trono de Dios;

ni por la tierra, porque es el estrado de sus pies" (Mt. 5:33, 34), lo cual armoniza literalmente con las palabras del profeta: "El cielo es mi solio, y la tierra estrado de mis pies" (Is. 66:1).

Y también cuando la expulsión del templo de los vendedores de ovejas, bueyes y palomas, volcando las mesas de los cambistas, y diciendo: "Quitad de aquí esto, y no hagáis la casa de mi Padre casa de mercado" (Jn. 2:16). Jesús indudablemente lo llamó su Padre, a cuyo nombre Salomón había levantado un templo magnífico. Las palabras, además, que dicen: "¿No habéis leído lo que os es dicho por Dios, que dice: Yo soy el Dios de Abrahán, y el Dios de Isaac, y el Dios de Jacob? Dios no es Dios de muertos, sino de vivos" (Mt. 22:31, 32; cf. Éx. 3:6), nos enseñan con claridad que Él llamó al Dios de los patriarcas (porque eran santos y estaban vivos) el Dios de los vivos, a saber, lo mismo que se dice en los profetas: "Yo soy Dios, y no hay más Dios" (Is. 46:9). Porque si el Salvador, sabiendo que está escrito en la ley que el Dios de Abrahán es el mismo Dios que dice, "Yo soy Dios, y no hay más Dios", reconoce que el Padre es ignorante de la existencia de ningún otro Dios encima de Él, como los herejes suponen. Pero si no es por ignorancia, sino por engaño, que dice que no hay más Dios que Él, entonces es una absurdidad mucho más grande confesar que su Padre es culpable de falsedad. De todo esto se deduce que Cristo no conoce de ningún otro Padre que Dios, el fundador y creador de todas las cosas.

Cristo no conoce de ningún otro Padre que Dios, el fundador y creador de todas las cosas. Sería tedioso recoger de todos los pasajes de los Evangelios las pruebas que muestran que el Dios de la ley y el de los Evangelios son el mismo.

Un solo Dios en ambas dispensaciones

2. Sería tedioso recoger de todos los pasajes de los Evangelios las pruebas que muestran que el Dios de la ley y el de los Evangelios son el mismo. Consideremos brevemente los Hechos de los Apóstoles (Hch. 7). Donde Esteban y otros apóstoles dirigen sus oraciones al Dios que hizo el cielo y la tierra, que habló por boca de sus santos profetas, llamándolo "el Dios de Abrahán, de Isaac, y de Jacob"; "el Dios" que "los sacó, habiendo hecho prodigios y milagros en la tierra de Egipto" (Hch. 7:36); expresiones que sin duda dirigen nuestro entendimiento a la fe en el Creador, e implantan un afecto por Él en los que piadosa y fielmente han aprendido a pensar así de Él; según las

El mismo Salvador, quien cuando le preguntaron cuál era el mandamiento más grande de la ley, contestó: "Amarás al Señor tu Dios".

¿Cómo es, entonces, que quien instruía y llevaba a sus discípulos a entrar en el oficio del discipulado, les recomendara este mandamiento por encima de todos, por el cual, indudablemente, se enciende el amor hacia el Dios de ley, puesto que así declara según la ley en estas mismas palabras?

palabras del mismo Salvador, quien cuando lo preguntaron cuál era el mandamiento más grande de la ley, contestó: "Amarás al Señor tu Dios de todo tu corazón, y de toda tu alma, y de toda tu mente. Este es el primero y el grande mandamiento. Y el segundo es semejante a éste: Amarás a tu prójimo como a ti mismo. De estos dos mandamientos depende toda la ley y los profetas" (Mt. 22:37-40). ¿Cómo es, entonces, que quien instruía y llevaba a sus discípulos a entrar en el oficio del discipulado, les recomendara este mandamiento por encima de todos, por el cual, indudablemente, se enciende el amor hacia el Dios de ley, puesto que así declara según la ley en estas mismas palabras?

Pero, concedamos, no obstante todas estas pruebas tan evidentes, que es de algún otro Dios desconocido de quien el Salvador dice: "Amarás al Señor tu Dios de todo tu corazón, etc." ¿Cómo, en este caso, si la ley y los profetas son, como ellos dicen, del Creador, esto es, de otro Dios que Él que Él llama bueno, puede decir lógicamente lo que Él añade, a saber, que "de estos dos mandamientos depende toda la ley y los profetas"? ¿Porque lo que es extraño y ajeno a Dios cómo va a depender de Él?

Y cuando Pablo dice: "Doy gracias a Dios, al cual sirvo desde mis mayores con limpia conciencia" (2ª Ti. 1:3), muestra claramente que él vino no a un nuevo Dios, sino a Cristo. ¿Porque, a qué otros antepasados de Pablo pueden referirse, sino a los que él dice: "¿Son hebreos? Yo también. ¿Son israelitas? Yo también. ¿Son simiente de Abrahán? también yo" (2ª Co. 11:22). En el prefacio mismo de su Epístola a los Romanos muestra claramente la misma cosa a los que saben entender las cartas de Pablo, a saber, ¿qué Dios predica? Porque sus palabras son: "Pablo, siervo de Jesucristo, llamado a ser apóstol, apartado para el evangelio de Dios, que él había antes prometido por sus profetas en las Santas Escrituras, acerca de su Hijo, (que fue hecho de la simiente de David según la carne; el cual fue declarado Hijo de Dios con potencia, según el espíritu de santidad, por la resurrección de los muertos), de Jesucristo Señor nuestro" (Ro. 1:1-4).

Además, dice lo siguiente: "Porque en la ley de Moisés está escrito: No pondrás bozal al buey que trilla. ¿Tiene Dios cuidado de los bueyes? ¿O lo dice enteramente por nosotros? Pues por nosotros está escrito; porque con esperanza ha de arar el que ara; y el que trilla, con esperanza de recibir el fruto" (1ª Co. 9:9-10). Aquí muestra evidentemente que Dios dio la ley por causa nuestra, esto es, debido a los apóstoles: "No pondrás bozal al buey que trilla", cuyo cuidado no fue por los bueyes, sino por los apóstoles, que predicaban el Evangelio de Cristo.

En otros pasajes también, Pablo, abarcando las promesas de la ley, dice: "Honra a tu padre y a tu madre, que es el primer mandamiento con promesa, para que te vaya bien, y seas de larga vida sobre la tierra" (Ef. 6:2-3; cf. Éx. 20:12). Aquí se da a entender sin duda que él se complace en la ley y en el Dios de la ley y sus promesas.

Dios, invisible e inmaterial

3. Pero como los que mantienen esta herejía acostumbran a engañar a veces los corazones de los simples mediante ciertos sofismas engañosos, no considero impropio presentar las aserciones que tienen por costumbre hacer y re- futar su engaño y falsedad.

La siguiente es una de sus declaraciones. Está escrito que "a Dios nadie le vio jamás" (Jn. 1:18). Pero el Dios que Moisés predicó fue visto por él y por sus padres antes de él; mientras que el que es anunciado por el Salvador nunca ha sido visto por nadie. Les preguntamos a ellos, y a nosotros mismos, si mantienen que a quien ellos reconocen por Dios, y alegan que es un Dios diferente del Creador, es visible o invisible. Y si dicen que es visible, además de probarse que va contra la declaración de la Escritura, que dice del Salvador: "Él es la imagen del Dios invisible, el primogénito de toda creación" (Col. 1:15); caerán también en la absurdidad de afirmar que Dios es corpóreo. Ya que nada puede ser visto excepto con la ayuda de forma, tamaño y color, que son las propiedades especiales de cuerpos. Y si se declara que Dios es un cuerpo, entonces se encontrará que es un ser material, ya que todo cuerpo es compuesto de materia. ¡Pero si está compuesto de materia, y la materia es indudablemente corruptible, entonces, según ellos, Dios es susceptible de corrupción!

Les haremos una segunda pregunta. ¿La materia hecha o increado, es decir, no hecha? ¿Y si ellos contestaran que no es hecha, es decir, increada, les preguntaremos si una parte de la materia es Dios, y si la otra parte el mundo.

Pero como los que mantienen esta herejía acostumbran a engañar a veces los corazones de los simples mediante ciertos sofismas engañosos, no considero impropio presentar las aserciones que tienen por costumbre hacer y refutar su engaño y falsedad.

Hay que suponer que Moisés vio a Dios, no contemplándolo con los ojos corporales, sino entendiéndolo con la visión del corazón y la percepción de la mente, y esto sólo en cierto grado. Que nadie suponga que nos hemos complacido en ningún sentimiento de impiedad al decir que ni para el Salvador es visible el Padre. Porque hemos explicado que una cosa es ver y ser visto, y otra conocer y ser conocido.

Pero si ellos dijeran que la materia ha sido hecha, se seguirá, indudablemente, que ellos confiesan que a quien declaran ser Dios ha sido hecho, un resultado que seguramente ni su razón ni la nuestra pueden admitir.

Pero ellos dirán, Dios es invisible. ¿Y qué harás tú? Si dices que es invisible en naturaleza, entonces ni siquiera es visible para el Salvador. Mientras que, al contrario, si Dios, el Padre de Cristo, es visto como se dice: "El que me ha visto a mí, ha visto al Padre" (Jn. 14:9), esto seguramente nos presionaría con mucha fuerza, si la expresión no fuera entendida por nosotros más correctamente como referida al entendimiento y no a la vista. Porque quien comprende al Hijo comprenderá también al Padre. De este modo hay que suponer que también Moisés vio a Dios, no contemplándolo con los ojos corporales, sino entendiéndolo con la visión del corazón y la percepción de la mente, y esto sólo en cierto grado. Porque es manifiesto que Dios le dijo a Moisés: "No podrás ver mi rostro... verás mis espaldas; mas no se verá mi rostro" (Éx. 33:20, 23). Estas palabras tienen que entenderse, desde luego, en aquel sentido místico que conviene a palabras divinas, rechazando y despreciando "las fábulas profanas y de viejas" (1ª Ti. 4:7), que son inventadas por personas ignorantes respecto a las partes anteriores y posteriores de Dios.

Que nadie suponga que nos hemos complacido en ningún sentimiento de impiedad al decir que ni para el Salvador es visible el Padre. Antes bien, considere la distinción que usamos al tratar con los herejes. Porque hemos explicado que una cosa es ver y ser visto, y otra conocer y ser conocido, o entender y ser entendido. Ver y ser visto es una propiedad de los cuerpos, que ciertamente no se puede aplicar al Padre, o al Hijo, o al Espíritu Santo, en sus relaciones mutuas. La naturaleza de la Trinidad sobrepasa la medida de visión concedida a los que están en el cuerpo, esto es, a todas las demás criaturas, cuya propiedad de visión se refiere una a la otra. Pero a una naturaleza que es incorpórea y principalmente intelectual, ningún otro atributo es apropiado salvo el de conocer y ser conocido, como el Salvador mismo declara: "Nadie conoció al Hijo, sino el Padre; ni al Padre conoció alguno, sino el Hijo, y aquel a quien el Hijo lo quisiere revelar" (Mt. 11:27). Está claro, pues, que Él no dijo: "Nadie ha visto al Padre, sino el Hijo", sino "nadie conoció al Padre, sino el Hijo".

Antropomorfismos e impasibilidad divina

4. Ahora, si, debido a aquellas expresiones que ocurren en el Antiguo Testamento, como cuando se dice que Dios se enfada o arrepiente, o cuando se le aplica cualquier otro afecto humano o pasión, nuestros opositores piensan que tienen buenas razones para refutarnos, ya que nosotros mantenemos que Dios es totalmente impasible y debe considerarse totalmente libre de emociones de esa clase.[61]

Tenemos que mostrarles que declaraciones similares aparecen en las parábolas del Evangelio; como cuando se dice, que un hombre plantó un viñedo y lo arrendó a los campesinos, que mataron a los criados que les fueron enviados, y por fin mataron hasta al hijo del propietario; se dice entonces que, en su cólera, les quitó el viñedo y los entregó a la destrucción, después de haber dado el viñedo a otros, que dieran fruto a su tiempo. Y también cuando el hombre noble partió a una provincia lejos, para tomar para sí un reino, y volver, mas llamados diez siervos suyos, les dio diez minas, y les dijo: "Negociad entre tanto que vengo". Pero sus ciudadanos le aborrecían, y enviaron tras de él una embajada, diciendo: "No queremos que

Ahora, si, debido a aquellas expresiones que ocurren en el Antiguo Testamento, como cuando se dice que Dios se enfada o arrepiente, nuestros opositores piensan que tienen buenas razones para refutarnos, ya que nosotros mantenemos que Dios es totalmente impasible y debe considerarse totalmente libre de emociones de esa clase.

---

[61] Aunque Orígenes habla aquí de la "impasibilidad" de Dios, no hay que entenderla de modo absoluto, sino como libre de defectos pasionales. Dios no conoce mutación ni turbación en su suprema bienaventuranza, según enseñaba también la filosofía griega sobre una divinidad impersonal, pero Orígenes sabe que, junto a las expresiones metafóricas que aplican a Dios lo propio del hombre, también es cierto que, según el Evangelio, Dios, cuando se ocupa de los asuntos humanos, sufre una pasión humana. El Salvador descendió a la tierra por compasión hacia el género humano. Sufrió nuestras pasiones antes de sufrir la cruz, aun antes de que se hubiera dignado tomar nuestra carne, porque si no las hubiera sufrido antes, no habría venido a participar de nuestra vida humana. ¿Qué pasión es esta sufrida antes por nosotros? Es la pasión del amor. Pero el mismo Padre, Dios del universo, que está lleno de longanimidad, de misericordia y de piedad, ¿no sufre Él de alguna forma? ¿O bien ignoras que cuando se ocupa de las cosas humanas sufre una pasión humana? "Porque el Señor tu Dios ha tomado sobre sí tus costumbres, como el que toma sobre sí a su hijo" (Dt.1:31). Dios toma sobre sí nuestra manera de ser, como el Hijo de Dios toma sobre sí nuestras pasiones. El mismo Padre no es impasible. Si dirigimos a Él nuestra oración, tiene piedad y compasión. Es que sufre pasión de amor" (Orígenes, *Hom. in Ezeq.* 6,6. Véase A. Ropero, *Filosofía y cristianismo*, cap. V, "Dios y su dolor". CLIE, Terrassa 1997).

Cuando leemos en el Antiguo o en el Nuevo Testamento de la ira o cólera de Dios, no debemos tomar literalmente tales expresiones, sino buscar en ellas un significado espiritual, de modo que podamos pensar en Dios como Él merece ser pensado.

éste reine sobre nosotros" (Lc. 19:14). Pero aconteció que, vuelto él, habiendo tomado el reino, mandó llamar a sí sus siervos y lleno de cólera mandó que mataran al que no había producido nada y quemaran su ciudad con fuego.

Pero cuando leemos en el Antiguo o en el Nuevo Testamento de la ira o cólera de Dios, no debemos tomar literalmente tales expresiones, sino buscar en ellas un significado espiritual, de modo que podamos pensar en Dios como Él merece ser pensado. Y sobre estos puntos, al exponer el verso del Salmo 2: "Entonces hablará a ellos en su furor, y los turbará con su ira" (Sal. 2:5), mostramos, con lo mejor de nuestra pobre capacidad, cómo deben entenderse tales expresiones.

5

La justicia y la bondad de Dios

La división herética entre el Dios bueno y el Dios justo

1. Los herejes de quienes estamos hablando han establecido una especie de división por la que declaran que la justicia es una cosa y la bondad otra. Han aplicado esta división incluso a las cosas divinas, manteniendo que el Padre de nuestro Señor Jesucristo es de verdad un Dios bueno, pero no justo; mientras que el Dios de la ley y los profetas justo, pero no bueno. Por eso pienso que es necesario volver a considerar estos asuntos con tanto énfasis como brevedad nos sea posible.

Estas personas consideran la bondad como alguna clase de afecto que conferiría ventajas a todos los que se les confiera, aunque el recipiente de ellos sea indigno e inmerecedor de cualquier bondad; pero aquí, en mi opinión, no han aplicado correctamente su definición, puesto que ellos piensan que ningún beneficio es conferido sobre él que es visitado por cualquier sufrimiento o calamidad. La justicia, por otra parte, la ven como aquella cualidad que recompensa a cada uno según sus méritos. Pero aquí, otra vez, no interpretan correctamente el significado de su propia definición, ya que ellos piensan que es justo enviar desgracias a malvados y beneficios a los buenos; es decir, que en su opinión, el Dios justo no parece desear bien a los malos, sino estar animado por una especie de odio contra ellos.

Para sustentar su doctrina han reunido algunos ejemplos de esto. En cualquier parte de las Escrituras del Antiguo Testamento donde encuentran una historia relacionada con el castigo, el diluvio, por ejemplo, y el destino de los que perecieron en él; o la destrucción de Sodoma y Gomorra por una lluvia de fuego y azufre; o la muerte del pueblo en el desierto debido a sus pecados, de modo que ninguno de los que salieron de Egipto entró en la tierra prometida, a excepción de Josué y Caleb.

Mientras que del Nuevo Testamento recogen las palabras de compasión y de piedad, por la que los discípulos

Los herejes declaran que la justicia es una cosa y la bondad otra. Manteniendo que el Padre de nuestro Señor Jesucristo es de verdad un Dios bueno, pero no justo; mientras que el Dios de la ley y los profetas justo, pero no bueno.

Tales son sus opiniones, porque no saben cómo entender nada más allá de la letra. Pero nosotros, sin embargo, no entendemos estas cosas literalmente, sino que, como Ezequiel lo ha enseñado al relatar su parábola, nosotros inquirimos sobre el significado interior contenido en la parábola.

son enseñados por el Salvador, y las que dicen que nadie es bueno salvo Dios Padre; por este medio han aventurado a designar al Padre del Salvador Jesucristo como Dios bueno, y dicen que el Dios del mundo es diferente a quienes les gusta de considerar a Dios justo, pero no bueno.

La letra y el significado interno

2. Pienso que, en primer lugar, se les debe exigir que muestren, si pueden hacerlo conforme a su propia definición, que el Creador es injusto al castigar según su merecido a los que fallecieron en el momento del diluvio, o a los habitantes de Sodoma, o los que salieron de Egipto, siendo que nosotros a veces vemos cometer crímenes más malvados y detestables que los de las personas mencionadas que fueron destruidos, mientras que nosotros no hacemos que cada pecador pague la pena de sus fechorías. ¿Dirán que el Dios que fue justo durante un tiempo se ha hecho bueno? ¿O creerán que Él es todavía justo, pero que pacientemente soporta las ofensas humanas, mientras que aquel no fue justo entonces, puesto que exterminó a niños inocentes y lactantes juntamente con gigantes crueles e impíos?

Tales son sus opiniones, porque no saben cómo entender nada más allá de la letra; si no ellos mostrarían cómo es que la justicia literal por los pecados visita a los hijos hasta la tercera y cuarta generación, y sobre los hijos de los hijos después de ellos (Éx. 20:5). Pero nosotros, sin embargo, no entendemos estas cosas literalmente, sino que, como Ezequiel lo ha enseñado al relatar su parábola (Ez. 18:3-20)[62] nosotros inquirimos sobre el significado interior contenido en la parábola.

Además, ellos deberían explicar también, cómo es justo y recompensa a cada uno según sus méritos, que castiga a las personas mundanas y al diablo, viendo que no han hecho nada digno de castigo (*cum nihil dignum poena commiserint*). Ya que estos no podrían hacer ningún bien si, según ellos, fueran de una naturaleza mala y arruinada. Ya que como ellos le califican de juez, parece

---

[62] Cf. Ezequiel 18:20: "El alma que pecare, esa morirá; el hijo no llevará el pecado del padre, ni el padre llevará el pecado del hijo; la justicia del justo será sobre él, y la impiedad del impío será sobre él".

ser a un juez tanto de acciones como de naturalezas; y si una naturaleza mala no puede hacer lo bueno, ninguna buena puede hacer el mal.

La bondad y la justicia en Dios

Entonces, en segundo lugar, si al que llaman bueno es bueno para todos, también es indudablemente bueno para los que están destinados a perecer. ¿Y por qué no los salva? Si no quiere, ya no será bueno; si quiere y no puede, ya no será omnipotente.[63] ¿Por qué atienden que en los Evangelios el Padre de nuestro Señor Jesucristo está preparando fuego para el diablo y sus ángeles? ¿Y cómo tal proceder, tan penal como triste, parecerá en su opinión obra del Dios bueno? Hasta el Salvador mismo, el Hijo del Dios bueno, protesta en los Evangelios y declara, hablando de Corazin y de Betsaida, al recordar a Tiro y Sidón, que si "hubieran sido hechas las maravillas que se han hecho en vosotras, ya días ha que, sentados en cilicio y ceniza, se habrían arrepentido" (Lc. 10:13). Y cuando pasó cerca de aquellas ciudades, y entró en su territorio, ¿por qué evitó entrar en aquellas ciudades, y hacer abundancia de signos y maravillas, si fuera cierto que ellos se habrían arrepentido en saco y cenizas, después de que se hubieran realizado? Pero como no lo hizo, indudablemente abandonó a la destrucción a quienes, en el lenguaje del Evangelio, muestra no haber sido de una naturaleza mala o minada, puesto que declara que eran capaces de arrepentimiento.

Otra vez, en cierta parábola del Evangelio, donde el rey entra a ver a los invitados que se reclinan en el banquete, contempló a cierto individuo sin el vestido de boda, y le dijo: "Amigo, ¿cómo entraste aquí no teniendo vestido de boda? Mas él cerró la boca. Entonces el rey dijo a los que servían: Atadle de pies y manos, y echadle en las tinieblas de afuera, allí será el lloro y el crujir de dientes" (Mt. 22:12,13). Que nos digan quién es ese rey que entró a ver a los invitados y ordenó a sus siervos que ataran y arrojaran en lo profundo de las tinieblas a quien llevaba un vestido sucio. ¿Es el mismo que ellos llaman justo? ¿Cómo, entonces, había mandado que fueran invitados

Si al que llaman bueno es bueno para todos, también es indudablemente bueno para los que están destinados a perecer. ¿Y por qué no los salva? Si no quiere, ya no será bueno; si quiere y no puede, ya no será omnipotente. ¿Por qué atienden que en los Evangelios el Padre de nuestro Señor Jesucristo está preparando fuego para el diablo y sus ángeles?

---

[63] Este argumento está tomado de Epicuro, tocante al problema del mal.

Lo que hemos extraído de la autoridad de la Escritura debería ser suficiente para refutar los argumentos de los herejes. Sin embargo no parecerá impropio si hablamos brevemente de este tema con ellos sobre la base de la razón.

buenos y malos igualmente, sin indicar a sus siervos que inquirieran sobre los méritos? Con tal procedimiento se indicada, no el carácter de un Dios justo que recompensa según los méritos de los hombres, como ellos afirman, sino de uno que despliega una bondad indiscriminada hacia todos. Ahora, si esto debe entenderse necesariamente del Dios bueno, o sea de Cristo o del Padre de Cristo, ¿qué otra objeción pueden traer contra la justicia del juicio de Dios? ¿Qué injusticia más hay de que acusar al Dios de la ley en lo que ordenó a quien había sido invitado por sus siervos, que habían sido enviados a llamar igualmente a buenos y malos, de ser atado de pies y manos y lanzado en la oscuridad, porque no tenía el vestido apropiado?

Esperanza en el castigo

3. Lo que hemos extraído de la autoridad de la Escritura debería ser suficiente para refutar los argumentos de los herejes. Sin embargo no parecerá impropio si hablamos brevemente de este tema con ellos sobre la base de la razón. Les preguntamos, entonces, si saben qué se considera entre los hombres como la base de la virtud y de la maldad, y si se sigue de esto que podemos hablar de virtudes en Dios, o, como ellos piensan, en los dos dioses. Dejemos que nos den también una respuesta a la pregunta, si consideran que la bondad es una virtud, como indudablemente lo admiten, ¿qué dirán de la injusticia? Creo que nunca, en mi opinión, van a ser tan tontos de negar que la justicia es una virtud.

En consecuencia, si la virtud es una bendición, y la justicia una virtud, entonces la justicia es sin duda bondad. Pero si dicen que la justicia no es una bendición, debe ser un mal o cosa indiferente. Pienso que es una locura ofrecer ninguna respuesta a los que dicen que la justicia es un mal, ya que tendré el aspecto de contestar a palabras insensatas, o a hombres fuera de sí. ¿Cómo puede parecer un mal lo que es capaz de recompensar al bueno con bendiciones, como ellos mismos también admiten? Pero si dicen que esto es una cosa de indiferencia, se sigue que ya que la justicia es así, también la moderación, y la prudencia, y el resto de las virtudes. ¿Y cuál será nuestra respuesta a lo que Pablo dice: "Si alguna alabanza, en esto pensad. Lo que aprendisteis y recibisteis y oísteis y visteis en mí" (Fil. 4:8, 9)?

Dejemos que aprendan, por tanto, escudriñando las Santas Escrituras, qué son las virtudes individuales, y no se engañen a sí mismos diciendo que el Dios que premia a cada uno según sus méritos, recompensa al malo con el mal –por aborrecimiento del mal–, y no porque quienes han pecado necesitan ser tratados con remedios más severos, y porque les aplica aquellas medidas que, con la perspectiva de mejora, parecen producir, sin embargo y de momento, un sentimiento de dolor. No leen que que está escrito sobre la esperanza de los que fueron destruidos en el diluvio; esperanza a la que Pedro se refiere en su primera Epístola: "Porque también Cristo padeció una vez por los injustos, para llevarnos a Dios, siendo a la verdad muerto en la carne, pero vivificado en espíritu; en el cual también fue y predicó a los espíritus encarcelados; los cuales en otro tiempo fueron desobedientes, cuando una vez esperaba la paciencia de Dios en los días de Noé, cuando se aparejaba el arca; en la cual pocas, a saber, ocho personas fueron salvas por agua. A la figura de la cual el bautismo que ahora corresponde nos salva (no quitando las inmundicias de la carne, sino como demanda de una buena conciencia delante de Dios) por la resurrección de Jesucristo" (1ª P. 3:18-21).

Con respecto a Sodoma y Gomorra, dejemos que nos digan si ellos creen que las palabras proféticas son las de Dios Creador, a quien se relaciona con la lluvia de fuego y azufre. ¿Qué dice el profeta Ezequiel de ellos? "Y tus hermanas, Sodoma con sus hijas y Samaria con sus hijas, volverán a su primer estado" (Ez. 16:55).

Identidad de la justicia y la bondad

Pero, ¿por qué al afligir a los que merecen castigo, no los aflige para su bien? Dice a los caldeos: "He aquí que serán como tamo; fuego los quemará, no salvarán sus vidas del poder de la llama" (Is. 47:14). Y sobre los que perecieron en el desierto, dejemos que oigan lo que se dice en el Salmo 78, que lleva la subscripción de Asaph: "Si los mataba, entonces buscaban a Dios" (Sal. 78:34). No se dice que alguno buscaba a Dios después que otros habían muerto, sino que la destrucción de los que habían sido matados era de tal naturaleza que, cuando conducidos a la muerte, buscaron a Dios. Por todo esto queda

Dejemos que aprendan, por tanto, escudriñando las Santas Escrituras, qué son las virtudes individuales, y no se engañen a sí mismos diciendo que el Dios que premia a cada uno según sus méritos, recompensa al malo con el mal. No leen que está escrito sobre la esperanza de los que fueron destruidos en el diluvio; esperanza a la que Pedro se refiere en su primera Epístola.

Ellos nos recuerdan las palabras de la Escritura, al traernos la celebrada cuestión, afirmando que está escrito: "No puede el buen árbol llevar malos frutos, ni el árbol maleado llevar frutos buenos". ¿Cuál es, pues, su posición? ¿Qué clase de árbol es la ley, cómo se muestra por sus frutos, esto es, por el lenguaje de sus preceptos? Ya que si la ley es hallada bueno, entonces, indudablemente, quien la dio tiene que creerse que es un Dios bueno.

establecido que el Dios de la ley y el Dios de los Evangelios es el mismo, un Dios justo y bueno, que confiere beneficios justamente, y castiga con bondad; ya que ni bondad sin justicia, ni justicia sin bondad, pueden expresar la dignidad real de la naturaleza divina.

Añadiremos los siguientes comentarios, a que nos conducen sus sutilezas. Si la justicia es una cosa diferente de la bondad, entonces, ya que el mal es lo opuesto del bien, y la injusticia de justicia, la injusticia indudablemente será algo más que un mal; y como, en su opinión, el hombre justo no es bueno, entonces tampoco el hombre injusto será malo; y así, como el hombre bueno no es justo, entonces el hombre malo tampoco será injusto. Pero quién no ve la absurdidad, que a un Dios bueno sea opuesto uno malo; ¡mientras a un Dios justo, que ellos alegan que es inferior al bueno, ninguno debería oponérsele! Porque no hay ninguno que pueda llamarse injusto, como hay un Satán que es llamado el maligno. ¿Qué debemos hacer, entonces? Que acepten la posición que defendemos, ya que ellos no serán capaces de mantener que un hombre malo no es también injusto, y uno injusto malo. Y si estas cualidades están indisolublemente inherentes en estas contraposiciones, a saber, la injusticia en la maldad, o la maldad en la injusticia, entonces, incuestionablemente, el hombre bueno será inseparable del hombre justo, y el justo del bueno; así que, como nosotros hablamos de una misma maldad en la milicia y en la injusticia, también podemos sostener que la virtud de la bondad y la justicia son una y la misma.

No hay separación entre la bondad y la justicia en Dios

4. Ellos, una vez más, nos recuerdan las palabras de la Escritura, al traernos la celebrada cuestión, afirmando que está escrito: "No puede el buen árbol llevar malos frutos, ni el árbol maleado llevar frutos buenos" (Mt. 7:18). ¿Cuál es, pues, su posición? ¿Qué clase de árbol es la ley, cómo se muestra por sus frutos, esto es, por el lenguaje de sus preceptos? Ya que si la ley es hallada bueno, entonces, indudablemente, quien la dio tiene que creerse que es un Dios bueno. Pero si es justo antes que bueno, entonces Dios también será considerado un legislador justo. El

apóstol Pablo no emplea ningún circunloquio cuando dice: "La ley a la verdad es santa, y el mandamiento santo, justo y bueno" (Ro. 7:12).

Es evidente que Pablo no había aprendido el lenguaje de los que separan la justicia de la bondad, sino que fue instruido por aquel Dios, e iluminado por su Espíritu, que es al mismo tiempo santo, bueno y justo. Hablando de ese Espíritu declaró que el mandamiento de la ley era santo, justo y bueno. Y para que pudiera mostrar más claramente que la bondad estaba en el mandamiento en un grado más grande que la justicia y la santidad, repitiendo sus palabras, usó, en vez de estos tres epítetos, el de bondad sola, diciendo: "¿Luego lo que es bueno, a mí me es hecho muerte?" (Ro. 7:13).

Como él sabía que la bondad era el género de las virtudes, y que la justicia y la santidad eran especies pertenecientes a ese género, y habiendo llamado, en los versos anteriores, el género y la especie juntos, él retrocede, repitiendo sus palabras sobre el género solamente. Pero en lo que sigue dice: "el pecado, para mostrarse pecado, por lo bueno me obró la muerte" (Ro. 7:13), donde resume genéricamente lo que había explicado de antemano específicamente. Y de este mismo modo debe entenderse también la declaración: "El hombre bueno, del buen tesoro del corazón saca buenas cosas; y el hombre malo, del mal tesoro saca malas cosas" (Mt. 12:35). Porque aquí también él asumió que había un género de lo bueno y de lo malo, señalando incuestionablemente que en un hombre bueno había justicia, moderación, prudencia, y piedad, y todo lo que pueda entenderse o considerarse bueno. De manera semejante también dijo que era malo el hombre que fuera injusto, impuro, impío, y todo lo que separadamente hace a un hombre malo. Ya que nadie considera malo a un hombre que carezca de estas marcas de maldad (ni en verdad puede hacerse), así también es cierto que sin aquellas virtudes nadie puede considerarse bueno.

A pesar de todo, para ellos todavía queda por explicar lo que el Señor dice en el Evangelio, que ellos lo toman de una manera especial, a modo de escudo, a saber: "Ninguno es bueno sino uno: Dios" (Mt. 19:17). Ellos declaran que esta palabra es peculiar al Padre de Cristo, que, sin embargo, es diferente del Dios Creador de todas las cosas, al cual no se le da ninguna atribución de bondad.

Es evidente que Pablo no había aprendido el lenguaje de los que separan la justicia de la bondad, sino que fue instruido por aquel Dios, e iluminado por su Espíritu, que es al mismo tiempo santo, bueno y justo. Hablando de ese Espíritu declaró que el mandamiento de la ley era santo, justo y bueno.

Alguien que disfrute de tiempo libre puede reunir un gran número de pruebas, consistentes de aquellos pasajes donde en el Nuevo Testamento el Padre de nuestro Señor Jesucristo es llamado justo, y en el Viejo también, donde el Creador del cielo y de la tierra es llamado bueno; de modo que los herejes, siendo convictos por testimonios numerosos, puedan, quizás, por algún tiempo ser puestos en vergüenza.

Veamos ahora si, en el Antiguo Testamento, el Dios de los profetas y el Creador y Legislador de la palabra no es llamado bueno. ¿Cuáles son las expresiones que aparecen en los Salmos? "Ciertamente bueno es Dios a Israel, a los limpios de corazón" (Sal. 73:1). Y: "Diga ahora Israel: Que para siempre es su misericordia" (Sal. 118:2). El lenguaje en las Lamentaciones de Jeremías: "Bueno es el Señor a los que en Él esperan, al alma que le buscare" (Lm. 3:25). Como por tanto Dios es llamado bueno con frecuencia en el Antiguo Testamento, también el Padre de nuestro Señor Jesucristo es calificado de justo en los Evangelios. Finalmente, en el Evangelio según Juan, nuestro Señor mismo, orando al Padre, dice: "Padre justo, el mundo no te ha conocido" (Jn. 17:25). Y a menos, quizás, que ellos dijeran que al haber asumido carne humana Él llamó al Creador del mundo "Padre" y calificado de "justo", quedan excluidos de semejante refugio por las palabras que inmediatamente sigue: "El mundo no te ha conocido". Pero, según ellos, el mundo sólo es ignorante del Dios bueno. Claramente, entonces, el que ellos consideran Dios bueno es llamado justo en los Evangelios

Alguien que disfrute de tiempo libre puede reunir un gran número de pruebas, consistentes de aquellos pasajes donde en el Nuevo Testamento el Padre de nuestro Señor Jesucristo es llamado justo, y en el Viejo también, donde el Creador del cielo y de la tierra es llamado bueno; de modo que los herejes, siendo convictos por testimonios numerosos, puedan, quizás, por algún tiempo ser puestos en vergüenza.

6

La encarnación de Cristo

Preguntas sobre el cómo y el porqué del Mediador

1. Ahora es el tiempo, después de la nota superficial de estos puntos, de reasumir nuestra investigación sobre la encarnación de nuestro Señor y Salvador, a saber: cómo o por qué se hizo hombre. Habiendo, por tanto, con lo mejor de nuestra débil capacidad, considerado su naturaleza divina de la contemplación de sus propias obras más bien que de nuestros propios sentimientos, y habiendo, sin embargo, contemplado (con el ojo) su creación visible mientras que la creación invisible es vista por la fe, porque la debilidad humana no puede ver todas las cosas con el ojo corporal, ni comprenderlas con la razón, sabiendo que los hombres somos más débiles y frágiles que cualquier otro ser racional (porque los que están en el cielo, o como se supone, existen encima del cielo, son superiores). Queda buscar un ser intermedio entre todas las cosas creadas y Dios, esto es, un Mediador, a quien el apóstol Pablo llama "el primogénito de toda creación" (Col. 1:15).

Viendo, además, aquellas declaraciones tocantes a Su majestad contenidas en la Escritura santa, que lo llaman "la imagen del Dios invisible, y el primogénito de toda criatura", y que "por Él fueron creadas todas las cosas que están en los cielos, y que están en la tierra, visibles e invisibles; sean tronos, sean dominios, sean principados, sean potestades; todo fue creado por Él y para Él. Y Él es antes de todas las cosas, y por Él todas las cosas subsisten" (Col. 1:16, 17). Que es la cabeza de todas las cosas, Él teniendo sólo al Padre por cabeza; ya que está escrito: "Y Dios la cabeza de Cristo" (1ª Co. 11:3).

Viendo claramente también que está escrito: "Nadie conoció al Hijo, sino el Padre; ni al Padre conoció alguno, sino el Hijo" (Mt. 11:27). ¿Porque quién puede saber qué es la sabiduría, salvo quien la llamó a ser? ¿O quién puede entender claramente qué es la verdad, sino el Padre de verdad? ¿Quién puede investigar con certeza la naturaleza universal del Verbo, y de Dios mismo, cuya naturaleza

Habiendo considerado su naturaleza divina de la contemplación de sus propias obras más bien que de nuestros propios sentimientos, y habiendo, sin embargo, contemplado su creación visible, queda buscar un ser intermedio entre todas las cosas creadas y Dios, esto es, un Mediador, a quien el apóstol Pablo llama "el primogénito de toda creación".

Después de la consideración de preguntas de tal importancia acerca del ser del Hijo de Dios, nosotros nos perdemos en el asombro más profundo de tal naturaleza, preeminente sobre todas, que se haya desvestido de su condición de majestad y hecho el hombre, y habitado entre los hombres.

procede de Dios, sino sólo Dios, con quien el Verbo era; nosotros deberíamos considerar tan cierto que este Verbo, o Razón (si así debe ser llamado), esta Sabiduría, esta Verdad, a ningún otro es conocida más que sólo al Padre; y de Él está escrito: "ni aun en el mundo pienso que cabrían los libros que se habrían de escribir" (Jn. 21:25), respecto a la gloria y majestad del Hijo de Dios, porque es imposible de poner por escrito todos los detalles que pertenecen a la gloria del Salvador.

Después de la consideración de preguntas de tal importancia acerca del ser del Hijo de Dios, nosotros nos perdemos en el asombro más profundo de tal naturaleza, preeminente sobre todas, que se haya desvestido de su condición de majestad y hecho el hombre, y habitado entre los hombres, como la gracia derramada por sus labios declara, y como su Padre divino dio testimonio, y como confesó por los varios signos, maravillas y milagros que realizó.

Quien antes de aparecer manifestado en cuerpo, envió a los profetas como los precursores y mensajeros de su advenimiento; y después de su ascensión al cielo, hizo a sus santos apóstoles, hombres ignorantes y sin letras, tomados de las filas de los recaudadores y pescadores, pero que fueron llenos del poder de su divinidad, que marchasen por todo el mundo, para que pudieran recoger de cada pueblo y nación una multitud de creyentes devotos de Él.

El asombro de la encarnación de Dios en la fragilidad humana

2. Pero de todos los actos maravillosos y poderosos relacionados con Él, sobrepasa totalmente la admiración humana, y está fuera del poder de la fragilidad mortal, entender o sentir, cómo aquel poder de divina majestad, la misma Palabra del Padre, y la misma sabiduría de Dios, en quien han sido creadas todas las cosas, visibles e invisibles, cómo puede creerse que haya existido dentro de los límites de aquel hombre que apareció en Judea; ¡que la Sabiduría de Dios entrara en la matriz de una mujer y naciera infante, llorando como lloran los niños pequeños! Y que después de todo esto se diga que fue enormemente angustiado en la muerte, diciendo, como Él mismo decla-

ra: "Mi alma está muy triste hasta la muerte" (Mt. 26:38). Y que al final fue conducido a aquella muerte que es considerada la más vergonzosa entre hombres, aunque Él se levantara de nuevo al tercer día.

El misterio de dos naturalezas en un mismo ser

Ya que vemos en Él algunas cosas tan humanas que no parecen diferenciarse en ningún aspecto de la debilidad común de los mortales, y algunas otras tan divinas que sólo pueden pertenecer apropiadamente nada más que a la naturaleza primera e inefable de la Deidad, la estrechez del entendimiento humano no puede encontrar ninguna salida; pero, vencido con el asombro de una admiración poderosa, no sabe dónde retirarse, o qué camino tomar, o hacia dónde girar.

Si se piensa de un Dios, aparece un mortal; si se piensa de un hombre, lo contempla volviendo de la tumba, después del derrocamiento del imperio de la muerte, cargado de expolios. Por lo tanto el espectáculo debe ser contemplado con temor y reverencia, para que se vea que ambas naturalezas existen en un mismo ser; para que nada indigno o impropio pueda percibirse en aquella sustancia divina e inefable, ni aún aquellas cosas que se supone haber sido hechas en apariencia ilusoria e imaginaria.

Pronunciar estas cosas en oídos humanos, y explicarlas con palabras, sobrepasa los poderes de nuestro rango y de nuestro intelecto y palabra. Pienso que sobrepasaba hasta el poder de los santos apóstoles. La explicación de este misterio puede que esté, quizás, más allá del alcance de la creación entera de los poderes celestes.

En cuanto a Él, entonces, declararemos, con las menos palabras posibles, el contenido de nuestro credo más bien que las aserciones que la razón humana acostumbre avanzar; y esto por ningún espíritu de imprudencia, sino como exigido por la naturaleza de nuestro estudio, poniendo ante vosotros lo que puede llamarse nuestras sospechas, antes que afirmaciones claras.[64]

Ambas naturalezas existen en un mismo ser. Pronunciar estas cosas en oídos humanos, y explicarlas con palabras, sobrepasa los poderes de nuestro rango y de nuestro intelecto y palabra. Pienso que sobrepasaba hasta el poder de los santos apóstoles.

---

[64] Como bien ha notado Henri Crouzel, Orígenes escribe una teología de búsqueda en lo intelectual, y de modestia en lo personal. Orígenes siempre deja al lector en libertad de solución, y él mismo se declara

El Unigénito
de Dios
otorgó
invisiblemente
una
participación
de Él
a todas sus
criaturas
racionales,
para que
cada una
obtuviera
una parte
de Él,
exactamente
proporcionada
al afecto
con el
que Él la
consideró.

El alma de Cristo

3. El Unigénito de Dios, por lo tanto, por quien, como el curso anterior de la discusión ha mostrado, todas las cosas han sido hechas, visibles e invisible, según la concepción de la Escritura, y ama lo que ha hecho. Porque ya que Él es la imagen visible del Dios invisible, Él otorgó invisiblemente una participación de Él a todas sus criaturas racionales, para que cada una obtuviera una parte de Él, exactamente proporcionada al afecto con el que Él la consideró. Pero ya que, de acuerdo a la facultad del libre albedrío, la variedad y la diversidad caracterizan a las almas individuales, de manera que una es más afectada que otra en su amor al Autor de su ser, y otra con una consideración menor y más débil, esa alma (*anima*) de quien Jesús dijo: "Nadie me la quita, mas yo la pongo de mí mismo" (Jn. 10:18).[65] inherente desde el principio de la creación, y después inseparable e indisolublemente en Él, como Sabiduría y Verbo de Dios, y Verdad y Luz verdadera; recibiéndole totalmente, y pasando a su luz y esplendor, fue hecha con Él un solo espíritu en un grado preeminente (*principaliter*), según la promesa del apóstol a los que debían imitarle: "el que se junta con el Señor, un espíritu es" (1ª Co. 6:17).

---

dispuesto a abandonar sus interpretaciones si alguien encuentra una mejor. No es necesario enfatizar las numerosas fórmulas de modestia que se encuentran a lo largo de este *Tratado de los principios*. En su *Comentario al Génesis*, dice: "No nos atrevemos a decir que hayamos percibido cara a cara el sentido que Él nos ha transmitido de lo contenido en los libros divinos, pues estoy seguro que ni el mundo entero podría contenerlo de una manera proporcionada a la fuerza y majestad de sus significados. Por eso no nos atrevemos a afirmar lo que decimos como pudieron hacerlo los apóstoles, y damos gracias porque mientras tantos ignoran su ignorancia y afirman con toda conciencia, como les parece, en forma de afirmaciones muy verídicas, todo lo que se les ocurre, sin regla ni orden, y a veces hasta de manera estúpida o mítica, nosotros no ignoramos nuestra ignorancia acerca de esas grandes realidades y de todo lo que nos supera". Véase el final de este capítulo: "Estos pensamientos se nos han ocurrido mientras tratábamos de doctrinas de tal dificultad como la encarnación y la deidad de Cristo. Si hay alguien que, de verdad, llega a descubrir algo mejor y puede establecer sus proposiciones por pruebas más claras de la Sagrada Escritura, dejemos que su opinión pueda ser recibida antes que la mía".

[65] "Ninguna otra alma que ha descendido a un cuerpo humano ha estampado en él una pura e inmaculada apariencia de su forma anterior, salvo la de quien el Salvador dice: "Nadie me quita el alma (*animan*), sino que yo mismo la pongo" (Jerónimo, *Ep. a Avito*).

El alma de Cristo hace como de vínculo de unión entre Dios y la carne, ya que no sería posible que la naturaleza divina se mezclara directamente con la carne; y entonces nace el "Dios-hombre". Como hemos dicho, el alma es como una sustancia intermedia, y no es contra su naturaleza el asumir un cuerpo, y, por otra parte, siendo una sustancia racional, tampoco es contra su naturaleza el recibir a Dios al que ya tendía toda ella como al Verbo, a la Sabiduría y a la Verdad. Y entonces, con toda razón, estando toda ella en el Hijo de Dios, y conteniendo en sí todo el Hijo de Dios, ella misma, juntamente con la carne que había tomado, se llama Hijo de Dios, y Poder de Dios, Cristo y Sabiduría de Dios; y a su vez, el Hijo de Dios "por el que fueron hechas todas las cosas" (Col. 1:16), se llama Jesucristo e Hijo del Hombre.

Entonces, se dice que el Hijo de Dios murió, a saber, con respecto a aquella naturaleza que podía padecer la muerte, y se proclama que el Hijo del Hombre "vendrá en la gloria de Dios Padre juntamente con los santos ángeles" (Mt 16:27). Por esta razón, en toda la Escritura divina se atribuyen a la divina naturaleza cualidades humanas, y la naturaleza humana recibe el honor de las cualidades divinas. Porque lo que está escrito: "Serán dos en una sola carne, y ya no serán dos, sino una única carne" (Gn. 2:24), puede aplicarse a esta unión con más propiedad que a ninguna otra, ya que hay que creer que el Verbo de Dios forma con la carne una unidad más íntima que la que hay entre el marido y la mujer. ¿Y de quién se hace más un espíritu con Dios que esta alma que se ha unido a Dios por amor, para que se diga justamente que es un espíritu con Él?

Un alma pura y sin pecado

4. Que la perfección de su amor y la sinceridad de su afecto merecido, formaron por ello esta unión inseparable con Dios, para que la asunción de esta alma no fuera accidental, o el resultado de una preferencia personal, sino que fue conferida como la recompensa de sus virtudes, escuchemos al profeta que se dirige a ella diciendo: "Amaste la justicia y aborreciste la maldad: Por tanto te ungió Dios, el Dios tuyo, con óleo de gozo sobre tus compañeros" (Sal. 45:7). Como una recompensa por su amor, entonces, es ungido con el óleo de alegría; esto es, el alma

El alma de Cristo hace como de vínculo de unión entre Dios y la carne, ya que no sería posible que la naturaleza divina se mezclara directamente con la carne; y entonces nace el "Dios-hombre". Siendo una sustancia racional, tampoco es contra su naturaleza el recibir a Dios al que ya tendía toda ella como al Verbo, a la Sabiduría y a la Verdad.

No se puede dudar de que el alma de Jesús era de naturaleza semejante a la de las demás almas; de otra manera no podría ser llamada alma si no lo fuera realmente. Pero mientras que todas las almas tienen la facultad de poder escoger el bien o el mal, el alma de Cristo había optado por el amor de la justicia.

de Cristo juntamente con el Verbo de Dios es hecha Cristo. Porque ser ungido con el óleo de gozo no significa nada más que estar lleno del Espíritu Santo. Y cuando se dice: "sobre tus compañeros", significa que la gracia del Espíritu no le fue dada como a los profetas, sino que la plenitud esencial de la Palabra de Dios mismo estaba en ella, según el dicho del apóstol: "En Él habita toda la plenitud de la divinidad corporalmente" (Col. 2:9).

Finalmente, en base a esto, no sólo se dice: "Amaste la justicia", sino que agrega: "Aborreciste la maldad". Para haber aborrecido la maldad dice la Escritura de Él, que: "Nunca hizo Él maldad, ni hubo engaño en su boca" (Is. 53:9). Y: "Tentado en todo según nuestra semejanza, pero sin pecado" (He. 4:15). Hasta el mismo Señor dijo: "¿Quién de vosotros me redarguye de pecado?" (Jn. 8:46). Y otra vez con referencia a su persona: "Viene el príncipe de este mundo; mas no tiene nada en mí" (Jn. 14:30).

Todos estos pasajes muestran que en Él no hubo ningún sentido de pecado; y para que el profeta pudiera mostrar más claramente que ningún sentido de pecado entró alguna vez en Él, dice: "Porque antes que el niño sepa decir, padre mío, y madre mía, sabrá desechar lo malo y escoger lo bueno" (Is. 8:4; 7:16).

Cristo no pudo pecar

5. Ahora, si haber mostrado que Cristo poseyó un alma racional es causa de dificultad a alguien, sabiendo que hemos demostrado con frecuencia en todas partes de nuestras discusiones que la naturaleza de las almas es capaz tanto del bien como del mal, la dificultad será explicada de manera siguiente.

No se puede dudar de que el alma de Jesús era de naturaleza semejante a la de las demás almas; de otra manera no podría ser llamada alma si no lo fuera realmente. Pero mientras que todas las almas tienen la facultad de poder escoger el bien o el mal, el alma de Cristo había optado por el amor de la justicia de manera que, debido a la infinitud de su amor por ella, se adhería a la justicia, destruyendo toda susceptibilidad (*sensum*) de mutación o cambio. De esta forma, lo que era efecto de su libre opción se había hecho en Él una "segunda naturaleza". Hemos de creer, pues, que había en Cristo un alma racional humana, pero hemos de concebirla en tal forma que era para ella imposible cualquier sentimiento o posibilidad de pecado.

La unión del alma humana de Cristo con la divinidad

6. Para explicar mejor esta unión, sería conveniente recurrir a una comparación, aunque en realidad, en una cuestión tan difícil, no hay comparación adecuada. Sin embargo, si podemos hablar sin ofensa, el hierro puede estar frío o caliente, de forma que si una masa de hierro es puesta al fuego es capaz de recibir el ardor de éste en todos sus poros y venas, convirtiéndose el hierro en fuego siempre que no se saque de él. ¿Podremos decir que aquella masa, que por naturaleza era hierro, mientras esté en el fuego que arde sin cesar, es algo que puede ser frío? Más bien diremos, porque es compatible con la verdad, según vemos cómo acontece en los hornos, que el hierro se ha convertido totalmente en fuego, ya que no podemos observar en él nada más que fuego. Y si alguien intenta tocarlo o manejarlo, experimentará no la acción del hierro, sino la del fuego. De igual modo esa alma (de Jesús) que está incesantemente en el Logos, en la Sabiduría y en Dios (*semper in verbo, semper in sapientia, semper in Deo*) de la misma manera que el hierro está en el fuego, es Dios en todo lo que hace, siente o conoce, y por tanto no puede llamarse convertible, ni mutable, puesto que, siendo sin cesar calentado, posee la inmutabilidad de su unión con el Logos de Dios.

A todos los santos, finalmente, pasó algún calor del Verbo de Dios, como debe suponerse; y en esta alma descansó el fuego divino, como se debe creer, del cual algún calor pudiera pasar a otros. Finalmente, la expresión: "Por tanto te ungió Dios, el Dios tuyo, con óleo de gozo sobre tus compañeros" (Sal. 45:7), muestra que esa alma fue ungida de un modo con óleo de gozo, esto es, con la palabra de Dios y la sabiduría; y de otro sus compañeros, esto es, los santos profetas y apóstoles. Ya que ellos, como se dice, "se recrean en el olor de sus ungüentos".[66] Y esa

Esa alma (de Jesús) que está incesantemente en el Logos, en la Sabiduría y en Dios de la misma manera que el hierro está en el fuego, es Dios en todo lo que hace, siente o conoce, y por tanto no puede llamarse convertible, ni mutable, puesto que, siendo sin cesar calentado, posee la inmutabilidad de su unión con el Logos de Dios.

---

[66] *Illi enim in odore unguentorum ejus circumire dicuntur*; una alusión, quizás, al Cantar de los Cantares 1:3, o al Salmo 45:8: Mirra, áloe, y casia exhalan todos tus vestidos: "En estancias de marfil te han recreado".

La sombra de nuestro cuerpo es inseparable del cuerpo, y de forma inevitable realiza y repite sus movimientos y gestos, pienso que el profeta, deseando indicar la obra del alma de Cristo, y los movimientos que de manera inseparable le pertenecen, llamó a esta la sombra de Cristo.

alma fue el vaso que contuvo el mismo ungüento de cuya fragancia todos los profetas y apóstoles dignos han sido hechos participantes.

Como la sustancia de un ungüento es una cosa y su olor otra, así también, Cristo es una cosa y sus compañeros otra. Y como el vaso mismo, que contiene la sustancia del ungüento, en ningún caso puede admitir ningún olor repugnante; es posible que los que disfrutan de su olor, si se apartan un poco de su fragancia, puedan recibir cualquier olor apestoso que venga sobre ellos. Así, de la misma manera, era imposible que Cristo, siendo como era el vaso mismo, en el que estaba la sustancia del ungüento, recibiera un olor de clase opuesta, mientras ellos, sus compañeros, serían participantes y receptores de su olor en proporción a su proximidad al vaso.

Profecías sobre Cristo y su "sombra"

7. Pienso, de verdad, que también el profeta Jeremías, entendiendo cuál era la naturaleza de la sabiduría de Dios en Él, que era la mismo también que Él había asumido para la salvación del mundo, dijo: "El resuello de nuestras narices, el ungido de Jehová, de quien habíamos dicho: A su sombra tendremos vida entre las gentes" (Lm. 4:20). Y puesto que la sombra de nuestro cuerpo es inseparable del cuerpo, e inevitablemente realiza y repite sus movimientos y gestos, pienso que el profeta, deseando indicar la obra del alma de Cristo, y los movimientos que inseparablemente le pertenecen, y que logró todo según sus movimientos y voluntad, llamó a esta la sombra de Cristo el Señor, bajo el cual debíamos vivir entre las naciones. Porque en el misterio de esta asunción, las naciones viven, que, imitándolo por la fe, viene a la salvación. También David me parece indicar lo mismo cuando dice: "Señor, acuérdate del oprobio de tus siervos; oprobio que llevo yo en mi seno de muchos pueblos. Porque tus enemigos han deshonrado los pasos de tu ungido" (Sal. 89:50, 51).

Y ¿qué otra cosa quiere decir Pablo cuando dice: "Vuestra vida está escondida con Cristo en Dios" (Col. 3:3). Y de nuevo en otro lugar: "Buscáis una prueba de Cristo que habla en mí" (2ª Co. 13:3). Y ahora dice que Cristo estaba escondido en Dios. El significado de esta expresión excede, quizás, la aprehensión de la mente humana, a menos que se demuestre que es algo similar a lo que hemos indicado más arriba con las palabras del profeta "la sombra de Cristo".

Pero vemos también que hay muchas otras declaraciones en la Escritura respecto al significado de la palabra "sombra", como la bien conocida del Evangelio según Lucas, donde Gabriel dice a María: "El Espíritu Santo vendrá sobre ti, y la virtud del Altísimo te hará sombra" (Lc. 1:35). Y el apóstol dice con referencia a la ley, que quienes tienen la circuncisión en la carne, "sirven de bosquejo y sombra de las cosas celestiales" (He. 8:5). Y en otro sitio: "Nuestros días sobre la tierra como sombra" (Job 8:9).

Si, entonces, no sólo la ley que está en la tierra es una sombra, sino también toda nuestra vida en la tierra es lo mismo, y vivimos entre las naciones bajo la sombra de Cristo, debemos ver si la verdad de todas estas *sombras* no puede llegar a conocerse mediante aquella revelación, cuando ya no veremos más por un cristal, y misteriosamente, sino cara a cara, todos los santos merecerán contemplar la gloria de Dios y las causas y la verdad de las cosas. Y la promesa de esta verdad ya está siendo recibida por el Espíritu Santo. El apóstol dijo: "De manera que nosotros de aquí adelante a nadie conocemos según la carne: y aun si a Cristo conocimos según la carne; empero ahora ya no le conocemos" (2ª Co. 5:16).

Estos pensamientos se nos han ocurrido mientras tratábamos de doctrinas de tal dificultad como la encarnación y la deidad de Cristo. Si hay alguien que, de verdad, llega descubrir algo mejor y puede establecer sus proposiciones por pruebas más claras de la Sagrada Escritura, dejemos que su opinión sea recibida antes que la mía.

No sólo la ley que está en la tierra es una sombra, sino también toda nuestra vida en la tierra es lo mismo, y vivimos entre las naciones bajo la sombra de Cristo, debemos ver si la verdad de todas estas *sombras* no puede llegar a conocerse mediante aquella revelación, cuando ya no veremos más por un cristal.

7

El Espíritu Santo

La unidad de Espíritu en ambos Testamentos

1. Después de aquellas primeras discusiones que, según las exigencias del caso, sostuvimos en el principio en cuanto al Padre, el Hijo, y el Espíritu Santo, parece lógico que retrocedamos sobre nuestros pasos y mostremos que el mismo Dios creador y fundador del mundo es el Padre de nuestro Señor Jesucristo, esto es, que el Dios de la ley y de los profetas y del Evangelio son uno y el mismo. Y en segundo lugar, debería mostrarse, con respecto a Cristo, en qué manera Él, que es el Logos o Palabra y Sabiduría de Dios, se ha hecho hombre; ahora volvamos con la brevedad posible al tema del Espíritu Santo.

Es el tiempo, pues, de decir unas palabras, con lo mejor de nuestra capacidad, sobre el Espíritu Santo, a quien nuestro Señor y Salvador en el Evangelio según Juan ha llamado el Paráclito. Porque como es el mismo Dios, y el mismo Cristo, así también es el mismo Espíritu Santo que estaba en los profetas y apóstoles, esto es, o en los que creyeron en Dios antes del advenimiento de Cristo, o sea, en los que mediante Cristo han buscado refugio en Dios.

Hemos oído que determinados herejes se han atrevido a decir que hay dos Dioses y dos Cristos, pero nunca hemos sabido que la doctrina de dos Espíritus Santos sea predicada por alguien.[67] Porque, ¿cómo podrían mantener esto desde la Escritura, o qué distinción podrían trazar entre el Espíritu Santo y el Espíritu Santo, si en verdad se puede descubrir una definición o descripción del Espíritu Santo?

Porque aunque concedamos a Marción o a Valentino que es posible trazar distinciones en la cuestión de la deidad, y describir la naturaleza del Dios bueno como

---

[67] Según Pánfilo en su *Apología de Orígenes*, en una nota sobre Tit. 3:10, Orígenes corrige esta opinión con en estas palabras: "Hay algunos que dicen que el Espíritu Santo que estaba en los profetas, era distinto del Espíritu que estaba en los apóstoles de Cristo nuestro Señor".

uno, y del Dios como otro, ¿qué inventará, o qué descubrirá que le permita introducir una distinción en el Espíritu Santo? Considero, entonces, que son incapaces de descubrir nada que pueda indicar ninguna distinción de cualquier clase en absoluto.[68]

El poder del Espíritu alcanza a todos en el Evangelio

2. Somos de la opinión que cada criatura racional, sin ninguna distinción, recibe una parte de Él de la misma manera que de la Sabiduría y del Logos de Dios. Pero observo que la principal venida del Espíritu Santo a los hombres se manifiesta después de la ascensión de Cristo más particularmente que antes de su venida. En efecto, antes el don del Espíritu Santo se concedía a unos pocos profetas; tal vez cuando alguno llegaba a alcanzar méritos especiales entre el pueblo. Pero tras la venida del Salvador está escrito que se cumplió lo que había sido dicho por el profeta Joel, que "en los últimos días derramaré mi Espíritu sobre toda carne y profetizarán" (Jl. 2:28; Hch. 2:17); lo cual efectivamente concuerda con aquello: "Todas las gentes le servirán" (Sal. 72:11). Así pues, por esta donación del Espíritu Santo, como por otras muchísimas señales, se hace patente aquello tan extraordinario, a saber, que lo que es- taba escrito en los profetas o en la ley de Moisés entonces lo comprendían pocos, es decir los mismos profetas, y ape- nas alguno del pueblo podía ir más allá del sentido literal y adquirir una comprensión más profunda, penetrando el sentido espiritual de la ley y los profetas. Pero ahora son innumerables las multitudes de los que creen, y, aunque no puedan siempre de forma ordenada y clara explicar la razón del sentido espiritual, sin embargo casi todos están perfectamente convencidos de que ni la circuncisión ha de entenderse en un sentido corporal, ni el descanso del sábado, ni el derramamiento de sangre de los animales, ni las respuestas que Dios daba a Moisés sobre estas cosas; y no hay duda de que esta comprensión se debe a que el Espíritu Santo con su poder inspira a todos.

La principal venida del Espíritu Santo a los hombres se manifiesta después de la ascensión de Cristo más particularmente que antes de su venida. En efecto, antes el don del Espíritu Santo se concedía a unos pocos profetas.

---

[68] "El Espíritu mismo está en la ley y en el Evangelio; Él está eternamente con el Padre y el Hijo, y como el Padre y el Hijo existe siempre, existió y existirá" (Orígenes, *Com. en Ro.* 6, 7).

Estas
divisiones y
diferencias,
que no son
percibidas
por los que
oyen llamarle
Paráclito en
el Evangelio,
le han
comparado a
algún
espíritu
común;
y de esta
manera han
tratado de
turbar las
iglesias
de Cristo
y de excitar
disensiones
en grado no
pequeño
entre
hermanos.

Errores sobre la naturaleza del Espíritu Santo

3. Y así como hay muchas maneras de aprehender a Cristo, que, aunque es sabiduría, no obra el poder de su sabiduría en todos los hombres, sino sólo en los que se entregan al estudio de sabiduría en Él; quien, aunque llamado médico, no opera en todos, sino sólo en los que entienden su condición débil y enferma, y acuden a su compasión para poder obtener la salud; así, también, pienso que ocurre con el Espíritu Santo, en quien se contienen toda clase de dones, porque a unos se concede por el Espíritu palabra de sabiduría, y a otros la palabra de conocimiento, y a otros fe; y así a cada individuo que es capaz de recibirle, es el Espíritu mismo hecho esa cualidad, o se entiende que es lo necesario para el individuo que ha merecido participar.[69]

Estas divisiones y diferencias, que no son percibidas por los que oyen llamarle Paráclito en el Evangelio, y no consideran debidamente la consecuencia del trabajo o actos por los que Él es llamado Paráclito, le han comparado a algún espíritu común; y de esta manera han tratado de turbar las iglesias de Cristo y de excitar disensiones en grado no pequeño entre hermanos; mientras que el Evangelio lo presenta con tal poder y majestad, que se dice que los apóstoles no podían recibir aquellas cosas que el Salvador deseaba enseñarles hasta el advenimiento del Espíritu Santo, quien, derramándose en sus almas, podría ilustrarlos en cuanto a la naturaleza y la fe de la Trinidad.

Pero estas personas, debido a la ignorancia de su entendimiento, no sólo son incapaces de exponer lógicamente la verdad, sino que hasta no pueden prestar atención a lo que nosotros ya hemos avanzado. Mantienen ideas indignas de su divinidad, habiéndose entregado a errores y engaños, siendo depravados por un espíritu de error, que instruidos por la enseñanza del Espíritu Santo, según

---

[69] Original latín: *Ita per singulos, qui eum capere possunt, hoc efficitur, vel hoc intelligitur ipse Spiritus, quo indiget ille, qui eum participare meruerit.* Schnitzer lo traduce así: "Y así, cada uno que es susceptible de ellos, el Espíritu es exactamente aquel que el receptor principalmente necesita".

la declaración del apóstol: "El Espíritu dice manifiesta-mente, que en los venideros tiempos alguno apostatarán de la fe escuchando a espíritus de error y a doctrinas de demonios; que con hipocresía hablarán mentira, teniendo cauterizada la conciencia" (1ª Ti. 4:1, 2).

Espíritu de consolación

4. Por lo tanto también debemos saber que el Paráclito es el Espíritu Santo, que enseña las verdades que no pue-den ser pronunciadas con palabras humanas, que son, por así decirlo, impronunciables, "palabras secretas que el hombre no puede decir" (2ª Co. 12:4), esto es, que no pue-de decirse con el lenguaje de la lengua humana. La frase "no es posible" es usada por el apóstol, según pensamos, como también en el pasaje donde dice: "Todo me es lícito, mas no todo conviene; todo me es lícito, mas no todo edifica" (1ª Co. 10:23). Porque aquellas cosas que están en nuestro poder, porque podemos tenerlas, él dice que son lícitas para nosotros. Pero el Paráclito, que es llamado Espíritu Santo, es así llamado por su obra de consolación, griego *para clesis*, en latín *consolatio*. Porque si alguien ha merecido participar en Espíritu Santo por el conocimiento de sus misterios inefables, indudablemente obtiene gozo y alegría de corazón. Porque ya que adquiere el conoci-miento de todas las cosas que ocurren –cómo y por qué ocurren–, su alma no puede en ningún sentido estar pre-ocupada, o admitir sentimientos de dolor; tampoco es alar-mado por nada, ya que al unirse al Verbo de Dios y su sabiduría, le llama Señor por el Espíritu Santo.

Y ya que hemos hecho mención del Paráclito, y hemos explicado, en la medida que fuimos capaces, qué senti-mientos deberían mantenerse respecto a Él; y ya que nuestro Salvador también es llamado Paráclito en la Epís-tola de Juan, cuando él dice: "Si alguno hubiere pecado, abogado (*paráclito*) tenemos para con el Padre, a Jesucristo el justo; y Él es la propiciación por nuestros pecados" (1ª Jn. 2:1, 2), consideremos si el término Paráclito tiene un significado cuando se aplica al Salvador y otro cuando se aplica al Espíritu Santo. Ahora, Paráclito, cuando se habla del Salvador, parece significar "intercesor" (abogado), porque en griego, *Paracleto* tiene ambos significados: inter-cesor y consolador. En base a esto, la frase que sigue: "y

El Paráclito, que es llamado Espíritu Santo, es así llamado por su obra de consolación, griego *para clesis*, en latín *consolatio*. Porque si alguien ha merecido participar en Espíritu Santo por el conocimiento de sus misterios inefables, indudablemente obtiene gozo y alegría de corazón.

El nombre Paráclito parece que debe entenderse, en el caso de nuestro Salvador, con el significado de intercesor. En el caso del Espíritu Santo, Paráclito debe entenderse en el sentido de consolador.

Él es la propiciación por nuestros pecados", el nombre Paráclito parece que debe entenderse, en el caso de nuestro Salvador, con el significado de intercesor; ya que Él, como se dice, intercede ante el Padre debido a nuestros pecados. En el caso del Espíritu Santo, Paráclito debe entenderse en el sentido de consolador, ya que otorga consuelo a las almas a las que abiertamente revela la comprensión del conocimiento espiritual.

8

El alma

Alma sensible y móvil

1. El orden de nuestro estudio requiere ahora, después de la discusión de los temas precedentes, instituir una pregunta general en cuanto al alma (*anima*), comenzando con los puntos de importancia inferior, para ascender a los que son más grandes.

Que hay almas (*animae*) en todos los seres vivos, hasta en los que viven en las aguas, supongo que no es dudado por nadie.[70] Esta es la opinión general que todos los hombres mantienen; a la que se añade la confirmación de la autoridad de la Santa Escritura, cuando se dice que "Dios creó las grandes ballenas, y toda cosa viva (*animam animantium*) que anda arrastrando, que las aguas produjeron según su género, y toda ave alada según su especie" (Gn. 1:21). Esto se confirma también por la inteligencia común de la razón, por los que han dejado una definición en palabras del alma.

El alma es definida así: una sustancia *fantastikh* y *ormhtikh*, que puede traducirse en latín, aunque no de forma muy apropiada: *sensibilis et mobilis*.[71] Esto se puede decir con propiedad de todas las criaturas vivas, hasta de las que viven en las aguas; y también de las criaturas aladas. Esta definición del *anima* puede considerarse correcta.

Que hay almas en todos los seres vivos, hasta en los que viven en las aguas, supongo que no es dudado por nadie. El alma es definida así: una sustancia fantastikh y ormhtikh, que puede traducirse en latín, aunque no de forma muy apropiada: sensibilis et mobilis.

---

[70] Ciertamente la noción de alma es uno de los conceptos más antiguos y universales de la cultura. Para Platón, en el *Fedón*, el alma es una realidad esencialmente inmortal y separable del cuerpo, que aspira a regresar a su origen divino. Para Aristóteles, cuya doctrina del alma es más compleja, esta es el principio de la vida animal, en cuanto vida que se mueve a sí misma espontáneamente. El cuerpo es la materia y el alma es en cierta forma, una sustancia esencial del cuerpo, causa o fuente del cuerpo viviente. Los epicúreos, y en parte los estoicos, consideraron que el alma es una realidad de alguna manera "material", si bien de una materia más "fina" y "sutil" que todas las otras, idea compartida por Tertuliano. Agustín rechazó enérgicamente toda concepción del alma como entidad material y subrayó el carácter "pensante" del alma. Para él el alma es la intimidad.

[71] Erasmo señala que *fantastikh* puede traducirse por *imaginativa*, que es el entendimiento; *ormhtikh*, por *impulsiva*, que se refiere a la afectividad.

En lo que
concierne al
hombre,
aunque nadie
albergue
ninguna
duda,
ni necesite
informarse,
la Santa
Escritura
declara
que Dios
"alentó en
su nariz
soplo de
vida;
y fue
el hombre
un alma
viviente".
Resta que
preguntemos
sobre si el
orden
angélico
también
tiene alma,
o son almas.

El alma y la sangre de todos los seres vivientes

La Escritura también ha dado su autoridad a una segunda proposición, cuando dice: "No comerás la sangre, porque el alma de toda carne, su vida (*animam*), está en su sangre, y no comerás su vida con la carne" (Lv. 17:14). Aquí se enseña claramente que la sangre de todo animal es su vida. Y si ahora alguien preguntara cómo se puede decir esto respecto a las abejas, avispas y hormigas, y esas otras cosas que están en las aguas, ostras y berberechos, y todo lo demás que son sin la sangre, y se ve claramente que son seres vivos, y que "la vida de toda la carne es su sangre", debemos contestar que en los seres vivos de aquella clase la fuerza que es ejercida en otros animales por el poder de sangre roja es ejercida en ellos por aquel líquido que está dentro de ellos, aunque sea de un color diferente; porque el color es una cosa sin importancia, a condición de que la sustancia esté dotada de vida (*vitalis*).

Que las bestias de carga o el ganado de menor tamaño están dotadas con almas (*animantia*) es una cuestión sobre la que todos están de acuerdo. La opinión de la Santa Escritura, por su parte, es evidente cuando Dios dice: "Produzca la tierra seres vivientes según su género, bestias y serpientes y animales de la tierra según su especie" (Gn. 1:24).

Alma humana, angélica y divina

Y ahora, en lo que concierne al hombre, aunque nadie albergue ninguna duda, ni necesite informarse, la Santa Escritura declara que Dios "alentó en su nariz soplo de vida; y fue el hombre un alma viviente" (Gn. 2:7). Resta que preguntemos sobre si el orden angélico también tiene alma, o son almas; y también respecto de otros poderes divinos y celestes, así como los de la clase opuesta.

En ninguna parte de la Escritura encontramos autoridad para afirmar que los ángeles, o cualquier otro espíritu divino que son ministros de Dios, poseen almas o se les llame almas, y sin embargo son sentidos por muchas personas como seres dotados de vida.

Pero, respecto a Dios, encontramos que está escrito: "Yo pondré mi *alma* contra la persona que comiere sangre, y le cortaré de entre su pueblo" (Lv. 17:10).[72] Y también en otro lugar: "Luna nueva y sábado, el convocar asambleas, no las puedo sufrir; son iniquidad vuestras solemnidades. Vuestras lunas nuevas y vuestras solemnidades las tiene aborrecidas mi alma" (Is. 1:13, 14).

Y en el Salmos 22, en cuanto a Cristo –porque es seguro, como el Evangelio atestigua, que este Salmo se refiere a Él– aparecen las palabras siguiente: "Mas tú, Señor, no te alejes; fortaleza mía, apresúrate para mi ayuda. Libra de la espada mi alma" (Sal. 22:19, 20), aunque también hay muchos otros testimonios respecto al alma de Cristo cuando moró en la carne.

El alma es una sustancia racional

2. Pero la naturaleza de la encarnación hace innecesaria cualquier inquisición sobre el alma de Cristo. Porque así como realmente poseyó la carne, también poseyó realmente un alma. Es difícil sentir y afirmar cómo debe entenderse lo que es llamado en la Escritura alma de Dios; ya que reconocemos que su naturaleza es simple, y sin ninguna mezcla o adición. De cualquier modo, sin embargo, debe entenderse lo que es llamado alma de Dios; mientras que en cuanto a Cristo no hay duda.

Por lo tanto no me parece absurdo entender o afirmar algo parecido respecto a los ángeles santos y otros poderes divinos, ya que la definición de alma les es aplicable a ellos también. ¿Porque quién puede negar racionalmente que ellos son "sensibles y móviles"? Pero si esta definición es correcta, según la cual se dice que el alma es una sustancia racionalmente "sensible y móvil", la misma definición sería aplicable a los ángeles también. ¿Porque qué hay en ellos además de sentimiento racional y movimiento? Ahora bien, aquellos seres comprendidos bajo la misma definición tienen indudablemente la misma sustancia.

Pablo, en verdad, insinúa que hay una especie de hombre animal (*animalem*) que no puede recibir las cosas del Espíritu de Dios, sino, según declara, la doctrina del Espíritu Santo le parece locura y no puede entender que

La naturaleza de la encarnación hace innecesaria cualquier inquisición sobre el alma de Cristo. Porque así como realmente poseyó la carne, también poseyó realmente un alma.

---

[72] Es evidente que el texto de Orígenes tiene *alma* por *rostro* o persona, como en la Reina-Valera: "Yo pondré mi rostro contra la persona que comiere sangre, y le cortaré de entre su pueblo".

debe discernirse espiritualmente (1ª Co. 2:14). En otro lugar dice que se siembra cuerpo de animal, y resucitará cuerpo espiritual (1ª Co. 15:44), indicando que en la resurrección de los justos no habrá nada de la naturaleza de animal.

Por lo tanto, nos preguntamos si ocurre que hay alguna sustancia que, respecto a su ser animal, es imperfecta. Porque si es imperfecta porque cae de la perfección, o porque no fue creada así por Dios, formará el tema de nuestra averiguación, cuando cada punto individual sea discutido en orden. Ya que si el hombre animal no recibe las cosas del Espíritu de Dios, y porque es animal, es incapaz de admitir un mejor entendimiento, a saber, de una naturaleza divina, es por esta razón, quizás, que Pablo, deseando enseñarnos con más claridad lo que es para que seamos capaces de comprender las cosas del Espíritu, a saber, las cosas espirituales, une y asocia con el Espíritu Santo el entendimiento (*mens*), más bien que el alma (*anima*). Pienso que esto es lo que indica cuando dice: "Oraré con el espíritu, mas oraré también con entendimiento; cantaré con el espíritu, mas cantaré también con entendimiento" (1ª Co. 14:15). Y él no dice que "oraré con el alma", sino con el espíritu y el entendimiento. Tampoco él dice, "cantaré con el alma", sino con el espíritu y el entendimiento.

¿Dejará el alma de ser?

3. Pero, quizás, se pueda hacer esta pregunta. Si el entendimiento con el cual se ora y se canta en el espíritu, es el mismo por el que recibe perfección y salvación, ¿cómo es que Pedro dice: "Obteniendo el fin de vuestra fe, que es la salvación de vuestras almas" (1ª P. 1:9? ¿Si el alma ni ora, ni canta con el espíritu, cómo puede esperar la salvación? O, cuando alcance la felicidad eterna, ¿ya no será más un alma?

Veamos si quizás se pueda dar una respuesta de este modo: Como el Salvador vino para salvar lo que se había perdido, lo que antes se decía perdido ya no está perdido cuando se salva; así también, quizás, esto que es salvado es llamado alma, y cuando es colocada en un estado de salvación recibirá un nombre por el Verbo que denote su condición más perfecta. Pero parece a algunos que también se puede añadir que así como la cosa que estaba perdida indudablemente existió antes de haberse perdido, en cuyo tiempo fue algo más que destrucción, así también será el caso cuando ya no esté más en una condición arruinada. De manera parecida también, el alma que se dice que ha perecido parece que ha sido algo en un tiempo, cuando aún no había perecido, y por esta razón llamarse alma y estar libre de nueva destrucción, puede convertirse por segunda vez en lo que era antes de perecer y ser llamada alma.[73]

La condición caliente y fría del alma

Pero, por el mismo significado del nombre alma, cuya palabra griega conlleva, ha parecido a unos investigadores curiosos que se puede sugerir un significado de no pequeña importancia. Porque en el lenguaje sagrado, Dios es llamado fuego, como cuando la Escritura dice: "Nuestro Dios es un fuego consumidor" (Dt. 4:24). Respecto a la sustancia de los ángeles también se habla así: "El que hace a sus ángeles espíritus, sus ministros al fuego flameante" (Sal. 104:4; He.1:7). Y en otro lugar: "Y se le apareció el Ángel del Señor en una llama de fuego en medio de una zarza" (Éx. 3:2). Además hemos, recibido el mandamiento de ser "ardientes en espíritu" (Ro. 12:11), por cuya expresión indudablemente el Verbo de Dios se muestra consumidor y ardientes. El profeta Jeremías también escuchó de Él estas palabras: "He aquí he puesto mis palabras en tu boca *como fuego*" (Jr. 1:9).[74]

Así como Dios es fuego, los ángeles una llama de fuego, y todos los santos son ardientes en espíritu, los que

---

[73] "Aunque hay que tener una precaución infinita, digamos que después de que las almas reciben la salvación y entran en la vida bienaventurada, dejan de ser almas. Porque nuestro Señor y Salvador vino a buscar y salvar lo que se había perdido, para que dejara de estar perdido, así, el alma que estaba perdida, y por cuya salvación vino el Señor, dejará de ser alma cuando sea salva. De la misma manera, este punto debe examinarse, si lo que estaba perdido es porque hubo un tiempo en que no estuvo perdido, puede venir el tiempo cuando ya jamás estará perdido. Así también, en un tiempo el alma pudo no haber sido alma, y en otro tiempo puede que deje de ser alma en modo alguno" (Jerónimo, *Ep. a Avito*).

[74] Las palabras "como fuego" no aparecen en el hebreo ni en el griego de la LXX, quizá Orígenes une aquí el texto de Isaías.

Si las cosas santas son llamadas fuego, mientras que las de naturaleza opuesta son, como se dice, frías, tenemos que inquirir si quizás el nombre *alma,* **que en griego es llamada** *yukh,* **es así llamada por el creciente frío nacido de una condición mejor y más divina, y ser de ahí derivada, porque parece haberse enfriado de su natural y divino calor.**

han abandonado el amor de Dios son, por el contrario, fríos en su afecto por Él, tal como está escrito. Porque el Señor dice: "Y por haberse multiplicado la maldad, la caridad de muchos se enfriará" (Mt. 24:12). Todas las cosas, cualesquiera que sean, que en la Escritura santa son comparadas con los poderes hostiles, el diablo, por ejemplo, se dice que permanentemente está encontrando frío; ¿y qué se puede encontrar más frío que él? También se dice que en el mar reina el dragón. El profeta insinúa la serpiente y el dragón, que seguramente se refiere a uno de los malos espíritus, que está también en el mar.[75] Y en otro sitio el profeta dice: "Visitará con su espada dura, grande y fuerte, sobre leviatán, serpiente rolliza, y sobre leviatán serpiente retuerta; y matará al dragón que está en la mar" (Is. 27:1). Y otra vez dice: "Y si se escondieren en la cumbre del Carmelo, allí los buscaré y los tomaré; y aunque se escondieren de delante de mis ojos en lo profundo de la mar, allí mandaré a la culebra, y los morderá" (Am. 9:3). En el libro de Job también se dice que la serpiente es al rey de todas las cosas en las aguas (Job. 41:34, LXX). El profeta amenaza que los males serán encendidos por el viento norte sobre todos los que habitan la tierra (Jer. 1:14). Ahora bien, el viento del norte está descrito en la santa Escritura como frío, según la declaración en el libro de Sabiduría: "Aquel frío viento del norte" (Sab. 43:20), lo que se debe entender, indudablemente, del diablo.

Entonces, si las cosas santas son llamadas fuego, y luz, y ardor, mientras que las de naturaleza opuesta, son, como se dice, frías; y si el amor de muchos se enfriará; tenemos que inquirir si quizás el nombre *alma,* que en griego es llamada *yukh,* es así llamada por el creciente frío nacido de una condición mejor y más divina, y ser de ahí derivada, porque parece haberse enfriado de su natural y divino calor, y por lo tanto ha sido colocada en su posición presente, y llamada por su nombre presente.

Finalmente, considera si puedes encontrar un lugar en la Escritura santa donde el alma sea propiamente

---

[75] Cf. Ezequiel 32:2ss: "Hijo del hombre, levanta endechas sobre Faraón rey de Egipto, y dile: A leoncillo de gentes eres semejante, y eres como la ballena en los mares: que secabas tus ríos, y enturbiabas las aguas con tus pies, y hollabas sus riberas".

mencionada en término de alabanza; con frecuencia suele ocurrir lo contrario, acompañada con expresiones de censura, como en este pasaje: "Un alma mala arruina a quien la posee" (Sab. 6:4). Y, "el alma que pecare, esa morirá" (Ez. 18:4). Porque después de decirse: "He aquí que todas las almas son mías; como el alma del padre, así el alma del hijo es mía" (Ez. 18:4), es lógico que dijera: "El alma que siga la justicia se salvará, y el alma que pecare se perderá".

Pero ya que hemos visto que Dios ha asociado al alma lo que es censurable, y ha guardado silencio en cuanto a lo que merecía alabanza, tenemos que ver si, por casualidad, es declarada por el nombre mismo llamado *yukh*, esto es, *anima*, porque se ha enfriado del ardor de las cosas justas, y de la participación del fuego divino, y aun así no ha perdido el poder de restaurarse a esa condición de fervor en la que estaba al principio. De ahí que el profeta también parece indicar tal estado de cosas con las palabras: "Vuelve, oh alma mía, a tu reposo; porque el Señor te ha hecho bien" (Sal. 116:7).[76]

De todo esto parece destacarse que el entendimiento, habiendo caído de su estado y dignidad, ha sido hecho o llamado alma; y esto, si se repara y corrige, vuelve a la condición de entendimiento.[77]

---

[76] En la *Epístola de Justiniano al Patriarca de Constantinopla* se conserva esta versión: "Al apartarse de la vida espiritual y enfriarse, el alma se ha convertido en lo que ahora es, pero también es capaz de regresar a lo que fue en el principio, lo que creo que se indica en las palabras del profeta: 'Vuelve, oh alma mía, a tu reposo; porque el Señor te ha hecho bien' (Sal. 116:7)".

[77] "El entendimiento (*Noûs*) entonces, de alguna manera, se ha hecho alma y el alma, al ser restaurada, se hace entendimiento. El entendimiento al apartarse se hizo alma, y el alma, a su vez, provista de las virtudes, se hace entendimiento. Porque si examinamos el caso de Esaú, encontramos que fue condenado por causa de sus antiguos pecados en el curso de una vida peor. Y respecto a los cuerpos celestes tenemos que considerar que no fue en el tiempo cuando el mundo fue creado que el alma del sol, o comoquiera que se llame, comenzó a existir, sino antes de entrar en ese cuerpo luminoso y ardiente. Proposiciones similares tenemos que mantener sobre la luna y las estrellas, que por razones antedichas, fueron compelidas, involuntariamente, a someterse a sí mismas a la vanidad a cuenta de las recompensas en el futuro, y hacer no su voluntad, sino la voluntad de su Creador, por quien se les asignó oficios diferentes" (Jerónimo, *Ep. a Avito*).

Nuestra declaración de que el entendimiento se convierte en alma, o en algo que parezca tener tal significado, tiene que considerarla el lector con cuidado y solucionarla por sí mismo, ya que estas concepciones no son propuestas de un modo dogmático, sino simplemente como opiniones, tratadas al estilo de una investigación y discusión.

La conversión del entendimiento en alma

4. Ahora, si este es el caso, me parece que esta descomposición y caída del entendimiento no es la misma en todos, sino que esta conversión en alma es llevada a un grado mayor o menor en casos diferentes, y que ciertos entendimientos hasta conservan algo de su vigor anterior, y otros, por el contrario, nada o muy poco. De aquí que se encuentre que algunos desde el mismo comienzo de sus vidas sean de un intelecto más activo, mientras que otros tienen un hábito mental más lento, y otros nacen totalmente obtusos, y totalmente incapaces de instrucción.

Nuestra declaración, sin embargo, de que el entendimiento se convierte en alma, o en algo que parezca tener tal significado, tiene que considerarla el lector con cuidado y solucionarla por sí mismo, ya que estas concepciones no son propuestas de un modo dogmático, sino simplemente como opiniones, tratadas al estilo de una investigación y discusión. Que el lector también tome esto en consideración, de que lo que se observa respecto al alma del Salvador, que aquellas cosas que están escritas en el Evangelio, algunas le son atribuidas bajo el nombre de alma, y otras bajo el de espíritu. Ya que cuando se desea indicar cualquier sufrimiento o perturbación que le afecta, se indica bajo el nombre de alma; como cuando dice: "Ahora está turbada mi alma" (Jn. 12:27). Y: "Mi alma está muy triste hasta la muerte" (Mt. 26:38). Y: "Nadie me quita mi alma (*animam*), mas yo la pongo de mí mismo" (Jn. 10:18). En las manos de su Padre encomienda no su alma, sino su espíritu; y cuando dice que la carne es débil (Mt. 26:41), no dice que el alma está dispuesta, sino el espíritu; de donde parece que el alma es algo intermedio entre la carne débil y el espíritu dispuesto.

Cristo, ¿el alma de Dios?

5. ¿Pero quizás alguno pueda salirnos al paso con una de aquellas objeciones que nosotros mismos hemos denunciado en nuestras declaraciones, y decirnos: ¿Cómo es que se dice que hay también un alma de Dios? A lo que contestamos así: Todo lo que se dice corporalmente respecto a Dios, como dedos, manos, brazos, ojos, o pies, o boca,

decimos que no deben entenderse como miembros humanos, sino que ciertos poderes divinos son indicados con
estos nombres de los miembros del cuerpo; así también
debemos suponer que es algo más que lo que se señala por
el nombre "alma de Dios". Y si nos es permitido aventurar
o decir algo más sobre este tema, el alma de Dios quizás
puede entenderse que significa el Hijo unigénito de Dios.
Porque como el alma, cuando se implanta en el cuerpo,
mueve todas las cosas en él y ejerce su fuerza sobre todo
lo que opera, así también, el Hijo unigénito de Dios, quien
es su Palabra y Sabiduría, abarca y se extiende a todo poder de Dios, al ser implantado en Él, y quizás para indicar
así este misterio Dios es llamado o descrito en la Escritura
como un cuerpo.

En verdad, debemos tener en cuenta si no es quizás
por esto que el alma de Dios puede entenderse como señalando a su Hijo unigénito, porque Él mismo vino a este
mundo de aflicción, y descendió a este valle de lágrimas,
y a este lugar de nuestra humillación; como Él dice en el
Salmo, "cuando nos quebrantaste en lugar de chacales, y
nos cubriste con sombra de muerte" (Sal. 44:19).

Finalmente, soy consciente de que ciertos críticos, al
explicar las palabras usadas por el Salvador en el Evangelio: "Mi alma está muy triste, hasta la muerte", las han
interpretado de los apóstoles, a quienes Él llamó su alma,
por ser mejores que el resto de su cuerpo. Porque así como
la multitud de creyentes es llamada su cuerpo, ellos dicen
que los apóstoles, al ser mejores que el resto del cuerpo,
deberían ser entendidos como su alma.

Hemos presentado lo mejor que pudimos estos puntos respecto al alma racional, como temas de discusión
para nuestros lectores, antes que como proposiciones dogmáticas y proposiciones bien definidas. En lo que concierne a las almas de los animales y de otras criaturas mudas,
sea suficiente lo que hemos declarado arriba en términos
generales.

El alma de Dios quizás puede entenderse que significa el Hijo unigénito de Dios. Porque como el alma, cuando se implanta en el cuerpo, mueve todas las cosas en él y ejerce su fuerza sobre todo lo que opera, así también, el Hijo unigénito de Dios, quien es su Palabra y Sabiduría, abarca y se extiende a todo poder de Dios.

9

El mundo y los movimientos de las criaturas racionales

Contemplemos el comienzo de creación. Debemos suponer que en aquel comienzo Dios creó un gran número de criaturas racionales, tantas como Él previó que serían suficientes. Es cierto que las hizo según algún número definido, predeterminado por Él mismo, pero no debe imaginarse, como algunos han hecho, que las criaturas no tienen límite.

El número de las criaturas creadas

1. Volvamos ahora el orden de nuestra discusión propuesta, y contemplemos el comienzo de creación, hasta donde el entendimiento puede contemplar el principio de la creación de Dios. Debemos suponer que en aquel comienzo Dios creó un gran número de criaturas racionales o intelectuales (o como quiera que se llamen), que nosotros llamamos anteriormente *entendimientos*, tantas como Él previó que serían suficientes. Es cierto que las hizo según algún número definido, predeterminado por Él mismo, pero no debe imaginarse, como algunos han hecho, que las criaturas no tienen límite, porque donde no hay límite tampoco hay comprensión ni limitación. Ahora, si este fuera el caso, ciertamente las cosas creadas no podrían ser refrenadas ni administradas por Dios. Porque, naturalmente, todo lo que es infinito es también incomprehensible. Más aún, la Escritura dice: "Dios ha dispuesto todo con número, peso y medida" (Sab. 11:20). Por lo tanto, un número será correctamente aplicado a las criaturas racionales o entendimientos, tan numeroso como para admitir ser dispuestos, gobernados y controladas por Dios.[78]

Pero la medida se aplica apropiadamente al cuerpo material, y esta medida, según creemos, fue creada por Dios tal como Él sabía que sería suficiente para adornar el mundo. Estas cosas son, pues, las que hemos de creer

---

[78] El original de este pasaje se encuentra en la *Epístola de Justiniano a Menas*, Patriarca de Constantinopla: "En ese comienzo que es conocible por el entendimiento, Dios, por su propia voluntad, causó la existencia de un gran número de seres inteligentes, tantos como eran suficientes, porque debemos decir que el poder de Dios es finito y no, bajo la pretensión de alabarlo, eliminar su limitación. Porque si el poder es infinito, tiene que ser necesariamente incapaz de entenderse a sí mismo, ya que lo que es naturalmente ilimitable es incapaz de ser comprendido. Él, por tanto, hizo cosas tan grandes como es capaz de aprehender y mantener bajo su poder, y controlarlas por su Providencia; así también preparó la materia de tal tamaño (*tosauthn ulhn*) como Él tenía el poder de ornamento".

que fueron creadas por Dios al principio, es decir, antes de todas las cosas. Y creemos que esto se indica incluso en el comienzo de la introducción de Moisés en términos algo ambiguos, cuando dice: "En el principio creó Dios los cielos y la tierra" (Gn. 1:1), porque es seguro que no se habla del firmamento, ni de la tierra seca, sino del cielo y de la tierra de los cuales el presente cielo y tierra que ahora vemos tomaron sus nombres.

La libertad de las criaturas, primera condición

2. Pero ya que las naturalezas racionales, las que hemos dicho arriba, fueron hechas en un principio, fueron creadas cuando no existían previamente, y por el hecho de que no existían y luego pasaron a existir, son necesariamente mudables e inestables, ya que cualquier virtud que haya en su ser no está en él por su propia naturaleza, sino por la bondad del Creador. Su ser no es algo suyo propio, ni eterno, sino don de Dios, ya que no existió desde siempre; y todo lo que es dado puede también ser quitado o perdido. Ahora bien, habrá una causa de que las naturalezas racionales pierdan (los dones que recibieron), si el impulso de las almas no está dirigido con rectitud de la manera adecuada. Porque el creador concedió a las inteligencias que había creado el poder optar libre y voluntariamente, a fin de que el bien que hicieran fuera suyo propio, alcanzado por su propia voluntad. Pero la desidia y el cansancio en el esfuerzo que requiere la custodia del bien, y el olvido y descuido de las cosas mejores, dieron origen a que se apartaran del bien; y el apartarse del bien es lo mismo que entregarse al mal, ya que éste no es más que la carencia de bien. Y es seguro que la carencia de bien es maldad.

Por eso ocurre que, en proporción a su caída del bien se envuelven en el mal. Con ello, cada una de las inteligencias, según descuidaba más o menos el bien siguiendo sus impulsos, era más o menos arrastrada a su contrario, que es el mal. Aquí parece que es donde hay que buscar las causas de la variedad y multiplicidad de los seres; el creador de todas las cosas aceptó crear un mundo diverso y múltiple, de acuerdo con la diversidad de condición de las criaturas racionales, cuya diversidad tiene que

El creador concedió a las inteligencias que había creado el poder optar libre y voluntariamente, a fin de que el bien que hicieran fuera suyo propio, alcanzado por su propia voluntad. Pero la desidia y el cansancio en el esfuerzo que requiere la custodia del bien, y el olvido y descuido de las cosas mejores, dieron origen a que se apartaran del bien.

Llamamos mundo a todo lo que está encima del cielo, o en el cielo, o sobre la tierra, o en aquellos sitios que llaman las regiones inferiores, o cualquier lugar que exista, juntamente con sus habitantes. Este todo es llamado mundo. En este mundo ciertos seres son supercelestes. Ciertos seres son terrenales, y entre ellos, es decir, entre los hombres, no hay pequeñas diferencias.

suponerse concebida por la causa arriba mencionada. Y lo que entendemos por diversidad y variedad es lo que ahora deseamos explicar.

La diversidad de las criaturas

3. Llamamos mundo a todo lo que está encima del cielo, o en el cielo, o sobre la tierra, o en aquellos sitios que llaman las regiones inferiores, o cualquier lugar que exista, juntamente con sus habitantes. Este todo es llamado mundo. En este mundo ciertos seres son supercelestes, esto es, colocados en moradas más felices y vestidos con cuerpos celestes y resplandecientes; y el apóstol muestra que existen estas muchas distinciones: "Y cuerpos hay celestiales, y cuerpos terrestres; mas ciertamente una es la gloria de los celestiales, y otra la de los terrestres" (1ª Co. 15:41). Ciertos seres son terrenales, y entre ellos, es decir, entre los hombres, no hay pequeñas diferencias; porque muchos de ellos son bárbaros, otros griegos; y de los bárbaros unos son salvajes y feroces, y otros de una disposición más suave. Algunos viven bajo las leyes que han sido escasamente aprobadas; otros, bajo leyes de una clase más común o severa; (*vilioribus et asperioribus*), mientras que otros poseen costumbres de un carácter inhumano y salvaje, más bien que leyes.

Muchos de ellos, desde la hora de su nacimiento, son reducidos a humillación y sometimiento, y criados como esclavos, puestos bajo el dominio, sea de amos, príncipes o tiranos. Otros, a su vez, son criados en una manera más consonante con la libertad y la razón; unos con cuerpos sanos, otros con cuerpos enfermo desde sus primeros años; algunos con visión defectuosa, otros en oído y el habla; algunos nacidos en buena condición, otros, privados del uso de sus sentidos inmediatamente después del nacimiento, o al menos sufriendo de tal desgracia que difícilmente alcanzan la vida adulta. ¿Y por qué debería repetir y enumerar todos los horrores de la miseria humana, de la que unos han sido libres y otros implicados, cuando cada uno puede sopesarlos y considerarlos por sí mismo?

Hay también ciertos poderes invisibles a los que le han sido confiadas para su administración cosas terrenales; y entre ellos hay que asumir que no es pequeña diferencia que les distingue, igual que se encuentra entre hombres. El apóstol Pablo nos da a entender que hay ciertos poderes inferiores, (*inferna*), esto entre ellos, de manera parecida, debe buscarse un indudable fundamento de la diversidad.

En cuanto a animales mudos y pájaros, y aquellas criaturas que viven en las aguas, parece superfluo insistir, ya que es seguro que no deben considerarse de un rango primario, sino subordinado.

La sabiduría y la justicia y la diversidad de suertes entre la humanidad

4. Viendo, entonces, que todas las cosas que han sido creadas por Cristo y en Cristo, como el apóstol Pablo indica con claridad cuando dice: "En Él fueron creadas todas las cosas, las que hay en los cielos y las que hay en la tierra, visibles e invisibles, sean tronos, o dominios, o principados, o potestades; todo fue creado por medio de Él y para Él" (Col. 1:16). Y como en su Evangelio Juan indica lo mismo, diciendo: " En el principio era la Palabra, y la Palabra era con Dios, y la Palabra era Dios. Este era el principio con Dios, todas las cosas por Él fueron hechas, y sin Él nada de lo que ha sido hecho, fue hecho" (Jn. 1:1, 2). También está escrito en los Salmos: "Hiciste todas ellas con sabiduría" (Sal. 104:24). Viendo, entonces, que Cristo es, como fue, la Palabra y la Sabiduría, y también la Justicia, indudablemente se seguirá que aquellas cosas que han sido creadas en la Palabra y la Sabiduría, son creadas también en la Justicia que es Cristo; para que en las cosas creadas no aparezca nada injusto o accidental, sino que todas las cosas puedan mostrar que son conforme a la ley de equidad y justicia.

¿Cómo, entonces, puede entenderse que es totalmente justo y recto tan grande variedad de cosas y de tan grande diversidad?[79] Estoy seguro que ningún poder humano ni

Viendo, que Cristo es, como fue, la Palabra y la Sabiduría, y también la Justicia, indudablemente se seguirá que aquellas cosas que han sido creadas en la Palabra y la Sabiduría, son creadas también en la Justicia que es Cristo; para que en las cosas creadas no aparezca nada injusto o accidental.

---

[79] Orígenes está planteando aquí, en sus propios términos, el angustioso problema del mal. Si Dios es un creador justo, bueno, ¿por qué en el mundo hay tanta diversidad de justicias e injusticias sin razón aparente? ¿Por qué las diferencias que separan a los hombres incluso antes de haber nacido? ¿Qué han hecho unos más que otros para merecer tan diverso grado de dicha o desdicha?

De la escuela de Marción, y Valentino, y Basílides, que han oído que hay almas de naturalezas diferentes, objetan que no puede ser consistente con la justicia de Dios la creación del mundo que asigna a algunas de sus criaturas una morada en el cielo, y no sólo que les da una mejor vivienda, sino que también les concede una posición más alta.

lenguaje lo pueden explicar, a no ser que como suplicantes postrados oremos a la Palabra, a la Sabiduría, y a la Justicia, que es el Hijo unigénito de Dios, y que, derramándose por su gracia en nuestros sentidos, puede dignarse a iluminar lo que es oscuro, abrir lo que está cerrado, y revelar lo que es secreto; si, de verdad, somos hallados buscando, o llamando con la dignidad suficiente para merecer recibir lo que pedimos o buscamos. No confiando en nuestros propios poderes, sino en la ayuda de la Sabiduría que hizo todas las cosas, y de la Justicia que creemos que está en todas sus criaturas, aunque de momento somos incapaces de declarar, pero, confiando en su misericordia, procuraremos examinar y preguntar cómo la gran variedad y diversidad en el mundo puede aparecer compatible con la honradez y razón. Quiero decir, desde luego, simplemente la razón en general; porque sería una señal de ignorancia, o de locura, buscar y dar una razón especial de cada caso individual.

El problema teológico de las diferencias humanas

5. Ahora, cuando decimos que este mundo fue establecido en la variedad en que arriba hemos explicado que fue creado por Dios, y cuando decimos que este Dios es bueno, y justo –el más justo–, hay numerosos individuos, sobre todo los que proceden de la escuela de Marción, y Valentino, y Basílides, que han oído que hay almas de naturalezas diferentes, quienes objetan que no puede ser consistente con la justicia de Dios la creación del mundo que asigna a algunas de sus criaturas una morada en el cielo, y no sólo que les da una mejor vivienda, sino que también les concede una posición más alta y más honorable; favorece a otros con la concesión de principados; otorga poder a algunos, dominios a otros; y a otros los tronos más honorables en los tribunales celestes; permite a unos brillar con una gloria más resplandeciente y con un esplendor estrellado; da a unos la gloria del sol, a otros la gloria de la luna, a otros la gloria de las estrellas; y hace que una estrella se diferencie de otra estrella en gloria. Y brevemente, para hablar de una vez por todas, si Dios Creador no quiere ni la voluntad que emprenda, ni el poder que complete una obra buena y perfecta, ¿qué razón

puede haber en la creación de naturalezas racionales, esto es, de seres de cuya existencia Él mismo es la causa, para que algunos sean de rango elevado, otros de segundo y tercero y otros de muchos grados menores e inferiores?

En segundo lugar, nos objetan, respecto a los seres terrestres, ¿cómo que desde el nacimiento a unos se les otorgue un lote más feliz que a otros, cómo un hombre, por ejemplo, engendrado de Abrahán, y nacido de la promesa; y otro también, de Isaac y Rebeca, quien, mientras estaba todavía en la matriz, suplanta a su hermano, y como se dice, es aceptado por Dios antes de nacer. Esta misma circunstancia, sobre todo que un hombre nazca entre los hebreos, entre los que encuentra instrucción en la ley divina; otro entre los griegos, hombres sabios y de no poco estudio; y luego otro entre los etíopes, quienes acostumbran alimentarse de carne humana; o entre los escitas, entre quienes el parricidio es un acto sancionado por la ley; o entre la gente de Tauro, donde los forasteros son ofrecidos en sacrificio, es fundamento de una fuerte objeción.

Su argumento en consecuencia es el siguiente: Si hay esta gran diversidad de circunstancias, y esta diversa condición por nacimiento, en las que la facultad del libre albedrío no tiene ningún alcance (pues nadie escoge para sí dónde, o con quién, o en qué condición nacer); si, entonces, esto no es causado por la diferencia en la naturaleza de las almas, es decir, que un alma de naturaleza mala sea destinada a una mala nación, y un alma buena para una nación justa, ¿qué otra conclusión queda, sino que hay que suponer que las cosas están reguladas por accidente y casualidad?

Y si esto es admitido, entonces, ya no se creerá que el mundo ha sido hecho por Dios, o administrado por su providencia; y, como consecuencia, no debe esperarse el juicio de Dios sobre los hechos de cada individuo. En este asunto, en verdad, lo que es propiamente la verdad de las cosas es el privilegio sólo de aquel que sabe y conoce todas las cosas, incluso lo profundo de Dios.[80]

Si hay esta gran diversidad de circunstancias, y esta diversa condición por nacimiento, en las que la facultad del libre albedrío no tiene ningún alcance (pues nadie escoge para sí dónde, o con quién, o en qué condición nacer); si, entonces, esto no es causado por la diferencia en la naturaleza de las almas, ¿qué otra conclusión queda, sino que hay que suponer que las cosas están reguladas por accidente y casualidad?

---

[80] Cf. 1ª Corintios 2:10: "Dios nos lo reveló a nosotros por el Espíritu: porque el Espíritu todo lo escudriña, aun lo profundo de Dios".

Siendo Él mismo la única causa de las cosas que habían de ser creadas, y no habiendo en Él diversidad alguna, ni mutación, ni imposibilidad, creó a todas las criaturas iguales e idénticas, pues no había en Él mismo ninguna causa de variedad o diversidad. Sin embargo, habiendo sido otorgada a las criaturas racionales, la facultad del libre albedrío, fue esta libertad de su voluntad lo que arrastró a cada una.

El libre albedrío es la causa de la diversidad

6. Sin embargo, para que nuestro silencio no sirva de alimento a la audacia de los herejes, responderemos según la medida de nuestras fuerzas a las objeciones que suelen ponernos. Hemos dicho ya muchas veces, apoyándolo con las afirmaciones que hemos podido hallar en las Escrituras, que el Dios creador de todas las cosas es bueno, justo y omnipotente. Cuando Él en un principio creó todo lo que deseó crear, a saber, las criaturas racionales, no tuvo otro motivo para crear fuera de sí mismo, es decir, de su bondad. Ahora bien, siendo Él mismo la única causa de las cosas que habían de ser creadas, y no habiendo en Él diversidad alguna, ni mutación, ni imposibilidad, creó a todas las criaturas iguales e idénticas, pues no había en Él mismo ninguna causa de variedad o diversidad. Sin embargo, habiendo sido otorgada a las criaturas racionales, como hemos mostrado muchas veces, la facultad del libre albedrío, fue esta libertad de su voluntad lo que arrastró a cada una –de las criaturas racionales–, bien a mejorarse con la imitación de Dios, bien a deteriorarse por negligencia. Ésta fue la causa de la diversidad que hay entre las criaturas racionales, la cual proviene, no de la voluntad o intención del Creador, sino del uso de la propia libertad. Pero Dios, que había dispuesto dar a sus criaturas según sus méritos, hizo con la diversidad de los seres intelectuales un solo mundo armónico, el cual, como una casa en la que ha de haber no solo "vasos de oro y de plata, sino también de madera y de barro, unos para usos nobles, y otros para los más bajos" (2 Ti. 2:20), está provisto con los diversos vasos que son las almas. En mi opinión éstas son las razones por las que se da la diversidad en este mundo, pues la divina providencia da a cada uno lo que corresponde según son sus distintos impulsos y las opciones de las almas. Con esta explicación aparece que el creador no es injusto, pues otorga a cada uno lo que previamente ha merecido; ni nos vemos forzados a pensar que la felicidad o infelicidad de cada uno se debe a un azar de nacimiento o a otra cualquier causa accidental; ni hemos de creer que hay varios creadores o varios orígenes de las almas.[81]

---

[81] Como pretendían los gnósticos.

No hay injusticia en el Creador, sino en la criatura

7. Pero, hasta la santa Escritura no me parece que guarde silencio total sobre la naturaleza de este secreto, como cuando el apóstol Pablo, en la discusión del caso de Jacob y Esaú, dice: "Porque no siendo aún nacidos, ni habiendo hecho aún ni bien ni mal, para que el propósito de Dios conforme a la elección, no por las obras, sino por el que llama, permaneciese, le fue dicho que el mayor serviría al menor" (Ro. 9:11, 12). Y después de esto, se pregunta a sí mismo: "¿Qué diremos entonces? ¿Que hay injusticia en Dios?" (v. 14). Y para poder ofrecernos una oportunidad de investigar estos asuntos, y de averiguar cómo estas cosas no pasan sin una razón, responde: "En ninguna manera".

Porque la misma pregunta, como me parece a mí, que surge sobre Jacob y Esaú, puede plantearse respecto a todas las criaturas celestes y terrestres, y hasta las del mundo inferior también. Y de manera semejante, me parece a mí, que se dice: "Porque no siendo aún nacidos, ni habiendo hecho aún ni bien ni mal", se pudiera decir de otros, "no siendo aún creados, ni habiendo hecho ni bien ni mal", sino "para que el propósito de Dios conforme a la elección, no por las obras, sino por el que llama, permaneciese".

Que algunas cosas (como de cierto se piensa) han sido creadas celestes, por un lado, y por otro, terrenales, y otras debajo de la tierra, "no por obras" (como ellos piensan), "sino por el que llama", ¿qué diremos entonces, si estas cosas son así? ¿Hay injusticia en Dios? De ninguna manera. Así, por tanto, cuando las Escrituras son examinadas cuidadosamente en cuanto a Jacob y Esaú, no se encuentra ninguna injusticia en Dios, tal que se pudiera decir que "antes de que nacieran", o hubieran hecho nada en esta vida, "el mayor servirá al menor". Y como no se considera injusto que incluso en el vientre de su madre Jacob suplantara a su hermano, si sentimos que fue dignamente amado por Dios, según los méritos de su vida previa, como para merecer ser preferido a su hermano; así también ocurre respecto a las criaturas celestes, si notamos que la diversidad no era la condición original de la criatura, sino que debido a las causas que existían previamente, el Creador preparó un oficio diferente para cada uno en proporción

Cuando las Escrituras son examinadas cuidadosamente en cuanto a Jacob y Esaú, no se encuentra ninguna injusticia en Dios. Y como no se considera injusto que incluso en el vientre de su madre Jacob suplantara a su hermano, si sentimos que fue dignamente amado por Dios, según los méritos de su vida previa, como para merecer ser preferido a su hermano.

La justicia del Creador debe aparecer en todo. Y esto, me parece a mí, será visto con más claridad al final, si cada uno de los seres celestes o terrestres o infernales, tienen las causas de su diversidad en ellos, y anterior a su nacimiento corporal. Porque todas las cosas fueron creadas por la Palabra de Dios, y por su Sabiduría, y puestas en orden por su Justicia.

al grado de su mérito, sobre este fundamento, en verdad, que cada uno ha sido creado por Dios un entendimiento o un espíritu racional, tiene ganado para sí, según los movimientos de su mente y los sentimientos de su alma, una mayor o menor porción de mérito, y se ha hecho objeto del amor a Dios, o de su rechazo; mientras que algunos que poseen mayor mérito son ordenados, sin embargo, para sufrir con otros para el ornamento del estado del mundo, y para imponer el deber a las criaturas de un grado inferior, para que de este modo ellos mismos puedan ser partícipes de la paciencia del Creador, según las palabras del apóstol: "Porque las criaturas fueron sujetas a vanidad, no de grado, mas por causa del que las sujetó con esperanza" (Ro. 8:20). Teniendo en mente, entonces, el sentimiento expresado por el apóstol, cuando, hablando del nacimiento de Esaú y Jacob, dice: "¿Hay injusticia en Dios? De ninguna manera", pienso que este mismo sentimiento debería ser aplicado cuidadosamente al caso de las otras criaturas, porque, como antes comentamos, la justicia del Creador debe aparecer en todo. Y esto, me parece a mí, será visto con más claridad al final, si cada uno de los seres celestes o terrestres o infernales, tienen las causas de su diversidad en ellos, y anterior a su nacimiento corporal. Porque todas las cosas fueron creadas por la Palabra de Dios, y por su Sabiduría, y puestas en orden por su Justicia. Y por la gracia de su compasión Él provee para todos los hombres, y los anima a que empleen cualquier remedio que pueda conducirles a su cura, y los incita a la salvación.

El juicio y las obras

8. Así, pues, no hay duda de que en el día del juicio los buenos serán separado de los malos, y los justos de los injustos, y por la sentencia de Dios todos serán distribuidos según sus méritos en todos aquellos sitios para los cuales son dignos; tal estado de cosas fue anteriormente el caso, según opino y como mostraré en lo que sigue, si Dios lo permite. Porque debe creerse que Dios hace y ordena todas las cosas en todo tiempo según su juicio. Las palabras que el apóstol usa cuando dice: "En una casa grande, no solamente hay vasos de oro y de plata, sino también de madera y de barro; y asimismo unos para

honra, y otros para deshonra" (2ª Ti. 2:20), y lo que añade al decir: "Así que, si alguno se limpiare de estas cosas, será vaso para honra, santificado, y útil para los usos del Señor, y aparejado para toda buena obra" (2ª Ti. 2:21), señala indudablemente que quien se limpia en esta vida, estará preparado para todo buen trabajo en la vida por venir; mientras que quien no se limpia será, según la cantidad de su impureza, un vaso de deshonra, esto es, indigno.

Es, por tanto, posible entender que anteriormente hubo también vasos racionales, limpios o no, esto es, que se limpiaron a sí mismos o no lo hicieron, y que por consiguiente cada vaso, según la medida de su pureza o impureza, recibió un lugar, o región, o condición de nacimiento, u oficio a desempeñar en este mundo.

Todo lo cual Dios provee y distingue por el poder de su visión hasta el más humilde, arreglando todas las cosas según su juicio director, de acuerdo a la retribución más imparcial, hasta donde cada uno deba ser asistido o cuidado conforme a sus méritos. En el que ciertamente cada principio de equidad se muestra, mientras que la desigualdad de circunstancias preserva la justicia de una retribución según el mérito. Pero el fundamento de los méritos de cada caso individual sólo es reconocido verdadera y claramente por Dios mismo, junto con su Verbo unigénito y su Sabiduría y con el Espíritu Santo.

Quien se limpia en esta vida, estará preparado para todo buen trabajo en la vida por venir; mientras que quien no se limpia será, según la cantidad de su impureza, un vaso de deshonra. El fundamento de los méritos de cada caso individual sólo es reconocido verdadera y claramente por Dios mismo, junto con su Verbo unigénito y su Sabiduría y con el Espíritu Santo.

10

La resurrección,
el juicio y los castigos

¿Qué es lo
que murió?
¿No fue el
cuerpo?
Si es el
cuerpo,
entonces
habrá
resurrección.
"Se siembra
cuerpo
animal,
resucitará
cuerpo
espiritual",
ellos no
pueden negar
este cuerpo
que resucita,
o que en la
resurrección
tendremos
cuerpos.

El cuerpo de la resurrección

1. Ya que el discurso nos ha recordado los sujetos de un juicio futuro, de su retribución y de los castigos de los pecadores, según las advertencias de la santa Escritura y el contenido de la enseñanza de la Iglesia, a saber, la venida del juicio futuro, el fuego eterno, las tinieblas de fuera, la prisión, el lago de fuego y otros castigos de semejante naturaleza preparados para los pecadores, veamos cuáles deberían ser nuestras opiniones sobre estos. Para que estos temas puedan exponerse en un orden apropiado, me parece que primero deberíamos considerar la naturaleza de la resurrección, qué podemos saber del cuerpo que vendrá, para castigo o para reposo y felicidad; cuestiones que hemos compuesto en otros tratados sobre la resurrección, en los cuales hemos hablado con gran extensión y mostrado el carácter de nuestras opiniones.

Pero ahora, por causa del orden lógico en nuestro escrito, no será nada absurdo repetir unos pocos puntos de tales obras, sobre todo ya que algunos se ofenden del credo de la Iglesia, como si nuestra creencia en la resurrección fuera necia y totalmente desprovista de sentido; estos son principalmente herejes, a quienes, pienso, hay que responder de la siguiente manera. Si ellos también admiten que hay una resurrección de los muertos, dejemos que nos contesten a esto: ¿Qué es lo que murió? ¿No fue el cuerpo? Si es el cuerpo, entonces habrá resurrección.

Dejemos después que nos digan si piensan que haremos uso del cuerpo o no. Pienso que cuando el apóstol Pablo dice: "Se siembra cuerpo animal, resucitará cuerpo espiritual" (1ª Co. 15:44), ellos no pueden negar este cuerpo que resucita, o que en la resurrección tendremos cuerpos.

¿Qué entonces? Si es cierto que tendremos cuerpos, y si los cuerpos que cayeron van a levantarse, según se declara (porque solamente de lo que antes ha caído se puede decir con propiedad que se levantará de nuevo), no puede dudarse de que todos se levantarán para ser vestidos por segunda vez en la resurrección. Una cosa está unida a la otra. Pues si los cuerpos se levantan, se levantan sin duda para cubrirnos a nosotros, y si nos es necesario estar revestidos de cuerpos, como de cierto lo es, entonces no debemos revestirnos de ningún otro cuerpo que del nuestro.

Y si es cierto que se levantan de nuevo, y que son cuerpos "espirituales", entonces no hay duda de que sea dicho que se levantan de los muertos, después de haber dejado a un lado la corrupción y la mortalidad, de otro modo, parecería vano y superfluo para cualquiera resucitar de los muertos para volver a morir por segunda vez.

Finalmente, esto se puede comprender con claridad si uno considera cuidadosamente cuáles son las cualidades del cuerpo animal, el cual, una vez sembrado en la tierra, recupera la cualidad de un cuerpo espiritual. Porque es de nuestro cuerpo animal que el poder y la gracia de la resurrección saca un cuerpo espiritual, cuando se transmuta de una condición de indignidad a otra de gloria.

Diferencias entre los cuerpos

2. Sin embargo, ya que los herejes se creen personas de gran conocimiento y sabiduría, les preguntaremos si cada cuerpo tiene una forma de alguna clase, esto es, formado según algún modelo. Y si dicen que un cuerpo es lo que está formado según ninguna forma, se mostrarán como los más necios e ignorantes de la humanidad. Ya que nadie negará esto, salvo quien es del todo inculto. Pero si, como un asunto de hecho, dicen que ciertamente cada cuerpo es formado según alguna forma definida, les preguntaremos si pueden indicarnos y describirnos la forma de un cuerpo espiritual; lo cual de ningún modo pueden hacer.

Les preguntaremos, además, sobre las diferencias de los que se levantarán. ¿Cómo mostrarán que es cierta la declaración que dice: "Una carne es la de los hombres, y otra carne la de los animales, otra la de los peces, y otra la de las aves. Y hay cuerpos celestiales, y cuerpos terrestres; mas ciertamente una es la gloria de los celestiales, y otra la de los terrestres. Otra es la gloria del sol, y otra la gloria de la luna, y otra la gloria de las estrellas, porque

Y si es cierto que se levantan de nuevo, y que son cuerpos "espirituales", entonces no hay duda de que sea dicho que se levantan de los muertos, después de haber dejado a un lado la corrupción. Es de nuestro cuerpo animal que el poder y la gracia de la resurrección saca un cuerpo espiritual, cuando se transmuta de una condición de indignidad a otra de gloria.

Ahora dirigiremos la atención a algunos de los nuestros, quienes por debilidad del intelecto o ausencia de instrucción apropiada, adoptan una visión muy baja y abyecta de la resurrección del cuerpo. Preguntamos a estas personas en qué manera entienden que el cuerpo animal cambiará por la gracia de la resurrección.

una estrella es diferente de otra en gloria. Así también es la resurrección de los muertos. Se siembra en corrupción se levantará en incorrupción" (1ª Co. 15:39-42)?

Según esta gradación que existe entre los cuerpos celestes, dejemos que nos muestren las diferencias en la gloria de los que se levantarán; y si ellos han procurado por todos los medios idear un principio que pueda estar de acuerdo con las diferencias de los cuerpos celestes, les pediremos que asignen las diferencias en la resurrección mediante la comparación de los cuerpos terrenales.

Nuestro entendimiento del pasaje es que el apóstol, deseando describir la gran diferencia entre los que se levantan en gloria, esto es, los santos, tomó prestada una comparación de los cuerpos celestes, diciendo, "una es la gloria del sol, otra la gloria de la luna, y otra la gloria de las estrellas". Y deseando de nuevo enseñarnos las diferencias que se producirán en la resurrección, sin haberse limpiado en esta vida, esto es, los pecadores, tomó prestado una ilustración de las cosas terrenales, diciendo, "una carne es la de los animales, otra la de los peces, y otra la de las aves". Porque las cosas divinas son dignamente comparadas a los santos, y las cosas terrenales a los pecadores. Estas declaraciones se hacen en respuesta a los que niegan la resurrección de los muertos, esto es, la resurrección de los cuerpos.

La transformación del cuerpo corruptible en incorruptible

3. Ahora dirigiremos la atención a algunos de los nuestros, quienes por debilidad del intelecto o ausencia de instrucción apropiada, adoptan una visión muy baja y abyecta de la resurrección del cuerpo. Preguntamos a estas personas en qué manera entienden que el cuerpo animal cambiará por la gracia de la resurrección, y se hará espiritual, Y, cómo lo que que es sembrado en debilidad surgirá en poder; cómo lo que es plantado en deshonra, surgirá en gloria; y lo que es sembrado en corrupción, será transformado en incorrupción. Porque si ellos creen al apóstol, el cuerpo que se levanta en gloria, poder, e incorruptibilidad, ya se ha hecho espiritual. Si esto les aparece absurdo y contrariamente a su significado dicen que puede volver a ser enredado con las pasiones de la carne

y la sangre, sabiendo que el apóstol evidentemente declara que "ni la carne y la sangre heredarán el reino de Dios, ni tampoco la corrupción heredará incorrupción" (1ª Co. 15:50), ¿cómo entienden la declaración del apóstol, "todos seremos transformados" (v. 51)?

Esta transformación debe buscarse en el orden que hemos enseñado arriba, y que, sin duda, se convierte para nosotros en esperanza de algo digno de la gracia divina. Y esto será en el orden descrito por el apóstol, semejante a la siembra de un grano de trigo o de cualquier otro producto, al que Dios da el cuerpo que a Él le agrada, tan pronto como el grano de trigo muere. Del mismo modo, también nuestros cuerpos deben caer en tierra como un grano (el germen implantado en él contiene la sustancia corporal), aunque los cuerpos mueran y se corrompan y se esparzan sus miembros, aun así, por la Palabra de Dios, ese mismo germen que siempre está seguro en la sustancia del cuerpo, se levanta de la tierra, restaura y repara los cuerpos, como el poder que está en el grano de trigo, que después de su corrupción y muerte repara y restaura el grano en un cuerpo con tallo y espiga.[82]

Así también, a los que merezcan obtener una herencia en el reino del cielo, aquel germen de la restauración del cuerpo, que hemos mencionado antes, restaurará por mandato divino el cuerpo terrenal y de animal en uno espiritual, capaz de habitar el cielo; mientras que a los que sean de mérito inferior, o de condición más abyecta, o hasta los más bajos en la escala, y totalmente arrojados a un rincón, aun así se les dará una dignidad y gloria de cuerpo en

A los que merezcan obtener una herencia en el reino del cielo, aquel germen de la restauración del cuerpo, que hemos mencionado antes, restaurará por mandato divino el cuerpo terrenal y de animal en uno espiritual, capaz de habitar el cielo.

---

[82] "Nosotros no decimos que el cuerpo que se ha corrompido retorne a su naturaleza originaria, como tampoco el grano de trigo que se ha corrompido vuelve a ser aquel grano de trigo (1ª Co. 15:37). Decimos que así como del grano de trigo surge la espiga, así hay cierto principio incorruptible en el cuerpo, del cual surge el cuerpo «en incorrupción» (1ª Co. 15:42). Son los estoicos los que dicen que el cuerpo que se ha corrompido enteramente vuelve a recobrar su naturaleza originaria, pues admiten la doctrina de que hay períodos idénticos. Fundados en lo que ellos creen una necesidad lógica, dicen que todo se recompondrá de nuevo según la misma composición primera de la que se originó la disolución. Pero nosotros no nos refugiamos en un argumento tan poco asequible como el de que todo es posible para Dios, pues tenemos conciencia de que no comprendemos la palabra «todo» aplicada a cosas inexistentes o inconcebibles. En cambio decimos que Dios no puede hacer cosa mala, pues el dios que pudiera hacerla no sería Dios. "Si Dios hace algo malo, no es Dios" (Eurípides)» (Orígenes, *Contra Celso*, V, 23).

Veamos
ahora cuál
es el
significado
de las
amenazas
del fuego
eterno.
En el profeta
Isaías
encontramos
que el fuego
con el que
cada cual
es castigado
es descrito
como suyo.
Por estas
palabras
parece
indicarnos
que cada
pecador
enciende por
sí mismo la
llama de su
propio fuego,
y no es
arrojado en
algún fuego
que haya
sido
encendido
por otro,
o que existía
antes de
él mismo.

proporción a la dignidad de su vida y su alma; de tal modo, sin embargo, que hasta el cuerpo resurrecto de los que son destinados al fuego eterno o a castigos severos, es por el cambio mismo de la resurrección tan incorruptible, que no puede corromperse ni disolverse ni por castigos más severos. Si, entonces, son tales las cualidades del cuerpo que resucitará de los muertos, veamos ahora cuál es el significado de las amenazas del fuego eterno.

La naturaleza del fuego eterno y el recuerdo del propio pecado

4. En el profeta Isaías encontramos que el fuego con el que cada cual es castigado es descrito como suyo, ya que dice: "Andad a la luz de vuestro fuego, y a las centellas que encendisteis" (Is. 1:11). Por estas palabras parece indicarnos que cada pecador enciende por sí mismo la llama de su propio fuego, y no es arrojado en algún fuego que haya sido encendido por otro, o que existía antes de él mismo. El combustible y el alimento de este fuego son nuestros pecados, que son llamados por el apóstol Pablo, "madera, heno y hojarasca" (1ª Co. 3:12).

Y pienso que, como la abundancia de alimentos y provisiones de una clase opuesta a la salud, produce fiebres en el cuerpo, y fiebres de clases diferentes y duración, según la proporción en que el veneno recolectado suministra material y combustible a la enfermedad (la calidad de ese material, recogido de venenos diferentes, provee las causas de que la enfermedad sea más aguda o más persistente); así, cuando el alma ha recogido una multitud de malas obras, y una abundancia de pecados contra sí, en el tiempo fijado todos los males que ha reunido hierven para su castigo y el alma es prendida fuego para su dolor; cuando la mente misma, o la conciencia, que recibe por el poder divino la memoria de todas aquellas cosas en las que había dejado estampados ciertos signos y formas del momento del pecado, verá expuesta delante de sus ojos como una especie de historia de todos sus hechos necios, vergonzosos e impíos.

Entonces, es la conciencia misma acosada y aguijoneada por sus propias acometidas, que se convierte en acusador y testigo contra sí misma. Y pienso que esta era la opinión del mismo apóstol Pablo al decir: "Dando testimonio juntamente sus conciencias, y acusándose y también excusándose sus pensamientos unos con otros; en el día que juzgará el Señor lo encubierto de los hombres, conforme a mi evangelio, por Jesucristo" (Ro. 2:15, 16). De esto se deduce que en la sustancia del alma se producen ciertas torturas por los mismos efectos hirientes de los pecados.

El sufrimiento del desgarro del alma

5. Para que la comprensión de este asunto no resulte muy difícil, podemos sacar algunas consideraciones de los malos efectos producidos por las pasiones en algunas almas, como cuando un alma es encendida por el fuego de amor, o consumida por el celo o la envidia, o cuando se enciende la pasión de la cólera, o cuando uno es consumido por la grandeza de su locura o su dolor, en cuyas ocasiones algunos, encontrando insoportable el exceso de estos males, consideran más tolerable rendirse a la muerte que aguantar permanentemente una tortura de tal clase.

Me preguntarás, sin duda, si en el caso de los que han sido atrapados por los males que provienen de aquellos vicios encima enumerados han sido incapaces, mientras existían en esta vida, de procurar alguna mejora para sí mismos y dejado este mundo en esa condición, será suficiente en el modo de castigo ser torturados por lo que resta en ellos de esos efectos hirientes, esto es, de la cólera, o de la furia, o de la locura, o del dolor, cuyo veneno fatal no estaba en esta vida disminuido por ninguna medicina curativa; o si, esos efectos, al cambiar, serán sometidos a los dolores de un castigo general.

Soy de la opinión que puede entenderse que existe otra especie de castigo, porque, así como sentimos que cuando los miembros del cuerpo son aflojados y arrancados de sus apoyos mutuos, se produce un dolor de la clase más insoportable, así, cuando se encuentre que el alma está más allá del orden, conexión y armonía en la que fue creada por Dios con el propósito de realizar actos buenos y útiles, y no armonice consigo misma en la conexión de sus movimientos racionales, esto se debe considerar como el castigo y la tortura de su propia disensión, y sentir los castigos de su propia condición desordenada. Y cuando

Para que la comprensión de este asunto no resulte muy difícil, podemos sacar algunas consideraciones de los malos efectos producidos por las pasiones en algunas almas, como cuando un alma es encendida por el fuego de amor, o consumida por el celo o la envidia, o cuando se enciende la pasión de la cólera.

Para entender ahora que, de la misma manera que los médicos aplican remedios al enfermo para que recupere la salud por un tratamiento cuidadoso, Dios también trata igualmente a los que han caído en el pecado; se demuestra por esto, la copa de la ira de Dios, ofrecida por medio del profeta Jeremías a todas las naciones, para que beban en ella, y tiemblen y enloquezcan.

esta disolución y desgarro del alma sea probada por el fuego, tendrá lugar una solidificación indudable en una estructura más firme, y una restauración tendrá efecto.

La medicina y purificación divina

6. Hay también muchas otras cosas que escapan a nuestro conocimiento, y son sabidas sólo por quien es el médico de nuestras almas. Porque si, debido a los malos efectos que traemos sobre nosotros al comer y beber, consideramos necesario para la salud del cuerpo tomar alguna medicina desagradable y dolorosa; a veces incluso, si la naturaleza de nuestra enfermedad lo demanda, requiere el proceso severo de la amputación con un cuchillo; y si la virulencia de la enfermedad trasciende estos remedios, el mal tiene que ser quemado por el fuego; ¡cuánto más no debe entenderse que Dios nuestro Médico, deseando quitar los defectos de nuestras almas, contraídos por pecados y crímenes diferentes, deba emplear medidas penales de esta clase, y aplique, además, el castigo de fuego a los que han perdido la cordura de su mente!

Imágenes de este método de proceder se encuentran igualmente en las santas Escrituras. En el libro de Deuteronomio, la palabra divina amenaza a pecadores con los castigos de fiebres, y fríos, y la ictericia, y con dolores de debilidad de visión, y enajenación mental y parálisis, y ceguera, y debilidad de los riñones (Dt. 28). Si alguien, entonces, en su tiempo libre, recoge de la totalidad de la Escritura todas las enumeraciones de los males que en las advertencias dirigidas a los pecadores reciben el nombre de enfermedades corporales, encontrará que los vicios del alma, o sus castigos, son indicados en sentido figurado.

Para entender ahora que, de la misma manera que los médicos aplican remedios al enfermo para que recupere la salud por un tratamiento cuidadoso, Dios también trata igualmente a los que han caído en el pecado; se demuestra por esto, la copa de la ira de Dios, ofrecida por medio del profeta Jeremías a todas las naciones, para que beban en ella, y tiemblen y enloquezcan.[83] Al hacer esto, Él les

---

[83] "Porque así me dijo Jehová Dios de Israel: Toma de mi mano el vaso del vino de este furor, y da a beber de él a todas las gentes a las

amenaza diciendo que si alguno rechaza beber, no será limpio.[84] Por lo que seguramente tiene que la ira de la venganza de Dios es provechosa para la purgación de las almas.[85] Que el castigo que se aplica por el fuego, también debe entenderse que tiene por objetivo la curación, tal como enseña Isaías, quien habla así de Israel: "Cuando el Señor lavare las inmundicias de las hijas de Sion, y limpiare las sangres de Jerusalén de en medio de ella, con espíritu de juicio y con espíritu de ardimiento" (Is. 4:4). De los caldeos dice: "Fuego los quemará, no salvarán sus vidas del poder de la llama... Así te serán aquellos con quienes te fatigaste" (Is. 47:14, 15). Y en otros pasajes dice: "Su Santo por llama que abrase y consuma" (Is. 10:17). Y en las profecías de Malaquías dice: "Y se sentará para afinar y limpiar la plata; porque limpiará los hijos de Leví, los afinará como a oro y como a plata" (Mal. 3:3).

La parte que será quitada

7. Pero el destino que también es mencionado en los Evangelios de los administradores infieles (Mt. 25:14-30), de quienes se dice que fueron divididos, siendo una parte de ellos colocada con los incrédulos,[86] como si la parte que no era suya fuera enviada a otro sitio, indudablemente indica, en mi parecer, algún castigo sobre aquellos cuyo espíritu manifiesta estar separado de su alma. Porque si el Espíritu es de naturaleza divina, se entiende el Espíritu Santo, entenderemos que esto se dice del don del Espíritu Santo; cuando por el bautismo o por la gracia del Espíritu, la palabra de sabiduría, o la de conocimiento, o la de

Que el castigo que se aplica por el fuego, también debe entenderse que tiene por objetivo la curación, tal como enseña Isaías, quien habla así de Israel: "Cuando el Señor lavare las inmundicias de las hijas de Sion, y limpiare las sangres de Jerusalén de en medio de ella, con espíritu de juicio y con espíritu de ardimiento".

---

cuales yo te envío. Y beberán, y temblarán, y enloquecerán delante del cuchillo que yo envío entre ellos" (Jer. 25:15, 16).

[84] "Y será que, si no quieren tomar el vaso de tu mano para beber, les dirás tú: Así ha dicho Jehová de los ejércitos: Habéis de beber. Porque he aquí, que a la ciudad sobre la cual es invocado mi nombre yo comienzo a a hacer mal; ¿y vosotros seréis absueltos? No seréis absueltos; porque espada traigo sobre todos los moradores de la tierra, dice Jehová de los ejércitos" (Jer. 25:28, 29).

[85] En polémica con los herejes, Orígenes defiende una y otra vez el carácter justo y bondadoso de Dios incluso en el mismo acto de castigar, que siempre tiene por meta la restauración del pecador y no la mera manifestación de su poder sobre el caído.

[86] Cf. Mateo 25:30: "Al siervo inútil echadle en las tinieblas de afuera".

Las "tinieblas de afuera" en este juicio, deben entenderse no tanto como alguna atmósfera oscura sin ninguna luz, como aquellas personas que, al estar sumergidas en las tinieblas de la profunda ignorancia, han sido colocadas más allá del alcance de cualquier luz del entendimiento.

cualquier otro don, ha sido concedido al hombre, y no administrado correctamente, esto es, enterrado en la tierra o atado en un pañuelo; entonces el don del Espíritu será retirado de su alma, y a la otra parte que permanece, es decir la sustancia del alma, se le asignará un lugar entre incrédulos, siendo dividido y separado de aquel Espíritu con quien, al unirse al Señor, tendría que haber sido un espíritu.

Ahora bien, si esto no debe entenderse del Espíritu de Dios, sino de la naturaleza del alma misma, lo que se llama su mejor parte es la que ha sido hecha a imagen y semejanza de Dios; mientras que la otra parte, la que después de su caída por el ejercicio del libre albedrío, fue asumida contrariamente a la naturaleza de su condición original de pureza –dicha parte, al ser amiga y amante de la materia–, es castigada con el destino de los incrédulos.

Hay también un tercer sentido en el que aquella separación puede ser entendida, a saber, que así como cada creyente, aunque sea el más humilde en la Iglesia, es asistido por un ángel, que, como declara el Salvador, siempre contempla el rostro de Dios Padre (Mt. 18:10), y como este ángel era seguramente uno con el objeto de su tutela, así, si éste es hallado indigno por su falta de obediencia, se dice que el ángel de Dios es quitado de él y de su parte –la parte que pertenece a su naturaleza humana–, siendo separada de la parte divina y puesta en un lugar con los incrédulos, porque no observó fielmente las advertencias del ángel asignado a él por Dios.

Las *tinieblas de afuera* y el cuerpo de perdición

8. Pero las "tinieblas de afuera" (v. 30) en este juicio, deben entenderse no tanto como alguna atmósfera oscura sin ninguna luz, como aquellas personas que, al estar sumergidas en las tinieblas de la profunda ignorancia, han sido colocadas más allá del alcance de cualquier luz del entendimiento.

También debemos ver, a menos que quizás sea este el significado de la expresión, que así como los santos recibirán los cuerpos en los que han vivido en santidad y pureza en las moradas de esta vida, brillantes y gloriosos después de la resurrección, los malos que en esta vida han gustado las tinieblas del error y la noche de la ignorancia, también serán revestidos con cuerpos tenebrosos y oscuros después de la resurrección, para que la misma niebla de ignorancia que en esta vida había tomado posesión de sus mentes dentro de ellos, pueda aparecer en el futuro como la cubierta externa de su cuerpo. Algo similar es la opinión que puede tenerse de la prisión. Dejemos que estos comentarios, hechos lo más breve posible, sean suficientes para la presente ocasión, para que mientras tanto se mantenga el orden de nuestro discurso.

Los malos que en esta vida han gustado las tinieblas del error y la noche de la ignorancia, también serán revestidos con cuerpos tenebrosos y oscuros después de la resurrección.

11

Las promesas

Veamos
ahora
brevemente
qué ideas
podemos
formarnos
acerca de las
promesas.
Es seguro
que no hay
ninguna cosa
viviente
que esté
totalmente
inactiva y
quieta,
sino que se
deleita en el
movimiento
de cualquier
tipo que sea,
en una
actividad
y volición
perpetua.

Las ocupaciones del hombre

1. Veamos ahora brevemente qué ideas podemos formarnos acerca de las promesas. Es seguro que no hay ninguna cosa viviente que esté totalmente inactiva y quieta, sino que se deleita en el movimiento de cualquier tipo que sea, en una actividad y volición perpetua; y pienso que este carácter es evidente en todas las cosas vivas. Mucho más, entonces, en un animal racional, es decir, en la naturaleza del hombre, que está en perpetuo movimiento y actividad.

Si el hombre es olvidadizo de sí mismo, e ignorante de en qué se convierte, todos sus esfuerzos se dirigen a servir y usar el cuerpo, y en todos sus movimientos se ocupa de sus propios placeres y lujurias corporales; pero si es uno que estudia cómo cuidar y proveer para el bien general, entonces, consultando sobre el beneficio del estado o la obediencia a los magistrados, se obliga a todo lo que es, o puede parecer que promueve con seguridad el bienestar público.

Y si ahora uno es de tal naturaleza como para entender que hay algo mejor que aquellas cosas que parecen ser corpóreas, y así dedica su trabajo a la sabiduría y a la ciencia, entonces, indudablemente, dirigirá toda su atención a la búsqueda de aquellas disciplinas, para poder, mediante la investigación de la verdad, averiguar las causas y la razón de las cosas.

Por tanto, en esta vida un hombre considera que el mejor bien que puede disfrutar son los placeres corporales; otro, procurar el bien de la comunidad; un tercero, dedicar su atención al estudio y el aprendizaje; investiguemos, pues, si en la vida que es la verdadera (que, como se dice, está escondida con Cristo en Dios, esto es, la vida eterna), se encuentra para nosotros algún orden y condición de existencia.

Interpretación literalista de las promesas divinas

2. Ciertas personas, rechazando el trabajo de pensar, y adoptando una visión superficial de la letra de la ley, y cediendo en buena medida a las indulgencias de sus propios deseos y lujurias, siendo discípulos sólo de la letra, son de la opinión de que el cumplimiento de las promesas futuras debe buscarse en el placer corporal y el lujo; por lo tanto, desean volver a tener todo, después de la resurrección, tales estructuras corporales que nunca puedan estar sin el poder de comer y beber, y sin realizar todas las funciones de la carne y la sangre, no siguen la opinión del apóstol Pablo en cuanto a la resurrección del cuerpo espiritual. Y, por consiguiente, dicen, después de la resurrección habrá matrimonios y concepción de niños, imaginándose que la ciudad terrenal de Jerusalén será reconstruida, sus fundaciones montadas sobre piedras preciosas, y sus paredes construidas de jaspe, y sus almenas de cristal; que tendrá un muro compuesto de muchas piedras preciosas, como jaspe, zafiro, ágata, esmeralda, sardónica, ónice, crisólito, crisopraso, berilio, jacinto y amatista.[87]

Piensan, además, que los nativos de otras naciones les serán dados como ministros de sus placeres, que emplearán en el cultivo del campo o en la construcción de las murallas, por quienes su ciudad arruinada y caída debe ser levantada de nuevo. Y piensan que han de recibir la riqueza de las naciones y que ellos tendrán el control de la riqueza; esto y hasta que los camellos de Media y Kedar vendrán, y les traerán oro, incienso y piedras preciosas. Creen que pueden fundamentar estas teorías sobre la autoridad de los profetas, respecto a lo que está escrito en cuanto a Jerusalén; y sobre aquellos pasajes donde se dice que los que sirven al Señor comerán y beberán, pero los pecadores tendrán hambre y sed; que el justo estará alegre, pero que dolor poseerá el impío. Y también del Nuevo Testamento el dicho del Salvador, donde promete a sus discípulos acerca de la alegría del vino, diciendo: "Desde

Dicen que después de la resurrección habrá matrimonios y concepción de niños, imaginándose que la ciudad terrenal de Jerusalén será reconstruida, sus fundaciones montadas sobre piedras preciosas, y sus paredes construidas de jaspe, y sus almenas de cristal; que tendrá un muro compuesto de muchas piedras preciosas.

---

[87] Cf. Apocalipsis 21:19-21. Orígenes se enfrenta en este lugar a los llamados "milenialistas", que aguardaban un cumplimiento literal de las profecías. Para Orígenes esto significa volver a los principios judaicos.

Dicho con pocas palabras, ellos desean que se cumplan todas las cosas conforme a la manera de ser de esta vida, es decir, que lo que es ahora vuelva a existir entonces. Tales son las opiniones de los que, creyendo en Cristo, entienden las Escrituras divinas en una especie de sentido judío, extrayendo de ellas nada digno de las promesas divinas.

ahora no beberé más de este fruto de la vid, hasta aquel día, cuando lo tengo de beber nuevo con vosotros en el reino de mi Padre" (Mt. 26:29).

Añaden, además, la declaración en la que el Salvador llama bienaventurados a los que ahora tienen hambre y sed (Mt. 5:6), prometiéndoles que serán saciados; y aducen muchas otras ilustraciones bíblicas, el significado de las cuales no perciben que se debe tomar en sentido figurado.

Entonces, otra vez, de acuerdo a la forma de cosas de esta vida, y según las gradaciones de las dignidades o rangos de este mundo, o la grandeza de sus poderes, piensan que ellos deben ser reyes y príncipes, como aquellos monarcas terrenales que ahora existen; principalmente como aparece en aquella expresión del Evangelio: "Reina sobre cinco ciudades" (Lc. 19:19). Dicho con pocas palabras, ellos desean que se cumplan todas las cosas conforme a la manera de ser de esta vida, es decir, que lo que es ahora vuelva a existir entonces. Tales son las opiniones de los que, creyendo en Cristo, entienden las Escrituras divinas en una especie de sentido judío, extrayendo de ellas nada digno de las promesas divinas.

Interpretación cristiana de las promesas eternas

3. Aquellos que reciben las representaciones de la Escritura según el entendimiento de los apóstoles, albergan la esperanza de que los santos comerán, ciertamente, pero será el pan de vida que puede alimentar el alma con el alimento de la verdad y la sabiduría, e iluminar la mente, y beber de la copa de la sabiduría divina, según la declaración de la santa Escritura: "La sabiduría puso su mesa. Envió sus criadas; sobre lo más alto de la ciudad clamó: Cualquiera simple, venga acá. A los faltos de cordura dijo: Venid, comed mi pan, y bebed del vino que yo he templado" (Pr. 9:1-5). Por este alimento de sabiduría, el entendimiento, siendo cuidado hasta una condición entera y perfecta como la que tuvo el hombre al principio, es restaurado a la imagen y la semejanza de Dios; para que, aunque un individuo pueda haber abandonado esta vida con una instrucción menos perfecta, pero que ha hecho obras que son aprobadas (*opera probabilia*), será capaz de recibir más instrucción en aquella Jerusalén, la ciudad de

los santos, esto es, será educado, moldeado y hecho una piedra viviente, piedra elegida y preciosa,[88] porque ha sufrido con firmeza y constancia las luchas de la vida y las pruebas de la piedad; y allí llegará a un conocimiento más verdadero y más claro del que aquí ya se había predicho, a saber, "que el hombre no vivirá sólo de pan, mas de todo lo que sale de la boca del Señor" (Dt. 8:3). Y también tiene que entenderse que serán príncipes y señores, que gobernarán sobre los de rango inferior y los instruirán y enseñarán, entrenándolos en las cosas divinas.

El deseo de saber implantado por Dios

4. Pero si estas concepciones no llenan las mentes de los que esperan tales resultados con un deseo apropiado para ellos, volvamos un poco atrás e, independientemente del deseo natural e innato de la mente por la cosa misma, investiguemos de modo que podamos ser capaces de describir al menos las misma formas del pan de vida, y la calidad de aquel vino, y la peculiar naturaleza de los principados, todos conforme a la visión espiritual de las cosas.

En las artes que por lo general se realizan mediante el trabajo manual, la razón por la que se hace una cosa, o por qué es de una calidad especial, o con un propósito especial, es objeto de investigación para la mente (*versatur in sensu*), mientras que el trabajo real se despliega ante la vista por la agencia de las manos; así, en aquellas obras de Dios que han sido creadas por Él, debe observarse que la razón y el entendimiento de aquellas cosas que vemos hechas por Él permanecen restos sin revelar. Y así, cuando nuestro ojo contempla los productos del trabajo de un artista, la mente al percibir algo de excelencia artística insólita, de inmediato arde en deseos de conocer cuál es su naturaleza, cómo fue formada, o con qué propósito se le dio forma; así, en un grado mucho mayor, y más allá de toda comparación, la mente arde con un deseo inexplicable de conocer la razón de lo que vemos hecho por Dios.

Cuando nuestro ojo contempla los productos del trabajo de un artista, la mente al percibir algo de excelencia artística insólita, de inmediato arde en deseos de conocer cuál es su naturaleza, cómo fue formada, o con qué propósito se le dio forma; así, en un grado mucho mayor, y más allá de toda comparación, la mente arde con un deseo inexplicable de conocer la razón de lo que vemos hecho por Dios.

---

[88] Cf. 1ª Pedro 2:5: "Vosotros también, como piedras vivas, sed edificados una casa espiritual, y un sacerdocio santo, para ofrecer sacrificios espirituales, agradables a Dios por Jesucristo". Apocalipsis 3:12: "Al que venciere, yo lo haré columna en el templo de mi Dios, y nunca más saldrá fuera; y escribiré sobre él el nombre de mi Dios, y el nombre de la ciudad de mi Dios, la nueva Jerusalén, la cual desciende del cielo, de mi Dios, y mi nombre nuevo".

Aunque obteniendo sólo algunos fragmentos pequeños de los numerosos e inmensos tesoros del conocimiento divino, aun así, por el mismo hecho de que su mente y alma están comprometidas en esa búsqueda, y que en la impaciencia de su deseo se exceden a sí mismos, sacan mucho provecho; y, porque sus mentes se dirigen al estudio y al amor de la investigación de la verdad, se preparan para recibir la instrucción que ha de venir.

Este deseo, este anhelo, creemos que está incuestionablemente implantado por Dios dentro de nosotros; y como el ojo busca naturalmente la luz y la visión, y nuestro cuerpo desea naturalmente el alimento y la bebida, nuestra mente es poseída por un deseo apropiado y natural de enterarse de la verdad de Dios y de las causas de las cosas. Hemos recibido ese deseo de Dios no para que nunca sea satisfecho o capaz de recibir satisfacción; de otro modo, parecería que el amor a la verdad ha sido implantado por Dios en nuestras mentes sin propósito, como si nunca llegara a tener una oportunidad de satisfacción.

El bosquejo presente de la imagen perfecta

De aquí también, incluso en esta vida, los que se dedican a sí mismos con gran trabajo al logro de la piedad y de la religión, aunque obteniendo sólo algunos fragmentos pequeños de los numerosos e inmensos tesoros del conocimiento divino, aun así, por el mismo hecho de que su mente y alma están comprometidas en esa búsqueda, y que en la impaciencia de su deseo se exceden a sí mismos, sacan mucho provecho; y, porque sus mentes se dirigen al estudio y al amor de la investigación de la verdad, se preparan para recibir la instrucción que ha de venir; como si, cuando uno quiere pintar una imagen, primero traza con un lápiz ligero los contornos de la imagen en concreto, y prepara las señales que reciban los rasgos que deben añadirse después; este bosquejo preliminar del contorno se hace para preparar el modo en que se han de plasmar los verdaderos colores de la imagen; así, en cierta medida, un contorno y un bosquejo pueden ser trazados sobre las tablas de nuestro corazón por el lápiz del Señor Jesucristo. Y quizás por esto se dice: "A cualquiera que tuviere, le será dado" (Lc. 19:26). Por esto queda establecido que a los que en esta vida poseen una especie de contorno de verdad y conocimiento, se les agregará en el futuro la belleza de una imagen perfecta.

Lo que falta por saber

5. Un deseo semejante creo que fue indicado por quien dijo: "Porque de ambas cosas estoy puesto en estrecho, teniendo deseo de ser desatado, y estar con Cristo, lo cual

es mucho mejor" (Fil. 1:23). Sabiendo que cuando estuviera con Cristo, conocería con más claridad las razones de todas las cosas que se hacen sobre la tierra, sea respecto al hombre, o al alma del hombre, o la mente; o a cualquier otro asunto, como, por ejemplo, qué es el Espíritu que opera; también, qué es el espíritu vital, o qué es la gracia del Espíritu Santo que se da a los creyentes. Entonces también sabría qué es lo que parece ser Israel, o qué se quiere indicar por la diversidad de naciones; o qué significan las doce tribus de Israel, y qué los individuos de cada tribu. Entonces también entenderá la razón de los sacerdotes y levitas, y de las diferentes órdenes sacerdotales, el tipo de las cuales estaba en Moisés, y también cuál es el verdadero significado de los jubileos, y los motivos para los días de fiesta, y días santos, y para todos los sacrificios y purificaciones.

También percibirá la razón de la limpieza de la lepra, y qué son las diferentes clases de lepra, y la razón de la impureza de los que pierden su semilla. Llegará a saber, además, qué son las influencias buenas (*virtutes*), su grandeza y sus calidades; y también aquellas que son de una clase contraria, y cuál la afección de las primeras, y qué la emulación de los conflictos de las últimas hacia los hombres. Contemplará también la naturaleza del alma y la diversidad de los animales (de los que viven en el agua, en el aire y de bestias salvajes), y por qué cada uno de los géneros es subdividido en tantas especies; y cuál la intención del Creador, o qué propósito de su sabiduría se ocultaba en cada cosa individual.

Se familiarizará, también, con la razón de por qué se encuentran asociadas ciertas propiedades con ciertas raíces o hierbas, y por qué, de otra parte, los malos efectos son contrarrestados por otras hierbas y raíces. Sabrá, además, la naturaleza de los ángeles falsos, y la razón por la que tienen el poder de adular en algunas cosas a los que no los desprecian con el poder total de la fe, y por qué existen con el objetivo de engañar y pervertir a los hombres. Aprenderá, también, el juicio de la Providencia divina sobre cada cosa individual; y de todos los sucesos que acontecen a los hombres, que ninguno ocurre por casualidad o por accidente, sino conforme a un plan cuidadosamente considerado, y tan estupendo, que no pasa por alto ni el número del cabello de la cabeza, no sólo de los santos, sino quizás de todos los seres humanos, y el plan

Sabiendo que cuando estuviera con Cristo, conocería con más claridad las razones de todas las cosas que se hacen sobre la tierra. También percibirá la razón de la limpieza de la lepra, y qué son las diferentes clases de lepra, y la razón de la impureza de los que pierden su semilla. Llegará a saber, además, qué son las influencias buenas (*virtutes*), su grandeza y sus calidades.

El celo o deseo de conocimiento que concebimos en la tierra, recibirá plena satisfacción de pleno entendimiento y comprensión que nos serán concedidos después de la muerte. Entonces, cumplidos los anhelos del ansia de verdad, entenderemos de una manera doble lo que vimos sobre la tierra.

que el gobierno providencial amplía hasta preocuparse por la venta de dos gorriones por un denario, tanto si los gorriones se entienden en sentido figurado como literal. Ahora, ciertamente, este gobierno providencial es todavía un tema de investigación, pero entonces se manifestará totalmente.

De todo ello debemos suponer que no ha de pasar poco tiempo hasta conocer la razón de aquellas cosas terrenales que merecen ser recordadas después de abandonar esta vida. Entonces, aquella atmósfera situada entre el cielo y la tierra no está desprovista de habitantes, y de una clase racional, como el apóstol dice: "En otro tiempo anduvisteis conforme a la condición de este mundo, conforme al príncipe de la potestad del aire, el espíritu que ahora obra en los hijos de desobediencia" (Ef. 2:2). Y otra vez dice: "Seremos arrebatados en las nubes a recibir al Señor en el aire, y así estaremos siempre con el Señor" (1ª Ts. 4:17).

Las moradas celestiales

6. Debemos suponer, por lo tanto, que los santos permanecerán allí hasta que reconozcan el doble modo de gobierno de aquellas cosas que son realizadas en el aire. Y cuando digo "el doble modo" quiero decir esto: Cuando estábamos sobre la tierra, veíamos animales o árboles, y contemplamos las diferencias entre ellos, y también la gran diversidad entre hombres; pero aunque vimos estas cosas, no entendimos la razón de ellas; y esto se nos sugirió únicamente por la diversidad visible, para que examináramos e investigáramos por qué principio han sido creadas o diversamente ordenadas.

El celo o deseo de conocimiento que concebimos en la tierra, recibirá plena satisfacción de pleno entendimiento y comprensión que nos serán concedidos después de la muerte. Entonces, cumplidos los anhelos del ansia de verdad, entenderemos de una manera doble lo que vimos sobre la tierra. Algo parecido debemos sostener en cuanto a esta morada en el aire. Pienso que todos los santos que se marchan de esta vida permanecerán en algún lugar situado sobre la tierra, el que la santa Escritura llamaba el *paraíso*, como un lugar de instrucción y, por así decir, clase o escuela de almas, donde los santos serán instruidos en cuanto a todas las cosas que hayan visto sobre la tierra, y también recibirán alguna información sobre las cosas que seguirán en el futuro, como las que en esta vida habían obtenido en algunas indicaciones sobre acontecimientos futuros, aunque como "por un cristal misteriosamente", todo lo cual será revelado distinta y claramente a los santos en el tiempo y lugar apropiados.

Si alguien de verdad es puro de corazón, santo de mente y experimentado en la percepción, hará progresos más rápidos, ascendiendo con prontitud a un lugar en el aire hasta alcanzar el reino del cielo, por medio de aquellas mansiones en los distintos lugares que los griegos han llamado esferas, esto es, globos, pero que la santa Escritura ha llamado cielos; en cada uno de los cuales primero verá claramente lo que se hace ahí, y en segundo lugar, descubrirá la razón por la que son hechas las cosas; y así irá pasando en orden por todas las gradaciones, siguiendo a aquel que ha traspasado los cielos,[89] Jesús el Hijo de Dios, quien dijo: "Que donde yo estoy, ellos estén también conmigo" (Jn. 17:24).

De esta diversidad de sitios nos habla, cuando dice: "En la casa de mi Padre muchas moradas hay" (Jn. 14:2). Él mismo está en todas partes, y pasa rápidamente por todas las cosas; entonces no le entenderemos más como existiendo en los estrechos confines en que se limitó por nuestro bien, es decir, no circunscrito a aquel cuerpo que tuvo sobre la tierra, morando entre hombres, según el cual podría considerarse como recluido en un lugar.

> Si alguien de verdad es puro de corazón, santo de mente y experimentado en la percepción, hará progresos más rápidos, ascendiendo con prontitud a un lugar en el aire hasta alcanzar el reino del cielo, por medio de aquellas mansiones en los distintos lugares que la santa Escritura ha llamado cielos.

Crecimiento constante en la visión de Dios

7. Cuando los santos alcancen las moradas celestiales verán claro la naturaleza de las estrellas una por una, y entenderán si están dotadas de vida, o cuál es su condición.

Comprenderán también las demás razones para las obras de Dios, que Él mismo les revelará. Porque Dios les mostrará, como a niños, las causas de todas las cosas y el poder de su creación, y les explicará por qué esa estrella fue colocada en su lugar particular en el cielo, y por qué fue separada de otra por un espacio intermedio tan gran-

---

[89] Cf. Hebreos 4:14: "Por tanto, teniendo un gran Pontífice, que penetró los cielos, Jesús el Hijo de Dios, retengamos nuestra profesión".

Y así, la naturaleza racional, creciendo por cada peldaño individual, no como creció en esta vida en la carne, en el cuerpo y en el alma, sino aumentada en entendimiento y en poder de percepción, se levanta como una mente perfecta hacia un conocimiento perfecto, sin los impedimentos de los sentidos carnales.

de; cuál, por ejemplo, hubiera sido la consecuencia de haber estado más cerca o más lejos, o cómo, si esa estrella hubiera sido más grande que esta, la totalidad de las cosas no hubiera permanecido igual, sin que todo hubiera sido transformado en una condición diferente de ser. Y así, cuando hayan terminado todos los asuntos relacionados con las estrellas y con las revoluciones celestiales, vendrán a las cosas que no se ven, o a aquellas de quienes sólo han oído su nombre, y a cosas que son invisibles, que el apóstol Pablo nos informa que son numerosas, aunque lo que son y las diferencias que existen entre ellas, no podamos conjeturarlo con nuestro débil intelecto.

Y así, la naturaleza racional, creciendo por cada peldaño individual, no como creció en esta vida en la carne, en el cuerpo y en el alma, sino aumentada en entendimiento y en poder de percepción, se levanta como una mente perfecta hacia un conocimiento perfecto, sin los impedimentos de los sentidos carnales, sino acrecentada en crecimiento intelectual, y siempre contemplando puramente, por así decirlo, cara a cara, las causas de las cosas, logra su perfección, primero por la que asciende a la verdad, y segundo, por la que mora en ella, teniendo los problemas y el entendimiento de las cosas y las causas de los eventos como alimento que festejar.

Porque si en esta vida nuestros cuerpos crecían físicamente hacia lo que son, gracias a la suficiencia de comida en la infancia, supliendo los medios de crecimiento; después de alcanzar el peso debido, ya no ustilizamos la comida para crecer, sino para vivir y así perseverar en esta vida. Pienso que así también, la mente, cuando ya ha alcanzado su perfección, se alimenta de comida adecuada y apropiada en tal grado que nada es deficiente o superfluo.

En todas las cosas esta comida debe entenderse como la contemplación y entendimiento de Dios, el cual es la medida apropiada y adecuada para esta naturaleza, que fue hecha y creada. Esta medida debe observarse y ser la propia de cada uno de los que comienzan a ver a Dios, es decir, a entenderle mediante la pureza del corazón.[90]

---

[90] Cf. Mateo 5:8: "Bienaventurados los de limpio corazón, porque ellos verán a Dios".

Libro III[91]

---

[91] En este punto de su traducción, Rufino escribe un prefacio para decir que, en su traducción al latín de la obra en griego de Orígenes, solicitada con urgencia por sus amigos, ha omitido las partes en que Orígenes se contradice y las interpolaciones de quienes quisieron hacer pasar sus herejías por propias del gran teólogo. Por nuestra parte, para el capítulo 1 hemos decidido traducir la versión griega existente, el resto pertenece a la versión latina de Rufino.

1

El libre albedrío

El problema de la libertad de la voluntad

1. Ya que en la predicación de la Iglesia se incluye la doctrina del juicio justo de Dios, que, cuando se cree que es verdadero, incita a los que lo oyen a vivir virtuosamente y evitar el pecado cueste lo que cueste, puesto que se reconoce evidentemente que las cosas dignas de alabanza o de condenación están dentro de nuestro propio poder, consideremos unos cuantos puntos respecto a la libertad de la voluntad, una de las cuestiones más necesarias de todas. Y para que podamos entender qué es la libertad de la voluntad es necesario estudiar y declarar con precisión el concepto y sujeto que tenemos delante de nosotros.

La fantasía o instinto de los animales

2. De las cosas que se mueven, unas tienen dentro la causa de su movimiento; otras sólo son movidas desde fuera. Ahora, sólo las cosas portátiles son movidas desde fuera, como trozos de madera, piedras, y toda materia que se mantiene unida según su sola constitución. Quitemos de nuestra consideración lo que se llama el flujo de la moción de los cuerpos, ya que no es necesario para nuestro objetivo presente.

Pero los animales y las plantas tienen la causa de su moción dentro de ellos, y en general todo es mantenido unido por la naturaleza y un alma, a cuya clase, dicen algunos, también pertenecen los metales. Además de estos, el fuego también es automovido, y quizás también las fuentes de agua. Ahora, de aquellas cosas que tienen la causa de su moción dentro de ellas, algunas, se dice, son movidas desde fuera, otras desde ellos; las cosas sin vida, desde fuera de ellas; las cosas animadas, desde sí mismas. Porque las cosas animadas son movidas por ellas, una fantasía brota en ellas que las incita al esfuerzo. En ciertos animales las fantasías se forman para provocar el esfuerzo, la naturaleza de la fantasía provoca el esfuerzo de una

Consideremos unos cuantos puntos respecto a la libertad de la voluntad, una de las cuestiones más necesarias de todas. Y para que podamos entender qué es la libertad de la voluntad es necesario estudiar y declarar con precisión el concepto y sujeto que tenemos delante de nosotros.

Ya que en la naturaleza de la razón hay ayudas para contemplar la virtud y el vicio, nosotros seleccionamos uno y evitamos otro, mereciendo alabanzas cuando nos entregamos a la práctica de la virtud, y censuras cuando hacemos lo opuesto.

manera ordenada, como en la araña se forma la fantasía de tejido, a la que sigue la tentativa de tejerlo, la naturaleza de su fantasía incita al insecto de una manera ordenada sólo a esto. Y además de su naturaleza "fantasial", se cree que nada más pertenece al insecto. En la abeja se forma la fantasía de producir cera.

Las incitaciones de la naturaleza

3. El animal racional, sin embargo, tiene además razón, en adición a su naturaleza "fantasial", por la que juzga las fantasías y desaprueba unas y acepta otras, para que el animal pueda conducirse según ellas. Por lo tanto, ya que en la naturaleza de la razón hay ayudas para contemplar la virtud y el vicio, nosotros seleccionamos uno y evitamos otro, mereciendo alabanzas cuando nos entregamos a la práctica de la virtud, y censuras cuando hacemos lo opuesto.

Sin embargo, no debemos ignorar que la mayor parte de la naturaleza asignada a todas las cosas varía en cantidad entre animales, en mayor y menor grado; para que el instinto en los perros de caza y en caballos de guerra se aproximen, por así decirlo, en alguna medida a la facultad de la razón. Ahora, caer bajo algunas de esas causas externas que mueven dentro de nosotros esta fantasía u otra, son cosas que no dependen de nosotros; pero determinar que usaremos la ocurrencia de este u otro modo diferente, es la prerrogativa nada menos que de la razón dentro de nosotros, la cual, cuando se presenta la ocasión, despierta esfuerzos que nos incitan a lo que es virtuoso, o a desviarnos hacia su opuesto.

El poder de dominio de la razón

4. Pero si alguien mantiene que esta causa externa es de tal naturaleza que es imposible resistirse cuando así viene, dejemos que dirija su atención a sus propios sentimientos y movimientos, y vea si no hay aprobación, y asentimiento, e inclinación del principio de control hacia algún objeto debido a algunos argumentos engañosos. Por ejemplo, por poner un caso, si una mujer aparece ante un hombre que ha determinado ser casto y abstenerse de la cópula carnal, y lo incita a actuar contrariamente a su

propósito, no es la causa absoluta o completa para anular su determinación. Porque, estando totalmente contento con la atracción del placer y no deseando ofrecerle resistencia o mantener su propósito, comete un acto licencioso. Otro hombre, por su parte, cuando le ocurre lo mismo, pero ha recibido más instrucción, y se ha autodisciplinado, también se topa con encantos y tentaciones; pero su razón, como reforzada hasta su punto más alto, y entrenada cuidadosamente y confirmada en sus ideas sobre el curso virtuoso a seguir, rechaza la incitación y extingue el deseo.

Causas externas y libertad de decisión

5. Siendo este el caso, decir que somos movidos desde fuera, y quitar la responsabilidad de nosotros, declarando que somos como un trozo de madera o una piedra que son arrastrados por aquellas causas que actúan sobre ellos desde fuera, no es ni verdadero, ni conforme a la razón, sino que es la declaración de uno que desea destruir la concepción del libre albedrío. Ya que si nosotros le preguntamos qué es la libre voluntad, él diría que consiste en esto: que intentando hacer alguna cosa, ninguna causa externa interviene para incitar a lo opuesto.

Culpar a la mera constitución del cuerpo es absurdo; porque la razón disciplinaria, cuando toma a los que son los más inmoderados y salvajes (si siguen su exhortación), efectúa una transformación, que la alteración y el cambio para mejor es extensivo; los hombres más licenciosos con frecuencia se hacen mejor que los que antes no parecieron ser tal por naturaleza; y los más salvajes pasan a tal estado de blandura, que los que nunca fueron tal salvajes como ellos, ahora parecen salvajes en comparación, tal grado de gentileza se produce en ellos.

Vemos a otros hombres, los más firmes y respetables, expulsados de su estado de respetabilidad y constancia por su relación con las malas costumbres, hasta el punto de caer en hábitos licenciosos, a menudo comenzando su maldad en su mediana edad, y hundiéndose en el desorden después de que el período de su juventud ha pasado; el que, hasta donde la naturaleza se refiere, es inestable.

La razón, pues, demuestra que los acontecimientos externos no dependen de nosotros, pero que es nuestra

Decir que somos movidos desde fuera, y quitar la responsabilidad de nosotros, declarando que somos como un trozo de madera o una piedra que son arrastrados por aquellas causas que actúan sobre ellos desde fuera, no es ni verdadero, ni conforme a la razón, sino que es la declaración de uno que desea destruir la concepción del libre albedrío.

Ahora, ya que nuestra tarea es vivir virtuosamente, y que Dios lo pide de nosotros, no dependemos de Él, ni de ningún otro, ni, como algunos piensan, del destino, sino de nuestro propio obrar, como muestra el profeta Miqueas. Y Moisés, y el Salvador también.

responsabilidad usarlos de un modo u otro, habiendo recibido la razón como un juez e investigador de la manera en que deberíamos enfrentar los acontecimientos que nos vienen de fuera.

Prueba bíblica de la libre voluntad

6. Ahora, ya que nuestra tarea es vivir virtuosamente, y que Dios lo pide de nosotros, no dependemos de Él, ni de ningún otro, ni, como algunos piensan, del destino, sino de nuestro propio obrar, como muestra el profeta Miqueas cuando dice: "Oh hombre, Él te ha declarado qué sea lo bueno, y qué pide de ti el Señor: solamente hacer juicio, y amar misericordia, y humillarte para andar con tu Dios" (Mi. 6:8). Y Moisés: "Mira, yo he puesto delante de ti hoy la vida y el bien, la muerte y el mal; Porque yo te mando hoy que ames al Señor tu Dios, que andes en sus caminos, y guardes sus mandamientos y sus estatutos y sus derechos, para que vivas y seas multiplicado" (Dt. 30:15, 16). Isaías también: "Si quisiereis y oyereis, comeréis el bien de la tierra; Si no quisiereis y fuereis rebeldes, seréis consumidos a espada; porque la boca de Jehová lo ha dicho" (Is. 1:19-20). Y en los Salmos: "¡Oh, si me hubiera oído mi pueblo, si en mis caminos hubiera andado Israel! En un nada habría yo derribado a sus enemigos, y vuelto mi mano sobre sus adversarios" (Sal. 81:13, 14), mostrando que estaba en el poder de su pueblo oír y andar en los caminos de Dios.

El Salvador también, cuando ordena: "Mas yo os digo: No resistáis al mal" (Mt. 5:39). Y: "Cualquiera que se enojare locamente con su hermano, será culpado del juicio" (Mt. 5:22). Y: "Cualquiera que mira a una mujer para codiciarla, ya adulteró con ella en su corazón" (Mt. 5:28). Y así, por cualquier otro mandamiento que da, declara que depende de nosotros observar lo que nos ha impuesto, y que seremos culpables de condenación si lo transgredimos.

Dice además: "Cualquiera que me oye estas palabras, y las hace, le compararé a un hombre prudente, que edificó su casa sobre la peña". "Pero cualquiera que me oye estas palabras, y no las hace, le compararé a un hombre insensato, que edificó su casa sobre la arena" (Mt. 7:24, 26). Y cuando dice a los que están en su mano derecha: "Venid, benditos de mi Padre", etc.; "ya que yo era quien tenía hambre, y vosotros me disteis de comer; yo era el sediento, y vosotros me disteis de beber" (Mt. 25:34). Esto es sumamente manifiesto cuando hace esta promesa a los que eran dignos de alabanza. Pero, por el contrario, a otros, al ser culpables de censura en comparación con los otros, les dice: "Apartaos de mí, malditos, al fuego eterno" (Mt. 25:41).

Observemos que también Pablo nos trata como quienes están dotados de libre voluntad, y responsables de la causa de nuestra ruina o de nuestra salvación. Dice así: "¿O menosprecias las riquezas de su benignidad, paciencia y longanimidad, ignorando que su benignidad te guía al arrepentimiento? Mas por tu dureza, y por tu corazón no arrepentido, atesoras para ti mismo ira para el día de la ira y de la manifestación del justo juicio de Dios; el cual pagará a cada uno conforme a sus obras: A los que perseverando en bien hacer, buscan gloria y honra e inmortalidad, la vida eterna. Mas a los que son contenciosos, y no obedecen a la verdad, antes obedecen a la injusticia, enojo e ira; tribulación y angustia sobre toda persona humana que obra lo malo, el judío primeramente, y también el griego. Mas gloria y honra y paz a cualquiera que obra el bien, al judío primeramente, y también al griego" (Ro. 2:4-10). Hay, en verdad, innumerables textos de las Escrituras que establecen con sobrada claridad la existencia de la libre voluntad.

Ya que ciertas declaraciones del Antiguo Testamento y del Nuevo llevan a la conclusión opuesta, a saber, que no depende de nosotros guardar los mandamientos y ser salvos, o transgredirlos y perdernos, veámoslas una por una, y consideremos la explicación de ellas.

Textos bíblicos contrarios a la libre voluntad

7. Pero, ya que ciertas declaraciones del Antiguo Testamento y del Nuevo llevan a la conclusión opuesta, a saber, que no depende de nosotros guardar los mandamientos y ser salvos, o transgredirlos y perdernos, veámoslas una por una, y consideremos la explicación de ellas, de modo que mediante aquello que aducimos, cualquiera pueda elegir los pasajes que parecen negar la libre voluntad y considere lo que se ha dicho de ellos por vía de explicación.

Las declaraciones sobre el Faraón han preocupado a muchos, pues Dios declara varias veces: "Endureceré el corazón del Faraón" (Éx. 4:21; 7:3). Porque si es endure-

Hay pasajes suficientes para preocupar a la multitud, como si el hombre no poseyera libre albedrío, y como si fuera Dios quien salva o destruye a quien Él quiere.

cido por Dios y comete pecado a consecuencia del endurecimiento, no es él la causa de pecado; y si es así, entonces el Faraón no posee libre albedrío.

Alguien dirá que, de un modo semejante, los que se pierden no tienen libre albedrío, y no se pierden por sí mismos. La declaración, también, de Ezequiel: "Les daré un corazón, y espíritu nuevo daré en sus entrañas; y quitaré el corazón de piedra de su carne, y les daré corazón de carne; para que anden en mis ordenanzas, y guarden mis juicios y los cumplan" (Ez. 11:19, 20). Esto podría llevar a pensar que es Dios quien da el poder de andar en sus mandamientos, y guardar sus preceptos, al retirar el obstáculo, es decir, el corazón de piedra, e implantar un corazón mejor, es decir, de carne.

Miremos también el pasaje del Evangelio, donde el Salvador responde a los que preguntaron por qué se dirigía a la multitud con parábolas. Sus palabras son: "Para que viendo, vean y no echen de ver; y oyendo, oigan y no entiendan; para que no se conviertan, y les sean perdonados los pecados" (Mr. 4:12; Lc. 8:10). También el texto de Pablo: "Así que no es del que quiere, ni del que corre, sino de Dios que tiene misericordia" (Ro. 9:16). Las declaraciones en otros sitios que dicen: "Dios es el que en vosotros obra así el querer como el hacer, por su buena voluntad" (Fil. 2:13). "De manera que del que quiere tiene misericordia; y al que quiere, endurece. Me dirás pues: ¿Por qué, pues, se enoja? Porque ¿quién resistirá a su voluntad?" (Ro. 9:18-19). "Esta persuasión no es de aquel que os llama" (Gá. 5:8). "Mas antes, oh hombre, ¿quién eres tú, para que alterques con Dios? Dirá el vaso de barro al que le labró: ¿Por qué me has hecho tal? ¿O no tiene potestad el alfarero para hacer de la misma masa un vaso para honra y otro para vergüenza?" (Ro. 9:20, 21). Estos pasajes son suficientes para preocupar a la multitud, como si el hombre no poseyera libre albedrío, y como si fuera Dios quien salva o destruye a quien Él quiere.

Resolución del problema

8. Comencemos, pues, con las palabras que se dijeron del Faraón, que fue endurecido por Dios para que no dejara salir a su pueblo, junto a las cuales también examinaremos la declaración del apóstol: "De manera que del

que quiere tiene misericordia; y al que quiere, endurece" (Ro. 9:18). Y tan cierto es que los que sostienen opiniones diferentes emplean mal estos pasajes, es que también destruyen el libre albedrío al introducir naturalezas arruinadas incapaces de salvación, y otras que son salvadas sin posibilidad de perderse. El Faraón, dicen, al ser de una naturaleza perdida, fue lógicamente endurecido por Dios, quien tiene compasión de lo espiritual, pero endurece lo terrenal.[92] Veamos lo que quieren dar a entender.

Les preguntaremos si ellos piensan que el Faraón fue una naturaleza terrenal; y, cuando contesten, les diremos que quien es de naturaleza terrenal es totalmente desobediente a Dios: Pero si desobediente, ¿qué necesidad hay de endurecer su corazón, y no una sola vez, sino varias?[93] A no ser, quizás, que le fuera posible obedecer (en cuyo caso seguramente habría obedecido, al no ser terrenal cuando le presionaron con fuerza los signos y maravillas), y Dios necesitara que fuera desobediente en un grado superior para que pudiera manifestar sus hechos poderosos para la salvación de la multitud y, por lo tanto, endurecer su corazón.[94] Esta será nuestra respuesta, en primer

> El Faraón, dicen, al ser de una naturaleza perdida, fue lógicamente endurecido por Dios, quien tiene compasión de lo espiritual, pero endurece lo terrenal. Veamos lo que quieren dar a entender.

---

[92] Los gnósticos enseñaban que ciertos hombres son elegidos y salvados por Dios, a quienes ha dotado de una naturaleza buena, mientras que otros son reprobados desde su nacimiento y reciben una naturaleza mala. Orígenes no puede soportar esta arbitrariedad en Dios, y todo su polémica girará en torno a la defensa del libre albedrío y la responsabilidad humana por las consecuencias de sus acciones, sean buenas o malas. Para él, los elegidos y salvos son aquellos cuyos méritos Dios conoció de antemano, no son, como pretendían los gnósticos respecto de los apóstoles, hombres de naturaleza excepcional.

[93] "Las personas que creen que ciertos hombres, por su constitución, están destinados a la perdición, citan este texto en el problema de las naturalezas, cuya doctrina, dicen, se hace evidente por el hecho de que Dios endureció el corazón del Faraón. El hombre, creado para la perdición, no podría jamás hacer nada bueno, porque la naturaleza misma que obra en él se opone a que busque el bien. ¿Qué necesidad hay entonces de que el Faraón que es, como vosotros decís, hijo de perdición sea endurecido por Dios para no dejar partir al pueblo? En efecto, si no hubiera sido endurecido, lo habría dejado partir" (Orígenes, *Comentario a Éxodo*, *Filocalia*, cap. 27).

[94] "Si no estando endurecido hubiera dejado partir al pueblo, es porque no era de una naturaleza perdida. Si no lo hubiera dejado partir, el endurecimiento de su corazón era superfluo, puesto que, incluso sin estar endurecido, no lo hubiera dejado partir igualmente. Pero, ¿qué acción tuvo Dios sobre su corazón cuando lo endureció? … Aquel que endurece, ¿endurece a alguien que ya es duro? Es evidente que lo que es duro no se endurece, por el contrario, lo que se endurece pasa de lo blando a lo duro" (Orígenes, *id.*).

¿De quiénes tiene misericordia? ¿Es de los que deben salvarse? ¿Y cómo es que hay necesidad de una segunda misericordia para los que ya han sido preparados para la salvación, quienes serán bienaventurados de todos modos debido a su naturaleza? A no ser, quizás, que sean capaces de incurrir en perdición, si no reciben misericordia.

lugar, en orden a derribar su suposición de que el Faraón era de naturaleza perdida. La misma respuesta debe darse en lo que concierne a la declaración del apóstol. Porque, ¿a quiénes endurece Dios? A los que perecen, como si pudieran obedecer a menos que sean endurecidos; o, manifiestamente, a los que serían salvos ya que no son de naturaleza perdida. ¿Y de quiénes tiene misericordia? ¿Es de los que deben salvarse? ¿Y cómo es que hay necesidad de una segunda misericordia para los que ya han sido preparados para la salvación, quienes serán bienaventurados de todos modos debido a su naturaleza? A no ser, quizás, que sean capaces de incurrir en perdición, si no reciben misericordia; obtendrán misericordia para que puedan no incurrir en la destrucción de la que son capaces, sino que pueden estar en la condición de los que son salvos. Y esta es nuestra respuesta a tales personas.[95]

Dios no puede ser inculpado de injusticia

9. Pero a los que piensan que ellos entienden el término "endurecer" debemos dirigir la siguiente pregunta: ¿Qué quieren decir al afirmar que Dios, por su obra, endurece el corazón y con qué propósito lo hace? Pero permitamos que observen la concepción de un Dios que es en realidad justo y bueno; pero si no nos permiten esto, dejemos que se les conceda de momento que Dios es justo; y que nos muestren ellos cómo el Dios bueno y justo, o el Dios sólo justo, aparece justo al endurecer el corazón que perece debido a su endurecimiento; y cómo este Dios justo se convierte en causa de destrucción y desobediencia, cuando los hombres son castigados por Él debido a su dureza y desobediencia.[96]

---

[95] "Y esta es nuestra respuesta a los que introducen e inventan fábulas (*commentitias fabulas introducunt*) sobre naturalezas buenas o malas, es decir, de almas terrenales y espirituales, a consecuencia de lo cual uno se salva o se pierde, como ellos dicen" (versión latina de Rufino).

[96] "Aquellos que pretenden que hay otro Dios además del Creador, quieren que este último sea justo y no bueno, pues, por incapacidad e impiedad a la vez, han sido arrastrados a separar la justicia de la bondad y a pensar que se puede encontrar en alguien justicia sin bondad y bondad sin justicia. Ahora bien, aun diciendo esto, admiten, en contradicción con su propia concepción del Dios justo, que Él endureció el

Y por qué encuentra una falta en Faraón, cuando dice: "¿Todavía te ensalzas tú contra mi pueblo, para no dejarlos ir?... He aquí yo voy a matar a tu hijo, tu primogénito" (Éx. 9:17; 4:23). "Heriré a todo primogénito en la tierra de Egipto, así en los hombres como en las bestias" (Éx. 12:12), y todo lo que se registra como hablado por Dios al Faraón mediante la intervención de Moisés. Porque quien cree que las Escrituras son verdaderas, y que Dios es justo, necesariamente debe procurar, si es honesto, hacer ver que Dios, al utilizar tales expresiones, puede entenderse claramente como justo.[97] Pero si alguien se levantara, declarando con la cabeza descubierta, que el Creador del mundo estaba inclinado a la maldad, nosotros no necesitaríamos más palabras para contestarle.[98]

> Ya que ellos dicen que consideran a Dios justo, nosotros como justo y al mismo tiempo bueno, veamos cómo el Dios bueno y justo podría endurecer el corazón de Faraón.

La lluvia de Dios

10. Pero ya que ellos dicen que consideran a Dios justo, nosotros como justo y al mismo tiempo bueno, veamos cómo el Dios bueno y justo podría endurecer el corazón de Faraón.

Considera, entonces, si mediante una ilustración usada por el apóstol en la Epístola a los Hebreos, somos capaces de demostrar que por una operación (*energeia*) Dios tiene compasión de un hombre mientras que endurece a otro, aunque sin intención de endurecerlo, sino

---

corazón del Faraón, y que lo dispuso a desobedecerle... De acuerdo con la interpretación de estas gentes, Dios contribuyó a hacer del Faraón el más injusto de los hombres" (Orígenes, *Comentario a Éxodo*, *Filocalia*, cap. 27).

[97] En su comentario a Éxodo 10:27 –"El Señor endureció el corazón del Faraón"–, Orígenes resalta las implicaciones apologéticas, pues los incrédulos se basan en este texto para rechazar a un Dios a todas luces injusto. "En efecto, es indigno de un Dios causar un endurecimiento en el corazón de alguien y provocarle después para que desobedezca la voluntad de aquel que lo endurece. ¿Acaso –dicen– no es absurdo que Dios actúe sobre alguien para hacerle desobedecer su voluntad?" (*Comentario a Éxodo*, cap. 27 de la *Filocalia*). Por otra parte, los mismos creyentes se confunden y llegan a decir que Dios, de una "manera arbitraria prodiga misericordia y endurece a quien quiere, sin que exista razón para que alguien sea colmado de misericordia y otro endurecido por Dios" (*íd.*).

[98] "Diferente es el método de nuestra respuesta a los que afirman que el Creador de este mundo es un ser maligno, esto es, un diablo" (versión latina de Rufino).

Del mismo modo, las obras maravillosas de Dios se realizan también como si fueran lluvia, mientras que los diferentes propósitos son, como si dijéramos, la tierra cultivada y la tierra abandonada, pero sin olvidar que la naturaleza de la tierra es la misma.

teniendo un buen propósito, el endurecimiento sigue como consecuencia de un principio de inherente maldad en tales personas, y así se dice que "a quien quiere endurecer endurece".

"Porque la tierra –dice– que embebe el agua que muchas veces vino sobre ella, y produce hierba provechosa a aquellos por los cuales es labrada, recibe bendición de Dios; mas la que produce espinas y abrojos, es reprobada, y cercana de maldición; cuyo fin será el ser abrasada" (He. 6:7-8). Respecto a la lluvia hay una operación; y al ser una operación de la lluvia, la tierra que es cultivada produce frutos, mientras que la que es descuidada y abandonada produce espinos. Ahora bien, podría parecer profano para quien hace llover, que dijera: "Yo produzco los frutos, y los espinos son de la tierra" y aun así, aunque profano, es verdadero.

Porque si la lluvia no cayera no habría ni frutos ni espinos, pero habiendo caído, a su debido tiempo y con moderación, produce ambos. La tierra, por su parte, que bebe de la lluvia que cae sobre ella y aun así produce cardos y espinos, es rechazada y casi maldecida. La bendición, pues, de la lluvia descendió incluso hasta la tierra inferior, pero al estar descuidada e incultivada, produce espinos y abrojos. Del mismo modo, las obras maravillosas de Dios se realizan también como si fueran lluvia, mientras que los diferentes propósitos son, como si dijéramos, la tierra cultivada y la tierra abandonada, pero sin olvidar que la naturaleza de la tierra es la misma.[99]

---

[99] "Sobre toda la tierra, por la operación de la misma lluvia, el terreno que es cultivado produce frutas útiles que bendicen a los cultivadores diligentes y cuidadosos, mientras que el terreno endurecido por la negligencia del granjero sólo trae espinas y cardos. Consideremos, por lo tanto, aquellos signos y milagros hechos por Dios, como la lluvia enviada desde arriba; y el objetivo y los deseos de los hombres, como el terreno culto e inculto, que es de una misma naturaleza, como es cada terreno comparado entre sí, pero no en estado del mismo cultivo. De esto se sigue que de la voluntad (*propositum*) de cada uno, si inexperto, o feroz, o bárbaro, es endurecido por los milagros y las maravillas de Dios, creciendo más salvaje y espinoso que anteriormente, o bien se hace más flexible y productiva gracias a la obediencia y a la limpieza del vicio de su mente, sometido a la educación divina" (versión latina de Rufino).

Las advertencias de Dios al faraón

11. Y si el sol, como emitiendo una palabra, dijera "licúo y seco", siendo cosas opuestas la licuación y el secamiento, no hablaría falsamente en cuanto al punto en cuestión; la cera se derrite y el fango se seca por el mismo calor; entonces la misma operación, que fue realizada mediante la instrumentalidad de Moisés, probó la dureza de Faraón, por una parte, el resultado de su maldad, y, por otra, su permisión al dejar marchar a la multitud mixta de egipcios que salieron con los hebreos.

La breve declaración de que el corazón de Faraón se ablandó cuando dijo: "Yo os dejaré ir para que sacrifiquéis al Señor vuestro Dios en el desierto, con tal que no vayáis más lejos... camino de tres días" (Éx. 8:28, 27), dejando a sus esposas y ganados, cediendo poco a poco antes de los signos, prueba que las maravillas hicieron alguna impresión hasta en él, aunque no consiguieron todo lo que podrían haber logrado.

Aun así, esto no hubiera pasado, si lo que es supuesto por muchos –el endurecimiento del corazón del Faraón–, hubiera sido producido por Dios mismo. Y no es absurdo ablandar tales expresiones de acuerdo al uso común; porque los buenos señores a menudo dicen a sus siervos, cuando se echan a perder por su bondad y paciencia: "Te he hecho daño, y no soy culpable de ofensas de tal enormidad". Porque debemos atender al carácter y la fuerza de la frase, y no discutir sofísticamente, desatendiendo el significado de la expresión.[100]

Pablo, por fin, que ha examinado estos puntos claramente, dice al pecador: "¿O menosprecias las riquezas de su benignidad, y paciencia ignorando que su benignidad te guía al arrepentimiento? Mas por tu dureza, y por tu corazón no arrepentido, atesoras para ti mismo ira para el día de la ira y de la manifestación del justo juicio de Dios"

La breve declaración de que el corazón de Faraón se ablandó cuando dijo: "Yo os dejaré ir para que sacrifiquéis al Señor vuestro Dios en el desierto, con tal que no vayáis más lejos... camino de tres días", dejando a sus esposas y ganados, cediendo poco a poco antes de los signos, prueba que las maravillas hicieron alguna impresión en él.

---

[100] "Aquellos señores que son notables por la bondad con sus siervos, con frecuencia acostumbran decir a éstos, cuando por su mucha paciencia e indulgencia, se vuelven insolentes e indignos: "Yo soy mí quien te ha hecho el daño; soy culpable de tus hábitos perversos y malos, porque no te he castigado inmediatamente por cada delito según tu merecido". Porque primero debemos asistir al significado figurado del lenguaje, para ver la fuerza de la expresión y no poner reparos con la palabra cuyo significado interior no averiguamos" (versión latina de Rufino).

A menos que un caballo sienta continuamente la espuela de su jinete y tenga su boca frenada por el bocado, se endurece. Un niño que no sea disciplinado con el castigo, crecerá hasta ser un joven insolente, listo para caer de cabeza en el vicio. Por eso Dios abandona y olvida a quienes ha juzgado indignos de castigo.

(Ro. 2:4, 5). Ahora dejemos que lo que el apóstol dice al pecador se aplique al Faraón, y veamos que las advertencias que se le hicieron, se le hicieron con propiedad, ya que, según su dureza y su corazón impenitente, atesoraba ira para el día de la ira; puesto que su dureza nunca habría sido demostrada, ni puesta de manifiesto a menos que se hubieran realizado los signos y milagros en número tan grande y tal magnificencia.

El valor educativo del castigo

12. Pero ya que estas narraciones son lentas para asegurar el asentimiento, y se consideran como forzadas, consideremos también las declaraciones proféticas, y veamos lo que los profetas declaran en cuanto a los que aunque al principio experimentaron la gran bondad de Dios, no la vivieron virtuosamente, sino que cayeron en pecado. "¿Por qué, oh Señor, nos has hecho errar de tus caminos, y endureciste nuestro corazón a tu temor? Vuélvete por amor de tus siervos, por las tribus de tu heredad. Por poco tiempo lo poseyó el pueblo de tu santidad; nuestros enemigos han hollado tu santuario" (Is. 63:17, 18). Y en Jeremías: "Me alucinaste, oh Señor, y me hallo frustrado: más fuerte fuiste que yo, y me venciste; cada día he sido escarnecido; cada cual se burla de mí" (Jer. 20:7). Porque la expresión, "¿Por qué, oh Señor, nos has hecho errar de tus caminos, y endureciste nuestro corazón a tu temor?" pronunciada por los que piden misericordia, tomada en sentido figurado y moral viene a decir: "¿Por qué nos has dejado tanto tiempo y no nos has visitado por causa de nuestros pecados, sino que nos abandonas hasta que nuestras transgresiones lleguen a su límite?"

A menos que un caballo sienta continuamente la espuela de su jinete y tenga su boca frenada por el bocado (*frenis ferratis*), se endurece. Un niño que no sea disciplinado con el castigo, crecerá hasta ser un joven insolente, listo para caer de cabeza en el vicio. Por eso Dios abandona y olvida a quienes ha juzgado indignos de castigo. "Porque el Señor al que ama castiga, y azota a cualquiera que recibe por hijo" (He. 12:6). De aquí debemos suponer que quienes han sido admitidos en la familia y en el afecto filial son los que han merecido ser castigados y azotados por el Señor, de manera que, soportando las pruebas, puedan decir: "¿Quién nos apartará del amor de Cristo? Tribulación, o angustia, o persecución, o hambre, o desnudez, o peligro, o cuchillo? (Ro. 8:35). Porque por todas estas cosas se manifiesta la resolución de cada cual y la firmeza de su perseverancia, no tanto respecto a Dios, que conoce todas las cosas antes de que ocurran, como respecto a las virtudes celestes y racionales (*rationabilibus coelestibusque virtutibus*), que han obtenido una parte en la obra de procurar la salvación humana, siendo una especie de asistencia y ministros de Dios.

Dios deja la mayor parte de la humanidad sin castigo, para que los hábitos de cada uno puedan examinarse hasta donde depende de nosotros, y que el virtuoso pueda manifestarse como consecuencia de la prueba aplicada; mientras que los otros, que no escapan a la noticia de Dios –porque Él sabe todas las cosas antes de que existan–, sino que de la creación racional y de ellos mismos, pueden obtener después el medio de cura, viendo que no habrían conocido el beneficio de no haber sido condenados.

Por otra parte, aquellos que todavía no se ofrecen a Dios con constancia y afecto, no están preparados para entrar en su servicio y para preparar sus almas para la prueba, de ellos se dice que están abandonados por Dios, es decir, no instruidos; ya que ellos no se han preparado para recibir la instrucción, su entrenamiento o cuidado es indudablemente pospuesto para un tiempo posterior. Ciertamente estos no saben qué obtendrán de Dios, a no ser que primero tengan el deseo de ser probados, que será finalmente su caso. Si un hombre se conoce primero a sí mismo y siente sus defectos, entiende de quién puede o debe buscar remedio. Porque quien no conoce de antemano su debilidad o su enfermedad, no puede buscar al médico; o al menos, después de recuperar su salud, ese hombre no estará agradecido al médico que no le hizo saber primero la gravedad de su dolencia. A menos que uno sea consciente de los defectos de su vida y de la mala naturaleza de sus pecados, dados a conocer por la confesión de sus propios labios, no puede ser limpio ni absuelto.[101]

Quien no conoce de antemano su debilidad o su enfermedad, no puede buscar al médico; o al menos, después de recuperar su salud, ese hombre no estará agradecido al médico que no le hizo saber primero la gravedad de su dolencia. A menos que uno sea consciente de los defectos de su vida no puede ser limpio ni absuelto.

---

[101] Cf. Romanos 10:9: "Que si confesares con tu boca al Señor Jesús, y creyeres en tu corazón que Dios le levantó de los muertos, serás salvo".

Es una ventaja para cada persona percibir su propia naturaleza peculiar y la gracia de Dios. Porque quien no percibe su propia debilidad y el favor divino, aunque reciba un beneficio, no habiéndose probado a sí mismo, se imagina que el beneficio conferido sobre él por la gracia del Cielo es su propio logro.

Es una ventaja para cada persona percibir su propia naturaleza peculiar y la gracia de Dios. Porque quien no percibe su propia debilidad y el favor divino, aunque reciba un beneficio, no habiéndose probado a sí mismo, se imagina que el beneficio conferido sobre él por la gracia del Cielo es su propio logro. Y esta imaginación, produciendo también vanidad, será la causa de una caída; caída que nosotros concebimos fue el caso del diablo, quien se atribuyó a sí mismo la preeminencia que poseía cuando estaba libre de pecado. "Porque cualquiera que se ensalza, será humillado; y el que se humilla, será ensalzado" (Lc. 14:11).

Y observa que por esta razón las cosas divinas han sido ocultadas del sabio y del prudente, para que como dice el apóstol, "ninguna carne se gloríe en la presencia de Dios" (1ª Co. 1:29), y han sido reveladas a los niños,[102] a los que después de la infancia han vuelto a la humildad y simplicidad de los niños, y luego avanzan hacia la perfección y recuerdan que esto no es tanto por su propio esfuerzo, como por la indecible bondad de Dios, que han alcanzado el mayor grado posible de felicidad.

El tratamiento curativo del alma

13. No es sin razón, pues, que quien es abandonado, es abandonado al juicio divino, y que Dios es paciente con ciertos pecadores; pero, ya que será para su ventaja, en lo que respecta a la inmortalidad del alma y el mundo interminable, que no sea rápidamente traído al estado de salvación, será conducido a él más despacio, después de haber experimentado muchos males. Porque así como los médicos, que son capaces de curar rápidamente a un hombre, cuando sospechan algún veneno oculto en el cuerpo, hacen lo contrario en casos normales de curación, sabiendo que es más saludable retrasar el tratamiento en los casos de inflamación, dejando fluir los humores malignos para que el paciente pueda recuperar su salud más seguramente, antes que realizar una cura rápida, y

---

[102] Cf. Matteo 11:25: "En aquel tiempo, respondiendo Jesús, dijo: Te alabo, Padre, Señor del cielo y de la tierra, que hayas escondido estas cosas de los sabios y de los entendidos, y las hayas revelado a los niños".

después causar una recaída en la enfermedad y en la destrucción de la misma vida, pues la cura precipitada dura sólo un rato.[103]

De la misma manera, Dios, que sabe las cosas secretas del corazón, y prevé acontecimientos futuros, en su longanimidad, permite que ocurran ciertos acontecimientos, para que viniendo de fuera sobre el hombre, le ponga delante de la vista sus pasiones y vicios ocultos, que por su medio puede limpiar y curar su mal oculto, que por descuido y negligencia ha recibido las semillas de pecado, para que cuando sean llevadas a la superficie, pueda vomitarlas. Y aunque haya estado profundamente implicado en el mal, pueda obtener después la curación de su maldad, y ser renovado. Porque Dios no gobierna almas con referencia, dejadme decir, a cincuenta años de la vida presente, sino con referencia a una edad ilimitable, porque Él hizo el principio pensante (*la sustancia racional*) inmortal en su naturaleza, y semejante a Él; y por tanto, el alma, que es inmortal, no está excluida por la brevedad de la vida presente de los remedios divinos y curas.[104]

Dios no gobierna almas con referencia, dejadme decir, a cincuenta años de la vida presente, sino con referencia a una edad ilimitable, porque Él hizo el principio pensante (*la sustancia racional*) inmortal en su naturaleza, y semejante a Él; y por tanto, el alma, que es inmortal, no está excluida por la brevedad de la vida presente de los remedios divinos y curas.

---

[103] "La Palabra de Dios es un médico para el alma, utiliza los medios terapéuticos más variados, los más oportunos y los más adaptados a los enfermos. Estos medios producen mayores o menores sufrimientos y tormentos a los que siguen el tratamiento. Los remedios, igualmente, son más o menos rápidos; pueden aplicarse, ya sea después de que los pacientes se han hartado con el pecado, o después de que, por así decir, lo han gustado solamente... Tal vez Dios abandona a las almas cuando ambicionan los bienes del cuerpo, considerados como fuente de placer, hasta que, saciadas, se vuelven a las realidades a las que aspiran, como si quisieran vomitarlas y no caer nuevamente en las mismas, puesto que cuanto más se harten más castigadas serán. Pero con lentitud son llevada a la curación estas almas que, si fueran liberadas rápidamente de sus males, menospreciarían el peligro de una recaída en los mismos. Dios Creador conoce las disposiciones de cada uno y, correspondiendo esto a su sola voluntad, puede hacer el tratamiento con sabiduría, conociendo lo que es necesario hacer para cada uno y cuándo" (Orígenes, *íd.*).

[104] "Con la misma intención, en mi opinión, Dios ha dicho: 'Endureceré el corazón del Faraón'. En primer lugar, esto sucede para la salvación del pueblo, fortificado en su fe gracias a numerosos prodigios; luego para la de los egipcios que, llenos de estupor por los acontecimientos, seguían en gran número a los hebreos (Éx. 12:38). Pero de una manera más secreta y más profunda, tal vez esto sucede también para beneficio del Faraón mismo; él no oculta su veneno, sino que lo extrae y lo manifiesta a la luz del día" (Orígenes, *íd.*).

El gran Labrador de la humanidad

14. Vamos ahora a usar la siguiente imagen del Evangelio. Hay cierto suelo rocoso, con poca tierra, en el cual, si cae la semilla, brota rápidamente, pero tan pronto como aparece se agosta, ya que no tiene raíces y el sol la seca y la quema.[105] Bien, ese suelo rocoso es el alma humana, endurecida debido a su negligencia, y convertida en una piedra debido a su maldad, porque nadie recibe de Dios un corazón creado de piedra, sino que se hace tal a consecuencia de la maldad.

Si alguien encuentra culpable al labrador por no haber sembrado más pronto en el terreno rocoso, cuando vio que otro suelo rocoso había recibido la semilla rápidamente, el labrador podría responder: "Voy a sembrar este terreno lentamente, echando las semillas que sean capaces de arraigar; este método más lento es mejor para el terreno y más seguro que el que recibe la semilla de un modo rápido, más sobre la superficie". El objetor encontraría la respuesta del sembrador como dada con buena razón, y que ha obrado con habilidad. Así también, el gran Labrador de toda la naturaleza pospone los beneficios que pudieran parecer prematuros, para que no sean superficiales. Pero es probable que hay algún propósito en esto. ¿Por qué algunas semillas caen sobre la tierra superficial, siendo el alma algo así como una roca?

Debemos decir, en respuesta a esto, que es mejor para este alma, que deseaba precipitadamente mejores cosas, y no por el camino que conduce a ellas, no obtener su deseo, para que condenándose a sí misma, pueda, después de un largo período de tiempo, recibir la labranza que es conforme a su naturaleza. Porque las almas son, como algunos dicen, innumerables, así como sus hábitos y sus propósitos y sus apetencias y sus esfuerzos, de los cuales sólo hay un administrador admirable, que conoce las sazones y las ayudas idóneas, las avenidas y los caminos, es decir, Dios Padre de todas las cosas, que conoce incluso cómo va a comportarse el Faraón ante eventos tan grandes, y que será tragado por el mar, con cuyo último acontecimiento

---

[105] Cf. Mateo 13:5, 6: "Y parte cayó en pedregales, donde no tenía mucha tierra; y nació luego, porque no tenía profundidad de tierra: Mas en saliendo el sol, se quemó; y se secó, porque no tenía raíz".

no va a cesar la labor del superintendente del Faraón. Porque no fue aniquilado cuando se ahogó, ya que "en la mano de Dios estamos nosotros y nuestras palabras, también nuestro conocimiento y nuestra obra" (Sab. 7:16).[106]

Esta es nuestra moderada defensa del dicho "Dios endureció el corazón del Faraón", "De manera que del que quiere tiene misericordia; y al que quiere, endurece" (Ro. 9:18).

Dios quita el corazón duro, el hombre lo pide

15. Miremos también la declaración en Ezequiel, que dice: "Les quitaré el corazón de piedra de su carne, y les daré corazón de carne; para que anden en mis ordenanzas, y guarden mis juicios y los cumplan, y me sean por pueblo, y yo sea a ellos por Dios" (Ez. 11:19-20). Porque si Dios, cuando Él quiere, quita los corazones pedregosos, e implanta corazones de carne para que obedezcan sus preceptos y observen sus mandamientos, no está en nuestro poder quitar la maldad. Porque quitar los corazones de piedra no es otra cosa que quitar la maldad, por la cual uno es endurecido. El acto de quitar el corazón de piedra y de implantar un corazón de carne en quien Él quiere, para que guarde sus preceptos y ande en sus mandamientos, ¿qué otra cosa es, sino volverse dócil y no resistente a la verdad, siendo capaz de practicar sus virtudes?

Y si Dios promete hacer esto, y si antes quita los corazones de piedra, es evidente que no depende de nosotros librarnos de la maldad. Y si no somos nosotros quienes hacemos algo para implantar un corazón de carne, sino que es una obra divina, no será nuestro propio acto vivir conforme a la virtud, sino el resultado total de la

Miremos también la declaración en Ezequiel. Porque si Dios, cuando Él quiere, quita los corazones pedregosos, e implanta corazones de carne para que obedezcan sus preceptos y observen sus mandamientos, no está en nuestro poder quitar la maldad.

---

[106] "Tal vez, actuando, lo elimina de tal suerte que, después de haber expelido completamente el mal presente en él, pueda dejar en adelante sin fuerzas al árbol portador de males. Inclusive puede suceder que, finalmente, deseque el mal, cuando es engullido por el mar; esto último no acontece para que sea totalmente destruido, sino para que, rechazando sus pecados y aligerado de ellos, descienda en el Hades en paz, o al menos, sin que su alma se encuentre en gran conflicto. Probablemente nuestros lectores difícilmente se convencerán, y pensarán que nuestra explicación es forzada, al decir que era útil para el Faraón que su corazón fuera endurecido y que todos los acontecimientos relatados, incluido su hundimiento, le eran favorables" (Orígenes, *íd.*).

Pero
contestaremos,
diciendo,
que nosotros
deberíamos
entender este
pasaje así:
la Palabra
de Dios
promete
quitar la
maldad,
que es
llamada
"corazón de
piedra",
de aquellos
que acuden
a Dios.
No sería así
si estuvieran
indispuestos,
sino sólo
porque
se someten
al Médico
de los
enfermos.

gracia divina. Tal sería el argumento de quien, por las meras palabras de la Escritura, quisiera eliminar el libre albedrío.

Pero contestaremos, diciendo, que nosotros deberíamos entender este pasaje así: Por ejemplo, un hombre que resulta ser ignorante e inculto, en percibiendo sus propios defectos, a consecuencia de la exhortación de su maestro, o de algún otro modo, espontáneamente se entregaría a quien él considera capaz de introducirle en la educación y la virtud; y así, al confiarse a sí mismo, su instructor le promete que eliminará su ignorancia y le implantará la instrucción, no como si él no vaya a contribuir en nada a su educación y eliminación de la ignorancia, para cuya cura se entregó, sino porque el instructor prometió mejorar a quien deseó la mejora; así, de la misma manera, la Palabra de Dios promete quitar la maldad, que es llamada "corazón de piedra", de aquellos que acuden a Dios. No sería así si estuvieran indispuestos, sino sólo porque se someten al Médico de los enfermos, como en los Evangelios los enfermos acudían al Salvador, y preguntando para pedir y obtener la curación.

Y, dejadme decir, la recuperación de la vista del hombre ciego es, hasta donde llega su petición, el acto de los que creen que son capaces de curarse; pero respecto a la restauración de la vista, es obra de nuestro Salvador. Así, pues, la Palabra de Dios promete implantar el conocimiento en los que lo buscan, quitando el corazón duro y difícil, que es la maldad, para que uno pueda andar en los mandamientos divinos y guardar sus preceptos.

El propósito de las parábolas para los "de fuera"

16. Encontramos en el Evangelio, después del pasaje sobre el sembrador, que el Salvador habló en parábolas a los de fuera por esta razón: "Para que viendo, vean y no echen de ver; y oyendo, oigan y no entiendan; porque no se conviertan, y les sean perdonados los pecados" (Mr. 4:12). Ahora, nuestro oponente dirá: "Si algunas personas son sin duda convertidas por las palabras que escuchan con gran claridad, para que sean dignos de la remisión de pecados, y si no depende de ellos oír estas palabras con claridad, sino del que las enseña, y él, por esta razón, no

las anuncia más claramente, no sea que otros vean y entiendan, no está en el poder de ellos ser salvos; y si es así, entonces no poseemos libre albedrío en cuanto a la salvación y la condenación".

Eficaz, de verdad, sería la respuesta a tales argumentos, si no fuera por la adición: "porque no se conviertan, y les sean perdonados los pecados" (Mr. 4:12), a saber, el Salvador no deseó que los que no iban a hacerse buenos y virtuosos entendieran las partes más místicas de su enseñanza, y por esta razón habló en parábolas; pero ahora, debido a las palabras: "porque no se conviertan, y les sean perdonados los pecados", la defensa es más difícil.

En primer lugar, pues, debemos notar el pasaje en su aceptación por los herejes, quienes buscan las partes del Antiguo Testamento donde se expone, como ellos mismos afirman atrevidamente, la crueldad del Creador del mundo y su objetivo de venganza y castigo del impío; o por cualquier otro nombre que deseen designar tal sentimiento, hablando así para decir solamente que no existe bondad en el Creador. Porque no juzgan los Evangelios con la misma mente y sentimientos, y no observan si declaraciones de este tipo se encuentran en el Evangelio, las cuales condenan y censuran cuando aparecen en el Antiguo Testamento.

Porque es evidente, y según el Evangelio, se muestra al Salvador, como ellos mismos admiten, no hablando claramente, y por una razón: para que los hombres no puedan convertirse y, convertidos, recibir la remisión de pecados. Ahora, si estas palabras se entienden según la letra simplemente, nada menos, ciertamente, se encontrará en ellas que lo que se contiene en aquellos pasajes les ponen reparos en el Antiguo Testamento.

Y si buscan defender el Evangelio de semejantes expresiones, debemos preguntarles si no están actuando de una manera culpable, al tratar de manera diferente las mismas cuestiones, y, mientras no se escandalizan con el Nuevo Testamento, sino que buscan defenderlo, ellos, sin embargo, presentan una acusación con el Antiguo en puntos similares, donde ellos deberían ofrecer una defensa en la misma línea que hacen con los pasajes del Nuevo.

Por lo tanto les obligaremos, debido a las semejanzas, a que consideren todo como las Escrituras del único Dios.

Debemos notar el pasaje en su aceptación por los herejes, quienes buscan las partes del Antiguo Testamento donde se expone, como ellos mismos afirman atrevidamente, la crueldad del Creador del mundo y su objetivo de venganza y castigo del impío.

Despreciar el mal porque parece de cura fácil, y no permanecer en guardia contra un segundo asalto, es ser presa del mismo otra vez. Por tanto, en el caso de tales personas, Dios, que conoce todas las cosas antes de que existan, en conformidad con su bondad retrasa su asistencia urgente, y, por así decir, les ayuda no ayudándoles, con vistas a su bien.

Vamos, pues, con lo mejor de nuestra capacidad, a ofrecer una respuesta a la pregunta que se nos ha hecho.

Los tiempos de Dios para la salvación

17. Afirmamos antes, hablando del caso del Faraón, que a veces una cura rápida no es una ventaja para los que han de ser curados, sobre todo si la enfermedad está en las partes interiores del cuerpo. Despreciar el mal porque parece de cura fácil, y no permanecer en guardia contra un segundo asalto, es ser presa del mismo otra vez. Por tanto, en el caso de tales personas, Dios, que conoce todas las cosas antes de que existan, en conformidad con su bondad retrasa su asistencia urgente, y, por así decir, les ayuda no ayudándoles, con vistas a su bien.

Es probable, entonces, que aquellos "que están fuera" (Mr. 4:11), de quien hablamos, habiendo sido preconocidos por el Salvador, según nuestra suposición, que serían llevados a una conversión rápida, de haber recibido con más claridad las palabras que se les decían, en la que no perseverarían, fueron tratados por el Señor como si no escucharan con entendimiento las cosas profundas de su enseñanza, no fuera que, después de una conversión rápida y de haber sido sanados, obteniendo la remisión de pecados, despreciaran las heridas de su maldad, como si se tratara de algo leve y de fácil curación, y recayeran en ella con facilidad. Y quizás, también, sufrieran el castigo por sus transgresiones anteriores contra la virtud, que habían cometido cuando la olvidaron, y aún no habían completado su tiempo; para que, abandonados por la dirección divina, y siendo llenos hasta el máximo de los propios males que ellos habían sembrado, pudiera llamarlos después a un arrepentimiento más estable; y así no ser rápidamente enredados otra vez en aquellos males en los que antes habían estado implicados cuando trataron con insolencia las exigencias de virtud y se dedicaron a cosas peores.

Aquellos, pues, de quien se dice "que están fuera" (Mr. 4:11) –evidentemente en relación a los "de dentro"–, no estando muy lejos de los "de dentro" –que oían claramente–, oyeron encubiertamente, porque se les habla en parábolas; pero, sin embargo, oyeron.

Otros, de nuevo, "que están fuera", llamados tirios, aunque se conocía desde hacía mucho tiempo que se hubieran arrepentido en saco y ceniza, si el Salvador hubiera llegado cerca de sus fronteras, ni siquiera oyeron las palabras escuchadas por los "que están fuera".[107] Por esta razón, creo que la maldad fue más grave y peor en unos que en otros, pues los "que están fuera", oyeron la palabra, aunque en parábolas; y, quizás, su cura se retrasó para que en otro tiempo, después de ser más tolerable para ellos que para los que no recibieron la palabra (entre quienes también mencionó a los tirios), pudieran, al oír la palabra en un tiempo más apropiado, obtener un arrepentimiento más duradero.

Pero obsérvese si, además de nuestro deseo de investigar la verdad, nos esforzamos en mantener una actitud de piedad en todo lo concerniente a Dios y su Cristo, viendo que tratamos de probar por todos los medios que, en asuntos tan grandes y peculiares respecto a la múltiple providencia de Dios, Él supervisa el alma inmortal. Si alguien preguntara sobre aquellas cosas que se nos objetan, ¿por qué aquellos que vieron las maravillas y oyeron las palabras divinas no se beneficiaron, mientras que los habitantes de Tiro se hubieran arrepentido, y por qué el Salvador hizo y dijo tales cosas a aquellas personas, para su propio daño, considerando su falta más grave todavía?, nosotros debemos decir que quien entiende las disposiciones de los que encuentran faltas en su providencia, alegando que no creyeron porque no se les permitió ver lo que otros vieron, ni oír lo que otros oyeron, para demostrar que su defensa no se funda sobre la razón, Dios concede esas ventajas que los que culpan su administración piden; para que, después de obtenerlas, puedan no obstante ser convictos de la impiedad más grande al no haber ni siquiera cedido al beneficio, y puedan cesar en tal audacia y siendo libres respecto a este punto, puedan aprender que Dios a veces, al conferir beneficios a ciertas personas, retrasa y aplaza conferir el favor de la visión y el entendimiento de aquellas cosas que, vistas y oídas, cuando se ven y se oyen, hubieran hecho el pecado de los incrédulos,

Obsérvese si, además de nuestro deseo de investigar la verdad, nos esforzamos en mantener una actitud de piedad en todo lo concerniente a Dios y su Cristo, viendo que tratamos de probar por todos los medios que, en asuntos tan grandes y peculiares respecto a la múltiple providencia de Dios, Él supervisa el alma inmortal.

---

[107] "¡Ay de ti, Corazín! ¡Ay de ti, Betsaida!, porque si en Tiro y en Sidón fueran hechas las maravillas que han sido hechas en vosotras, en otro tiempo se hubieran arrepentido en saco y en ceniza. Por tanto os digo, que a Tiro y a Sidón será más tolerable el castigo en el día del juicio, que a vosotras" (Mt. 11:21, 22).

Miremos
ahora el
siguiente
pasaje:
"No es del
que quiere,
ni del que
corre,
sino de Dios
que tiene
misericordia",
ya que
quienes
encuentran
reparos
dicen:
"Si no
depende del
que quiere,
ni del
que corre,
sino de Dios
que tiene
misericordia",
la salvación
no depende
de nosotros,
sino del
arreglo hecho
por aquel
que nos hizo
tal como
somos.

después de maravillas tan grandes y peculiares, mucho más grave y serio.

"No depende del que quiere ni del que corre"

18. Miremos ahora el siguiente pasaje: "No es del que quiere, ni del que corre, sino de Dios que tiene misericordia" (Ro. 9:16), ya que quienes encuentran reparos dicen: "Si no depende del que quiere, ni del que corre, sino de Dios que tiene misericordia", la salvación no depende de nosotros, sino del arreglo hecho por aquel que nos hizo tal como somos, o al menos proviene de la decisión suya de mostrarse misericordioso con quienes le parezca. Ahora, nosotros tenemos que hacer a esas personas las siguientes preguntas: ¿Si es bueno o vicioso desear lo que es bueno? O, ¿si el deseo de correr hacia la meta en el logro de lo que es bueno es digno de alabanza o de censura? Si responden que es digno de censura, ofrecerán una respuesta absurda, ya que los santos desean correr y, manifiestamente, al hacerlo así no hacen nada indigno. Pero si dicen que es virtuoso desear el bien y correr tras él, les preguntaremos cómo una naturaleza perdida desea cosas mejores, porque sería como si un árbol malo produjera frutos buenos, ya que es una acto virtuoso desear cosas mejores.

Quizás ofrezcan una tercera respuesta, que el deseo de correr tras lo que es bueno es una de las cosas que son indiferentes, ni buenas ni malas. A esto debemos decir que si el deseo de correr tras lo que es bueno es una cosa indiferente, entonces lo opuesto también es una cosa indiferente, a saber, desear el mal y correr tras él. Pero desear el mal y correr tras él no es una cosa indiferente. Por tanto, desear el bien y perseguirlo, tampoco es una cosa indiferente. Tal es, pues, la defensa que yo pienso que podemos ofrecer sobre la afirmación: "No es del que quiere, ni del que corre, sino de Dios que tiene misericordia" (Ro. 9:16).

"Si el Señor no edificare la casa, en vano trabajan los que la edifican"

Salomón dice en el libro de los Salmos: "Si el Señor no edificare la casa, en vano trabajan los que la edifican" (Sal. 127:1). La intención de estas palabras no es de apartarnos del esfuerzo por edificar, o de conseguir abandonar toda vigilancia y cuidado de la ciudad que es nuestra alma. Estaremos en lo correcto si decimos que un edificio es la obra de Dios más que del constructor, y que la salvaguardia de la ciudad ante un ataque enemigo es más obra de Dios que de los guardas.

Pero cuando hablamos así, damos por supuesto que el hombre tiene su parte en lo que se lleva a cabo, aunque lo atribuimos agradecidos a Dios que es quien nos da el éxito. De manera semejante, el hombre no es capaz de alcanzar por sí mismo su fin. Este sólo puede conseguirse con la ayuda de Dios, y así resulta ser verdadero, "que no es del que quiere ni del que corre". De la misma manera nosotros debíamos decir lo que se dice de la agricultura, según está escrito: "Yo planté, Apolos regó; mas Dios ha dado el crecimiento. Así que, ni el que planta es algo, ni el que riega; sino Dios, que da el crecimiento" (1ª Co. 3:6, 7). Cuando un campo produce cosechas buenas y ricas hasta su madurez, nadie afirmará piadosa y lógicamente que el granjero produjo los frutos, sino que reconocerá que han sido producidos por Dios; así también nuestra obra de perfección no madura por nuestro estar inactivos y ociosos, y, sin embargo, no conseguiremos la perfección por nuestra propia actividad. Dios es el agente principal para llevarla a cabo. Podemos explicarlo con un ejemplo tomado de la navegación. En una navegación feliz, la parte que depende de la pericia del piloto es muy pequeña comparada con los influjos de los vientos, del tiempo, de la visibilidad de las estrellas, etc. Los mismos pilotos de ordinario no se atreven a atribuir a su propia diligencia la seguridad del barco, sino que lo atribuyen todo a Dios. Esto no quiere decir que no hayan hecho su contribución; pero la providencia juega un papel infinitamente mayor que la pericia humana. Algo semejante sucede con nuestra salvación, donde lo que Dios hace es infinitamente más grande que lo que hacemos nosotros y, pienso, que por eso se dijo: "No depende del que quiere ni del que corre, sino de Dios que tiene misericordia". Porque en la manera que ellos tienen de explicarlo, los mandamientos son superfluos y en vano Pablo culpa a los que se apartan de la verdad y alaba a los que permanecen en la fe, ni hay ningún propósito en dar ciertos preceptos e instrucciones a las iglesias si fuera vano desear y luchar por el bien. Pero

El hombre no es capaz de alcanzar por sí mismo su fin. Este sólo puede conseguirse con la ayuda de Dios. Lo que Dios hace es infinitamente más grande que lo que hacemos nosotros y, pienso, que por eso se dijo: "No depende del que quiere ni del que corre, sino de Dios que tiene misericordia".

Además de éstos, tenemos el pasaje que dice: "Dios es el que en vosotros obra así el querer como el hacer, por su buena voluntad". Si esto es así, dicen algunos, Dios es el responsable de nuestra mala voluntad, y nosotros no tenemos verdadera libertad; y, por otra parte, dicen, no hay mérito alguno en nuestra buena voluntad.

es cierto que estas cosas no se hacen en vano y también que los apóstoles no dieron instrucciones en vano, ni el Señor leyes sin razón.

De aquí se sigue, pues, que declaremos que en vano hablan mal los herejes de estas buenas declaraciones.

"Dios es el que en vosotros obra así el querer como el hacer"

19. Además de éstos, tenemos el pasaje que dice: "Dios es el que en vosotros obra así el querer como el hacer, por su buena voluntad" (Fil. 2:13). Si esto es así, dicen algunos, Dios es el responsable de nuestra mala voluntad, y nosotros no tenemos verdadera libertad; y, por otra parte, dicen, no hay mérito alguno en nuestra buena voluntad y nuestras buenas obras, ya que lo que nos parece nuestro es ilusión, siendo en realidad imposición de la voluntad de Dios, sin que nosotros tengamos verdadera libertad.

A esto se puede responder observando que el apóstol no dice que el querer el bien o el querer el mal proceden de Dios, sino simplemente que el querer en general procede de Dios. Así como nuestra existencia como animales o como hombres procede de Dios, así también nuestra facultad de querer en general, o nuestra facultad de movernos. Como animales, tenemos la facultad de mover nuestras manos o nuestros pies, pero no sería exacto decir que cualquier movimiento particular, por ejemplo de matar, de destruir, o de robar, procede de Dios. La facultad de movernos nos viene de Él, pero nosotros podemos emplearla para fines buenos o malos. Así también, nos viene de Dios el querer y la capacidad de llevar a cabo, pero podemos emplearla para fines buenos o malos.[108]

---

[108] "Ciertamente, Dios no podría afirmar de la misma manera lo siguiente: 'El hombre no tiene libertad para volar', o, 'El hombre no es libre para ser virtuoso'. El hombre carece de la facultad de volar, pero posee la de ser virtuoso o licencioso. Puesto que estas dos facultades existen, el que no escucha los llamados a la conversión y las palabras educativas se entrega a la facultad mala, y a la facultad buena, aquel que ha buscado el bien y decidido adecuar su vida a él. El primero no busca la verdad, porque tiende hacia el placer. El segundo la busca con cuidado, ganado por las nociones comunes y la palabra de exhortación. El primero elige el placer, no porque sea incapaz de hacerle frente, sino por no luchar; el segundo desprecia el placer, pues ve la vergüenza que a menudo conlleva" (Orígenes, *Comentario a Génesis*, III. *Filocalia* 23).

"Vasos de honra y vasos de deshonra"

20. De todos modos, la declaración del apóstol parece arrastrarnos a la conclusión de que no poseemos libertad de voluntad, al objetarse a sí mismo: "De manera que del que quiere tiene misericordia; y al que quiere, endurece. Me dirás pues: ¿Por qué, pues, se enoja?, porque ¿quién resistirá a su voluntad? Mas antes, oh hombre, ¿quién eres tú, para que alterques con Dios? Dirá el vaso de barro al que le labró: ¿Por qué me has hecho tal? ¿O no tiene potestad el alfarero para hacer de la misma masa un vaso para honra, y otro para deshonra?" (Ro. 9:18-21).

Si el alfarero del mismo barro hace algunos vasos de honra y otros de deshonra, y así Dios forma algunos hombres para la salvación y otros para la perdición, entonces la salvación, o la perdición, no dependen de nosotros, ni poseemos libre albedrío.

Ahora debemos preguntar a quien interpreta así estos pasajes, si es posible concebir que el apóstol se contradiga a sí mismo. Supongo que nadie se atreverá a decirlo. Si, entonces, el apóstol no se contradice, cómo puede censurar lógicamente –según quien lo entiende de esta manera– al individuo de Corinto que cometió fornicación, o a los que no se habían arrepentido de su impureza y comportamiento licencioso. Y cómo puede bendecir a los que alaba por haber hecho el bien, como hace con la casa de Onesíforo en estas palabras: "Dé el Señor misericordia a la casa de Onesíforo; así que muchas veces me refrigeró, y no se avergonzó de mi cadena: Antes, estando él en Roma, me buscó solícitamente, y me halló. Déle el Señor que halle misericordia cerca del Señor en aquel día" (2ª Ti. 1:16-18).

No es consistente para el mismo apóstol culpar, por un lado, al pecador como digno de reproche y alabar al que ha hecho bien como merecedor de aprobación, y por otro, decir, como si nada dependiese de nosotros, que la causa es el Creador, que ha formado un vaso para honra, y otro para deshonra. Y cómo puede ser correcta esta declaración: "Porque es menester que todos nosotros comparezcamos ante el tribunal de Cristo, para que cada uno reciba según lo que hubiere hecho por medio del cuerpo, ora sea bueno o malo" (2ª Co. 5:10), ya que quienes han hecho el mal han avanzado a ese abismo de maldad

No es consistente para el mismo apóstol culpar, por un lado, al pecador como digno de reproche y alabar al que ha hecho bien como merecedor de aprobación, y por otro, decir, como si nada dependiese de nosotros, que la causa es el Creador, que ha formado un vaso para honra, y otro para deshonra.

Porque el Creador no hace vasos de honra y vasos de deshonra desde el principio según su conocimiento previo, ya que Él no condena ni justifica de antemano, sino que hace vasos de honor a quienes se limpian, y vasos de deshonra a quienes se permiten permanecer impuros.

porque fueron creados vasos de deshonra, mientras que los que han vivido virtuosamente han hecho lo bueno porque han sido creados desde el principio por esta razón, como vasos de honor.

Y otra vez, ¿cómo no puede estar en desacuerdo la afirmación hecha en otra lugar con la opinión que esas personas extraen de las palabras citadas (que es culpa del Creador que un vaso sea de honor y otro de deshonor), es decir: "Mas en una casa grande, no solamente hay vasos de oro y de plata, sino también de madera y de barro; y asimismo unos para honra, y otros para deshonra. Así que, si alguno se limpiare de estas cosas, será vaso para honra, santificado, y útil para los usos del Señor, y aparejado para toda buena obra" (2ª Ti. 2:20, 21), porque si quien se limpia a sí mismo se hace un vaso de honra, y quien se permite a sí mismo permanecer sucio se hace un vaso de deshonra, entonces, en lo que a éstos se refiere, el Creador no es culpable de nada.

Porque el Creador no hace vasos de honra y vasos de deshonra desde el principio según su conocimiento previo, ya que Él no condena ni justifica de antemano, sino que hace vasos de honor a quienes se limpian, y vasos de deshonra a quienes se permiten permanecer impuros; así que es el resultado de causas antiguas que operan en la formación de vasos de honra y deshonra.

Pero una vez que admitimos que había ciertas causas antiguas operando en la formación de un vaso de honra o de deshonra, ¿qué hay de absurdo en regresar al tema del alma y suponer que había una causa más antigua para que Jacob fuera amado y Esaú aborrecido, anterior a la asunción de un cuerpo por parte de Jacob y antes de que Esaú fuera concebido en el seno de Rebeca?[109]

Causas antecedentes del destino de las almas

21. Y al mismo tiempo, se dice claramente que, en lo que respecta a la naturaleza subyacente, hay un pedazo de

---

[109] El "sistema" de Orígenes, original y lógico a la vez, se funda en el principio de que todo estado es el resultado de una causa anterior, o causas precedentes, que se remontan al tiempo previo a la creación de este mundo.

arcilla en las manos del alfarero, de cuya masa se hacen los vasos de honra y deshonra; así la naturaleza de cada alma está en las manos de Dios y, por así decirlo, su ser es una masa de seres razonables, y ciertas causas de tiempo anterior llevan a algunos seres a ser creados como vasos de honra y otros de deshonra.

Pero si el lenguaje del apóstol supone una censura cuando dice: "¿Quién eres tú, para que alterques con Dios?" (Ro. 9:19), nos enseña que quien tiene confianza en Dios, y es fiel, y ha vivido virtuosamente, no oirá las palabras: "¿Quién eres tú, para que alterques con Dios?", sino que, como con Moisés, por ejemplo: "Moisés hablaba, y Dios le respondía en voz" (Éx. 19:19), así Dios contesta a los santos también. Pero a quien no posee esta confianza, porque la ha perdido, o porque investiga estos asuntos no por amor al conocimiento, sino por un deseo de encontrar faltas, se le dice: "¿Quién eres tú, para buscar faltas a Dios?" ¿Porque, quién resistió su voluntad?", el tal se habrá merecido el lenguaje de la censura que dice: "¿Quién eres tú, para que alterques con Dios?"

A quienes introducen naturalezas diferentes, y utilizan la declaración del apóstol para apoyar sus opiniones, se les debe dar la siguiente respuesta. Si mantienen que los que se pierden y los que se salvan son formados de la misma masa, y que el Creador de los que se salvan es también el Creador de los que se pierden, y si está bien que cree no sólo naturalezas espirituales, sino también terrenales (pues esto se deduce de su doctrina), es, sin embargo, posible que quien, como consecuencia de ciertos actos anteriores de justicia, sea hecho ahora un vaso de honor, pero quien (después) no actuó de manera similar, ni hizo cosas convenientes a un vaso de honor, fue convertido en otro mundo en un vaso de deshonor.

Por otra parte, es posible que quien, debido a causas más antiguas que las de la vida presente, sea aquí un vaso de deshonra, pueda, después de reformarse, convertirse en la nueva creación en un "vaso de honra, santificado y apto para el uso del Señor, preparado para toda buena obra".

Y quizás los que ahora son israelitas, no habiendo vivido con la dignidad de sus antecesores, serán privados de su rango y cambiados, por decirlo así, de vasos de honra en vasos de deshonra; y muchos de los egipcios

Es posible que quien, debido a causas más antiguas que las de la vida presente, sea aquí un vaso de deshonra, pueda, después de reformarse, convertirse en la nueva creación en un "vaso de honra, santificado y apto para el uso del Señor, preparado para toda buena obra".

Ni lo que
está en
nuestro
poder lo está
sin el
conocimiento
de Dios,
ni el
conocimiento
de Dios nos
fuerza a
avanzar si
por nuestra
parte no
contribuimos
en nada hacia
el bien;
ni nadie se
hace digno
de honor o
de deshonor
por sí mismo
sin el
conocimiento
de Dios y
sin haber
agotado
aquellos
medios que
están en
nuestra
mano.

presentes e idumeos, que se acercan a Israel, cuando den fruto en abundancia, entrarán en la Iglesia del Señor, no siendo jamás considerados egipcios o idumeos, sino israelitas. Así, de acuerdo a esta visión, es debido a varios propósitos que algunos avancen de una condición mejor a otra peor, y otros de una peor a otra mejor, mientras que otros perseveran en su curso virtuoso, o ascienden de lo bueno a lo mejor; y otros, al contrario, permanecen en un curso de mal, o de malo se hace peor, según fluya su maldad.

Reconciliación de la voluntad divina y la humana

22. Pero ya que en cierto lugar el apóstol no toma en cuenta lo que toca a Dios respecto a que resulten vasos de honra y de deshonra, sino que todo lo atribuye a nosotros diciendo: "Si alguno se limpiare de estas cosas, será vaso para honra, santificado, y útil para los usos del Señor, y preparado para toda buena obra" (2ª Ti. 2:21), y en cambio en otro lugar no toma en cuenta lo que se refiere a nosotros, sino que todo parece atribuirlo a Dios diciendo: "¿O no tiene potestad el alfarero sobre el barro, para hacer de la misma masa un vaso para honra, y otro para deshonra?" (Ro. 9:21).

No puede haber contradicción entre estas expresiones del mismo apóstol, sino que hay que conciliarlas y hay que llegar con ellas a una interpretación que tenga pleno sentido.

Ni lo que está en nuestro poder lo está sin el conocimiento de Dios, ni el conocimiento de Dios nos fuerza a avanzar si por nuestra parte no contribuimos en nada hacia el bien; ni nadie se hace digno de honor o de deshonor por sí mismo sin el conocimiento de Dios y sin haber agotado aquellos medios que están en nuestra mano, ni nadie se convierte en digno de honor o de deshonor por obra de Dios solo, si no es porque ofrece como base de tal diferenciación el propósito de la voluntad que se inclina hacia el bien o hacia el mal.

Que estas observaciones sean suficientes sobre el tema del libre albedrío.

2

Las potencias adversas

El diablo en el Antiguo Testamento

1. Tenemos que considerar, de acuerdo a las declaraciones de la Escritura, cómo las potencias adversas, o el diablo mismo, compiten con el ser humano; una carrera en la que incitan e instigan a los hombres a pecar.

En primer lugar, en el libro de Génesis, la serpiente es descrita como habiendo seducido a Eva. En la obra titulada *La Ascensión de Moisés*[110] (un pequeño tratado que el apóstol Judas menciona en su epístola), el arcángel Miguel, en la disputa con el diablo sobre el cuerpo de Moisés, dice que la serpiente, inspirada por el diablo, fue la causa de la transgresión de Adán y Eva.

Algunos también han convertido en materia de su investigación el texto donde se dice que un ángel habló a Abraham desde el cielo. "Entonces el ángel del Señor le dio voces del cielo, y dijo: Abraham, Abraham. Y él respondió: Heme aquí. Y dijo: No extiendas tu mano sobre el muchacho, ni le hagas nada; que ya conozco que temes a Dios, pues que no me rehusaste tu hijo, tu único" (Gn. 22:11, 12). ¿Quién era este ángel? Evidentemente un ángel que sabía que Abraham temía a Dios y que no había rehusado a su querido hijo, aunque no dice que fue por causa de Dios que Abraham había hecho esto, sino por causa del que habla: "no me rehusaste tu hijo" (v. 12).

También debemos averiguar quién es del que se dice en el libro de Éxodo que deseó matar a Moisés: "Y aconteció en el camino, que en una posada le salió al encuentro Jehová, y quiso matarlo" (Éx. 4:24), al que después se llama ángel destructor (o exterminador): "Porque Jehová pasará hiriendo a los egipcios" (Éx. 12:23).

Tenemos que considerar, de acuerdo a las declaraciones de la Escritura, cómo las potencias adversas, o el diablo mismo, compiten con el ser humano; una carrera en la que incitan e instigan a los hombres a pecar. También debemos averiguar quién es del que se dice que deseó matar a Moisés.

---

[110] Obra apócrifa judía, titulada en griego *Anabasij Mwusewj*, mencionada por varios escritores antiguos, como Atanasio en su *Synopsis Sacrae Scripturae*; Nicéforo de Constantinopla en su *Stichometria*, unido como apéndice al *Chronicon* de Eusebio, donde se dice que la *Anabasij* contenía 1.400 versos; también se menciona en las Actas del Concilio de Nicea y en otros lugares.

En el primer libro de Reyes también se dice que un espíritu malo estrangulaba a Saúl. En el primer libro de Crónicas también se dice: "Satanás se levantó contra Israel, e incitó a David a que contase a Israel". En los Salmos, además, se dice que un ángel del mal acosa a ciertas personas.

Y el ángel que en el libro de Levítico se llama en griego *Apopompaeus*, esto es, el Quitador,[111] de quien la Escritura dice: "Una suerte por Jehová, y la otra suerte por Azazel (gr. *Apopompaeus*)" (Lv. 16:8).

En el primer libro de Reyes[112] también se dice que un espíritu malo estrangulaba a Saúl: "Otro día aconteció que el espíritu malo de parte de Dios tomó a Saúl, y se mostraba en su casa con trasportes de profeta" (1° S. 18:10), y en el tercer libro, el profeta Miqueas dice: "Yo vi a Jehová sentado en su trono, y todo el ejército de los cielos estaba junto a Él, a su diestra y a su siniestra. Y Jehová dijo: ¿Quién inducirá a Acab, para que suba y caiga en Ramot de Galaad? Y uno decía de una manera; y otro decía de otra. Y salió un espíritu, y se puso delante de Jehová, y dijo: Yo le induciré. Y Jehová le dijo: ¿De qué manera?" Y él dijo: Yo saldré, y seré espíritu de mentira en boca de todos sus profetas. Y Él dijo: hle inducirás, y aun saldrás con ello; sal pues, y hazlo así. Y ahora, he aquí Jehová ha puesto espíritu de mentira en la boca de todos estos tus profetas, y Jehová ha decretado el mal acerca de ti" (1° R. 22:19-23). Esta cita muestra claramente que cierto espíritu, por su propia voluntad y opción, eligió engañar a Acab, y decir una mentira, para que el Señor pudiera llevar al rey a la muerte que merecía tener.

En el primer libro de Crónicas también se dice: "Satanás se levantó contra Israel, e incitó a David a que contase a Israel" (1° Cr. 21:1). En los Salmos, además, se dice que un ángel del mal acosa a ciertas personas. En el libro de Eclesiastés, también, Salomón dice: "Si el espíritu del príncipe se exaltare contra ti, no dejes tu lugar; porque la lenidad hará cesar grandes ofensas" (Ec. 10:4). En Zacarías leemos que el diablo estaba en la mano derecha de Josué y le resistía (Zac. 3:1).[113] Isaías dice que la espada

---

[111] Hay quien considera que la voz hebrea es una raíz reduplicada del verbo *azal* (*partir*, o *quitar*), que significa "alejamiento", o "lo que se quita". Otros, como los primeros traductores, Aquila y Jerónimo, la interpretan como palabra compuesta: "Chivo de alejamiento o despedida". Hay quien cree que se trata de un tipo de Cristo (cf. Is. 53:6,11,12), pero la antigüedad se inclinó por ver en Azazel un nombre de Satanás.

[112] Según la división hebrea.

[113] "Y me mostró a Josué, el gran sacerdote, el cual estaba delante del ángel de Jehová; y Satán estaba a su mano derecha para serle adversario" (Zac. 3:1).

del Señor se alza contra el dragón, la serpiente retorcida (Is. 27:1).[114] ¿Y qué diré de Ezequiel, quien en su segunda visión profetiza sin lugar a error sobre el príncipe de Tiro en cuanto a una potencia adversa, y dice también que el dragón habita en ríos de Egipto? (Ez. 28:12ss.).

¿De quién se ocupa la obra entera escrita sobre Job, sino del diablo, que solicita permiso y poder sobre todo lo que Job posee: hijos, hogar y hasta su misma persona? Y aun así el diablo es vencido por la paciencia de Job. En este libro el Señor ha impartido mucha información con sus respuestas sobre el poder del dragón que nos combate.

Estas son las afirmaciones que se hacen en el Antiguo Testamento, hasta donde alcanzamos a recordar, sobre el tema de los poderes hostiles que se citan en la Escritura, o de los que se dice que se oponen a la raza humana, sujetos a un castigo posterior.

El diablo en el Nuevo Testamento

Miremos ahora al Nuevo Testamento, donde Satán se acerca al Salvador para tentarle, donde también se dice que hay espíritus malos y demonios impuros, que habían tomado posesión de muchos y fueron expulsados por el Salvador de los cuerpos de las víctimas, a las que Cristo liberó.

Incluso Judas, cuando el diablo puso en su corazón traicionar al Maestro, le recibió después totalmente, según está escrito: "Y tras el bocado Satanás entró en él" (Jn. 13:27). El apóstol Pablo nos enseña que nosotros no deberíamos dar lugar al diablo; sino "tomad toda la armadura de Dios, para que podáis resistir en el día malo, y estar firmes, habiendo acabado todo" (Ef. 6:13), señalando que los santos "no tenemos lucha contra sangre y carne, sino contra principados, contra potestades, contra señores del mundo: gobernadores de estas tinieblas, contra malicias espirituales en los aires" (Ef. 6:12). Llega a decir que el Salvador fue crucificado por los príncipes de este mundo, que, sin embargo, se deshacen (1ª Co. 2:6, 8).

Mediante todo esto, la Escritura nos enseña que hay ciertos enemigos invisibles que luchan contra nosotros, y

Miremos ahora al Nuevo Testamento, donde Satán se acerca al Salvador para tentarle, donde también se dice que hay espíritus malos y demonios impuros, que habían tomado posesión de muchos y fueron expulsados por el Salvador de los cuerpos de las víctimas, a las que Cristo liberó. La Escritura nos enseña que hay ciertos enemigos invisibles que luchan contra nosotros.

---

[114] "En aquel día Jehová visitará con su espada dura, grande y fuerte, sobre leviatán, serpiente rolliza, y sobre leviathán serpiente retuerta; y matará al dragón que está en la mar" (Is. 27:1).

Así como el diablo no es la causa de nuestro sentimiento de hambre o sed, tampoco es la causa de esa apetencia que naturalmente surge en el momento de la madurez, a saber, el deseo de la relación sexual. Es seguro que esta causa no siempre es puesta en movimiento por el diablo.

contra quien se nos ordena armarnos. De dónde, también, el más simple entre los creyentes en el Señor Cristo opina que todos los pecados que los hombres han cometido son causados por los esfuerzos persistentes de estos poderes adversos ejercidos sobre la mente de los pecadores, porque en esta lucha invisible esos están en una posición de superioridad respecto al hombre. Porque si, por ejemplo, no hubiera diablo, ningún ser humano sería extraviado.

La parte de la naturaleza y la parte de Satanás

2. Nosotros, sin embargo, que vemos la razón de las cosas más claramente, no apoyamos esta opinión, teniendo en cuenta aquellos pecados que evidentemente provienen como consecuencia necesaria de nuestra constitución corporal.

¿De verdad debemos suponer que el diablo es la causa de nuestro sentimiento de hambre o de sed? Nadie, pienso, se atrevería a mantener esto. Si, entonces, él no es la causa del sentimiento de hambre o sed, ¿en dónde reside la diferencia entre el individuo que ha alcanzado la edad de la pubertad y ese período que han provocado los incentivos del calor natural? Se seguirá, indudablemente, que así como el diablo no es la causa de nuestro sentimiento de hambre o sed, tampoco es la causa de esa apetencia que naturalmente surge en el momento de la madurez, a saber, el deseo de la relación sexual. Es seguro que esta causa no siempre es puesta en movimiento por el diablo, de manera que estuviéramos obligados a suponer que nuestros cuerpos no poseerían ese deseo de relación sexual si no existiera el diablo.

Consideremos, en segundo lugar, si la comida es deseada por los seres humanos, no por sugerencias del diablo, como ya hemos mostrado, sino por una especie de instinto natural, de no haber ningún diablo, ¿sería posible para la experiencia humana exhibir tal contención a la hora de comer como para no exceder los límites apropiados; esto es, no tomar más de lo requerido en el momento o de lo que dicte la razón, cuyo resultado sería que, debido a la mesura y moderación en la comida, nunca se equivocaría? No creo, realmente, que los hombres puedan observar una moderación tan grande (aunque no hubiera instigación del diablo incitando a la gula), ni que ningún individuo, al participar del alimento, no vaya más allá de los límites previstos, a menos que antes haya aprendido a contenerse gracias a la costumbre y la experiencia.

¿Cuál es, entonces, el estado del caso? En el tema de comer y de beber, es posible que nos excedamos, incluso sin ninguna incitación del diablo, si ocurre que somos menos moderados o menos cuidadosos de lo que se supone que deberíamos ser. Entonces, en nuestro apetito por las relaciones sexuales, o en la restricción de nuestros deseos naturales, ¿no es nuestra condición algo similar?

Opino que la misma línea de razonamiento debe aplicarse a otros movimientos naturales como la codicia, la cólera, el dolor, o todos aquellos que, generalmente por el vicio de la intemperancia, exceden los límites naturales de la moderación.

Las semillas del pecado y la ocasión de los demonios

Hay, por lo tanto, razones manifiestas para sostener la opinión que así como en las cosas buenas la voluntad (*propositum*) humana es por sí misma débil para realizar ninguna cosa buena (porque es por la ayuda divina que se logra la perfección en todo); así también, en las cosas de una naturaleza opuesta recibimos ciertos elementos iniciales, como si fueran semillas de pecado, de aquellas cosas que usamos conforme a la naturaleza; pero cuando nos complacemos más allá de lo que es apropiado, y no resistimos los primeros movimientos de la intemperancia, entonces el poder hostil, tomando ocasión de esta primera transgresión, nos incita y presiona con fuerza por todos lados, buscando extender nuestros pecados sobre un campo más amplio, equipándonos, a nosotros seres humanos, con ocasiones y comienzos de pecados, que estos poderes hostiles extienden a lo largo y ancho, y, si es posible, más allá de todo límite.

Así, cuando los hombres al principio desean un poco de dinero, la codicia comienza a crecer tanto como la pasión aumenta, y, finalmente, tiene lugar la caída en la avaricia. Tras esto, cuando la ceguera de la mente ha sucedido a la pasión, y los poderes hostiles, por su sugerencia, apresuran la mente, ya no es deseado el dinero, sino

Hay razones manifiestas para sostener la opinión que así como en las cosas buenas la voluntad humana es por sí misma débil para realizar ninguna cosa buena (porque es por la ayuda divina que se logra la perfección en todo); así también, en las cosas de una naturaleza opuesta recibimos ciertos elementos iniciales, como si fueran semillas de pecado.

robado y tomado por la fuerza, o incluso mediante derramamiento de sangre humana.

Finalmente, una evidencia probatoria del hecho de que los vicios de tal enormidad proceden de los demonios, se puede ver fácilmente en esto, que los individuos que son oprimidos por amor inmoderado, o por cólera incontrolable, o dolor excesivo, no sufren menos que los que son físicamente oprimidos por el diablo.

Se registra en ciertas historias, que algunos han caído de un estado de amor a uno de locura, otros de un estado de cólera, no pocos de un estado de dolor, e incluso de una alegría excesiva. De esto resulta, según pienso, que aquellos poderes adversos, esto es, los demonios que han ganado un sitio en las mentes que les han sido abiertas por la intemperancia, y toman posesión completa de su naturaleza sensible, sobre todo cuando ningún sentimiento de la gloria de la virtud les ha opuesto resistencia.

Tentaciones y Providencia divina

3. Que hay ciertos pecados, sin embargo, que no provienen de los poderes adversos, si no que toman sus principios de los movimientos naturales del cuerpo, es manifiestamente declarado por el apóstol Pablo: "La carne codicia contra el Espíritu, y el Espíritu contra la carne; y estas cosas se oponen la una a la otra, para que no hagáis lo que quisiereis" (Gá. 5:17). Si, entonces, la carne codicia contra el Espíritu, y el Espíritu contra la carne, a veces tenemos que luchar contra la carne y la sangre, esto es, como hombres que viven y actúan según la carne, cuyas tentaciones no son más grandes que las tentaciones humanas; ya que se nos dice: "No os ha tomado tentación, sino humana; mas fiel es Dios, que no os dejará ser tentados más de lo que podéis llevar; antes dará también juntamente con la tentación la salida, para que podáis aguantar" (1ª Co. 10:13).

Porque así como los presidentes de los juegos públicos no permiten a los competidores entrar en listas sin criterio o por casualidad, sino después de un examen cuidadoso, emparejándolos con la consideración más imparcial por tamaño o edad, este individuo con aquel otro, por ejemplo, jóvenes con jóvenes, hombres con hombres, que están casi relacionados uno con el otro por edad o fuerza;

así también tenemos nosotros que entender el procedimiento de la Providencia divina, que ordena según los principios más imparciales todo lo que desciende en la lucha de esta vida humana, según la naturaleza del poder de cada uno, que sólo es conocido a quien pesa los corazones de los hombres, de modo que cada uno pueda luchar contra la tentaciones que puede soportar. A este tienta la carne, a aquel la indulgencia, a uno la ira, a otro la pereza. Uno es expuesto largo tiempo a sus enemigos, otro es retirado pronto de la batalla. En todo podemos observar la verdad del dicho del apóstol: "Fiel es Dios, que no os dejará ser tentados más de lo que podéis llevar; antes dará también juntamente con la tentación la salida, para que podáis aguantar" (1ª Co. 10:13). Esto es, cada uno es tentado en proporción a su fuerza o poder de resistencia.

No hay duda de que en cada tentación tenemos un poder de resistencia, si empleamos correctamente la fuerza que se nos concede. Pero no es lo mismo poseer el poder de conquistar que salir victoriosos.

Tentación y victoria

Ahora, aunque hayamos dicho que esto es por el justo juicio de Dios que cada uno es tentado conforme a su fuerza o resistencia, no debemos suponer, sin embargo, que quien es tentado debería salir victorioso del conflicto.

De manera parecida a quien compite en los juegos, aunque emparejado con su adversario sobre un principio justo de confrontación, no por eso será necesariamente el triunfador. Pero, a menos que la fuerza de los combatientes sea igual, el premio del vencedor no será ganado justamente; ni tampoco se echará la culpa con justicia al vencido. En el caso de Dios, Él no permite que seamos tentados "más allá de lo que somos capaces", sino en proporción a nuestras fuerzas. Y está escrito que juntamente con la tentación nos dará la salida para que podamos resistir. Pero depende de nosotros usar el poder que nos ha dado con energía o debilidad.

No hay duda de que en cada tentación tenemos un poder de resistencia, si empleamos correctamente la fuerza que se nos concede. Pero no es lo mismo poseer el poder de conquistar que salir victoriosos, como el apóstol mismo nos ha mostrado en lenguaje cauteloso diciendo: "Dios dará también juntamente con la tentación la salida, para que *podáis* aguantar (1ª Co. 10:13), no que lo hagamos realmente, ya que muchos entran en tentación y son vencidos por ella.

Dios no nos capacita para no entrar en tentación, pues entonces no habría lucha, sino que nos otorga el poder de resistirla. En lo que concierne a los pensamientos que provienen de nuestro corazón, encontramos que a veces proceden de nosotros, y a veces son originados por los poderes adversos.

Ahora bien, Dios no nos capacita para no entrar en tentación, pues entonces no habría lucha, sino que nos otorga el poder de resistirla.

Este poder que nos es dado para poder vencer puede ser usado, conforme a nuestra facultad de libre albedrío, de una manera diligente, y entonces resultar victorioso; o de una manera perezosa y terminar derrotados. Porque si se nos diera el poder total de vencer a pesar de todo, y nunca ser derrotados, ¿qué razón hay para permanecer en una lucha en la que no se puede ser vencido? ¿O qué mérito resulta de una victoria donde se quita el poder de la resistencia? Pero si la posibilidad de conquistar es igualmente conferida a todos, y si está en nuestro propio poder cómo usar esta posibilidad, a saber, con diligencia o negligencia, entonces el derrotado será justamente censurado y el vencedor merecidamente alabado.

De estos puntos que estamos hablando, como mejor podemos, pienso que es claramente evidente que hay ciertas transgresiones que en ningún caso cometemos bajo la presión de los poderes malignos; mientras que hay otras a las que somos incitados por instigación de su parte por nuestra indulgencia excesiva e inmoderada. De donde se sigue que hemos de informarnos acerca de cómo los poderes adversos producen estas incitaciones dentro de nosotros.

El conflicto de las sugerencias satánicas

4. En lo que concierne a los pensamientos que provienen de nuestro corazón, o el recuerdo de las cosas que hemos hecho, o la contemplación de cualquier cosa o causa, encontramos que a veces proceden de nosotros, y a veces son originados por los poderes adversos; no pocas veces también son sugeridos por Dios o por los ángeles santos.

Tal declaración puede parecer increíble (*fabulosum*), a menos que sea confirmada por el testimonio de la santa Escritura; que los pensamientos surgen de nosotros, lo declara David en los Salmos diciendo: "El pensamiento del hombre te confesará, y el resto de su pensamiento observará tus fiestas" (Sal. 76:10, *LXX*). Que también lo causan los poderes adversos, lo muestra Salomón en el libro de Eclesiastés, de la manera siguiente: "Si el espíritu del príncipe se exaltare contra ti, no dejes tu lugar; porque la lenidad hará cesar grandes ofensas" (Ec. 10:4).

También el apóstol Pablo llevará el testimonio al mismo punto en las palabras: "Destruyendo consejos, y toda altura que se levanta contra la ciencia de Dios, y cautivando todo intento a la obediencia, de Cristo (2ª Co. 10:5). Que esto es un efecto debido a Dios es declarado por David, cuando dice en los Salmos: "Bienaventurado el hombre que tiene su fortaleza en ti; en cuyo corazón están tus caminos" (Sal. 84:5). Y el apóstol dice que "Dios puso en el corazón de Tito" (2ª Co. 8:16).

Que ciertos pensamientos son sugeridos a los corazones de los hombres por ángeles buenos y malos, se muestra, en ambos casos, por el ángel que acompañó a Tobías (*Tobías*, caps. 5, 6), y por el texto del profeta, donde dice: "Y me dijo el ángel que hablaba conmigo" (Zac. 1:14). *El libro del Pastor* declara lo mismo, diciendo que cada individuo es atendido por dos ángeles, que siempre que surgen buenos pensamientos en nuestros corazones, se debe al ángel bueno; pero cuando surgen de una clase opuesta, se debe a la instigación del ángel malo (*Hermas*, 6:2). Lo mismo declara Bernabé en su *Epístola*, donde dice hay dos caminos, uno de luz y otro de tinieblas, en los que él afirma que ciertos ángeles son colocados: los ángeles de Dios en el camino de luz, los ángeles de Satán en el camino de oscuridad.

No vayamos, sin embargo, a imaginarnos que cualquier otro resultado sigue de lo que es sugerido a nuestro corazón, sea bueno o malo, salvo una conmoción mental solamente, y una incitación que nos inclina al bien o al mal. Porque está dentro de nuestro alcance, cuando un poder maligno ha comenzado a incitarnos al mal, echar lejos de nosotros las malas sugerencias, y oponernos a los estímulos viles, y no hacer nada que sea merecedor de culpa. Y, por otra parte, es posible, cuando un poder divino nos llama a mejores cosas, no obedecer la llamada; siendo nuestra libertad preservada en ambos casos.

En las páginas precedentes dijimos que ciertos recuerdos de acciones buenas o malas nos fueron sugeridos por un acto de la providencia divina o por los poderes adversos, como se muestra en el libro de Ester, cuando Artajerjes no recordó los servicios de aquel hombre justo Mardoqueo, pero, cuando cansado de sus noches de vigilia, Dios puso en su mente que pidiera que se leyesen los anales donde estaban registrados los grandes hechos por los

Está dentro de nuestro alcance, cuando un poder maligno ha comenzado a incitarnos al mal, echar lejos de nosotros las malas sugerencias, y oponernos a los estímulos viles, y no hacer nada que sea merecedor de culpa.

Debemos suponer que por la influencia hostil del diablo fue introducida en las mentes del sumo sacerdote y los escribas la sugerencia que hicieron a Pilato, cuando vinieron a él y dijeron: "Señor, nos acordamos que aquel engañador dijo, viviendo aún: Después de tres días resucitaré". También el designio de Judas, respecto a la traición de nuestro Señor y Salvador, no provino de la maldad de su mente sola.

cuales recordó los beneficios recibidos de Mardoqueo, y ordenó que su enemigo Amán fuera ahorcado, y él recibiera honores espléndidos, así como la impunidad del peligro que le amenazaba, concedido a toda la nación santa.

Por otra parte, sin embargo, debemos suponer que por la influencia hostil del diablo fue introducida en las mentes del sumo sacerdote y los escribas la sugerencia que hicieron a Pilato, cuando vinieron a él y dijeron: "Señor, nos acordamos que aquel engañador dijo, viviendo aún: Después de tres días resucitaré" (Mt. 27:63). También el designio de Judas, respecto a la traición de nuestro Señor y Salvador, no provino de la maldad de su mente sola, ya que la Escritura declara que "el diablo ya le había puesto en su corazón el traicionarlo" (Jn. 13:2). Por eso Salomón ordena correctamente: "Sobre toda cosa guardada, guarda tu corazón" (Pr. 4:23). Y el Apóstol Pablo nos advierte: "Por tanto, es menester que con más diligencia atendamos a las cosas que hemos oído, no sea que no nos escurramos" (He. 2:1). Y cuando dice" No deis lugar al diablo" (Ef. 4:27), muestra por esta prescripción que es por ciertos actos, o una especie de pereza mental, que se da lugar al diablo, de modo que, si entra una vez en nuestro corazón, tomará posesión de nosotros, o al menos contaminará el alma, si no ha obtenido el dominio entero sobre ella, arrrojando sobre nosotros sus dardos ardientes; por los cuales somos a veces profundamente heridos, y a veces sólo nos prenden fuego. Raramente, en verdad, y sólo en muy pocos casos, son apagados estos dardos ardientes como para no encontrar un lugar donde puedan herir, excepto cuando uno se cubre con el escudo fuerte y poderoso de la fe.

La declaración en la Epístola a los Efesios: "No tenemos lucha contra sangre y carne, sino contra principados, contra potestades, contra señores del mundo, gobernadores de estas tinieblas, contra malicias espirituales en los aires" (Ef. 6:12), debe ser entendida como si el "nosotros" significara, "yo-Pablo, y vosotros-efesios", y todos los que luchan no contra la carne y la sangre; ya que hemos de luchar contra principados y potestades, contra señores del mundo, gobernadores de estas tinieblas, no como los corintios, cuya lucha era todavía contra la carne y la sangre, a quienes no había sobrevenido ninguna tentación sino la que es común al hombre.

El poder de Cristo para vencer

5. No supongamos, sin embargo, que cada individuo tiene que contender contra todos estos adversarios. Porque es imposible para cualquier hombre, aunque fuera un santo, mantener batalla contra todos ellos al mismo tiempo. Si este de verdad fuera el caso de algún modo, lo cual es ciertamente imposible, la naturaleza humana no podría soportarlo sin ser destruida totalmente. Pero, por ejemplo, si a cincuenta soldados se les ordenase enfrentarse a otros cincuenta, no entenderían que esta orden significara que uno de ellos había de contender solo contra los cincuenta, sino que cada uno diría correctamente "nuestra guerra es contra los cincuenta", todos contra todos; así también tiene que entenderse el significado del apóstol Pablo, que todos los atletas y soldados de Cristo tienen que pelear y luchar contra todos los adversarios enumerados, la lucha, desde luego, mantenida contra todos, pero por individuos solos con poderes individuales, o al menos en tal manera que sea determinado por Dios, que es el presidente justo del combate.

Porque soy de la opinión de que hay un cierto límite en los poderes de la naturaleza humana, aunque puedan ser los de Pablo, de quien se dice: "Instrumento escogido me es éste" (Hch. 9:15); o de Pedro, contra quien las puertas del infierno no prevalecen (Mt. 16:18); o de Moisés, el amigo de Dios; aun así, ninguno de ellos podría sostener el asalto simultáneo de los poderes adversos sin su destrucción, a no ser que obrara en ellos la sola fuerza de quien dijo: "Confiad, yo he vencido al mundo" (Jn. 16:33). Por lo tanto, Pablo exclama confiadamente: "Todo lo puedo en Cristo que me fortalece" (Fil. 4:13). Y otra vez: "He trabajado más que todos ellos; pero no yo, sino la gracia de Dios que fue conmigo" (1ª Co. 15:10).

En base a este poder, cuya operación ciertamente no es de origen humano, Pablo podía decir: "Estoy cierto que ni la muerte, ni la vida, ni ángeles, ni principados, ni potestades, ni lo presente, ni lo por venir, ni lo alto, ni lo bajo, ni ninguna criatura nos podrá apartar del amor de Dios, que es en Cristo Jesús Señor nuestro" (Ro. 8:38, 39).

Pienso que la naturaleza humana sola no puede mantener una contienda con ángeles y con los poderes excelsos y profundos y con cualquier otra criatura; sino

Soy de la opinión de que hay un cierto límite en los poderes de la naturaleza humana. Por lo tanto, Pablo exclama confiadamente: "Todo lo puedo en Cristo que me fortalece". Y otra vez: "He trabajado más que todos ellos; pero no yo, sino la gracia de Dios que fue conmigo".

Pablo no ha dicho que luchamos con príncipes, o con poderes, sino contra principados y potestades. Y de ahí, aunque Jacob luchó, fue incuestionablemente contra alguno de esos poderes que resisten a la raza humana y a todos los santos, según declara Pablo.

que cuando siente la presencia del Señor que mora dentro de él, la confianza en la ayuda divina le lleva a decir: "El Señor es mi luz y mi salvación: ¿de quién temeré? El Señor es la fortaleza de mi vida: ¿de quién he de atemorizarme? Cuando se allegaron contra mí los malignos, mis angustiadores y mis enemigos, para comer mis carnes, ellos tropezaron y cayeron. Aunque se asiente campo contra mí, no temerá mi corazón: Aunque contra mí se levante guerra, yo en esto confío" (Sal. 27:1-3). De lo que deduzco que un hombre quizás nunca sea capaz de vencer a un poder adverso a menos que cuente con el socorro de la asistencia divina. De ahí, también, que se diga que el ángel luchó con Jacob. Aquí, sin embargo, entiendo que el escritor da a entender que no es lo mismo para un ángel luchar contra Jacob y haber luchado contra él; sino que el ángel que lucha con él es quien estuvo presente con él para asegurar su seguridad, quien, después de conocer también su progreso moral, le dio además el nombre de Israel (Gn. 32:28), esto es, *el que lucha con Dios* o *Dios lucha*, y le asiste en la contienda; viendo que allí hubo indudablemente otro ángel con quien él contendió, y contra quien él tuvo que continuar su pelea. Finalmente, Pablo no ha dicho que luchamos con príncipes, o con poderes, sino contra principados y potestades. Y de ahí, aunque Jacob luchó, fue incuestionablemente contra alguno de esos poderes que resisten a la raza humana y a todos los santos, según declara Pablo. Por lo tanto, por fin, dice la Escritura que "luchó con el ángel, y tenía el poder de Dios",[115] así que la lucha es apoyada por la ayuda del ángel, pero el premio del éxito conduce al conquistador a Dios.

La permisión divina de las pruebas

6. En verdad, no debemos suponer que las luchas de esta clase se sostienen por el ejercicio de fuerza corporal y de las artes de lucha, sino que el espíritu contiende con el espíritu, según la declaración de Pablo, que nuestra lucha es contra principados y potestades, contra señores de las tinieblas de este mundo. Más bien, lo siguiente debe entenderse como la naturaleza de la lucha; cuando, por

---

[115] "Has peleado con Dios y con los hombres, y has vencido" (Gn. 32:28).

ejemplo, pérdidas y peligros caen sobre nosotros; o se nos hacen calumnias y falsas acusaciones, el objeto de los poderes hostiles no es que nosotros debamos sufrir estas pruebas solamente, sino que por medio de ellas seamos llevados al exceso de ira o al dolor, o al último hoyo de la desesperación; o al menos, lo que es un pecado más grande, ser forzados a quejarnos contra Dios, cuando fatigados y vencidos por cualquier molestia, como si no administrara justa y equitativamente la vida humana; cuya consecuencia puede ser la debilidad de la fe, la decepción de nuestra esperanza, o el abandono de la verdad de nuestras opiniones, o albergar sentimientos irreligiosos en cuanto a Dios.

A tal efecto se han escrito ciertas cosas sobre Job, después que el diablo solicitó de Dios el poder de quitarle todos los bienes que tenía. Por lo cual también se nos enseña que no es por ningún ataque accidental que somos asaltados, cuando sea que suframos alguna pérdida de propiedad; ni se debe a la casualidad que uno sea tomado prisionero, o cuando el edificio de aquellos que nos son queridos se hunde y los aplasta, causándoles la muerte; para que en todas estas ocurrencias cada creyente pueda decir: "Ninguna potestad tendrías contra mí, si no te fuese dada de arriba" (Jn. 19:11).

Observa que la casa de Job no cayó sobre sus hijos hasta que el diablo no recibió primero el poder sobre ellos;[116] tampoco los jinetes hubieran hecho irrupción en tres escuadrones, llevarse sus camellos o sus bueyes, y su ganado, a no ser que se hubieran entregado primeramente como siervos de su voluntad al espíritu que los instigaba.

Cuando pérdidas y peligros caen sobre nosotros; o se nos hacen calumnias y falsas acusaciones, el objeto de los poderes hostiles no es que nosotros debamos sufrir estas pruebas solamente, sino que por medio de ellas seamos llevados al exceso de ira o al dolor, o al último hoyo de la desesperación.

---

[116] Job 1:13-19: "Y un día aconteció que sus hijos e hijas comían y bebían vino en casa de su hermano el primogénito, y vino un mensajero a Job, que le dijo: Estando arando los bueyes, y las asnas paciendo cerca de ellos, acometieron los sabeos, y tomáronlos, e hirieron a los mozos a filo de espada; solamente escapé yo para traerte las nuevas. Aún estaba éste hablando, y vino otro que dijo: Fuego de Dios cayó del cielo, que quemó las ovejas y los mozos, y los consumió; solamente escapé yo para traerte las nuevas. Todavía estaba éste hablando, y vino otro que dijo: Los caldeos hicieron tres escuadrones, y dieron sobre los camellos, y tomáronlos, e hirieron a los mozos a filo de espada; y solamente escapé yo para traerte las nuevas. Entre tanto que éste hablaba, vino otro que dijo: Tus hijos y tus hijas estaban comiendo y bebiendo vino en casa de su hermano el primogénito; y he aquí un gran viento que vino del lado del desierto, e hirió las cuatro esquinas de la casa, y cayó sobre los mozos, y murieron; y solamente escapé yo para traerte las nuevas".

El resultado de todos los comentarios precedentes es mostrar que todos los acontecimientos del mundo que se consideran de una clase intermedia, tanto si son desafortunados como afortunados, no son causados por Dios, ciertamente, y tampoco sin Él.

Tampoco ese fuego o rayo, como parece ser, hubiera caído sobre las ovejas del patriarca, si antes el diablo no hubiera dicho a Dios: "¿No le has cercado tú a él, y a su casa, y a todo lo que tiene en derredor? Al trabajo de sus manos has dado bendición; por tanto su hacienda ha crecido sobre la tierra. Mas extiende ahora tu mano, y toca a todo lo que tiene, y verás si no te blasfema en tu rostro" (Job 1:10, 11).

Nada es operado directamente por Dios, y nada sin Él

7. El resultado de todos los comentarios precedentes es mostrar que todos los acontecimientos del mundo que se consideran de una clase intermedia, tanto si son desafortunados como afortunados, no son causados por Dios, ciertamente, y tampoco sin Él. Por otra parte, Dios no sólo no impide los poderes malos y adversos que están deseando traer desgracias sobre nosotros para lograr su objetivo, sino que permite su libre actuación, aunque sólo en ciertas ocasiones y en casos muy particulares, como en Job, por ejemplo, que durante un tiempo cayó bajo el poder de otros y tuvo su casa atrapada por personas injustas.

La santa Escritura, por tanto, nos enseña a recibir todo lo que pasa como enviado por Dios, sabiendo que sin Él nada ocurre. ¿Cómo podemos nosotros dudar que tal sea el caso, es decir, que nada pasa al hombre sin la voluntad de Dios, cuando nuestro Señor y Salvador declara: "¿No se venden dos pajarillos por un cuarto? Con todo, ni uno de ellos cae a tierra sin vuestro Padre" (Mt. 10:29)?

La necesidad del caso nos ha alejado en una extensa digresión del tema de la lucha emprendida por los poderes hostiles contra el hombre, y de aquellos tristes acontecimientos que sobrevienen a la vida humana, esto es, las tentaciones, según a la declaración de Job: "¿No es la vida entera del hombre sobre la tierra una tentación?" (Job 7:1),[117] para que en el modo en que ocurren y el espíritu en que las enfrentamos, puedan manifestarse claramente.

Notemos a continuación cómo cae el hombre en el pecado del falso conocimiento, o con qué objeto los poderes adversos persiguen implicarnos en ese conflicto.

---

[117] "Ciertamente tiempo limitado tiene el hombre sobre la tierra, y sus días son como los días del jornalero" (RV).

3

La triple sabiduría

La superior sabiduría de Dios

Deseando describir las clases diferentes de sabiduría, el apóstol indica que hay una sabiduría de este mundo, y una sabiduría de los príncipes de este siglo, y otra sabiduría de Dios.

1. El santo apóstol, deseando enseñarnos alguna verdad grande y oculta respecto a la ciencia y la sabiduría, dice en la primera epístola a los corintios: "Hablamos sabiduría de Dios entre perfectos; y sabiduría, no de este siglo, ni de los príncipes de este siglo, que se deshacen; mas hablamos sabiduría de Dios en misterio, la sabiduría oculta, la cual Dios predestinó antes de los siglos para nuestra gloria; la que ninguno de los príncipes de este siglo conoció; porque si la hubieran conocido, nunca hubieran crucificado al Señor de gloria" (1ª Co. 2:6-8). En este pasaje, deseando describir las clases diferentes de sabiduría, el apóstol indica que hay una sabiduría de este mundo, y una sabiduría de los príncipes de este siglo, y otra sabiduría de Dios. Pero cuando usa la expresión "sabiduría de los príncipes de este siglo", no pienso que signifique una sabiduría común a todos los príncipes de este mundo, sino más bien una que es peculiar a algunos individuos entre ellos. Así que cuando dice: "Hablamos sabiduría de Dios en misterio, la sabiduría oculta, la cual Dios predestinó antes de los siglos para nuestra gloria" (2 Cor. 2:7), debemos preguntarnos cuál sea su significado, si es la misma sabiduría de Dios que estuvo oculta en otros tiempos y otras generaciones, sin ser dada a conocer a los hijos de los hombres como ahora ha sido revelada a los santos apóstoles y profetas, y que fue también la sabiduría de Dios antes del advenimiento del Salvador, mediante la que Salomón obtuvo su sabiduría, y en referencia a la cual el lenguaje del Salvador mismo declara que Él enseñó más que Salomón: "He aquí más que Salomón en este lugar" (Mt. 12:42), palabras que muestran, que los que han sido instruidos por el Salvador han sido instruidos en algo más elevado que el conocimiento de Salomón. Ya que si alguien afirmara que el Salvador, en verdad, poseyó mayor conocimiento que Salomón, pero que no lo comunicó a otros más de lo que hizo Salomón, ¿cómo va a ponerse de acuerdo con la declaración que sigue: "La reina de Saba se

Por sabiduría de los príncipes de este mundo entendemos la que se presenta como la filosofía secreta y oculta, como ellos la llaman, de los egipcios, y la astrología de los caldeos y de los indios, que profesan tener el conocimiento de cosas elevadas.

levantará en el juicio con esta generación, y la condenará; porque vino de los fines de la tierra para oír la sabiduría de Salomón; y he aquí más que Salomón en este lugar" (Mt. 12:42).

Hay, por lo tanto una sabiduría de este siglo, y también, probablemente, una sabiduría que pertenece a cada príncipe individual de este siglo. Pero en lo que concierne a la sabiduría de Dios solo, percibimos que esto es indicado, que actuó en un grado menor en otros tiempos anteriores y más antiguos, y que después se reveló y manifestó más plenamente por medio de Cristo. Sin embargo, examinaremos la sabiduría de Dios en el lugar apropiado.

La sabiduría del mundo

2. Ahora, ya que estamos tratando la manera en que los poderes adversos fomentan disputas, mediante las cuales introducen el falso conocimiento en la mente de los hombres y extravían sus almas, mientras que ellos se imaginan que han descubierto la sabiduría, pienso que es necesario distinguir la sabiduría de este mundo, y de los príncipes de este mundo, para que así podamos descubrir quiénes son los padres de esta sabiduría, o mejor, de estas clases de sabiduría. Soy de la opinión, por tanto, como he declarado arriba, que hay otra sabiduría de este mundo al lado de las diferentes clases de sabiduría que pertenece a los príncipes de este mundo, por cuya sabiduría parecen entenderse y comprenderse las cosas que pertenecen a este mundo.

Esta sabiduría, sin embargo, no posee en sí misma ninguna propiedad para formarse ninguna opinión sobre cosas divinas o el plan del gobierno del mundo, o cualquier otro tema de importancia para una vida buena y feliz; sino que es tal que trata del arte y de la poesía, por ejemplo, la gramática, o la retórica, o la geometría, o la música, en la que también, quizás, la medicina debería ser clasificada. En todos estos temas debemos suponer que se incluye la sabiduría de este mundo.

Por sabiduría de los príncipes de este mundo entendemos la que se presenta como la filosofía secreta y oculta, como ellos la llaman, de los egipcios, y la astrología de los caldeos y de los indios, que profesan tener el conocimiento de cosas elevadas y también la múltiple variedad de opiniones que prevalece entre los griegos en cuanto a las cosas divinas. En consecuencia, en las santas Escrituras encontramos que hay príncipes sobre naciones particulares; como leemos en Daniel, donde se habla de un príncipe del reino de Persia, y otro príncipe del reino de Grecia, que claramente se muestras, por la naturaleza del pasaje, que no son seres humanos, sino ciertos poderes (cap. 10). En las profecías de Ezequiel, el príncipe de Tiro es mostrado sin lugar a dudas como una especie de poder espiritual (cap. 26). Cuando estos y otros de la misma clase, poseyendo cada uno su propia sabiduría, y aumentando sus propias opiniones y sentimientos, contemplaron a nuestro Señor y Salvador, profesando y declarando que Él había venido a este mundo con el propósito de destruir todas las opiniones de la ciencia, falsamente así llamada, ellos, no sabiendo lo que había sido oculto en Él, inmediatamente le pusieron una trampa: "Estarán los reyes de la tierra, y príncipes consultarán unidos contra el Señor, y contra su Ungido" (Sal. 2:2). Pero sus trampas fueron descubiertas y los planes que se habían propuesto se manifestaron al crucificar al Señor de gloria; por eso el apóstol dice: "Hablamos sabiduría de Dios entre perfectos; y sabiduría, no de este siglo, ni de los príncipes de este siglo, que se deshacen; mas hablamos sabiduría de Dios en misterio, la sabiduría oculta, la cual Dios predestinó antes de los siglos para nuestra gloria; la que ninguno de los príncipes de este siglo conoció; porque si la hubieran conocido, nunca hubieran crucificado al Señor de gloria" (1ª Co. 2:6-8).

Ciertamente debemos procurar averiguar si aquella sabiduría de los príncipes de este mundo, que ellos procuran imbuir en los hombres, es introducida en sus mentes por los poderes adversos, con el propósito de atraparles y perjudicarles, o sólo con el propósito de engañarles.

Príncipes y potencias espirituales de este mundo

3. Ciertamente debemos procurar averiguar si aquella sabiduría de los príncipes de este mundo, que ellos procuran imbuir en los hombres, es introducida en sus mentes por los poderes adversos, con el propósito de atraparles y perjudicarles, o sólo con el propósito de engañarles, esto es, sin el propósito de hacerles ningún mal; pero, como los príncipes de este mundo consideran que tales opiniones son verdaderas, desean impartir a otros lo que ellos mismos creen que es la verdad; esta es la opinión que me inclino a adoptar. Porque, por poner un ejemplo, ciertos autores griegos, o dirigentes de algunas sectas heréticas,

Hay ciertas energías especiales de este mundo, es decir, poderes espirituales que causan ciertos efectos, que ellos mismos escogen producir, en virtud de su libre voluntad. A estos pertenecen aquellos príncipes que practican la sabiduría de este mundo.

después de haber inculcado un error en la doctrina en vez de la verdad, y habiendo llegado a la conclusión en sus propias mentes que tal es la verdad, proceden, a continuación, a intentar convencer a otros de lo correcto de sus opiniones. Así, de la misma manera, hemos de suponer que proceden los espíritus de este mundo, en el que se han asignado ciertas naciones a determinadas potencias espirituales, que por ello son llamados "príncipes de este mundo".

Además de estos príncipes, hay ciertas energías especiales de este mundo, es decir, poderes espirituales que causan ciertos efectos, que ellos mismos escogen producir, en virtud de su libre voluntad. A estos pertenecen aquellos príncipes que practican la sabiduría de este mundo; siendo, por ejemplo, una energía y un poder peculiar, que es el inspirador de la poesía; otro, de la geometría; y así un poder separado, para recordarnos cada una de las artes y las profesiones de esta clase.

Finalmente, muchos escritores griegos han opinado que el arte de la poesía no puede existir sin la locura; por ello se narra varias veces en sus historias, que aquellos que llaman poetas (*vates*), fueron repentinamente acometidos por una especie de espíritu de locura. ¿Y qué diremos de los que ellos llaman adivinos (*divinos*), quienes por la acción de los demonios que les dominan, responden en versos cuidadosamente construidos? También aquellos que llaman magos o malévolos (*magi vel malefici*), al invocar a los demonios de muchachos de tierna edad, con frecuencia les han hecho repetir composiciones poéticas que son la admiración y el asombro de todos.

Debemos suponer que todos estos efectos son causados de la siguiente manera: Así como las almas santas e inmaculadas, después de dedicarse por completo a Dios en afecto y pureza, y después de mantenerse libres de todo contagio de espíritus malos y de ser purificados por una larga abstinencia, llenos de una educación santa y religiosa, asumen por este medio una porción de la divinidad y adquieren la gracia de la profecía y otros dones divinos, así también debemos suponer que los que se ponen en el camino de los poderes adversos, a quienes deliberadamente admiran y adoptan su manera de vida y hábitos, reciben su inspiración, y se hacen partícipes de su sabiduría y doctrina. El resultado de esto es que son poseídos con el poder de esos espíritus a cuyo servicio se han sometido.

Energías, sugerencias y libre voluntad

4. Respecto a los que enseñan de una manera diferente a lo que la regla de la Escritura permite en lo que concierne a Cristo, no es tarea ociosa averiguar si es con un propósito traidor que los poderes adversos, en su lucha por impedir la creencia en Cristo, han inventado ciertas doctrinas fabulosas e impías; o si, al oír la palabra de Cristo, y no ser capaces de echarlo del secreto de su conciencia, y menos retenerla pura y santa, tienen, por medio de instrumentos convenientes para su uso, e introducen errores mediante sus profetas, por así llamarlos, contrarios a la regla de la verdad cristiana.

Antes bien, debemos suponer que el apóstata y los poderes del refugiado, que se han apartado de Dios por la maldad misma de su mente y voluntad, o por envidia de los que están preparados para recibir la verdad y ascender al rango que ellos tuvieron antes de caer, inventan todos esos errores e ilusiones de la falsa doctrina, con el fin de impedir cualquier progreso en dirección a la verdad.

Está claramente establecido por muchas pruebas, que mientras el alma del hombre exista en este cuerpo, puede admitir energías diferentes, esto es, operaciones de una diversidad de espíritus buenos o malos. Ahora bien, los espíritus malos tienen un doble modo de proceder, a saber, cuando toman posesión completa y total de la mente, sin permitir a sus cautivos el poder de comprender o sentir, como es el caso, por ejemplo, de los comúnmente llamados posesos (*energumenos*), a quienes vemos privados de razón y locos –como los que el Señor curó, según relata el Evangelio–; o cuando por sus malas sugerencias depravan un alma sensible e inteligente con pensamientos de varias clases, persuadiéndola al mal, de lo que Judas es una ilustración, pues fue inducido por la sugerencia de un diablo a cometer el crimen de traición, según declara la Escritura: "el diablo ya había metido en el corazón de Judas, traicionarle" (Jn. 13:2).

Pero un hombre recibe la energía, esto es, el poder de obrar, de un espíritu bueno, cuando está animado e incitado por el bien y se inspira en cosas celestiales o divinas, como los santos ángeles. Dios mismo obró en los profetas,

Está claramente establecido por muchas pruebas, que mientras el alma del hombre exista en este cuerpo, puede admitir energías diferentes, esto es, operaciones de una diversidad de espíritus buenos o malos.

Deberíamos investigar cuáles son las razones por las que un alma humana es trabajada a veces por un espíritu bueno y otras por un espíritu malo, cuyo fundamento sospecho que es anterior al nacimiento corporal del individuo.

despertando y exhortándolos por sus santas sugerencias hacia un mejor curso de vida, aun así, ciertamente, permaneció en la voluntad y juicio de los individuos estar dispuestos o indispuestos a seguir la llamada divina y las cosas celestiales.

De esta distinción manifiesta se ve cómo el alma es movida por la presencia de un espíritu mejor, a saber, si no encuentra ninguna perturbación o enajenación mental de la inspiración inminente, ni pierde el libe control de su voluntad; como, por ejemplo, es el caso de todos, sean profetas o apóstoles, que ministraron las respuestas divinas sin ninguna perturbación de mente. Más aún, por la sugestión de un buen espíritu la memoria del hombre se despierta al recuerdo de cosas mejores cosas, como ya mostramos en los ejemplos anteriores, cuando mencionamos los casos de Mardoqueo y Artajerjes.

Causas antecedentes al nacimiento del alma en el cuerpo

5. Pienso que después deberíamos investigar cuáles son las razones por las que un alma humana es trabajada a veces por un espíritu bueno y otras por un espíritu malo, cuyo fundamento sospecho que es anterior al nacimiento corporal del individuo, como Juan el Bautista mostró por su salto y regocijo estando en la matriz de su madre, cuando la voz del saludo de María alcanzó los oídos de su madre Elisabet;[118] y cómo Jeremías el profeta declara, que fue conocido por Dios antes de haber sido formado en la matriz de su madre, y santificado antes de nacer, y mientras aún era muchacho recibió la gracia de la profecía.[119]

Por otro lado, se ha mostrado más allá de toda duda, que algunos han sido poseídos por espíritus hostiles desde el principio de sus vidas; esto es, algunos nacieron con un espíritu malo, y otros, según historias creíbles, han practicado la adivinación desde la niñez. Otros han estado bajo

---

[118] "Y aconteció, que como oyó Elisabet la salutación de María, la criatura saltó en su vientre; y Elisabet fue llena del Espíritu Santo" (Lc. 1:41).

[119] "Antes que te formase en el vientre te conocí, y antes que salieses de la matriz te santifiqué, te di por profeta a las gentes. Y yo dije: ¡Ah! ¡ah! ¡Señor Jehová! He aquí, no sé hablar, porque soy niño" (Jer. 1:5, 6).

La triple sabiduría 269

la influencia del demonio llamado Pitón, es decir, el espíritu ventriloquial, desde el comienzo de su existencia.

Para los que mantienen que todo en el mundo está bajo la administración de la Divina Providencia (como es también nuestra propia creencia), todos estos casos, me parece mí, pueden no tener ninguna respuesta, así que para mostrar que ninguna sombra de injusticia se cierne sobre el gobierno divino, hay que sostener que hay ciertas causas de existencia previa, a consecuencia de las cuales las almas, antes de su nacimiento en el cuerpo, contrajeron una cierta cantidad de culpa en su naturaleza sensitiva, o en sus movimientos, en razón a la cual han sido juzgadas dignas por la Providencia Divina de estar colocadas en esta condición. Porque un alma siempre está en posesión de libre albedrío, tanto cuando está en el cuerpo como fuera de él; y la libertad de la voluntad siempre se dirige al bien o al mal.

Ningún ser racional y sentiente, esto es, la mente o el alma, puede existir sin algún movimiento, sea bueno o malo. Y es probable que esos movimientos provean razones para el mérito incluso antes de hacer nada en este mundo; de manera que en base a esos méritos son, inmediatamente en su nacimiento, e incluso antes, por así decir, clasificados por la Divina Providencia para resistir el bien o el mal.

Dejemos, entonces, que estas sean nuestras opiniones sobre esos lotes que caen sobre los hombres, sea inmediatamente después del nacimiento, o incluso antes de entrar en la luz. Pero en cuanto a las sugerencias que se hacen al alma, es decir, a la facultad de pensamiento humano, por espíritus diferentes, que despiertan en los hombres ganas de realizar actos buenos o malos, incluso en tal caso debemos suponer que a veces allí existían ciertas causas anteriores al nacimiento corporal.

Porque ocasionalmente la mente, cuando vigilante, y echando lejos de sí lo que es malo, pide de sí ayuda para lo bueno; o si por el contrario, fuera negligente y perezosa, esto deja lugar, por insuficiente precaución, para esos espíritus que, aguardando en secreto como ladrones, buscan la forma de precipitarse en las mentes de hombres cuando ven una residencia preparada para ellos por la pereza; como dice el apóstol Pedro: "Vuestro adversario el diablo, cual león rugiente, anda alrededor buscando a

Para mostrar que ninguna sombra de injusticia se cierne sobre el gobierno divino, hay que sostener que hay ciertas causas de existencia previa, a consecuencia de las cuales las almas, antes de su nacimiento en el cuerpo, contrajeron una cierta cantidad de culpa en su naturaleza sensitiva, o en sus movimientos.

Debemos hacer todo esfuerzo posible para que los ministros de Dios –los espíritus que son enviados a ministrar a los herederos de salvación– puedan encontrar un lugar en nosotros, y entrar encantados en la habitación de invitados de nuestra alma.

quien devorar" (1ª P. 5:8).[120] En base a esto, nuestro corazón ha de ser guardado con todo esmero, de día y de noche, sin dar ningún lugar al diablo. Pero debemos hacer todo esfuerzo posible para que los ministros de Dios –los espíritus que son enviados a ministrar a los herederos de salvación–[121] puedan encontrar un lugar en nosotros, y entrar encantados en la habitación de invitados de nuestra alma. Y así, morando con nosotros, puedan guiarnos con sus consejos; si, de verdad, ellos encontraran la vivienda de nuestro corazón adornada por la práctica de virtud y la santidad. Pero sea suficiente lo que ya hemos dicho, como mejor pudimos, sobre aquellos poderes que son hostiles a la raza humana.

---

[120] Cf. Lucas 11:24-26: "Cuando el espíritu inmundo saliere del hombre, anda por lugares secos, buscando reposo; y no hallándolo, dice: Me volveré a mi casa de donde salí. Y viniendo, la halla barrida y adornada. Entonces va, y toma otros siete espíritus peores que él; y entrados, habitan allí: y lo postrero del tal hombre es peor que lo primero".

[121] "¿No son todos espíritus administradores, enviados para servicio a favor de los que serán herederos de salud?" (He. 1:14).

4

Las tentaciones

Teorías sobre la naturaleza del alma

1. En mi opinión, el tema de las tentaciones humanas no debe ser pasado por alto, ni mantenido en silencio en este contexto. La tentación surge a veces de la sangre y la carne, o de la sabiduría de la carne y la sangre, que, como se dice,[122] es hostil a Dios. Y si es verdadera la declaración que algunos alegan, a saber, que cada individuo tiene como si fuera dos almas, lo determinaremos después de explicar la naturaleza de las tentaciones, que, como se dice, son más poderosas que nada de origen humano, esto es, las que sostenemos "contra principados, contra potestades, contra señores del mundo, gobernadores de estas tinieblas, contra malicias espirituales en los aires" (Ef. 6:12); o a las que somos sometidos por espíritus impuros y demonios de maldad.

En la investigación de este tema, pienso que debemos inquirir según un método lógico si hay en nosotros, seres humanos, que estamos compuestos de alma y cuerpo y espíritu vital, algún otro elemento que posea una incitación propia, y que evoque un movimiento hacia el mal. Porque una cuestión de esta clase algunos acostumbran discutirla de este modo: si, según se dice, dos almas coexisten dentro de nosotros, la una es más divina y celestial y la otra inferior; o si, por el hecho mismo de estar insertos en una estructura corporal, que según su propia naturaleza está muerta, y totalmente desprovistos de vida –viendo por nosotros que el cuerpo material deriva su vida de nuestra alma, y que es contrario y hostil al espíritu–, somos llevados y atraídos a la práctica de los espíritus malos que se conforman al cuerpo; o si, en tercer lugar –que fue la opinión de algunos filósofos griegos–,[123] aunque nuestra

En la investigación de este tema, pienso que debemos inquirir según un método lógico si hay en nosotros, seres humanos, que estamos compuestos de alma y cuerpo y espíritu vital, algún otro elemento que posea una incitación propia, y que evoque un movimiento hacia el mal.

---

[122] "Por cuanto la intención de la carne es enemistad contra Dios" (Ro 8:7); "Porque la carne codicia contra el Espíritu, y el Espíritu contra la carne; y estas cosas se oponen la una a la otra, para que no hagáis lo que quisiereis" (Gá. 5:17).

[123] Platón distinguió entre varios órdenes o tipos de actividades del alma: la parte sensitiva (sede del apetito o deseo), la parte irascible (sede

De estas opiniones discutamos primero la que algunos mantienen, que hay en nosotros un alma buena y celestial y otra terrenal e inferior, que el alma mejor es implantada en nosotros desde el cielo, tal como fue el caso de Jacob mientras estaba en el vientre de su madre.

alma es una en sustancia, consiste, sin embargo, en varios elementos, una parte llamada racional y otra irracional, y la que es llamada parte irracional se separa a su vez en dos afectos: los de codicia y pasión. Estas tres opiniones, entonces, en cuanto al alma que hemos establecido arriba, las hemos encontrado sostenidas por alguien, pero la que hemos mencionado como propia de los filósofos griegos, a saber, que el alma es tripartita, no veo que se encuentre grandemente confirmada por la autoridad de la santa Escritura; mientras que respecto a las dos restantes, se encuentra un número considerable de pasajes de las santas Escrituras que puede aplicárseles.

La teoría de dos almas, una celestial y otra terrenal

2. De estas opiniones discutamos primero la que algunos mantienen, que hay en nosotros un alma buena y celestial y otra terrenal e inferior, que el alma mejor es implantada en nosotros desde el cielo, tal como fue el caso de Jacob mientras estaba en el vientre de su madre, que le dio el premio de la victoria al suplantar a su hermano Esaú; y el caso de Jeremías, que fue santificado desde su nacimiento; y el de Juan, que fue lleno del Espíritu Santo desde la matriz.

Por contra, la que llaman alma inferior alegan que es producida juntamente con la semilla del cuerpo mismo, de donde dicen que no puede vivir o subsistir sin el cuerpo, por cuya razón dicen también que es llamada frecuentemente carne. Porque la expresión "la carne codicia contra el Espíritu" (Gá. 5:17), ellos la toman no para ser aplicada a la carne, sino a este alma, que es propiamente el alma de la carne. Por estas palabras, además, procuran hacer buena la declaración de Levítico: "El alma de toda carne, su vida, está en su sangre" (Lv. 17:14). Porque, de la circunstancia que es la difusión de la sangre en todas partes

---

del valor) y la parte inteligible (sede de la razón). Para Aristóteles, el alma es en algún sentido el "principio de la vida animal", en cuanto vida que se mueve a sí misma espontáneamente. El alma es la causa o fuente del cuerpo viviente, que se divide en varias partes, que constituyen otros tantos modos de operación. La operación principal del alma humana es la racional.

de la carne la que produce la vida en la carne, ellos afirman que este alma, de la que se dice que es la vida de toda la carne, está contenida en la sangre.

Además, la afirmación "la carne codicia contra el espíritu, y el espíritu contra la carne"; y la restante, "el alma de toda carne, su vida, está en su sangre", están, según estos escritores, simplemente llamando a la sabiduría de la carne por otro nombre, porque es una especie de espíritu material, que no está sujeto a la ley de Dios, ni puede estar, porque tiene deseos terrenales y corporales. Y es respecto a esto que ellos piensan que el apóstol pronunció las palabras: "Veo otra ley en mis miembros, que se rebela contra la ley de mi espíritu, y que me lleva cautivo a la ley del pecado que está en mis miembros" (Ro. 7:23). Pero, y si alguien les objetara que estas palabras se refieren a la naturaleza del cuerpo, que de acuerdo a la particularidad de su naturaleza está muerto, pero tiene sensibilidad, o sabiduría, que es hostil a Dios, o que lucha contra el espíritu. O si uno les dijera que, en cierto grado, la carne misma fue poseída por una voz, que gritara contra el padecimiento del hambre, o la sed, o el frío, o cualquier incomodidad que surge de la abundancia o de la pobreza, ellos procurarían debilitar y contrarrestar la fuerza de tales argumentos mostrando que hay muchas otras perturbaciones mentales que no derivan su origen en ningún aspecto de la carne, y aun así el espíritu lucha contra ellas, como la ambición, la avaricia, la emulación, la envidia, el orgullo, y cosas semejantes; y viendo que la mente humana o el espíritu mantiene contra ellos una especie de competición, ellos asentarían como causa de todos estos males nada más que el alma *corporal* de la que venimos hablando, y que es generada de la semilla por un proceso de traducianismo.

También acostumbran aducir en apoyo de su aserción, la declaración del apóstol: "Manifiestas son las obras de la carne, que son: adulterio, fornicación, inmundicia, disolución, idolatría, hechicerías, enemistades, pleitos, celos, iras, contiendas, disensiones, herejías, envidias, homicidios, borracheras, banquetes, y cosas semejantes a éstas" (Gá. 5:19-21), afirmando que todas ellas no derivan su origen de los hábitos o placeres de la carne de manera que deban considerarse tales movimientos como inherente a esa sustancia que no tiene un alma, esto es, el alma.

La voluntad del alma es algo intermedio entre la carne y el espíritu, indudablemente obedeciendo y sirviendo a uno de dos que haya elegido obedecer. Conforme a esto tenemos que averiguar qué es esta voluntad intermedia entre la carne y el espíritu.

La declaración, además: "Mirad, hermanos, vuestra vocación, que no sois muchos sabios según la carne, no muchos poderosos, no muchos nobles" (1ª Co. 1:26), parecería requerir para ser entendida la existencia de una clase de sabiduría carnal y material, y de otra según el espíritu. La primera no puede en realidad llamarse sabiduría, a menos que haya un alma de la carne, que es sabia respecto a lo que se llama sabiduría carnal. En añadidura a estos pasajes, aducen el siguiente: "Porque la carne codicia contra el Espíritu, y el Espíritu contra la carne; y estas cosas se oponen la una a la otra, para que no hagáis lo que quisiereis" (Gá. 5:17). ¿Qué son esas cosas de las que dice, "para que no hagáis lo que quisiereis"? Es cierto, contestan, que el espíritu no es entendido aquí; porque la voluntad del espíritu no sufre ningún obstáculo. Pero tampoco puede referirse a la carne, porque si no tiene alma propia, tampoco puede poseer voluntad.

Queda, pues, que la voluntad de este alma se entiende que es capaz de tener una voluntad de suyo propio, que ciertamente se opone a la voluntad del espíritu. Y si este es el caso, queda establecido que la voluntad del alma es algo intermedio entre la carne y el espíritu, indudablemente obedeciendo y sirviendo a uno de dos que haya elegido obedecer. Y si cede a los placeres de la carne, esto hace a los hombres carnales; pero cuando se une con el Espíritu, produce hombres del Espíritu, que, por esta razón, son llamados espirituales. Y este parece ser el significado de las palabras del apóstol: "Mas vosotros no estáis en la carne, sino en el espíritu, si es que el Espíritu de Dios mora en vosotros" (Ro. 8:9).

Conforme a esto tenemos que averiguar qué es esta voluntad intermedia entre la carne y el espíritu, además de la voluntad que se dice pertenecer a la carne o el espíritu. Porque se mantiene como cierto que cualquier cosa que se diga operada por el espíritu es producto de la voluntad del espíritu, y todo lo que se llama obra de la carne procede de la voluntad de la carne. ¿Qué es, entonces, la voluntad del alma, además de esto, que recibe un nombre separado, cuya voluntad opone el apóstol a "nuestra ejecución",[124] "para que no hagáis lo que quisiereis". Por esto

---

[124] El texto es bastante oscuro y ha dado muchos problemas a los comentaristas. Las palabras en latín son: *Quae ergo ista est praeter haec*

parecería entenderse que no debería adherirse a ninguno de los dos, esto es, ni a la carne ni al espíritu. Pero alguien dirá, que es mejor para el alma ejecutar su propia voluntad que la de la carne; por otra parte, es mejor hacer la voluntad del espíritu que la propia voluntad. ¿Cómo, entonces, dice el apóstol: "para que no hagáis lo que quisiereis"? Porque en esta competición que es sostenida entre la carne y el espíritu, el espíritu en ningún caso está seguro de la victoria, siendo manifiesto que en muchos individuos la carne tiene el dominio.

El peligro de la tibieza

3. Pero ya que el tema de discusión en que hemos entrado es de gran profundidad, es necesario considerarlo en todos sus sentidos. Veamos si algún punto como el siguiente no puede ser determinado; así como es mejor para el alma seguir al espíritu cuando éste ha vencido la carne, también, si parece un curso peor para el alma seguir la carne en sus luchas contra el espíritu, cuando éste recordara al alma su influencia, sin embargo, puede parecer un procedimiento más ventajoso para el alma estar bajo el dominio de la carne que permanecer bajo el poder de su propia voluntad. Porque, ya que se dice que no es ni caliente, ni fría, sino que está en una especie de condición tibia, encontrará la conversión una empresa lenta y algo difícil.[125] Si en verdad se uniera a la carne, entonces, saciada en extremo, y llena de aquellos males que sufre de los vicios de la carne, y como cansada de las pesadas cargas del lujo y la lujuria, pudiera convertirse con facilidad y mayor rapidez de la inmundicia de materia al deseo de las cosas divinas, y al gusto de las gracias espirituales.

Debe suponerse que el apóstol dijo: "El Espíritu contiende contra la carne, y la carne contra el Espíritu, para que no podamos hacer las cosas que quisiéramos, se entiende

Así como es mejor para el alma seguir al espíritu cuando éste ha vencido la carne, también, si parece un curso peor para el alma seguir la carne en sus luchas contra el espíritu, cuando éste recordara al alma su influencia, sin embargo, puede parecer un procedimiento más ventajoso para el alma estar bajo el dominio de la carne que permanecer bajo el poder de su propia voluntad.

---

voluntas animae quae extrinsecus nominatur, que se corresponde a la nota de Orígenes a la Epístola a los Romanos: *Et idcirco extrínsecus eam (animam, corporis et spiritus mentione facta, Rom. i. 3, 4) apostolus non nominat, sed carnem tantum vel spiritum,* donde "extrinsecus" puede significar "ánima inferior".

[125] Cf. Apocalipsis 3:15, 16: "Yo conozco tus obras, que ni eres frío, ni caliente. ¡Ojalá fueses frío, o caliente! Mas porque eres tibio, y no frío ni caliente, te vomitaré de mi boca".

Veamos de qué naturaleza son las conmociones del alma que sufrimos, cuando nos sentimos interiormente arrastrados en direcciones diferentes, y comienza una especie de competición de pensamientos en nuestros corazones.

las cosas que se designan como estando más allá de la voluntad del espíritu y de la carne, dando a entender, como si lo expresáramos en otras palabras, que es mejor para un hombre estar en un estado de virtud o de malicia, que en ninguno de ellos, porque el alma, antes de su conversión al espíritu y su unión con él, aparece durante su unión al cuerpo y su meditación en cosas carnales, en no una buena condición, ni tampoco manifiestamente mala, sino que se parece, por así decirlo, a un animal.

Sin embargo, es mejor para ella, si es posible, hacerse espiritual por la adhesión al espíritu; pero si no puede hacerlo, es más oportuno que siga la maldad de la carne, que, colocada bajo la influencia de su propia voluntad, conservar la posición de un animal irracional.

Estos puntos los acabamos de discutir con mayor extensión de la querida, en nuestro deseo de considerar cada opinión individual, de modo que no vaya a suponerse que han escapado a nuestra atención y que son generalmente presentados por los que inquieren si hay dentro de nosotros otra alma distinta a la celestial y racional, que se llama carne, o sabiduría de la carne, o alma de la carne.

Los "deseos" de la carne y su significado

4. Veamos ahora la respuesta que generalmente se da a las afirmaciones de quienes mantienen que hay en nosotros un movimiento y una vida, procedentes de una y la misma alma, cuya salvación o destrucción se atribuye al resultado de sus propias acciones.

En primer lugar, veamos de qué naturaleza son las conmociones del alma que sufrimos, cuando nos sentimos interiormente arrastrados en direcciones diferentes, y comienza una especie de competición de pensamientos en nuestros corazones; ciertas probabilidades nos son sugeridas, de acuerdo a las cuales nos inclinamos ahora a este lado, luego al otro; a veces somos convencidos de error, y otras aprobamos lo que hacemos. No es nada notable, sin embargo, decir de los espíritus malos, que tienen un juicio variable y conflictivo, sin armonía consigo mismo, ya que este es el caso que hallamos en todos los hombres siempre que al deliberar sobre un acontecimiento incierto, piden consejo y consideran y consultan cuál es el curso a seguir mejor y más útil. No es por lo tanto sorprendente que, si dos probabilidades se presentan, y sugieren opiniones enfrentadas, la mente sea arrastrada en direcciones contrarias. Por ejemplo, si un hombre es conducido por la reflexión para creer y temer a Dios, entonces no puede decirse que la carne codicia contra el Espíritu; pero entre la incertidumbre de qué pueda ser lo verdadero y lo ventajoso, la mente es arrastrada en direcciones opuestas.

Así también, cuando se supone que la carne provoca a la indulgencia de la lujuria, pero que mejores consejos hacen que se oponga a la atracción de esa clase, no debemos suponer que es una vida resistiendo a otra, sino que es la tendencia de la naturaleza del cuerpo, que está impaciente por vaciar y limpiar los sitios llenos de la humedad seminal; como, de forma parecida, no debe suponerse que es algún poder adverso, o la vida de otra alma, lo que excita en nosotros el apetito de la sed, y nos impele a beber, o que hace que sintamos hambre y nos lleve a satisfacerla. Pero así como es por el movimiento natural del cuerpo que la comida y la bebida es deseada o rechazada, así también la semilla natural, reunida en el curso del tiempo en los múltiples vasos, tiene un deseo impaciente de ser expulsada y arrojada, y está muy lejos de no ser removida jamás, excepto por el impulso de alguna causa excitante, y a veces es emitida espontáneamente.

Por tanto, cuando se dice que "la carne codicia contra el Espíritu" (Gá. 5:17), esas personas entienden que esta expresión significa que el hábito o necesidad, o el placer de la carne mueven al hombre y le apartan de las cosas divinas y espirituales. Pues, debido a la necesidad del cuerpo de ser arrastrado, no nos está permitido tener tiempo de ocio para las cosas divinas, que son beneficiosas para toda la eternidad. Así que del alma, dedicándose al logro de cosas divinas y espirituales, y estando unida al espíritu, se dice que lucha contra la carne, no permitiendo que se relaje por indulgencia, y se haga inestable por la influencia de los placeres por lo que siente un deleite natural.

De esta manera ellos también dicen entender las palabras "la *sabiduría* de la carne es enemistad contra Dios" (Ro. 8:7).[126] No que la carne tenga realmente un alma, o

---

[126] "La intención de la carne es enemistad contra Dios" (RV).

Se plantean la siguiente pregunta: "¿Quién será hallado, o de quién se dirá que es el creador de este sentido malo, llamado el sentido de la carne?" Porque ellos defienden la opinión de que no hay ningún otro creador del alma y la carne que Dios.

sabiduría propia. Pero como acostumbramos decir, por un abuso del lenguaje, que la tierra tiene sed, y desea beber agua, el empleo de la palabra "deseo" no es propio, sino parabólico, como cuando decimos que una casa quiere o busca ser reconstruida, y muchas otras expresiones similares; así también hay que entender la expresión "sabiduría de la carne", o "la carne codicia contra el Espíritu".

Generalmente ellos relacionan esta expresión con esta otra: "La sangre de tu hermano clama a mí desde la tierra" (Gn. 4:10). Pero lo que clama al Señor no es propiamente la sangre derramada, sino que se dice impropia, parabólicamente que la sangre pide venganza de quien la ha derramado.

Asimismo, la declaración del apóstol: "Veo otra ley en mis miembros, que se rebela contra la ley de mi espíritu" (Ro. 7:23), ellos la entienden como si hubiera dicho, que quien desea dedicarse a la palabra de Dios es, debido a sus hábitos y necesidades corporales, que como una especie de ley está establecido en el cuerpo, distraído, dividido e impedido, a no ser que, dedicándose enérgicamente al estudio de la sabiduría, es capacitado para contemplar los misterios divinos.

¿Ha creado Dios lo que es hostil a sí mismo?

5. Con respecto a la siguiente clasificación de las obras de la carne, a saber, herejías, envidias, contiendas, y otras, ellos entienden que la mente, al hacerse más grosera debido a su concesión a las pasiones del cuerpo, y siendo oprimida por la masa de sus vicios, y no teniendo sentimientos refinados o espirituales, se dice que se hace carne, y deriva su nombre de aquello en lo que exhibe más vigor y fuerza de voluntad.

También se plantean la siguiente pregunta: "¿Quién será hallado, o de quién se dirá que es el creador de este sentido malo, llamado el sentido de la carne?" Porque ellos defienden la opinión de que no hay ningún otro creador del alma y la carne que Dios. Y si nosotros afirmáramos que el Dios bueno creó todo lo que es hostil en su propia creación, pare que es un absurdo manifiesto. Entonces, si está escrito: "la sabiduría carnal es enemistad contra Dios" (Ro. 8:7) y se declara que es resultado de la creación, Dios parecerá haber formado una naturaleza hostil a sí mismo, que no puede ser sometida a Él ni a su ley, como si fuera, por suponer, un animal del que se afirman esas cualidades. Y si se admite esta teoría, ¿en qué aspecto aparecerá esto diferente de los que mantienen que son creadas almas de naturaleza diferente que, de acuerdo a su naturaleza, están destinadas perderse o salvarse?

Pero esta es una teoría de los herejes solamente, quienes, al no ser capaces de mantener la justicia de Dios sobre la base de la misericordia, componen invenciones impías de esta clase. Ahora que está expuesto lo mejor que hemos podido, en la persona de cada partido, lo que podría avanzarse por vía de argumento tocante a las diferentes perspectivas, dejemos que el lector escoja por sí mismo la que él piense que deba ser preferida.

Los herejes, al no ser capaces de mantener la justicia de Dios sobre la base de la misericordia, componen invenciones impías de esta clase.

5

El mundo
y su principio en el tiempo

Creación y consumación del mundo

1. Ahora, ya que es uno de los artículos de la Iglesia sostenido principalmente a consecuencia de nuestra creencia en la verdad de nuestra historia sagrada, a saber, que este mundo ha sido creado y tomó su principio en un cierto tiempo, y en conformidad al ciclo del tiempo decretado para todas las cosas será destruido debido a su corrupción, no es nada absurdo discutir unos pocos puntos relacionados con este tema. Y hasta donde alcanza la credibilidad de la Escritura, sus declaraciones sobre este tema son prueba suficiente. Hasta los herejes, aunque abiertamente opuestos a muchas otras cosas, en este punto parecen uno solo, cediendo a la autoridad de la Escritura.

Respecto a la creación del mundo, ¿puede la Escritura darnos más información que la que Moisés nos ha transmitido sobre su origen? Aunque comprende materias de significado más profundo que la mera narración histórica parece indicar y contiene muchas cosas que tienen que entenderse espiritualmente; emplea la letra como una clase de velo al tratar temas profundos y místicos. No obstante, el lenguaje del narrador muestra que todas las cosas visibles fueron creadas en un cierto tiempo.

Pero tocante a la consumación del mundo, Jacob es el primero en dirigir a sus hijos estas palabras: "Juntaos, y os declararé lo que os ha de acontecer en los postreros días" (Gn. 49:1), o días últimos. Si, entonces, hay "últimos días" o un período de "días últimos", los días que tuvieron un principio necesariamente deben venir a un final. David, también declara: "Los cielos perecerán, y tú permanecerás; y todos ellos como un vestido se envejecerán; como una ropa de vestir los mudarás, y serán mudados: Mas tú eres el mismo, y tus años no se acabarán" (Sal. 102:26-27).

Nuestro Señor y Salvador, al decir "el que los hizo al principio, varón y hembra los hizo" (Mt. 19:4), atestigua que el mundo fue creado; y otra vez, cuando dice: "El cielo y la tierra pasarán, mas mis palabras no pasarán" (Mt. 24:35), señala que son perecederos, y han de venir a un final. El apóstol, además, al declarar que "las criaturas sujetas fueron a vanidad, no de grado, mas por causa del que las sujetó con esperanza, luego también las mismas criaturas serán libradas de la servidumbre de corrupción en la libertad gloriosa de los hijos de Dios" (Ro. 8:20, 21), evidentemente anuncia el final del mundo; como también hace cuando dice: "La apariencia de este mundo se pasa" (1ª Co. 7:31).

Ahora bien, mediante la expresión utilizada: "las criaturas fueron sujetas a vanidad", muestra que hubo un principio de este mundo; ya que si la criatura fue sujeta a vanidad debido a alguna esperanza, esto seguramente se hizo por una causa; y viendo que fue por una causa, necesariamente debió tener un principio; porque sin algún principio la criatura no podría ser sujeta a vanidad, ni tampoco podría esperar ser liberada de la esclavitud de corrupción, que no hubo comenzado a servir. Pero quien decida buscar a su placer, encontrará numerosos pasajes en la santa Escritura en los que se dice que el mundo tiene un principio y espera un final.

Si Dios abarca todas las cosas, se sigue del hecho mismo de su capacidad de abarcar, que hay que entender que todo tiene un principio y un final, sabiendo que lo que es totalmente sin principio no puede ser abarcado en absoluto.

Dios abarca todas las cosas en base a su principio

2. Pero si hay alguien aquí que opone a la autoridad o a la credibilidad de nuestras Escrituras, le preguntaría si él afirma que Dios puede o no puede abarcar todas las cosas. Afirmar que no puede sería un acto evidente de impiedad. Si entonces contesta, como debe ser, que Dios abarca todas las cosas, se sigue del hecho mismo de su capacidad de abarcar, que hay que entender que todo tiene un principio y un final, sabiendo que lo que es totalmente sin principio no puede ser abarcado en absoluto. Porque por mucho que pueda extenderse el entendimiento, la facultad de comprehender sin límites desaparece cuando se afirma que no hay principio.

La creación de múltiples mundos

3. A esto ellos presentan generalmente la siguiente objeción: "Si el mundo tuvo su principio en el tiempo, qué

Decimos que no fue entonces por primera vez que Dios comenzó a obrar al hacer este mundo visible; sino que así como después de su destrucción habrá otro mundo, creemos que también existieron otros anteriores al presente. Ambas posiciones serán confirmadas por la autoridad de la santa Escritura.

hacía Dios antes de que el mundo comenzara?[127] Es, de inmediato, impío y absurdo decir que la naturaleza de Dios es inactiva e inmovible o suponer que la bondad no hizo bien en un tiempo, o que la omnipotencia no ejerció su poder en un tiempo". Tal es la objeción que acostumbran hacer a nuestra declaración de que este mundo tuvo su principio en un cierto tiempo, y que, de acuerdo a nuestra creencia en la Escritura, podemos calcular los años de su duración pasada.

Considero que ningún hereje puede responder fácilmente a estas proposiciones que esté en conformidad con la naturaleza de sus opiniones. Pero nosotros podemos dar una respuesta lógica conforme a la regla de la piedad (*regulam pietatis*), cuando decimos que no fue entonces por primera vez que Dios comenzó a obrar al hacer este mundo visible; sino que así como después de su destrucción habrá otro mundo, creemos que también existieron otros anteriores al presente. Ambas posiciones serán confirmadas por la autoridad de la santa Escritura.

Que habrá otro mundo después de este lo enseña Isaías cuando dice: "Como los cielos nuevos y la nueva tierra, que yo hago, permanecen delante de mí" (Is. 66:22), y que han existido otros mundos a éste, se dice en Eclesiastés, con las palabras: "¿Qué es lo que fue? Lo mismo que será. ¿Qué es lo que ha sido hecho? Lo mismo que se hará; y nada hay nuevo debajo del sol. ¿Hay algo de que se pueda decir: He aquí esto es nuevo? Ya fue en los siglos que nos han precedido" (Ec. 1:9-10). De acuerdo con estos testimonios queda establecido que hubo edades (*saecula*) antes de las nuestras, y que habrá otras después.

Sin embargo no hay que suponer que los múltiples mundos existieron inmediatamente, sino que, después del final de este mundo presente, otros tomarán su principio; respecto a lo cual es innecesario repetir cada declaración particular, viendo que ya lo hemos hecho así en las páginas precedentes.

---

[127] Esta misma cuestión se plantea y responde Agustín en sus *Confesiones*, lib. 11, cap. 10, de un modo que nos parece mucho más correcto y conforme a la sensibilidad y conocimientos de hoy.

La creación de este mundo como "descenso"

4. Este punto, en verdad, no debe ser ociosamente pasado por alto, que las santas Escrituras han llamado la creación del mundo por un nombre nuevo y peculiar, llamándolo *katabolé*, que ha sido traducido muy incorrectamente al latín como *constitutio*; porque en griego *katabolé* significa más bien *dejicere*, esto es, "descenso"; una palabra que ha sido incorrectamente traducida al latín, como ya hemos comentado, por la frase *constitutio mundi*, como en el Evangelio según Juan, donde el Salvador dice: "Habrá entonces grande aflicción, cual no fue desde el principio del mundo" (Mt. 24:21), en cuyo pasaje *katabolé* es traducido por principio (*constitutio*), que debe entenderse como hemos explicado arriba.

También el apóstol, en la Epístola a los Efesios, emplea el mismo lenguaje diciendo: "Según nos escogió en Él antes de la fundación del mundo" (Ef. 1:4), a esta fundación él la llama *katabolé*, entendida en el mismo sentido que antes. Parece que vale la pena, entonces, preguntar qué se propone por este término nuevo; y opino en verdad que ya que la consumación final de los santos será en el reino "de lo invisible y lo eterno" (2ª Co. 4:18), tenemos que concluir, como frecuentemente hemos señalado en las páginas precedentes, que las criaturas racionales tuvieron un momento inicial semejante a lo que será aquel momento final, y que si su comienzo fue semejante al fin que les espera, en su condición inicial existieron en el reino "de lo invisible y lo eterno". Si esto es así, hay que pensar que no sólo descendieron de una condición superior a otra inferior las almas que merecieron tal tránsito a causa de la diversidad de sus impulsos,[128] sino también otras que aun contra su voluntad fueron trasladadas de aquel mundo superior e invisible a este inferior y visible para beneficio de todo el mundo. Porque, en efecto, "la criatura

Ya que la consumación final de los santos será en el reino "de lo invisible y lo eterno", tenemos que concluir, como frecuentemente hemos señalado en las páginas precedentes, que las criaturas racionales tuvieron un momento inicial semejante a lo que será aquel momento final.

---

[128] En sus propios términos, Orígenes adopta la idea del pecado original, afirmando que el alma humana no viene a este mundo en un estado de inocencia, porque ha pecado en un estado espiritual previo. Sin embargo, debido a los prejuicios teológicos de algunos autores, Orígenes ha pasado a la historia, en especial después de la crítica de Jerónimo, como precursor de Pelagio, que aceptaba la inocencia primigenia del hombre.

La palabra *katabolé* (que significa descenso, y es usada en la Escritura con referencia a la constitución del mundo), parece indicar este "descenso" de las realidades superiores a lo inferior. Es verdad, sin embargo, que toda la creación lleva consigo una esperanza de libertad.

ha sido sometida a la vanidad contra su voluntad, por causa de aquel que la sometió en esperanza" (Ro. 8:20, 21). De esta suerte, el sol, la luna, las estrellas o los ángeles de Dios, pueden cumplir un servicio en el mundo, y este mundo visible ha sido hecho para estas almas que por los muchos defectos de su disposición racional tenían necesidad de estos cuerpos más burdos y sólidos.

La palabra *katabolé* (que significa descenso, y es usada en la Escritura con referencia a la constitución del mundo), parece indicar este "descenso" de las realidades superiores a lo inferior. Es verdad, sin embargo, que toda la creación lleva consigo una esperanza de libertad, para ser liberada de la servidumbre de la corrupción, cuando sean reducidos a unidad los hijos de Dios que cayeron o fueron dispersados, cuando hayan cumplido en este mundo aquellas funciones que sólo conoce Dios, artífice de todo. Y hay que pensar que el mundo ha sido hecho de tal naturaleza y magnitud que puedan ejercitarse en él todas las almas que Dios ha determinado, así como también todas aquellas virtudes que están dispuestas para asistir y servir a aquellas. Pero que todas las criaturas racionales son de la misma naturaleza es algo que puede probarse con muchos argumentos; sólo así puede quedar a salvo la justicia de Dios en todas sus disposiciones, a saber, poniendo en cada una de ellas la causa por la que ha sido colocada en tal orden determinado de vivientes o en tal otro.

Presciencia divina y destino humano

5. Algunos no han sabido comprender esta disposición de Dios por no haberse dado cuenta de que Dios dispuso la variedad que vemos a causa de las opciones libres –de las naturalezas racionales–, y que, ya desde el origen del mundo, previendo Dios la disposición de aquellos que habían de merecer tener cuerpo a causa de un defecto en su actitud racional, así como la de aquellos que habían de ser seducidos por el deseo de las cosas visibles, y la de aquellos que, voluntaria o involuntariamente, tenían que prestar un servicio a los que habían caído en tal estado, eran forzados a su condición mundana por aquel que "los sometía en esperanza" (Ro. 8:20). Entonces se busca como explicación la acción del azar, o se dice que todo lo

que hay en este mundo sucede por necesidad y que no tenemos libertad alguna. Con esto es imposible dejar de culpar a la providencia.

Cristo, restaurador de la ley del gobierno del mundo

6. Pero como hemos dicho que todas las almas que vivieron en este mundo tuvieron necesidad de muchos ministros, o gobiernos, o ayudantes; así, en los últimos tiempos, cuando el final del mundo es ya inminente y cercano, y toda la raza humana está al borde de la última destrucción, y cuando no sólo los que han sido gobernados por otros han sido reducidos a debilidad, sino también aquellos a quien ha sido encomendado el cuidado y gobierno, ya no será necesaria tal ayuda, ni tales defensores, sino que será requerida la ayuda del Autor y el Creador para restaurar en uno la disciplina de la obediencia, que había sido corrompida y profanada, y en otro la disciplina de gobernar.

De ahí que el Hijo unigénito de Dios, que fue la Palabra y la Sabiduría del Padre, cuando estaba en posesión de la gloria con el Padre, que tenía antes de que el mundo fuese (Jn. 17:5), se despojó a sí mismo de ella y tomando la forma de siervo, "hecho obediente hasta la muerte, y muerte de cruz" (Fil. 2:8), "y aunque era Hijo, por lo que padeció aprendió la obediencia; y consumado, vino a ser causa de eterna salud a todos los que le obedecen" (He. 5:8, 9). Él también restauró las leyes de dominio y gobierno que habían sido corrompidas, al someter a todos sus enemigos bajo sus pies, para por este medio –"porque es necesario que Él reine, hasta poner a todos sus enemigos debajo de sus pies y destruya al último enemigo, la muerte" (1ª Co. 15:25)– poder enseñar moderación en su gobierno a los mismos gobernadores.

Como vino, pues, a restaurar no la disciplina de gobierno solamente, sino la obediencia, como hemos dicho, realizando primeramente Él lo que deseaba que otros realizaran; por eso fue obediente al Padre, no sólo hasta la muerte en la cruz, sino también hasta el fin del mundo, abrazando en Él a todos los que sujeta al Padre, que por Él alcanzan la salvación; Él mismo, juntamente con ellos y en ellos, se sujetará al Padre (1ª Co. 15:28); todas las cosas

El Hijo unigénito de Dios, cuando estaba en posesión de la gloria con el Padre, se despojó a sí mismo de ella y tomando la forma de siervo, "hecho obediente hasta la muerte, y muerte de cruz" también restauró las leyes de dominio y gobierno que habían sido corrompidas, al someter a todos sus enemigos bajo sus pies.

La sujeción de Cristo al Padre indica que nuestra felicidad ha alcanzado su perfección, y que la obra por Él emprendida ha sido llevada a su término victorioso, sabiendo que no sólo ha purificado el poder del gobierno supremo sobre toda la creación, sino que presenta al Padre los principios de la obediencia.

subsisten en Él, y Él es la cabeza de todas las cosas (Col. 1:17, 18), en quien está la salvación y la plenitud de los que obtienen la salvación. Por eso el apóstol dice consecuentemente: "Mas luego que todas las cosas le fueren sujetas, entonces también el mismo Hijo se sujetará al que le sujetó a él todas las cosas, para que Dios sea todas las cosas en todos" (1ª Co. 15:28).

La sujeción del Hijo al Padre

7. No sé cómo los herejes, al no entender el significado del apóstol en esas palabras, consideran el término "sujeción" como algo degradante aplicado al Hijo; porque si es puesta en cuestión la propiedad del título, se puede averiguar fácilmente al hacer una suposición contraria. Porque si no está bien estar en sujeción, entonces se sigue que los contrario será bueno, a saber, no estar sujeto. Ahora bien, el lenguaje del apóstol, según opinan, parece indicar que por estas palabras, "y cuando todas las cosas le sean sometidas, entonces también el mismo Hijo se sujetará al que le sujetó a él todas las cosas" (1ª Co. 15:28); Él, que ahora no está sujeto al Padre, se le sujetará cuando el Padre le haya sometido primero todas las cosas.

Me asombra cómo puede concebirse que este sea el significado; que quien no está en sujeción hasta que todas las cosas estén sujetadas, se suponga que, en el momento que todo haya sido sujetado a Él y cuando se haya convertido en rey de todos los hombres, sea entonces sujetado, viendo que Él nunca estuvo anteriormente en sujeción, porque los tales no entienden que la sujeción de Cristo al Padre indica que nuestra felicidad ha alcanzado su perfección, y que la obra por Él emprendida ha sido llevada a su término victorioso, sabiendo que no sólo ha purificado el poder del gobierno supremo sobre toda la creación, sino que presenta al Padre los principios de la obediencia y la sujeción de la raza humana en una condición corregida y mejorada.

Por tanto, si mantenemos que esta sujeción del Hijo al Padre es buena y saludable, es una inferencia sumamente lógica y racional deducir que la sujeción de los enemigos, que como se dice han de someterse al Hijo de Dios, debería entenderse también como siendo saludable y beneficiosa; como si, cuando se dice que el Hijo se sujetará al Padre, estuviera significada la restauración perfecta de la creación en su totalidad. Así también, cuando se dice que los enemigos son sujetos al Hijo de Dios, hay que comprender que la salvación consiste en la salvación de los conquistados y en la restauración de los perdidos.

Los que se dejan enseñar y salvar

8. Esta sujeción, sin embargo, se realizará de cierta manera, y después de cierta educación y en cierto tiempo; porque no hay que imaginar que el sometimiento va a ser causado por la presión de la necesidad –menos que el mundo entero sea entonces sometido a Dios por la fuerza–, sino por la palabra, la razón, y la doctrina; por una llamada a un curso mejor de cosas, mediante los mejores sistemas de educación, por el empleo también de amenazas convenientes y apropiadas, que se cernerán sobre los que desprecien cualquier cuidado o atención por su salvación y utilidad. En una palabra, en la educación de nuestros siervos o hijos, nosotros, hombres, también los refrenamos mediante amenazas y el miedo mientras son, en razón de su tierna edad, incapaces de usar su razón; pero cuando comienzan a entender lo que es bueno, útil y honorable, termina el miedo al castigo y consienten en todo lo que es bueno por la presión moral de las palabras y la razón.

Pero cómo debería regularse cada uno consistentemente con la preservación del libre albedrío en todas las criaturas racionales; quiénes son los que la Palabra de Dios encuentra y educa, como si ya estuvieran preparados y capacitados para ello; quiénes son los que son dejados para un tiempo posterior; de dónde son quienes están totalmente ocultos; quién está situado tan lejos para no oír; quiénes son los que desprecian la Palabra de Dios cuando les es conocida y predicada, y quién es llevado a la salvación por una especie de corrupción y castigo, cuya conversión es en cierto grado exigida y reclamada. Quiénes son aquellos a los que se les conceden ciertas oportunidades de salvación de manera que, siendo su fe demostrada por una respuesta sólo, obtienen incuestionablemente su salvación; de qué causa o en qué ocasiones tuvieron lugar esos resultados; o qué ve la sabiduría

Quién está situado tan lejos para no oír; quiénes son los que desprecian la Palabra de Dios cuando les es conocida y predicada, y quién es llevado a la salvación por una especie de corrupción y castigo, cuya conversión es en cierto grado exigida y reclamada. Quiénes son aquellos a los que se les conceden ciertas oportunidades de salvación.

Todo esto y mucho más sólo es conocido por Dios, por su Hijo unigénito, por medio del cual todas las cosas creadas son restauradas, y por el Espíritu Santo, por quien todas las cosas son santificadas, que procede del Padre.

divina dentro de ellos, o qué movimientos de su voluntad lleva a Dios a arreglar así las cosas; todo esto y mucho más sólo es conocido por Dios, por su Hijo unigénito, por medio del cual todas las cosas creadas son restauradas, y por el Espíritu Santo, por quien todas las cosas son santificadas, que procede del Padre, a quien se la gloria por siempre. Amén.

6

El fin del mundo

De la imagen a la semejanza de Dios

1. Respecto al fin del mundo y la consumación de todas las cosas, hemos dicho en las páginas precedentes, con lo mejor de nuestra capacidad, hasta donde la autoridad de la santa Escritura nos permite, lo que consideramos suficiente para el propósito de instrucción; aquí sólo añadiremos unos comentarios admonitorios, ya que el orden de nuestra investigación nos ha devuelto al tema.

El mejor bien, pues, cuyo fin perseguían todas las naturalezas racionales, que también es llamado el fin de toda bendición, es definido por muchos filósofos como sigue: El mayor bien, dicen, es hacerse tan semejante a Dios como sea posible. Pero considero que esta definición no es tanto un descubrimiento suyo como nuestro, derivado de la santa Escritura. Porque mucho antes que los filósofos, cuando Moisés sobre la primera creación del hombre, dice estas significativas palabras: "Y dijo Dios: Hagamos al hombre a nuestra imagen, conforme a nuestra semejanza" (Gn. 1:26), y entonces añade: "Y creó Dios al hombre a su imagen, a imagen de Dios lo creó; varón y hembra los creó. Y los bendijo Dios" (Gn. 1:27-28). La expresión, "creó Dios al hombre a su imagen (*imago*), a imagen de Dios lo creó" sin citar para nada la palabra "semejanza" (*similitudo*), no tiene otro significado que esto, que el hombre recibió la dignidad de la imagen del Dios en su primera creación; pero que la perfección de su semejanza ha sido reservada para la consumación, a saber, que pudiera adquirirla por el ejercicio de su propia diligencia en la imitación de Dios, cuya posibilidad de alcanzar la perfección se le concede desde el principio por la dignidad de imagen divina, y cuya realización perfecta de la semejanza divina será alcanzada al final por el cumplimiento de las obras necesarias.

Que este es el caso, el apóstol Juan lo enseña más claramente y sin lugar a dudas, cuando hace la siguiente declaración: "Muy amados, ahora somos hijos de Dios, y aún no se ha manifestado lo que hemos de ser; pero sa-

Muchos filósofos dicen: El mayor bien es hacerse tan semejante a Dios como sea posible. Pero considero que esta definición no es tanto un descubrimiento suyo como nuestro, derivado de la santa Escritura.

Si podemos expresarnos así, la semejanza divina parece avanzar de una mera similitud a una misma semejanza, porque indudablemente en la consumación o en el fin Dios es "todo en todos".

bemos que cuando Él apareciere, seremos semejantes a Él, porque le veremos como Él es" (1ª Jn. 3:2). Mediante esta expresión muestra con extrema certeza que no es sólo el fin de todas las cosas lo que espera, que dice serle desconocido, sino también la semejanza con Dios, que será concedida en proporción a la perfección de nuestros hechos. El mismo Señor no sólo declara en el Evangelio que estos mismos resultados son futuros, sino que serán alcanzados por su propia intercesión. Él mismo ora para obtenerlos del Padre para sus discípulos, diciendo: "Padre, aquellos que me has dado, quiero que donde yo estoy, ellos estén también conmigo" (Jn. 17:24). Si podemos expresarnos así, la semejanza divina parece avanzar de una mera similitud a una misma semejanza, porque indudablemente en la consumación o en el fin Dios es "todo en todos" (1ª Co. 15:28).

Con la referencia a esto algunos se preguntan si la naturaleza de la materia corporal, aunque limpiada y purificada y hecha totalmente espiritual, no representará un obstáculo para conseguir la dignidad de la semejanza divina, o para el logro de la unidad, porque una naturaleza corporal no parece ser capaz de ninguna semejanza con la naturaleza divina, que es ciertamente incorpórea, tampoco puede designarse cierta y merecidamente una con ella, en especial desde que la verdad de nuestra religión nos enseña que sólo lo que es uno, a saber, el Padre con el Hijo, puede referirse a la particularidad de la naturaleza divina.

Todas las cosas no estarán en Dios al final

2. Ya que se promete que en el final Dios será todo y en todos, no debemos suponer que los animales, ovejas u otro ganado, se incluyan en ese final, no vaya a implicar que Dios habitó hasta en los animales, o incluso en pedazos de madera o piedras, como si Dios hubiera estado en ellos también.

Del mismo modo, nada que sea injusto debe suponerse que alcance ese final, porque aunque se dice que Dios está en todas las cosas, no se puede decir que también está en un vaso de injusticia. Porque si nosotros afirmamos que Dios está en todas partes y en todas las cosas, en base a que nada puede estar vacío de Dios, nosotros decimos, sin embargo, que Él no es "todas las cosas" en las que está.

Así que debemos considerar con mucho cuidado qué es lo que denota la perfección de la bienaventuranza y el fin de las cosas, que no sólo se dice de que Dios está en todas las cosas, sino que "será todo en todas las cosas". Vayamos, pues, a inquirir qué son esas cosas en las que Dios será todo.

Dios, "todas las cosas en todos"

3. Soy de la opinión de que la expresión, por la que se dice de Dios que será "todas las cosas en todos", significa que Él es "todo" en cada persona individual. Ahora, Él será "todo" en cada individuo de este modo: Cuando todo entendimiento racional, limpiado de las heces de todo tipo de vicio y barrido completamente de toda clase de nube de maldad, pueda sentir o entender o pensar, será totalmente Dios, y cuando no pueda mantener o retener nada más que Dios, y Dios sea la medida y modelo de todos sus movimientos, entonces Dios será "todo", porque entonces no habrá distinción entre el bien y el mal, viendo que el mal ya no existirá en ninguna parte, porque Dios es todas las cosas en todos, y no hay mal cerca de Él. Tampoco habrá ya más deseo de comer del árbol del fruto del conocimiento del bien y del mal de parte de quien siempre está en posesión del bien y para quien Dios es todo.

Así, entonces, cuando el fin haya restaurado el principio, y la terminación de las cosas sea comparable a su comienzo, la condición en la que la naturaleza racional fue colocada será restablecida, cuando no haya necesidad de comer del fruto del árbol del conocimiento del bien y del mal; y así, cuando todo sentimiento de malicia sea quitado, y el individuo purificado y limpiado, aquel que sólo es el buen Dios será "todo" para él, y esto no en el caso de unos pocos individuos, sino de un número considerable.

Cuando la muerte no exista en ningún lugar, ni el aguijón de la muerte, ni ningún mal en absoluto, entonces ciertamente Dios "será todas las cosas en todos". Pero algunos opinan que la perfección y bienaventuranza de las naturalezas o criaturas racionales, sólo pueden permanecer en esa condición si no impiden esa unión con una

La expresión, por la que se dice de Dios que será "todas las cosas en todos", significa que Él es "todo" en cada persona individual. Ahora, Él será "todo" en cada individuo de este modo: Cuando todo entendimiento racional, limpiado de las heces de todo tipo de vicio.

Todos los cuerpos que vemos, sea en la tierra o en el cielo, visibles y hechos de manos, no son eternos, y están muy lejos de superar en gloria lo que no es visible, ni hecho de manos, sino eterno.

naturaleza corporal. De otro modo, piensan, la gloria de la bienaventuranza más excelsa es impedida por mezcla de sustancia material. Pero este tema ya lo hemos discutido de manera extensa, como puede verse por las páginas precedentes.

El cuerpo espiritual y la unidad de todas las cosas

4. Y ahora, como encontramos al apóstol haciendo mención de un cuerpo espiritual (1ª Co. 15:44), consideremos, con lo mejor de nuestra capacidad, qué idea debemos formarnos de tal cosa. Hasta aquí, en tanto nuestro entendimiento puede comprender, pensamos que el cuerpo espiritual debe ser de tal naturaleza como es propio de ser habitado no sólo por las almas santas y perfectas, sino también por todas aquellas criaturas que serán liberadas de la esclavitud de corrupción. "Tenemos de Dios un edificio, una casa no hecha de manos, eterna en los cielos" (2ª Co. 5:1), dice el apóstol refiriéndose a las mansiones de los bienaventurados. De esta declaración podemos formarnos una conjetura sobre cuán puras, cuán refinadas, y cuán gloriosas serán las calidades de aquel cuerpo, si lo comparamos con los que, aunque cuerpos celestes, y de refulgente esplendor, sin embargo fueron hechos de manos y son visibles a nuestra vista. Pero de aquel cuerpo se dice que es una casa no hecha de manos, sino eterna en el cielo.

"Porque las cosas que se ven son temporales, mas las que no se ven son eternas" (2ª Co. 4:18); todos los cuerpos que vemos, sea en la tierra o en el cielo, visibles y hechos de manos, no son eternos, y están muy lejos de superar en gloria lo que no es visible, ni hecho de manos, sino eterno. De esta comparación puede concebirse lo grande que puede ser el atractivo, el esplendor y la lucidez del cuerpo espiritual; y cuán verdad es: "Cosas que ojo no vio, ni oreja oyó, ni han subido en corazón de hombre, son las que Dios ha preparado para aquellos que le aman" (1ª Co. 2:9). Sin embargo nosotros no deberíamos dudar que la naturaleza de este cuerpo presente nuestro puede, por voluntad de Dios que lo hizo, ser elevado a esas cualidades de refinamiento, pureza y de esplendor que caracteriza el cuerpo espiritual, según lo requiera la condición de las cosas y lo demande el merecido de nuestra naturaleza racional.

Finalmente, cuando el mundo requirió variedad y diversidad, la materia se ofreció con toda docilidad al Creador en todas las diversas apariencias y especies de cosas que su Señor y hacedor pudiera sacar de sus varias formas seres celestes y terrestres. Pero cuando las cosas han comenzado a apresurarse a aquella consumación en que pueden ser una, como el Padre es uno con el Hijo, puede entenderse como una inferencia racional, que donde todos son uno, no habrá más ninguna diversidad.

La resurrección de la carne

5. Además, el último enemigo que es llamado muerte será destruido (1ª Co. 6:26), que no quede nada de una clase triste cuando la muerte no exista, ni nada adverso cuando no haya enemigo. Por la destrucción del último enemigo no hay que entender que su sustancia, que fue creada por Dios, haya de desaparecer; lo que desaparecerá será su mala intención y su actitud hostil, que son cosas que no tienen su origen en Dios, sino en sí mismo. Su destrucción significa, pues, no que dejará de existir, sino que dejará de ser enemigo y de ser muerte. Nada es imposible a la omnipotencia divina; nada hay que no pueda ser sanado por su Creador. El Creador hizo todas las cosas para que existieran, y si las cosas fueron hechas para que existieran, no pueden dejar de existir.

Por esta razón también habrá cambio y variedad, para ser colocadas según sus méritos, sea en una posición mejor o peor; pero ninguna destrucción de sustancia puede acontecer a aquellas cosas que fueron creadas por Dios para que permaneciesen. Sobre aquellas cosas que según cree la opinión común perecerán, la naturaleza de nuestra fe o de nuestra verdad no nos permite suponer que serán destruidas.

Finalmente, algunos hombres ignorantes e incrédulos suponen que nuestra carne se destruye después de la muerte en tal grado que no conserva ningún resto de su sustancia anterior. Nosotros, sin embargo, que creemos en su resurrección, entendemos que en la muerte sólo se produce su corrupción, pero su sustancia permanece ciertamente; y por la voluntad de su Creador, y en el tiempo

El Creador hizo todas las cosas para que existieran, y si las cosas fueron hechas para que existieran, no pueden dejar de existir. Por esta razón también habrá cambio y variedad, para ser colocadas según sus méritos, sea en una posición mejor o peor.

Así como las almas que han sido pecadoras son reconciliadas con Dios y entran en un estado de felicidad después de su conversión, debemos considerar que nuestro cuerpo, del que ahora hacemos uso en un estado de miseria, corrupción y debilidad, no será diferente del que poseeremos en un estado de incorrupción.

designado, será restaurada a la vida; y por segunda vez tendrá lugar un cambio, de manera que lo que primero fue carne formada del polvo de la tierra y después disuelta por la muerte y reducida de nuevo a polvo y ceniza –"Polvo eres, y en polvo te convertirás" (Gn. 3:19)–, se levantará de la tierra, y después de esto, según los méritos del alma que la habitaba, avanzará a la gloria de un cuerpo espiritual.

La identidad del cuerpo para la eternidad

6. En esta condición, pues, debemos suponer que toda nuestra sustancia corporal será recuperada, cuando todas las cosas sean restablecidas en un estado de unidad y Dios sea todo en todos. El restablecimiento final de esta unidad no ha de concebirse como algo que ha de suceder de repente, sino que más bien se irá haciendo por estadios sucesivos, gradualmente, a lo largo de un tiempo innumerable. La corrección y la purificación se hará poco a poco en cada uno de los individuos. Unos irán delante, y se remontarán primero a las alturas con un rápido progreso; otros les seguirán de cerca; otros a una gran distancia. De esta suerte multitudes de individuos e innumerables seres irán avanzando y reconciliándose con Dios, del que habían sido antes enemigos. Finalmente le llegará el turno al último enemigo, llamado muerte, que será destruido para dejar ya de ser un enemigo.

Entonces, cuando todos los seres racionales hayan sido restaurados, la naturaleza de este nuestro cuerpo será transmutada en la gloria del cuerpo espiritual, Así como las almas que han sido pecadoras son reconciliadas con Dios y entran en un estado de felicidad después de su conversión, debemos considerar que nuestro cuerpo, del que ahora hacemos uso en un estado de miseria, corrupción y debilidad, no será diferente del que poseeremos en un estado de incorrupción, poder y gloria, sino que será el mismo cuerpo, que habrá arrojado lejos las enfermedades que ahora le aquejan, será transmutado en una condición de gloria, convertido en espiritual, para que un vaso de deshonra, siendo limpiado, sea un vaso de honor y una morada de felicidad.

Debemos creer también que por la voluntad del Creador, nuestro cuerpo permanecerá para siempre sin cambio en esta condición, como se confirma por la declaración del apóstol, que dice: "Tenemos una casa eterna en el cielo, no hecha de manos". Porque la fe de la Iglesia no admite la opinión de ciertos filósofos griegos, que además del cuerpo, compuesto de cuatro elementos, hay otro quinto cuerpo, que es diferente en todas sus partes, y diverso de este nuestro cuerpo presente; ya que nadie puede deducir de la sagrada Escritura ni el más mínimo atisbo de esa creencia, ni tampoco ninguna inferencia racional de las cosas permite la aceptación de esa idea, en especial cuando el santo apóstol declara manifiestamente, que no es un cuerpo nuevo lo que se da a los que resucitan de los muertos, sino que reciben el mismo e idéntico cuerpo que poseyeron en vida, transformado de una condición peor a otra mejor. Porque sus palabras son: "Se siembra en corrupción se levantará en incorrupción; se siembra en vergüenza, se levantará con gloria" (1ª Co. 15:42, 43).

> No es un cuerpo nuevo lo que se da a los que resucitan de los muertos, sino que reciben el mismo e idéntico cuerpo que poseyeron en vida, transformado de una condición peor a otra mejor.

Como, por lo tanto, hay una especie de avance en el hombre, que de ser primero un *animal*, sin entender lo que pertenece al Espíritu de Dios, alcance mediante la instrucción la etapa de convertirse en un ser espiritual, y de juzgar todas las cosas, mientras que él no es juzgado por nadie; así también será respecto al estado del cuerpo, manteniendo que este mismo cuerpo que ahora, en base al servicio que presta al alma, es considerado cuerpo animal, alcanzará, por medio de un cierto progreso, cuando el alma, unida a Dios se haga un espíritu con Él, una cualidad y condición espiritual, especialmente desde que la naturaleza del cuerpo fue formada por el Creador para pasar fácilmente en cualquier condición que desee o demande el caso. Entonces, hasta el cuerpo ministrará al espíritu delante de Dios.

Dios hace y rehace todo de nuevo

7. Todo este razonamiento se reduce a lo siguiente: Dios creó dos naturalezas generales, una visible, esto es, la naturaleza corpórea; y otra invisible, que es incorpórea. Estas dos naturalezas admiten dos permutaciones diferentes. La naturaleza invisible y racional se cambia en mente y propósito, porque está dotada de libre voluntad, y es sobre este fundamento que a veces se ocupa de la práctica de lo bueno, y otras de lo malo. Pero la naturaleza corpórea

Que el cielo y la tierra puedan ser el hogar y la última morada de descanso del justo; de modo que todos los santos y mansos puedan heredar la tierra , ya que esta es la enseñanza de la ley, de los profetas y del Evangelio.

admite un cambio de sustancia; de dónde también Dios, que arregla todas las cosas, tiene el servicio de esta materia a su disposición al moldear, fabricar o retocar cualquier forma o especie que desee, según demande el merecido de cada cosa. El profeta contempla esto con claridad cuando dice: "He aquí que yo hago cosa nueva" (Is. 43:19).

Los tiempos de la salvación

8. Ahora nuestro punto de investigación es si, cuando Dios sea todo en todos, la naturaleza corporal, en la consumación de todas las cosas, consistirá de una especie, y la sola cualidad de cuerpo será la que brille en la gloria indescriptible que debe considerarse como la posesión futura del cuerpo espiritual. Ya que si entendemos correctamente la cuestión, cuando Moisés dice en el principio de su libro: "En el principio creó Dios el cielo y la tierra" (Gn. 1:1), este es el comienzo de toda la creación; a este comienzo debe referirse el fin y la consumación de todas las cosas, a saber, que el cielo y la tierra puedan ser el hogar y la última morada de descanso del justo; de modo que todos los santos y mansos puedan heredar la tierra , ya que esta es la enseñanza de la ley, de los profetas y del Evangelio.[129] En cuya tierra creo que existen las formas verdaderas y vivas de aquella adoración que Moisés transmitió bajo la sombra de la ley; de la que se dice: "Los cuales sirven de bosquejo y sombra de las cosas celestiales" (He. 8:5). Al mismo Moisés también le fue dada la siguiente prescripción: "Mira, y hazlos conforme a su modelo, que te ha sido mostrado en el monte" (Éx. 25:40). Por lo que a mí me parece que en esta tierra la ley fue una especie de maestro para los que iban a ser llevados a Cristo, de modo que siendo instruidos y ejercitados por ella, pudieran recibir después con mucha más facilidad los principios más perfectos de Cristo; así también, la tierra receptora de todos los santos, puede primero inculcarles y moldearles mediante las instituciones de la ley verdadera y eterna, para que puedan toman una más fácil posesión

---

[129] Cf. Salmos 37:11: "Pero los mansos heredarán la tierra, y se recrearán con abundancia de paz". Mt. 5:5: "Bienaventurados los mansos, porque ellos recibirán la tierra por heredad".

de las perfectas instituciones del cielo, a las que nada se puede añadir. Allí estará, ciertamente, el Evangelio que se llama eterno, y aquel Testamento, siempre nuevo y nunca viejo.[130]

La consumación final

9. Consecuentemente, debemos suponer que en la consumación y la restauración de todas las cosas, quienes logran un avance gradual, y quienes ascienden la escala de la perfección, llegarán en la medida prevista y ordenada a aquella tierra y a aquella educación que representa, donde puedan ser preparados para mejores instituciones a las que ninguna adición puede ser hecha. Porque, después de sus agentes y siervos, el Señor Cristo, que es Rey de todos, asumirá el reino; es decir, después de la instrucción en las virtudes santas Él mismo instruirá a los que son capaces de recibirle a Él, respecto a su ser sabiduría, reinando en ellos hasta que los haya sujetado al Padre, que ha sometido todas las cosas a Él, esto es, que cuando ellos sean hechos aptos para recibir a Dios, Dios podrá ser todas las cosas en todos.

Entonces, como una consecuencia necesaria, la naturaleza corporal obtendrá su más alta condición, a la que ya nada más podrá añadírsele. Habiendo considerado la cualidad de la naturaleza corporal o cuerpo espiritual hasta este punto, dejamos a la elección del lector determinar lo que él considera mejor. Y aquí podemos concluir el tercer libro.

Debemos suponer que en la consumación y la restauración de todas las cosas, quienes logran un avance gradual, y quienes ascienden la escala de la perfección, llegarán en la medida prevista y ordenada a aquella tierra y a aquella educación que representa, donde puedan ser preparados para mejores instituciones a las que ninguna adición puede ser hecha.

---

[130] "Y vi otro ángel volar por en medio del cielo, que tenía el evangelio eterno para predicarlo a los que moran en la tierra, y a toda nación y tribu y lengua y pueblo" (Ap. 14:6). Orígenes distingue, según la concepción (*épinoia*) humana de las cosas, entre Evangelio temporal y Evangelio eterno, idénticos en esencia (*hypostasis*) y realidad (*pragma*), pero distintos en la realización perfecta de su propósito, que pertenece al tiempo escatológico. Esto nos revela la agudeza de Orígenes sobre la dimensión esencial del tiempo de la Iglesia de la tierra, que pertenece al orden de las realidades ya dadas pero todavía no cumplidas en su totalidad.

Libro IV[131]

---

[131] De este libro existe la versión griega original, y la traducción latina de Rufino. Hemos seguido esta última, indicando en notas a pie de páginas las diferencias más llamativas.

I

Las Sagradas Escrituras

La superioridad de Moisés y Cristo

1. Como en la discusión de asuntos de tal importancia no es suficiente confiar la decisión a los sentidos y al entendimiento humano, ni pronunciarse sobre cosas invisibles como si nosotros las hubiéramos visto, es necesario, para establecer las posiciones que hemos asentado, aportar el testimonio de la Sagrada Escritura. Porque el testimonio bíblico puede producir una segura e inmediata creencia, sea con respecto a lo que queda por decir, o a lo que ya ha sido afirmado. Por ello, es necesario mostrar, en primer lugar, que las Escrituras mismas son divinas, esto es, que han sido inspiradas por el Espíritu de Dios.

Con la mayor brevedad posible vamos a extraer de las mismas Sagradas Escrituras la evidencia que sobre este punto pueda producir sobre nosotros una impresión conveniente, escogiendo citas de Moisés, el primer legislador de la nación hebrea, y de las palabras de Jesucristo, el autor y el cabeza del sistema religioso cristiano. Ya que a pesar de haber existido numerosos legisladores entre los griegos y los bárbaros, y también incontables maestros y filósofos, que profesaron declarar la verdad, no recordamos ningún legislador que fuera capaz de producir en las mentes de las naciones extranjeras un afecto y un celo hacia él que les condujera voluntariamente a adoptar sus leyes, o a defenderlas con toda la fuerza de su mente. Nadie, pues, ha sido capaz de introducir y hacer conocer lo que a él le pareció la verdad, entre, no digo muchas naciones extranjeras, sino hasta entre los individuos de una nación sola, de tal manera que el conocimiento y la creencia del mismo debería extenderse a todos. Y aun así no hay duda de que este fue el deseo de los legisladores, que sus leyes se observaran por todos los hombres, si es posible; y de los maestros, que lo que a ellos parecía la verdad fuera conocido por todos.

Pero sabiendo ellos que de ningún modo podrían tener éxito en producir tan grande poder como para llevar a las naciones extranjeras a obedecer sus leyes, o a tener

Es necesario mostrar, en primer lugar, que las Escrituras mismas son divinas, esto es, que han sido inspiradas por el Espíritu de Dios. Con la mayor brevedad posible vamos a extraer de las mismas Sagradas Escrituras la evidencia.

No es una inferencia dudosa decir que no es por el poder humano o la fortaleza de los hombres que las palabras de Jesucristo prevalezcan con toda fe y poder sobre el entendimiento y las almas de los hombres. Porque ambos resultados fueron predichos por Él.

en consideración sus declaraciones, no se aventuraron ni siquiera a ensayar una tentativa, no fuera que el fracaso de la empresa sellara su conducta con la marca de la imprudencia. Y aun con todo hay en todas partes del mundo –en toda Grecia y todos los países extranjeros– innumerables individuos que han abandonado las leyes de su país y a los dioses en quienes habían creído para prestar obediencia de la ley de Moisés, y al discipulado y la adoración de Cristo; y habiendo hecho esto, no sin excitar contra ellos el odio intenso de los adoradores de imágenes, de modo que con frecuencia han sido expuestos a torturas crueles, y a veces hasta la muerte. Y aun así ellos abrazan, y perseveran con todo afecto, las palabras y las enseñanzas de Cristo.

Extensión y aceptación universal del mensaje cristiano

2. Podemos ver, además, cómo aquella religión creció en un corto espacio de tiempo, haciendo progresos en medio del castigo y muerte de sus adoradores, del pillaje de sus bienes, y de las torturas de toda clase que soportaron. Este resultado es de lo más sorprendente, pues sus maestros no fueron hombres de ingenio, ni muy numerosos; y aun así estas palabras son predicadas en todas partes del mundo, de modo que griegos y bárbaros, sabios e ignorantes, adoptan las doctrinas de la religión cristiana. Por consiguiente, no es una inferencia dudosa decir que no es por el poder humano o la fortaleza de los hombres que las palabras de Jesucristo prevalezcan con toda fe y poder sobre el entendimiento y las almas de los hombres. Porque ambos resultados fueron predichos por Él, y establecidos por respuestas divinas procedentes de Él. Esto es claro en sus propias palabras: "Y aun a príncipes y a reyes seréis llevados por causa de mí, por testimonio a ellos y a los gentiles" (Mt. 10:18). Y otra vez: "Será predicado este evangelio del reino en todo el mundo, por testimonio a todos los gentiles" (Mt. 24:14). De nuevo: "Muchos me dirán en aquel día: Señor, Señor, ¿no profetizamos en tu nombre, y en tu nombre lanzamos demonios, y en tu nombre hicimos mucho milagros? Y entonces les protestaré: Nunca os conocí; apartaos de mí, obradores de maldad" (Mt. 7:22, 23).

Si estos dichos fueron pronunciados realmente por Él, y aun así no se hubieran cumplido sus predicciones, entonces, quizás, podrían aparecer como falsos, y no poseer ninguna autoridad. Pero ahora, cuando sus declaraciones se cumplen viendo que fueron predichas con tal poder y autoridad, se muestra con más claridad que es cierto que Él, cuando se hizo hombre, entregó a los hombres los preceptos de la salvación.

Las profecías sobre el rey futuro

3. ¿Qué diremos, pues, de esto, que los profetas habían predicho de antemano sobre Él, que los príncipes no cesarían en Judá, ni líderes de entre sus muslos, antes de que Él venga para quien esto ha sido reservado, a saber, el reino, y hasta que venga la expectativa de los gentiles? Porque es claramente evidente de la historia misma, de lo que se ve en el día presente, que desde los días de Cristo en adelante no hay reyes entre los judíos. Ni siquiera aquellos objetos del orgullo judío, de los que ellos se jactaron tanto, y en los que se regocijaron, como la belleza del templo, los ornamentos del altar, y todos aquellos flecos sacerdotales y trajes de los sumos sacerdotes, todos han sido destruidos juntos. Porque se cumplió la profecía que había declarado: "Porque muchos días estarán los hijos de Israel sin rey, y sin príncipe, y sin sacrificio, y sin estatua, y sin efod, y sin terafin" (Os. 3:4). Utilizamos estos testimonios contra los que parecen afirmar que se mencionan en Génesis por Jacob referidos a Judá; y quien dice que todavía permanece un príncipe de la raza de Judá, a saber, quien es príncipe de su nación, a quien llaman Patriarca, y que no puede faltar un jefe de su semilla, que permanecerá hasta el advenimiento de aquel Cristo que ellos se imaginan.

Pero si las palabras del profeta son verdad, cuando dice "porque muchos días estarán los hijos de Israel sin rey, y sin príncipe, y sin sacrificio, y sin sacerdocio" (Os. 3:4); y si ciertamente desde la destrucción del templo no ofrecen víctimas, ni hay ningún altar, ni existe sacerdocio, es bastante cierto que, como está escrito, los príncipes se han marchado de Judá, y un líder de entre sus muslos, hasta la venida de Él para quien se ha reservado el principado. Queda establecido, pues, que ha venido quien

Desde los días de Cristo en adelante no hay reyes entre los judíos. Ni siquiera aquellos objetos del orgullo judío, de los que ellos se jactaron tanto, y en los que se regocijaron, como la belleza del templo, los ornamentos del altar, y todos aquellos flecos sacerdotales y trajes de los sumos sacerdotes. Porque se cumplió la profecía.

En la
canción de
Deuteronomio,
se declara
proféticamente
que debido
a los pecados
de la
generación
anterior,
se daría la
elección de
una nación
insensata,
no otra,
ciertamente,
que la
reunida por
Cristo.

tenía esto reservado, y quien es la expectativa de los gentiles. Y esto evidentemente parece haberse cumplido en la multitud de los que han creído en Dios por Cristo de las diferentes naciones.

La elección de los gentiles

4. En la canción de Deuteronomio, también se declara proféticamente que debido a los pecados de la generación anterior, se daría la elección de una nación insensata, no otra, ciertamente, que la reunida por Cristo; porque siguen estas palabras controladas: "Ellos me movieron a celos con lo que no es Dios; hiciéronme ensañar con sus vanidades: Yo también los moveré a celos con un pueblo que no es pueblo, con gente insensata los haré ensañar" (Dt. 32:21). Podemos ver cómo los hebreos, de quienes se dice que han provocado la cólera de Dios mediante los ídolos, que no son dioses, y excitado su ira por sus imágenes, también serán movidos a celos mediante una nación insensata, que Dios ha escogido por el advenimiento de Jesucristo y sus discípulos. Lo siguiente es el lenguaje del apóstol: "Porque mirad, hermanos, vuestra vocación, que no sois muchos sabios según la carne, no muchos poderosos, no muchos nobles; antes lo necio del mundo escogió Dios, para avergonzar a los sabios; y lo flaco del mundo escogió Dios, para avergonzar lo fuerte; y lo vil del mundo y lo menospreciado escogió Dios, y lo que no es, para deshacer lo que es" (1ª Co. 1:26-28). El Israel carnal, por lo tanto, no debería jactarse; ya que tal es el término usado por el apóstol: "Para que ninguna carne se jacte en su presencia" (v. 29).

La extensión universal del Evangelio: obra divina

5. Qué no diremos, además, de las profecías sobre Cristo contenidas en los Salmos, especialmente uno que lleva el título de "Canción para el Amado", en el que se declara que "mi lengua es pluma de escribiente muy ligero. Te has hermoseado más que los hijos de los hombres. La gracia se derramó en tus labios (Sal. 45:1, 2). Ahora bien, la indicación de que la gracia se derramó en sus labios es que, después de transcurrido un período corto,

ya que Él enseñó sólo durante un año y algunos meses; sin embargo el mundo entero se llenó de su doctrina y de fe en su religión.

"Los mansos heredarán la tierra, y se recrearán con abundancia de paz" (Sal. 37:11). "Florecerá en sus día justicia, y muchedumbre de paz, hasta que no haya luna" (Sal. 72:7), es decir, hasta el fin. Su dominio se extenderá de mar a mar, desde los ríos hasta los confines de la tierra.

Se dará una señal a la casa de David: "He aquí que la virgen concebirá, y parirá un hijo, y llamará su nombre Emanuel, que interpretado es, Dios con nosotros" (Is. 7:14). Que lo sepan las naciones y se sometan. Porque nosotros somos conquistados y vencidos; somos de los gentiles y permanecemos como una especie de botín de su victoria, quien ha sometido nuestra cerviz a su gracia.

Hasta el lugar de su nacimiento fue predicho en las profecías de Miqueas: "Y tú, Belén, de tierra de Judá, no eres muy pequeña entre los príncipes de Judá; porque de ti saldrá un guiador, que apacentará a mi pueblo Israel" (Mi. 5:2; Mt 2:6). También las semanas de años, predichas por el profeta Daniel, referidas al gobierno de Cristo, se han cumplido.

Además, Él está al alcance de la mano, quien en el libro de Job se dice que está dispuesto a destruir la bestia enorme, que también dio poder a sus propios discípulos para pisar serpientes y escorpiones, y sobre todo el poder del enemigo, sin ser perjudicados por él. Pero si alguien quiere considerar los viajes de los apóstoles de Cristo en los diferentes lugares en los que como sus mensajeros predicaron el Evangelio, encontrará que lo que ellos se aventuraron a emprender está fuera del poder de hombre, y que lo que fueron capaces de lograr procede de Dios solamente.

Si consideramos cómo los hombres, en oyendo que una doctrina nueva era introducida por los apóstoles, fueron capaces de recibirlos; o más bien, cuando deseando a menudo destruirlos, ellos fueron impedidos por el poder divino que estaba en ellos, encontraremos que en esto nada se efectuó por la fuerza humana, sino que todo es el resultado del poder divino y la providencia: signos y maravillas, manifestados más allá de toda la duda, dando testimonio de su Palabra y doctrina.

Si consideramos cómo los hombres, en oyendo que una doctrina nueva era introducida por los apóstoles, fueron capaces de recibirlos; o más bien, cuando deseando a menudo destruirlos, ellos fueron impedidos por el poder divino que estaba en ellos, encontraremos que en esto nada se efectuó por la fuerza humana.

Si alguien
estudia las
palabras de
los profetas
con todo el
celo,
es seguro
que en el
examen
cuidadoso
de los
escritos
proféticos
sentirá al
leerlos un
aliento
divino y este
sentimiento
le persuadirá
de que lo
que creemos
ser las
palabras
de Dios no
son escritos
de hombre.

La venida de Cristo certifica la inspiración de las Escrituras

6. Habiendo establecido brevemente estos puntos, a saber, la deidad de Cristo y el cumplimiento de todo lo que ha sido profetizado sobre Él, pienso que esta posición también ha sido hecha buena, a saber, que las Escrituras mismas, que contienen estas predicciones, han sido inspiradas divinamente, las que habían profetizado su advenimiento, o el poder de su doctrina, o la sujeción de las naciones a su obediencia. A esta observación hay que añadir que la divinidad y la inspiración de las predicciones de los profetas y de la ley de Moisés han sido claramente reveladas y confirmadas, sobre todo desde el advenimiento de Cristo al mundo. Ya que antes del cumplimiento de los acontecimientos predichos, ellos no pudieron mostrarlo, aunque verdaderos e inspirados por Dios, porque como tales aún no se habían cumplido. Pero la venida de Cristo fue una declaración de que sus afirmaciones eran verdaderas e inspiradas de forma divina, aunque eran ciertamente dudosas antes de que se cumpliera lo que se había predicho.

Si alguien, además, estudia las palabras de los profetas con todo el celo y la reverencia que se merecen, es seguro que en el examen cuidadoso y atento de los escritos proféticos sentirá al leerlos un aliento divino y este sentimiento le persuadirá de que lo que creemos ser las palabras de Dios no son escritos de hombre, y por sus propias emociones sentirá que estos libros no han sido compuestos por la habilidad humana, ni por la elocuencia mortal, sino que, por así decirlo, su estilo es divino. El esplendor de la venida de Cristo, por lo tanto, iluminando la ley de Moisés por la luz de la verdad, ha quitado el velo que estaba colocado sobre la letra (de la ley), y desvela para todo el que cree en Él las bendiciones que se habían ocultado por el manto de la palabra.[132]

---

[132] A la luz de 1ª Corintios 10:11 y 2ª Corintios 3:6-18, Orígenes interpreta que el velo con el que Moisés se cubría el rostro cuando bajaba del Sinaí donde había contemplado a Dios, porque los hebreos no habrían podido soportar la gloria que irradiaba su faz (Éxodo 34:29-35), figura el que todavía ocultaba a los judíos el verdadero sentido de las Escrituras. Jesús es quien lo quita. Leer la Biblia sin ver que es Jesús quien muestra

La Providencia divina

7. Es además una cuestión que precisa de mucho trabajo, indicar en cada caso cómo y cuándo las predicciones de los profetas se cumplieron como para conformar a los que tienen dudas, viendo que es posible para todo el que desea familiarizarse con estas cosas, reunir pruebas abundantes de los mismos registros de la verdad. Pero si el sentido de la letra, que está más allá del hombre, no parece presentarse inmediatamente, en un primer vistazo, a los que están menos versados en la disciplina divina, no hay por qué sorprenderse; porque las cosas divinas no descienden sino lentamente a la comprensión de los hombres, y eluden la vista en proporción al escepticismo o indignidad de uno. Pues aunque es cierto que todas las cosas que existen o pasan en este mundo, están ordenadas por la providencia de Dios, y ciertos acontecimientos parecen con claridad suficiente estar sometidos a la disposición de su gobierno providencial, pero otros se despliegan tan misteriosa e incomprensiblemente que el plan de la divina providencia respecto a ellos está completamente oculto; de modo que de vez en cuando algunos crean que ciertos acontecimientos particulares no pertenecen al plan de la providencia, porque su principio elude su comprensión, según el cual las obras de la providencia divina son administradas con habilidad indescriptible; cuyo principio de administración, sin embargo, no es igualmente oculto a todos. Porque hasta entre los hombres mismos, un individuo le dedica menos consideración y otro más. La naturaleza de cuerpos nos es clara de un modo, la de los árboles de otro, la de los animales en un tercero; por otra parte, la naturaleza de almas nos es ocultada de modo diferente; y la manera en la cual los diversos movimientos del entendimiento racional están ordenados por la providencia, elude la visión del hombre en un grado más grande y hasta, en mi opinión, en un grado no pequeño la de los ángeles también.

Pero como la existencia de la providencia divina no es refutada por quienes están seguros de su existencia,

Pero si el sentido de la letra, que está más allá del hombre, no parece presentarse inmediatamente, en un primer vistazo, a los que están menos versados en la disciplina divina, no hay por qué sorprenderse; porque las cosas divinas no descienden sino lentamente a la comprensión de los hombres, y eluden la vista en proporción al escepticismo o indignidad de uno.

---

su sentido es permanecer en la letra que mata sin pasar al espíritu que vivifica. Para que el velo sea quitado es necesario nacer de nuevo, convertirse a Cristo.

Si nuestros libros indujeran a los hombres a creer por su composición literaria o por el arte retórico o por la sabiduría de la filosofía, entonces indudablemente nuestra fe se consideraría basada en el arte de las palabras, o en la sabiduría humana, y no en el poder de Dios.

aunque no comprendan su proceder o disposiciones por los poderes de la mente humana; así tampoco la inspiración divina de la Escritura santa, que se extiende en todas partes de su cuerpo, se creerá inexistente por la debilidad de nuestro entendimiento, incapaz de trazar el significado oculto y secreto en cada palabra individual; el tesoro de la sabiduría divina oculto en vulgares envases verbales sin refinar. Como dice el apóstol: "Tenemos empero este tesoro en vasos de barro", con el propósito de que "la alteza del poder sea de Dios, y no de nosotros" (2ª Co. 4:7), y el poder divino pueda brillar más intensamente sin ser coloreado por la elocuencia humana entremezclada con la verdad de las doctrinas. Ya que si nuestros libros indujeran a los hombres a creer por su composición literaria o por el arte retórico o por la sabiduría de la filosofía, entonces indudablemente nuestra fe se consideraría basada en el arte de las palabras, o en la sabiduría humana, y no en el poder de Dios; mientras que ahora es sabido por todos que la palabra de esta predicación ha sido aceptada por muchos en todas partes de casi todo el mundo, porque entendieron que su creencia no descansaba sobre palabras persuasivas de humana sabiduría, sino sobre la manifestación del Espíritu y de poder.[133]

A la vista de esto, somos conducidos por un celestial, y más que celestial poder, a la fe y aceptación para poder adorar al solo Creador de todas las cosas como a nuestro Dios; hagamos nosotros también por nuestra parte el esfuerzo supremo de abandonar el lenguaje de los rudimentos de Cristo, que no son sino los primeros principios de la sabiduría, y continuar hacia la perfección, para que aquella sabiduría dada a los perfectos, se nos pueda dar a nosotros también. Porque tal es la promesa de aquel a quien ha sido confiada la predicación de esta sabiduría: "Empero hablamos sabiduría de Dios entre perfectos; y sabiduría, no de este siglo, ni de los príncipes de este siglo, que se deshacen" (1ª Co. 2:6), por lo que muestra que esta nuestra sabiduría no tiene nada en común, en lo que a belleza de lenguaje se refiere, con la sabiduría de este mundo. Esta sabiduría, pues, será inscrita más clara y

---

[133] Cf. 1ª Corintios 2:4: "Y ni mi palabra ni mi predicación fue con palabras persuasivas de humana sabiduría, mas con demostración del Espíritu y de poder".

perfectamente en nuestros corazones, si ha de darse a conocer en nosotros según la revelación del misterio que ha sido oculto desde la eternidad, pero ahora es manifiesto por las Escrituras de profecía, y el advenimiento de nuestro Señor y Salvador Jesucristo, a quien sea la gloria para siempre. Amén.[134]

Muchos, al no entender las Escrituras en un sentido espiritual, sino incorrectamente, han caído en herejías.

Lectura incorrecta de la Biblia

8. Estos detalles, pues, siendo brevemente mencionados en cuanto a la inspiración de las Escrituras sagradas por el Espíritu Santo, parece necesario explicar ahora este punto también, a saber, cómo ciertas personas, no leyéndolas correctamente, se han dado a opiniones erróneas, puesto que el procedimiento a seguirse para alcanzar el entendimiento de las Escrituras santas es desconocido a muchos. Los judíos, en justicia, debido a la dureza de su corazón, y a un deseo de aparecer sabios en sus propios ojos, no han creído en nuestro Señor y Salvador, juzgando que aquellas declaraciones que han sido pronunciadas respecto a Él tienen que ser entendidas literalmente, esto es, que Él debería haber predicado de una manera sensible y visible el rescate a los cautivos, y construir primero una ciudad que ellos realmente consideran la ciudad de Dios, y que también debería comer la mantequilla y la miel, para escoger lo bueno antes de que supiera cómo extraer el mal.

Ellos también piensan que se ha predicho que el lobo, que es un animal cuadrúpedo, dormirá con el cordero en la venida de Cristo, y el leopardo se acostará con los niños, y el becerro y el toro pastarán con leones, y que todos serán conducidos por un niño pequeño; que el buey y el oso se acostaran juntos en los campos verdes, y que sus crías se alimentaran juntas; los leones también frecuentarán los pastos de los bueyes y comerán de la paja.[135] Y

Los judíos, debido a la dureza de su corazón, no han creído en nuestro Señor y Salvador, juzgando que aquellas declaraciones que han sido pronunciadas respecto a Él tienen que ser entendidas literalmente.

---

[134] Cf. Colosenses 1:26, 27: "El misterio que había estado oculto desde los siglos y edades, mas ahora ha sido manifestado a sus santos, a los cuales quiso Dios hacer notorias las riquezas de la gloria de este misterio entre los gentiles; que es Cristo en vosotros la esperanza de gloria".

[135] Cf. Isaías 11:6: "Morará el lobo con el cordero, y el tigre con el cabrito se acostará; el becerro y el león y la bestia doméstica andarán

Hay opiniones diferentes y discordantes entre ellos, porque tan pronto como se alejaron de la creencia en Dios el Creador, que es el Señor de todo, se han entregado a sí mismos a varias invenciones y fábulas, inventando ciertas ficciones.

viendo que, según la historia, nada de esto se ha cumplido, que ellos creen que son las señales de la venida de Cristo, que se observarán especialmente, rechazan reconocer la presencia de nuestro Señor Jesucristo, tan contrario a todos los principios de la ley divina, es decir, contrario a la fe de la profecía; precisamente le crucificaron por asumir el título de Cristo o Mesías.

Dificultades de algunos textos bíblicos

Por eso los herejes, leyendo que está escrito en la ley: "Porque el Señor tu Dios es fuego que consume, Dios celoso" (Dt. 4:24). "Tu Dios, fuerte, celoso, que visito la maldad de los padres sobre los hijos, sobre los terceros y sobre los cuartos" (Éx. 20:5; Dt. 5:9); que se arrepiente de haber ungido a Saúl por rey; el Dios "que hago la paz y creo el mal" (Is. 45:7); y otra vez: "¿Habrá algún mal en la ciudad, el cual el Señor no haya hecho?" (Am. 3:6); y que males traerá sobre las puertas de Jerusalén; y que un espíritu malo de parte del Señor molestaba a Saúl (1º S. 16:14), y leyendo muchos otros pasajes similares a estos, que se encuentran en la Escritura, no se aventuraron a afirmar que estas no eran las Escrituras de Dios, sino que consideraron que se trataba de las palabras de ese Dios creador (*demiurgo*) a quien los judíos adoran, y a quien los herejes consideran que debe ser tenido por justo, pero no por bueno, y que el Salvador ha venido a enseñarnos un Dios más perfecto, quien, ellos alegan, no es el creador del mundo.

Hay opiniones diferentes y discordantes entre ellos hasta sobre este mismo punto, porque tan pronto como se alejaron de la creencia en Dios el Creador, que es el Señor de todo, se han entregado a sí mismos a varias invenciones y fábulas, inventando ciertas ficciones, y afirmando que algunas cosas eran visibles, y hechas por un Dios, y que otras cosas eran invisibles, y han sido creados por otro, según las sugerencias vanas e imaginarias de sus propias mentes.

---

juntos, y un niño los pastoreará". Isaías 65:25: "El lobo y el cordero serán apacentados juntos, y el león comerá paja como el buey; y a la serpiente el polvo será su comida. No afligirán, ni harán mal en todo mi santo monte, dijo Jehová".

Pero, también, no unos pocos de los más simples de los que parecen estar refrenados dentro de la fe de la Iglesia, son de la opinión de que allí no hay ningún Dios más grande que el Creador, manteniendo en esto una opinión correcta y sana; y aún así albergan sobre Él tales opiniones que no se tendrían sobre el más injusto y cruel de los hombres.

El sentido literal y el sentido espiritual

9. La razón de la aprehensión errónea de todos estos puntos de parte de quienes hemos mencionado arriba, no es otra que esta, que la Escritura santa no es entendida por ellos según su sentido espiritual, sino según su significado literal.[136] Por lo tanto procuraremos, en la medida en que nuestra moderada capacidad lo permitirá, indicar a los que creen que las Escrituras santas no son composiciones humanas, sino que han sido escritas por inspiración del Espíritu Santo, y que se nos han transmitido y confiado por la voluntad de Dios Padre y por su unigénito Hijo Jesucristo, lo que nos parece a nosotros, que observamos las cosas por medio de un modo correcto de entendimiento, que es el modelo y disciplina que nos han entregado los apóstoles por Jesucristo; las que ellos nos transmitieron en sucesión a su posteridad, los maestros de la Iglesia santa.

Que hay ciertas economías místicas indicadas en la Escritura, es admitido por todos, pienso que hasta por el más simple de los creyentes. Pero ¿cuáles son, de qué clase, quién es intelectualmente recto, no vencido por el vicio de la jactancia, sino que escrupulosamente reconocerá que es un ignorante? Ya que si alguien, por ejemplo, aduce el caso de las hijas de Lot, que parecen, contrariamente a la ley de Dios, haber copulado con su padre; o las dos mujeres de Abrahán, o las dos hermanas que estuvieron casadas con Jacob, o de las dos criadas quien aumentaron el número de sus hijos, ¿qué otra respuesta podría ofrecérsele,

La razón de la aprehensión errónea de todos estos puntos de parte de quienes hemos mencionado arriba, no es otra que esta, que la Escritura santa no es entendida por ellos según su sentido espiritual, sino según su significado literal.

---

[136] Por el contexto se advierte claramente que Orígenes recurre a la exégesis alegórica o espiritual como explicación plausible de los muchos antropomorfismo del Antiguo Testamento y textos que chocan frontalmente con la moral cristiana, que eran objeto de crítica de parte de los paganos y motivos de error en los herejes.

Como el hombre hace muy poco esfuerzo en ejercitar su intelecto, o imagina que tiene el conocimiento antes de aprenderlo realmente, la consecuencia es que nunca comienza a tener conocimiento.

sino que estos eran ciertos misterios y formas de cosas espirituales, pero que somos ignorantes de qué naturaleza son?

Incluso cuando leemos de la construcción del tabernáculo, consideramos cierto que las descripciones escritas son figuras de ciertas cosas ocultas; pero adaptar estas a sus normas apropiadas, y abrir y discutir cada punto individual, pienso que es sumamente difícil, por no decir imposible. Que esta descripción, sin embargo, esté llena de misterios no escapa ni al entendimiento común. Pero toda la parte de narrativa, relacionando con los matrimonios, o con el engendramiento de hijos, o las batallas de clases diferentes, o cualquier otra historia, ¿qué otra cosa además se puede suponer salvo formas y figuras de cosas ocultas y sagradas?

Como el hombre hace muy poco esfuerzo en ejercitar su intelecto, o imagina que tiene el conocimiento antes de aprenderlo realmente, la consecuencia es que nunca comienza a tener conocimiento; o si no hubiera carencia de deseo, al menos de un instructor, y si se buscara el conocimiento divino, como debería ser, en espíritu religioso y santo, y con la esperanza de que muchos puntos serán abiertos por la revelación de Dios –ya que al sentido humano ellos son sumamente difíciles y oscuros– entonces, quizás, quien busca de tal manera encontrará lo que es permitido descubrir.

El sentido profundo de la Escritura

10. Pero supongamos que esta dificultad existe solamente en el lenguaje de los profetas, viendo que el estilo profético abunda en figuras y enigmas, ¿qué encontramos cuando venimos a los Evangelios? ¿No hay aquí oculto también un sentido interno, es decir, divino, que es revelado solamente por gracia, recibida por quien dice: "Mas nosotros tenemos la mente de Cristo" (1ª Co. 2:16), "para que conozcamos lo que Dios nos ha dado. Lo cual también hablamos, no con doctas palabras de humana sabiduría, mas con doctrina del Espíritu" (vv. 12, 13)?

Y si uno leyera las revelaciones dadas a Juan, qué asombrado quedaría al descubrir en ellas una cantidad tan grande de misterios ocultos e inefables, en los que claramente se entiende, incluso por los que no pueden comprender lo que está oculto, que ciertamente algo es ocultado. Y las mismas Epístolas de los apóstoles, que parecen más sencillas, están llenas de significados tan profundos, que mediante ellos, como por algún pequeño receptáculo, la claridad de luz incalculable parece derramarse en los que son capaces de entender el significado de la sabiduría divina.

Por lo tanto, porque este es el caso, y porque hay muchos que se equivocan en esta vida, considero que no es fácil pronunciarse sin peligro, que nadie sabe ni entiende aquellas cosas, que, para ser abiertas, se necesita la llave del conocimiento; llave que, el Salvador declaró, está con los que son expertos en la ley (Lc. 11:52).[137] Y aquí, aunque esto sea una digresión, pienso que nosotros deberíamos informarnos sobre los que afirman que antes del advenimiento del Salvador no había ninguna verdad entre los que estaban dedicados al estudio de la ley, ¿cómo pudo decir nuestro Señor Jesucristo que las llaves del conocimiento estaban con ellos, que tenían los libros de los profetas y de la ley en sus manos? Porque Él dijo: "¡Ay de vosotros, doctores de la ley! que habéis quitado la llave de la ciencia; vosotros mismos no entrasteis, y a los que entraban se lo impedisteis" (Lc. 11:52).

El cuerpo, alma y espíritu de la Escritura

11. Pero, como hemos comenzado a observar, el camino que nos parece correcto para el entendimiento de las Escrituras, y para la investigación de su significado, consideramos que es de la siguiente clase: que somos instruidos por la Escritura misma respecto a las ideas que nosotros deberíamos formarnos de ella.

En los Proverbios de Salomón encontramos una regla como la siguiente sobre la consideración de la santa Escritura: "¿No te he escrito tres veces en consejos y ciencia, para hacerte saber la certidumbre de las razones verdaderas, para que puedas responder razones de verdad a los que a ti enviaren?" (Pr. 22:20, 21).

El camino que nos parece correcto para el entendimiento de las Escrituras, y para la investigación de su significado, consideramos que es de la siguiente clase: que somos instruidos por la Escritura misma respecto a las ideas que nosotros deberíamos formarnos de ella.

---

[137] Cf. Mateo 13:52: "Y Él les dijo: Por eso todo escriba docto en el reino de los cielos, es semejante a un padre de familia, que saca de su tesoro cosas nuevas y cosas viejas".

Cada uno, entonces, debería describir en su propia mente, en una manera triple, el entendimiento de las letras divinas, es decir, para que todos los individuos más simples puedan ser edificados, por así decirlo, por el cuerpo mismo de la Escritura; porque así llamamos el sentido común e histórico.

Cada uno, entonces, debería describir en su propia mente, en una manera triple, el entendimiento de las letras divinas, es decir, para que todos los individuos más simples puedan ser edificados, por así decirlo, por el cuerpo mismo de la Escritura; porque así llamamos el sentido común e histórico; mientras que si algunos han comenzado a hacer progresos considerables y son capaces de ver algo más, pueden ser edificados por el alma misma de la Escritura. Aquellos, por otra parte, que son perfectos, y que se parecen a los que el apóstol se refiere: "Hablamos sabiduría de Dios entre perfectos; y sabiduría, no de este siglo, ni de los príncipes de este siglo, que se deshacen; mas hablamos sabiduría de Dios en misterio, la sabiduría oculta, la cual Dios predestinó antes de los siglos para nuestra gloria" (1ª Co. 2:6, 7); los tales pueden ser edificados por la ley espiritual misma, que es una sombra de las buenas cosas por venir, como si fuera por el Espíritu.

Porque así como se dice que el hombre consiste de cuerpo, alma, y espíritu, también la sagrada Escritura, que nos ha sido concedida por la divina generosidad para la salvación del hombre; que vemos señalado, además, en el pequeño libro del *Pastor*, que parece ser despreciado por algunos, donde Hermas recibe la orden de escribir dos libros pequeños, y después anunciarlo a los presbíteros de la iglesia lo que él aprendió del Espíritu. Estas son las palabras que están escritas: "Sacarás dos copias y enviarás una a Clemente y otra a Grapta. Clemente, por su parte, la remitirá a las ciudades de fuera, pues a él está encomendado, y Grapta amonestará a las viudas y a los huérfanos. Tú, en fin, lo leerás en esta ciudad entre los ancianos que presiden la iglesia".[138]

Grapta, en consecuencia, a quien se le manda que amoneste a los huérfanos y viudas, es el entendimiento puro de la letra, por el cual las mentes jóvenes son amonestadas, que aún no han merecido tener a Dios como su Padre, y por eso se les llama huérfanos. Ellos, también, son las viudas, que se han separado del hombre injusto, a quien se habían unido contrariamente a la ley; pero que han permanecido viudas, porque aún no han avanzado hacia la etapa de unión con el Novio celestial.

---

[138] *El Pastor de Hermas*, segunda visión. *Los padres apostólicos* (CLIE, Terrassa).

A Clemente, además, se le pide que envíe a las ciudades que están en el extranjero lo que está escrito a aquellos individuos que ya se han separado de la letra, como si el significado fuera a aquellas almas que, siendo edificadas por este medio, hubieran comenzado a elevarse por encima de los cuidados del cuerpo y los deseos de la carne; mientras que él mismo, que ha aprendido del Espíritu Santo, recibe la orden de anunciar, no por letra, ni libro, sino por la voz viva de los ancianos de la iglesia de Cristo, esto es, los que poseen una facultad madura de sabiduría, capaz de recibir la enseñanza espiritual.

El sentido corporal

12. Este punto no debe ser pasado por alto sin noticia, a saber, que hay ciertos pasajes de la Escritura donde este "cuerpo", como nosotros lo llamamos, esto es, este sentido deductivo histórico, no siempre es encontrado, como demostraremos que es el caso en las páginas siguientes, sino donde sólo puede entenderse lo que hemos llamado "alma" o "espíritu".

Pienso que esto está indicado en los Evangelios, donde se dice que hay colocado, según la manera de purificación de los judíos, seis vasijas de agua, conteniendo dos o tres medidas cada una; por las que, como he dicho, el lenguaje del Evangelio parece indicar, en lo que concierne a los que el apóstol llama en secreto "judíos", que son purificados por la palabra de la Escritura, recibiendo cada uno dos medidas, esto es, el entendimiento del "alma" o "espíritu", según nuestra declaración de antes. A veces hasta tres, cuando para la edificación del pueblo puede conservarse en la lectura de la Escritura el sentido «corporal», que es el "histórico".

Ahora bien, seis vasijas de agua es una manera apropiada de hablar respecto a esas personas que son purificadas al ser colocadas en el mundo; porque leemos que en seis días –que es el número perfecto– este mundo y todas las cosas en él han sido terminados. Cuán grande, pues, es la utilidad de este primer sentido "histórico" que hemos mencionado, es atestiguado por la multitud de todos los creyentes, que creen con la fe adecuada y la simplicidad, y no necesita mucho argumento, porque es abiertamente manifiesto a todos; mientras que el sentido que hemos

Es la utilidad de este primer sentido "histórico" que hemos mencionado, es atestiguado por la multitud de todos los creyentes, que creen con la fe adecuada y la simplicidad, y no necesita mucho argumento, porque es abiertamente manifiesto a todos.

La
interpretación
"espiritual"
es de esta
naturaleza:
cuando uno
es capaz de
precisar qué
son las cosas
celestiales
que sirven
como
modelos y
sombra,
qué son los
judíos
"según la
carne",
y de qué
cosas futuras
la ley
contiene una
sombra,
y cualquier
otra
expresión
de esta clase
que pueda
encontrarse
en la santa
Escritura.

llamado "alma", como si fuera de la Escritura, el apóstol Pablo nos ha dado numerosos ejemplos en la primera Epístola a los Corintios, donde encontramos la expresión: "No pondrás bozal al buey que trilla" (1ª Co. 9:9).

Y después, explicando qué precepto debería ser entendido por esto, añade las palabras: "¿Tiene Dios cuidado de los bueyes? ¿O lo dice enteramente por nosotros? Pues por nosotros está escrito: porque con esperanza ha de arar el que ara; y el que trilla, con esperanza de recibir el fruto" (vv. 9, 10). Hay también muchos otros pasajes de esta naturaleza, donde la ley es explicada de esta manera, y contribuyen a la información extensiva de los oyentes.

El sentido espiritual

13. La interpretación «espiritual» es de esta naturaleza: cuando uno es capaz de precisar qué son las cosas celestiales que sirven como modelos y sombra, qué son los judíos "según la carne", y de qué cosas futuras la ley contiene una sombra, y cualquier otra expresión de esta clase que pueda encontrarse en la santa Escritura; o cuando es tema de investigación, cuál es la sabiduría oculta en misterio, que "Dios ha ordenado desde antes de la fundación del mundo para nuestra gloria, que ninguno de los príncipes de este mundo conoce"; o el significado del lenguaje del apóstol, cuando, empleando ciertas ilustraciones del Éxodo o Números, dice: "Estas cosas les acontecieron en figura; y son escritas para nuestra admonición, en quienes los fines de los siglos han parado" (1ª Co. 10:11). Se nos ofrece la oportunidad de entender qué cosas de las que les pasaron fueron figuras, cuando añade: "Y bebieron de la Roca espiritual que les siguió, y la Roca era Cristo" (v. 4).

También en otra epístola, donde refiriéndose al tabernáculo menciona la orden dada a Moisés: "Mira, dice, haz todas las cosas conforme al modelo que te ha sido mostrado en el monte" (He. 8:5). Y escribiendo a los Gálatas, reprendiendo a ciertos individuos que parecían leer la ley, pero sin entendimiento, debido a su ignorancia del hecho de que su significado alegórico es la base de lo que está escrito, él les dice en cierto tono de reproche: "Decidme, los que queréis estar debajo de la ley, ¿no habéis oído la ley? Porque escrito está que Abrahán tuvo dos hijos; uno de la sierva, el otro de la libre. Mas el de la sierva nació según la carne; pero el de la libre nació por la promesa. Las cuales cosas son dichas por alegoría; porque estas mujeres son los dos pactos" (Gá. 4:21-24). Este punto debe observarse con cuidado, debido a la precaución empleada por el apóstol: "Decidme, los que queréis estar debajo de la ley, ¿no habéis oído la ley?" ¿No os enteráis ni comprendéis?

En la Epístola a los Colosenses, resumiendo y condensando brevemente el significado de la ley entera, dice: "Nadie os juzgue en comida, o en bebida, o en parte de día de fiesta, o de nueva luna, o de sábados. Lo cual es la sombra de lo por venir" (Col 2:16). Escribiendo a los Hebreos y tratando de los que pertenecen a la circuncisión, dice: "Los cuales sirven de bosquejo y sombra de las cosas celestiales" (He. 8:5).

Mediante estas ilustraciones, quizás, no tendrán ninguna duda sobre los cinco libros de Moisés quienes sostienen los escritos del apóstol como divinamente inspirados.[139] Y si ellos inquieren lo que concierne al resto de la historia, que aquellos acontecimientos que están contenidos deberían considerarse como habiendo ocurrido para ejemplo de a quienes están dirigidos, hemos observado que esto también se declara en la Epístola a los Romanos, donde el apóstol aduce un caso del tercer libro de Reyes, diciendo: "He dejado para mí siete mil hombres, que no han doblado la rodilla delante de Baal" (Ro. 11:4), expresión que Pablo entendió como dicho en sentido figurado de los que son llamados israelitas según la elección, para mostrar que el advenimiento de Cristo no ha sido sólo una ventaja para los gentiles, sino que muchos de la raza de Israel han sido llamados a la salvación.

Mediante estas ilustraciones, quizás, no tendrán ninguna duda sobre los cinco libros de Moisés quienes sostienen los escritos del apóstol como divinamente inspirados.

El Espíritu Santo y la interpretación bíblica

14. Siendo este el estado del caso, bosquejaremos a modo de la ilustración y modelo qué nos puede ocurrir respecto a la manera en la que la santa Escritura debe ser

---

[139] Es sabido que Marción negaba la inspiración divina del Antiguo Testamento a la vez que afirmaba la inspiración de algunas cartas de Pablo, a quien Orígenes hace referencia.

El alma no puede llegar a la perfección del conocimiento, sino por la inspiración de la verdad y de la sabiduría divina. En consecuencia, es de Dios, esto es, del Padre, del Hijo, y del Espíritu Santo, que estos hombres, llenos del Espíritu Divino, principalmente tratan.

entendida sobre estos puntos. En primer lugar hay que indicar que el objeto del Espíritu Santo, que por la providencia y voluntad de Dios, mediante el poder del Verbo unigénito, que estaba en el principio con Dios, iluminó a los ministros de la verdad, los profetas y apóstoles, para que entendieran los misterios inefables de aquellas cosas o causas que ocurren entre los hombres, o que conciernen a los hombres. Por "hombres" me refiero a las almas que son colocadas en cuerpos que, respecto a aquellos misterios que son conocidos por ellas, y revelados por Cristo, como si fueran una especie de transacciones humanas, o la transmisión de ciertas observancias y prescripciones legales, descritas por ellos en sentido figurado; para que nadie que viera estas exposiciones pudiera pisotearlas bajo sus pies, sino que aquel que se dedicara con toda castidad, moderación y vigilancia a los estudios de esta clase, pudiera ser capaz por este medio de trazar el significado del Espíritu de Dios, que quizás está enterrado profundamente, y el contexto, que puede señalar en otra dirección que el uso ordinario de lenguaje podría indicar.

De este modo él podría hacerse partícipe del conocimiento del Espíritu y del consejo divino, porque el alma no puede llegar a la perfección del conocimiento, sino por la inspiración de la verdad y de la sabiduría divina. En consecuencia, es de Dios, esto es, del Padre, del Hijo, y del Espíritu Santo, que estos hombres, llenos del Espíritu Divino, principalmente tratan. Entonces los misterios que se relacionan con el Hijo de Dios —cómo el Verbo se hizo carne, y por qué descendió hasta asumir la forma de un siervo—, son el tema de explicación de aquellas personas que están llenas del Espíritu Divino.

Después se sigue necesariamente que ellos debían instruir a los mortales por la enseñanza divina, en cuanto a las criaturas racionales, a las del cielo y a las más felices de la tierra; y también explicar las diferencias entre las almas y el origen de esas diferencias; y entonces decir lo que es este mundo, y por qué fue creado; de dónde procede la gran y terrible maldad que se extiende sobre la tierra. Si esta maldad se encuentra en esta tierra solamente, o en otros sitios, es un punto que necesitamos aprender de la enseñanza divina. Ya que fue la intención del Espíritu Santo iluminar a aquellos ministros santos de la verdad en lo que concierne a estos y otros temas similares.

En segundo lugar, el objeto tenido en mente, por amor a aquellos que eran incapaces de soportar la fatiga de investigar asuntos tan importantes, fue envolver y ocultar la doctrina que se relaciona con los sujetos antes mencionados en lenguaje ordinario, bajo la capa de alguna historia y narración de cosas visibles. Allí, por tanto, se introduce la narración de la creación visible, y de la creación y formación del primer hombre; después el descendiente que le siguió en sucesión, y algunas acciones hechas por los buenos entre su posteridad; también se relatan ciertos crímenes cometidos por ellos en cuanto humanos, y después también se relatan ciertos hechos impúdicos y malvados de los pecadores e impíos.

Y lo que es más notable, por la historia de las guerras, de los vencedores y de los vencidos, son dados a conocer ciertos misterios inefables a los que saben cómo investigar las declaraciones de esa clase.

Y más maravilloso todavía, las leyes de la verdad son predichas según la legislación escrita; cada una de las cuales es tejida por el arte divino de la sabiduría, como una especie de cubierta y velo de verdades espirituales. Y esto es lo que hemos llamado "el cuerpo" de la Escritura, para que también, de este modo, lo que hemos llamado la capa o cubierta de la letra, tejida por el arte de la sabiduría, pudiera ser capaz de edificar y beneficiar a muchos, cuando otros no sacarían ninguna ventaja.

El misterio oculto en las narraciones históricas y legislativas

15. Pero si la utilidad de la legislación y la secuencia y belleza de la historia fueran universalmente evidentes por sí, nosotros seguramente no creeríamos que se puede entender otra cosa en la Escritura excepto lo que es obvio, aquello que se indica en la superficie.

Por esta razón, la sabiduría divina ha dispuesto la introducción de ciertos escollos o interrupciones al significado histórico, como son ciertas imposibilidades y ofensas en medio de la ley y de la narración; para que de este modo la misma interrupción de la narración, como por la interposición de un cerrojo, presentara un obstáculo al lector, por el cual pudiera negarse a reconocer el camino que conduce al significado ordinario de la letra; y siendo

Si la utilidad de la legislación y la secuencia y belleza de la historia fueran universalmente evidentes por sí, nosotros seguramente no creeríamos que se puede entender otra cosa en la Escritura excepto lo que es obvio. Por esta razón, la sabiduría divina ha dispuesto la introducción de ciertos escollos.

Ha sido hecho por el Espíritu Santo para que viendo aquellos acontecimientos que están en la superficie que no pueden ser ni verdaderos, ni útiles, podamos ser conducidos a la investigación de la verdad que está oculta más profundamente; a la averiguación de un significado digno de Dios.

así excluido y quitado de él, nosotros pudiéramos recordar el principio de otro camino, para que, entrando en un camino estrecho –como indigno de Dios según la letra–, y pasando a un camino más alto y más sublime, pudiéramos abrir la inmensa anchura de la sabiduría divina.

Sin embargo, no debe pasarnos desapercibido que el objeto principal del Espíritu Santo es conservar la coherencia del significado espiritual, sea en aquellas cosas que deberían ser hechas o en las que ya han sido realizadas, si Él encuentra en algún lugar que esos eventos pasados, según la historia, pueden ser adaptados a un significado espiritual, Él compuso una textura de ambas clases en un estilo de narración, siempre velando el significado oculto más profundamente; pero donde la narrativa histórica no podía hacerse apropiada a la coherencia espiritual –o significado místico– de los acontecimientos, a veces Él insertó ciertas cosas que no tuvieron lugar, o que no pudieron tenerlo, o que podrían haber pasado pero no pasaron.

A veces interpoló unas pocas palabras, que, tomadas en su aceptación literal –o significado "corporal"– parecen incapaces de contener la verdad, y a veces un número más grande.

Encontramos con frecuencia una práctica similar en las partes legislativas, donde hay muchas cosas evidentemente útiles entre los preceptos "corporales", y a veces un gran número en el cual ningún principio de utilidad es perceptible, y también hasta cosas que se juzgan como imposibilidades. Ahora bien, todo esto, como hemos comentado, ha sido hecho por el Espíritu Santo para que viendo aquellos acontecimientos que están en la superficie que no pueden ser ni verdaderos, ni útiles, podamos ser conducidos a la investigación de la verdad que está oculta más profundamente; a la averiguación de un significado digno de Dios en aquellas Escrituras que creemos que están inspiradas por Él.

La inspiración del Nuevo Testamento

16. No es sólo respecto a aquellas Escrituras que fueron compuestas hasta el advenimiento de Cristo que el Espíritu Santo trata; sino que como es uno y el mismo Espíritu, procedente del único Dios, trató de la misma manera con los evangelistas y apóstoles. Porque hasta las

narraciones que Él les inspiró para ser escritas no fueron compuestas sin la ayuda de aquella sabiduría suya, cuya naturaleza hemos explicado. De ahí también que ellos hayan entremezclado no pocas cosas por las que el orden histórico de la narración es interrumpido y roto, para llamar la atención del lector, por la imposibilidad del caso, a examinar el significado interior. Pero, para que nuestro significado pueda averiguarse por los hechos mismos, examinemos los pasajes de la Escritura.

Las dificultades del sentido literal

Ahora bien, ¿quién hay que ore y posea entendimiento, que considere apropiada la declaración de que el primer día, y el segundo, y el tercero, en los que también mencionan la mañana y la noche, hayan existido sin sol, luna, y estrellas; el primer día incluso sin cielo? Y ¿quién es tan ignorante como para suponer que Dios, como si fuera un granjero, plantó árboles en el paraíso, en el Edén hacia el este, y el árbol de vida en él, esto es, un árbol de madera visible y palpable, de manera que cualquiera que comiera de él con dientes corporales obtuviera la vida, y, del mismo modo, comiendo de otro árbol llegara al conocimiento del bien y del mal? Nadie, pienso, puede dudar que la afirmación de que Dios anduvo al atardecer en el paraíso, y que Adán se escondió bajo un árbol, se narra en sentido figurado en la Escritura, y que algún significado místico puede ser indicado por ello. La salida de Caín de la presencia del Señor evidentemente hará que el lector cuidadoso pregunte qué es la presencia de Dios, y cómo alguien puede salir de ella.[140]

Pero para no extender la tarea que tenemos ante nosotros más allá de los límites debidos, es muy fácil para quien se complace en reunir de la santa Escritura lo que se registra como habiendo pasado, pero que, sin embargo, no puede creerse razonable y apropiadamente que haya ocurrido según el relato histórico. El mismo estilo de narración escritural ocurre abundantemente en los Evangelios, como cuando se dice que el diablo puso a Jesús sobre

> **Nadie, pienso, puede dudar que la afirmación de que Dios anduvo al atardecer en el paraíso, y que Adán se escondió bajo un árbol, se narra en sentido figurado en la Escritura, y que algún significado místico puede ser indicado por ello.**

---

[140] Génesis 4:16: "Y salió Caín de delante de Jehová, y habitó en tierra de Nod, al oriente de Edén".

Y muchos otros casos similares a este serán encontrados en los Evangelios por quien los lea con atención, y observará que en aquellas narraciones que parecen ser registradas literalmente, son cosas insertadas y entretejidas que no pueden ser admitidas históricamente, para que puedan ser aceptadas en su significado espiritual.

una montaña alta, para que pudiera mostrarle todos los reinos del mundo y su gloria. ¿Cómo pudo ocurrir esto literalmente, sea que Jesús fuera conducido por el diablo a una montaña alta, o que éste le mostrara todos los reinos del mundo —como si estuvieran bajo sus ojos corporales, adyacentes a una montaña—, esto es, los reinos de los persas, escitas, e indios? ¿O cómo podría mostrar la manera en que los reyes de estos reinos son glorificados por los hombres? Y muchos otros casos similares a este serán encontrados en los Evangelios por quien los lea con atención, y observará que en aquellas narraciones que parecen ser registradas literalmente, son cosas insertadas y entretejidas que no pueden ser admitidas históricamente, para que puedan ser aceptadas en su significado espiritual.

Incongruencias e imposibilidades de la ley

17. En los pasajes que contienen los mandamientos también se encuentran cosas similares. Porque en la ley se ordena a Moisés que destruya cada varón que no haya sido circuncidado al octavo día, lo que es sumamente incongruente, ya que sería necesario, si esto se relacionara con la ley ejecutada según la historia, ordenar que sean castigados los padres que no circuncidaron a sus niños, y también a las nodrizas encargadas de los pequeños. La declaración de la Escritura dice: "Y el varón incircunciso que no hubiere circuncidado la carne de su prepucio, aquella persona será borrada de su pueblo; ha violado mi pacto" (Gn. 17:14).[141]

Respecto a la observancia famosa del sábado dice de este modo: "Y se sentarán, cada uno en sus viviendas; nadie se moverá de su lugar en el día de reposo", precepto imposible de observar literalmente; ya que ningún hombre puede pasar un día entero sin moverse del lugar donde se sentó.

Ahora bien, los que pertenecen a la circuncisión, y todos los que creen que la sagrada Escritura no tiene más significado que el indicado en la letra, consideran que en

---

[141] Cf. Génesis 21:4: "Y circuncidó Abraham a su hijo Isaac de ocho días, como Dios le había mandado". Filipenses 3:5: "Circuncidado al octavo día, del linaje de Israel".

estos puntos no debe darse ninguna investigación e inventan algunos cuentos vacíos e insignificantes sobre el sábado, extraídos de algunas fuentes tradicionales y otros lugares, alegando que el lugar de cada uno es calculado dentro de dos mil cubitos. Otros, entre quienes está Dositeo el samaritano, censuran las exposiciones de esta clase, pero ellos mismo asientan algo más ridículo, a saber, que cada cual debe permanecer hasta la tarde en la postura, lugar y posición en la que se encontró en el día de reposo; esto es, si estaba sentado, debe permanecer sentado el día entero, o si reclinado, debe estar reclinado el día entero. Además, la prescripción que sigue: "No llevarás ninguna carga el día de reposo", me parece una imposibilidad. Para los doctores judíos, a consecuencia de estas prescripciones, se han dado ellos mismo, como el santo apóstol, a fábulas innumerables, diciendo que no se considera una carga si un hombre lleva zapatos sin clavos, pero que es una carga si lleva zapatos con clavos; y que si algo se lleva sobre un hombro, se considera una carga; pero si sobre ambos, declaran que no es carga ninguna.

Lo absurdo del sentido literal

18. Si instituimos un examen similar de los Evangelios, ¿cómo no parecerá absurdo tomar literalmente la orden: "A nadie saludéis en el camino" (Lc. 10:4)? ¡Aun con todo, hay individuos simples que piensan que nuestro Salvador dio este mandamiento a sus apóstoles! ¿Cómo puede ser posible que se observe semejante orden, junto a aquella que prohíbe llevar dos mantos y calzado?, especialmente en países de invierno riguroso, con hielo y nieve. Y esta otra: cuando alguien te hiere en la mejilla derecha, ofrécele también la izquierda (Mt. 5:39), ya que quien golpea con la mano derecha hiere la mejilla izquierda. Este precepto del Evangelio también debe contarse entre las imposibilidades, a saber, que "si tu ojo derecho te fuere ocasión de caer, sácalo, y échalo de ti:" (Mt. 5:29), porque incluso si fuéramos a suponer que se refiere al ojo corporal, ¿cómo puede ser apropiado, ya que ambos ojos tienen la propiedad de la vista, que la responsabilidad de la "ofensa" caiga sobre uno solo, y éste el derecho?

El objeto de todas estas afirmaciones de nuestra parte, es mostrar que si el designio del Espíritu Santo, que se

Si instituimos un examen similar de los Evangelios, ¿cómo no parecerá absurdo tomar literalmente la orden: "A nadie saludéis en el camino"? ¡Aun con todo, hay individuos simples que piensan que nuestro Salvador dio este mandamiento a sus apóstoles!

Que nadie mantenga la sospecha de que nosotros creemos que ninguna historia de la Escritura es real. Los pasajes históricos son mucho más numerosos que los que contienen un significado puramente espiritual. Por tanto, ¿quién no va a mantener que el mandamiento "honra a tu padre y a tu madre, para que te vaya bien", no es suficiente en sí mismo?

dignó a concedernos las sagradas Escrituras, no es edificarnos mediante la letra solamente, o algo en ella, cosa que vemos frecuentemente imposible e inconsistente; porque de ese modo no sólo absurdos, sino imposibilidades serán el resultado. Por tanto debemos entender que ciertas ocurrencias fueron entremezcladas en la historia "visible", las que, cuando consideradas y entendidas en su significado interior, expresan una ley que es ventajosa para los hombres y digna de Dios.

La realidad de la historia sagrada

19. Que nadie, además, mantenga la sospecha de que nosotros creemos que ninguna historia de la Escritura es real, porque sospechamos que algunos eventos relatados no tuvieron lugar; o que los preceptos de la ley no deben ser tomados literalmente, porque consideramos que algunos de ellos, por la naturaleza o posibilidad del caso, lo requiere, incapaces de ser observados; o que no creemos que las profecías que se escribieron sobre el Salvador no se cumplieron de una manera palpable a los sentidos; o que sus mandamientos no se deben obedecer de manera literal.

Tenemos, por tanto, que afirmar en respuesta, ya que manifiestamente somos de esta opinión, que la verdad de la historia puede y debe ser preservada en la mayoría de los casos. Porque, ¿quién puede negar que Abrahán fue enterrado en una cueva de Hebrón, así como Isaac y Jacob, cada cual con su esposa? O, ¿quién puede dudar que Siquem fue dada como una porción a José?, o ¿que Jerusalén es la metrópoli de Judea, en la que fue construido el templo de Salomón?, y otros innumerables ejemplos.

Los pasajes históricos son mucho más numerosos que los que contienen un significado puramente espiritual. Por tanto, ¿quién no va a mantener que el mandamiento "honra a tu padre y a tu madre, para que te vaya bien", no es suficiente en sí mismo, sin significado espiritual y necesario para los que lo guardan? Especialmente cuando el apóstol Pablo también confirma el mandamiento al repetirlo en las mismas palabras. Y qué necesidad tenemos aquí de hablar de las prohibiciones "no cometerás adulterio", "no robarás", "no darás falso testimonio", y otros de la misma clase.

Respecto a los preceptos dados en los Evangelios no hay ninguna duda que muchos de ellos han de observarse literalmente, como por ejemplo, cuando el Señor dice: "Pero yo os digo: No juraréis en ninguna manera" (Mt. 5:34). Y cuando dice: "Cualquiera que mira a una mujer para codiciarla, ya adulteró con ella en su corazón" (Mt. 5:28); admoniciones que también se encuentran en los escritos del apóstol Pablo: "También os rogamos, hermanos, que amonestéis a los que andan desordenadamente, que consoléis a los de poco ánimo, que soportéis a los flacos, que seáis sufridos para con todos" (1ª Ts. 5:14), y muchos otros. Y aun así, no tengo ninguna duda que un lector atento dudará en numerosos casos, si esta u otra historia puede considerarse literalmente cierta o no; o si este o aquel precepto debería observarse según la letra o no. Por tanto, hay que dedicar mucho trabajo y fatiga hasta que cada lector entienda reverencialmente que está tratando con palabras divinas y no humanas insertas en los libros sagrados.

Principios de interpretación

20. El entendimiento de la santa Escritura que nosotros consideramos que debería observarse y mantenerse consistentemente, es el siguiente. Cierta nación es llamada por la santa Escritura pueblo elegido de Dios sobre la tierra; nación que ha recibido varios nombres; porque a veces la totalidad de ella fue llamada Israel, a veces Jacob; y fue dividida por Jeroboam hijo de Nebat en dos porciones; y la diez tribus que se formaron bajo él fueron llamadas Israel, mientras que las dos restantes (a las que estaban unidas la tribu de Leví, y la que descendía de la familia real de David) fue llamada Judá. La totalidad del país poseído por esa nación, que había recibido de Dios, fue llamado Judea, en la que estaba situada la ciudad de Jerusalén, y fue llamada metrópolis, siendo como era la madre de muchas ciudades, los nombres de las cuales escucharéis mencionados con frecuencia aquí y allí en otros libros de la Escritura, pero que son puestos juntos en un catálogo en el libro de Josué, hijo de Nun.

21. Siendo esta la naturaleza del caso, el santo apóstol, deseando elevar en algún grado, y levantar nuestro entendimiento por encima de la tierra, dice en cierto lugar:

Respecto a los preceptos dados en los Evangelios no hay ninguna duda que muchos de ellos han de observarse literalmente. Y aun así, no tengo ninguna duda que un lector atento dudará en numerosos casos, si esta u otra historia puede considerarse literalmente cierta o no.

Por tanto, si hay ciertas almas en este mundo llamadas Israel, y una ciudad en el cielo llamada Jerusalén, se deduce que las ciudades mencionadas como pertenecientes a la nación de Israel tienen la Jerusalén celestial como su metrópoli.

"Mirad a Israel según la carne" (1ª Co. 10:18), por el que ciertamente quiere decir que hay otro Israel que no es según la carne, sino según el Espíritu. Y de nuevo en otro pasaje: "No todos los que son de Israel son israelitas" (Ro. 9:6).

El Israel espiritual y el carnal

22. Enseñado, entonces, por él que hay un Israel según la carne y otro según el Espíritu, cuando el Salvador dice: "No soy enviado sino a las ovejas perdidas de la casa de Israel" (Mt. 15:24), no entendemos que estas palabras como los que gustan de las cosas terrenales, es decir, los ebionitas, que derivan su apelación de los "pobres" –porque *Ebion* significa "pobre" en hebreo–, sino que entendemos que existe una raza de almas que es llamada "Israel", como es indicado por la interpretación del mismo nombre; porque Israel se interpreta como "mente", u "hombre que ve a Dios".

El apóstol hace una revelación similar respecto a Jerusalén, diciendo: "Mas la Jerusalén de arriba libre es; la cual es la madre de todos nosotros" (Gá. 4:26). En otra de sus epístolas dice: "Mas os habéis llegado al monte de Sion, y a la ciudad del Dios vivo, Jerusalén la celestial, y a la compañía de muchos millares de ángeles, y a la congregación de los primogénitos que están alistados en los cielos" (He. 12:22). Por tanto, si hay ciertas almas en este mundo llamadas Israel, y una ciudad en el cielo llamada Jerusalén, se deduce que las ciudades mencionadas como pertenecientes a la nación de Israel tienen la Jerusalén celestial como su metrópoli, y esto nosotros lo entendemos como referido a la totalidad de Judá –de la que también somos de la opinión que ha sido referida por los profetas en ciertas narraciones místicas– y cualquier predicción dada sobre Judea o Jerusalén, o invasiones de cualquier tipo, que la historia sagrada declara haber ocurrido en Judea o Jerusalén. Cualquier cosa que se narra o predice de Jerusalén debe, si aceptamos las palabras de Pablo como propias de Cristo hablando en él, entenderse como pronunciadas en conformidad con su opinión tocante a la ciudad que él llama la Jerusalén celestial, y todos esos lugares o ciudades que se describen como ciudades de la tierra santa, de la cual Jerusalén es la metrópoli. Porque debemos suponer que es de estas ciudades que el Salvador, deseando elevarnos a un mayor grado de inteligencia, promete a los que han administrado bien el dinero confiado a ellos por Él, de modo que tendrán poder sobre cinco o diez ciudades.[142]

Si la sprofecías dadas respecto a Judea y Jerusalén, Judá e Israel y Jacob, no las entendemos en sentido carnal, sino que significan ciertos misterios divinos, ciertamente se aplica lo mismo a las profecías que se dijeron sobre Egipto y los egipcios; sobre las setenta almas que marcharon a Egipto, las cuales se convirtieron esa esa tierra en una multitud como las estrellas del cielo. Pero como no todas fueron la luz de este mundo –*porque no todos los israelitas son de Israel*–, crecieron de setenta almas a un pueblo importante, innumerable como la arena del mar.[143]

El tesoro oculto y escondido de la Escritura

23. Quizá, como los que aquí mueren según la muerte común a todos, a consecuencia de las obras hechas aquí, ordenadas para obtener diferentes lugares conforme a la proporción de sus pecados, si son considerados dignos de ese lugar llamado Hades; así, todos los que ahí mueren, descienden, por así decirlo, al Hades, siendo juzgados merecedores de diferentes moradas –mejores o peores– en todo el espacio de la tierra, siendo descendientes de padres de diferentes clases, de modo que un israelita puede caer a veces entre los escitas y un egipcio descender a Judea. Y aun así el Salvador vino a reunir las ovejas perdidas de la casa de Israel, pero muchos de los israelitas no aceptaron su enseñanza y muchos de los que pertenecían a los gentiles fueron llamados al Evangelio. De todo esto se deduce que las profecías referentes a las naciones individuales deberían referirse a las almas y a sus diferentes mansiones celestiales.

El Salvador vino a reunir las ovejas perdidas de la casa de Israel, pero muchos de los israelitas no aceptaron su enseñanza y muchos de los que pertenecían a los gentiles fueron llamados al Evangelio. De todo esto se deduce que las profecías referentes a las naciones individuales deberían referirse a las almas y a sus diferentes mansiones celestiales.

---

[142] Cf. Lucas 19:17, 19: "Está bien, buen siervo; pues que en lo poco has sido fiel, tendrás potestad sobre diez ciudades… Tú también sé sobre cinco ciudades".

[143] Cf. Génesis 22:17: "Bendiciendo te bendeciré, y multiplicando multiplicaré tu simiente como las estrellas del cielo, y como la arena que está a la orilla del mar; y tu simiente poseerá las puertas de sus enemigos".

Fue el designio del Espíritu Santo, en las porciones que parecen relatan la historia de acontecimientos, cubrir u ocultar el significado; en los pasajes, por ejemplo, donde se dice que descendieron a Egipto, o que fueron llevados en cautiverio a Babilonia, o cuando se dice que en esos países algunos sufrieron muchas humillaciones.

La narración de los eventos que ocurrieron en la nación de Israel, o Jerusalén, o Judea, cuando fueron asaltados por esta u otra nación, no puede entenderse en muchos casos como ocurridos realmente, y son más apropiados a esas naciones de almas que habitan ese cielo del que se dice que pasará.[144]

Si alguien demanda de nosotros afirmaciones claras y evidentes de la santa Escritura sobre esos puntos, tenemos que responder que fue el designio del Espíritu Santo, en las porciones que parecen relatan la historia de acontecimientos, cubrir u ocultar el significado; en los pasajes, por ejemplo, donde se dice que descendieron a Egipto, o que fueron llevados en cautiverio a Babilonia, o cuando se dice que en esos países algunos sufrieron muchas humillaciones y fueron sometidos a la esclavitud de sus señores, mientras que otros, en los mismos países de la cautividad, fueron tenidos en honor y estima, hasta el punto de ocupar puestos de rango y poder, y fueron designados como gobernadores de provincias, todas las cosas, como hemos dicho, son mantenidas ocultas y cubiertas por las narraciones de la santa Escritura, porque "además, el reino de los cielos es semejante al tesoro escondido en el campo; el cual hallado, el hombre lo encubre, y de gozo de ello va, y vende todo lo que tiene, y compra aquel campo" (Mt. 13:44). Por esta similitud consideramos si no debe entenderse que el suelo y la superficie de la Escritura, esto es, el sentido literal, es el campo, lleno de plantas y flores de toda clase; mientras que el significado "espiritual" hondo y profundo es el tesoro escondido de la sabiduría y del conocimiento, que es llamado por el Espíritu Santo en Isaías, "tesoros escondidos y secretos muy guardados",[145] siendo necesaria la ayuda divina para encontrarlos, porque sólo Dios puede descerrajar las puertas de bronce que lo mantienen cerrado y oculto, y quebrar los cerrojos y candados de hierro por los cuales se impide el acceso a las cosas que están escritas y ocultas en Génesis, respecto a las diferentes clases de almas, y esas semillas y generaciones

---

[144] Cf. Mateo 24:35; Mc. 13:31; Lucas 21:33: "El cielo y la tierra pasarán; mas mis palabras no pasarán".

[145] Isaías 45:3: "Y te daré los tesoros escondidos, y los secretos muy guardados; para que sepas que yo soy Jehová, el Dios de Israel, que te pongo nombre".

que tienen una conexión directa con Israel, o están totalmente separadas de sus descendientes, también como lo que es ese descenso.

El sentido místico del pueblo de Israel en el desierto

24. El descenso de los padres santos a Egipto aparecerá como concedido a este mundo por la providencia de Dios para la iluminación de otros, y para la instrucción de la raza humana, lo que por esto significa (pienso) que podrían asistir a las almas de otros con el trabajo de aclaración. Porque a ellos se les concedió primero el privilegio de conversar con Dios, porque la suya es la única raza de la que se dice que ve Dios; este el significado, por interpretación, de la palabra "Israel»" (Gn. 32:28-30). Y ahora se sigue que, conforme a esta opinión, debería aceptarse y explicarse la declaración de que Egipto fue castigado con diez plagas, para permitir la salida al pueblo de Dios; o la narración de lo que hizo el pueblo en el desierto; o la construcción del tabernáculo mediante contribuciones de todo el pueblo; o la vestidura de los trajes sacerdotales; o los vasos del servicio público, porque, como está escrito, ellos contienen realmente dentro de ellos "la sombra y la forma de cosas divinas". Porque Pablo dice abiertamente, que "ellos sirven de bosquejo y sombra de cosas divinas" (He. 8:5).

Se contiene, además, en la misma ley preceptos e instituciones conforme a las que deben vivir los hombres en tierra santa. También se lanzan amenazas para impedir la transgresión de la ley; hay diferentes clases de purificaciones prescritas para los que requirieron purificación, tratándose de personas susceptibles de contaminación frecuente, para que mediante las purificaciones pudieran llegar por fin a la purificación después de la que no se permite más contaminación.

El mismo pueblo fue contado, aunque no todos; porque las almas de los hijos no son aún suficientemente viejas para ser numeradas según el mandato divino: ni son aquellas almas que no pueden convertirse en jefes de otras, sino que son subordinadas a otros como a una cabeza, que son llamadas "mujeres", que ciertamente no están incluidas en aquella enumeración impuesta por

El descenso de los padres santos a Egipto aparecerá como concedido a este mundo por la providencia de Dios para la iluminación de otros, y para la instrucción de la raza humana. Se contiene, además, en la misma ley preceptos e instituciones conforme a las que deben vivir los hombres en tierra santa.

Considero que lo siguiente no puede carecer de algún sentido místico, a saber, que ciertos israelitas, poseyendo muchos rebaños y animales, tomaron posesión por anticipado del país adaptado para pasto y alimento de su ganado.

Dios. Sólo son contadas las que se llaman "hombres", por lo que podría mostrarse que las mujeres no podían ser contadas separadamente (*extrinsecus*), pero fueron incluidas en los llamados hombres. Estas, sin embargo, pertenecen especialmente al número sagrado preparado para ir delante en las batallas de los israelitas, capaces de luchar contra los enemigos públicos y privados, que el Padre sujeta al Hijo, quien se sienta a su mano derecha, para que pueda destruir todo principado y poder, y mediante estas bandas de sus soldados, que están en guerra por la causa de Dios, no se enredan en negocios seculares, Él puede derrocar el reino de su adversario; por quien se llevan los escudos de la fe, y se blanden las armas de sabiduría; entre quienes lanza destellos de salvación el yelmo de la esperanza y la coraza resplandeciente que fortifica el pecho que está lleno de Dios. Tales soldados me parecen estar indicados, y preparados para las guerras de esta clase en aquellas personas que en los libros sagrados reciben la orden por mandamiento de Dios de ser contados. Pero de estos, con mucho los más perfectos y distinguidos se muestra que son los que tienen contados hasta el cabello mismo de la cabeza. Tal, en verdad, como ellos fueron castigados por sus pecados, cuyos cuerpos cayeron en el desierto, parecen asemejarse a los que habían hecho no pequeño progreso, pero que no pudieron, por varios motivos, alcanzar el final de perfección; porque se relata que murmuraron o que adoraron a ídolos, o cometieron fornicación, o hicieron alguna obra mala que ni la mente puede concebir.

Considero que lo siguiente no puede carecer de algún sentido místico, a saber, que ciertos israelitas, poseyendo muchos rebaños y animales, tomaron posesión por anticipado del país adaptado para pasto y alimento de su ganado, que fue lo primero que la mano derecha de los hebreos había asegurado con la guerra. Porque, haciendo una petición a Moisés para recibir esta región (Nm. 32), ellos fueron separados por las aguas del Jordán, y separados de cualquier posesión en tierra santa. Y este Jordán, según la forma de cosas celestiales, puede parecer el agua que riega las almas sedientas, y los sentidos que son adyacentes a ello. En la conexión con esto, hasta la declaración de Moisés no parece superflua, que Moisés en verdad oye de Dios lo que es descrito en el libro de Levítico, mientras que en Deuteronomio es el pueblo el oyente de

Moisés, que aprendieron de él lo que no pudieron oír de Dios. Ya que como Deuteronomio es llamado la segunda ley, a algunos les parece que tiene este significado, que cuando la primera ley que fue dada por Moisés llegó a su final, entonces una segunda legislación parece haber sido promulgada, especialmente transmitida por Moisés a su sucesor Josué, que ciertamente, como se cree, prefigura un tipo (*forman*) de nuestro Salvador, por cuya segunda ley, esto es, los preceptos del Evangelio, todas las cosas son llevadas a la perfección.

Las dos venidas de Cristo en Deuteronomio

25. Tenemos que ver, sin embargo, si este significado más profundo no puede quizás ser indicado, a saber, que como en Deuteronomio la legislación es dada a conocer con mayor claridad y distinción que en los libros que fueron escritos primero, así también podría señalarse que, después del advenimiento del Salvador que realizó en estado de humillación, cuando asumió la forma de siervo, le sigue el segundo advenimiento más famoso y renombrado en la gloria de su Padre, en el cual pueden cumplirse los tipos de Deuteronomio, cuando en el reino de los cielos todos los santos vivirán según las leyes del Evangelio eterno.

Y así como en su venida ha cumplido la ley que era una sombra de las buenas cosas por venir, así también por su futuro advenimiento glorioso será realizado y llevado a la perfección las sombras del advenimiento presente. Porque así habló el profeta en cuanto a ello: "El aliento de nuestras narices, el Ungido del Señor, de quien habíamos dicho: A su sombra tendremos vida entre las gentes" (Lm. 4:20); en el día cuando Él transfiera dignamente a todos los santos del Evangelio temporal al eterno, según la designación usada por Juan en el Apocalipsis de un Evangelio eterno (Ap. 14:6).

Las inescrutables riquezas de Dios

26. Pero sea suficiente para nosotros en todos estos asuntos adaptar nuestro entendimiento a la regla de la religión, y así pensar de las palabras del Espíritu Santo no

Podría señalarse que, después del advenimiento del Salvador que realizó en estado de humillación, cuando asumió la forma de siervo, le sigue el segundo advenimiento más famoso y renombrado en la gloria de su Padre.

El tesoro del significado divino está encerrado dentro del agitado vaso de la letra común. Y si algún lector curioso fuera todavía a pedir una explicación de puntos individuales, dejadle que venga y oiga al apóstol Pablo.

como una composición adornada de débil elocuencia humana, sino sostener, según la declaración bíblica, esto: "toda la gloria del rey es de dentro" (Sal. 45:13).[146] El tesoro del significado divino está encerrado dentro del agitado vaso de la letra común. Y si algún lector curioso fuera todavía a pedir una explicación de puntos individuales, dejadle que venga y oiga con nosotros cómo al apóstol Pablo, buscando penetrar mediante la ayuda del Espíritu Santo –que escudriña aun lo profundo de Dios (1ª Co. 2:10)– en las profundidades de la sabiduría divina y del conocimiento, y aun así incapaz de alcanzar el final y llegar a un conocimiento cuidadoso, exclama en desesperación y asombro: "¡Oh profundidad de las riquezas de la sabiduría y de la ciencia de Dios!" (Ro. 11:33). Que fue en la desesperación de alcanzar el entendimiento perfecto que él pronunció esta exclamación, se ve en sus propias palabras: "¡Cuán incomprensibles son sus juicios, e inescrutables sus caminos!" (Ro. 11:33). Ya que él no dijo que los juicios de Dios son difíciles de descubrir, sino que son totalmente inescrutables; ni que sean simplemente difíciles de trazar, sino totalmente más allá de averiguación. Porque por mucho que un hombre pueda avanzar en sus in- vestigaciones, y por grande que sea el progreso que pueda hacer mediante el estudio constante, asistido hasta por la gracia de Dios, y con su mente iluminada, no será capaz de alcanzar el final de aquellas cosas que son el objeto de sus preguntas.

El carácter progresivo del conocimiento y del misterio

Ninguna mente creada puede considerar que sea posible lograr en modo alguno una comprensión total de las cosas, sino que después de haber descubierto ciertos objetos de su investigación, de nuevo ve otros que tienen que ser buscados. Y aunque tuviera éxito en dominar estos, vería a continuación otros muchos que le siguen que son objeto de su investigación. Por esta razón, Salomón, el más sabio de los hombres, contemplando con su sabiduría la naturaleza de las cosas, dice: "Todas estas cosas probé con

---

[146] "Toda gloriosa es de dentro la hija del rey; de brocado de oro es su vestido".

sabiduría, diciendo: Me he de hacer sabio: mas ella se alejó de mí. Lejos está lo que fue; y lo muy profundo ¿quién lo hallará?" (Ec. 7:23, 24).

También Isaías, sabiendo que los principios de las cosas no podían ser descubiertos por la naturaleza mortal, ni siquiera por las naturalezas que, aunque más divinas que humanas, sin embargo han sido creadas o formadas; sabiendo, pues, que por ninguno de estas puede descubrirse el principio o el final, dice: "Traigan, y anúnciennos lo que ha de venir; dígannos lo que ha pasado desde el principio, y pondremos nuestro corazón en ello; sepamos también su postrimería, y hacednos entender lo que ha de venir. Dadnos nuevas de lo que ha de ser después, para que sepamos que vosotros sois dioses; o a lo menos haced bien, o mal, para que tengamos qué contar, y juntamente nos maravillemos" (Is. 41:22, 23).

Mi maestro hebreo también usó esto para enseñarnos que como el principio y el fin no puede ser comprendido por nadie, excepto por nuestro Señor Jesucristo solo y por el Espíritu Santo, así, bajo la forma de una visión Isaías habló de dos serafines solamente, que con dos alas cubren el semblante de Dios, y con otras dos sus pies, y con dos vuelan, llamándose uno al otro y diciendo: "Santo, santo, santo es el Señor, el Dios de Sabaoth; la tierra entera está llena de su gloria" (Is. 6:3). Que el serafín solo tenga sus alas sobre el rostro de Dios y sobre sus pies, nos aventuramos a declarar su significado como que ni siquiera las huestes de los santos ángeles, ni los "tronos", ni "dominios", ni "principados", ni "potestades", pueden entender totalmente el principio de todas las cosas y los límites del universo.

Nosotros debemos entender que aquellos «santos» a quienes el Espíritu ha enrolado, y "las virtudes", se aproximan muy estrechamente a los mismos principios, y alcanzan una altura que otros no pueden alcanzar; y aun así, cualquier cosa que las "virtudes" hayan aprendido por la revelación del Hijo de Dios y del Espíritu Santo –y seguramente son capaces de aprender muchísimo, y los de rango más alto mucho más de los de rango inferior–, es imposible para ellas comprender todas las cosas, según la declaración: "La mayoría de sus obras las hace en secreto" (Ec. 16:21). Por lo tanto, es de desear que cada cual, en la medida de sus fuerzas, prosiga hacia lo que está delante,

Mi maestro hebreo también usó esto para enseñarnos que como el principio y el fin no puede ser comprendido por nadie, excepto por nuestro Señor Jesucristo solo y por el Espíritu Santo, así, bajo la forma de una visión Isaías habló de dos serafines, que con dos alas cubren el semblante de Dios.

La
"sustancia"
de la
Trinidad,
que es el
principio y
la causa de
todas las
cosas,
de la cual
son todas
las cosas;
no se puede
creer que sea
un cuerpo
o esté en
un cuerpo,
sino que es
totalmente
incorpórea.

olvidando lo que queda atrás, para mejores obras y una aprehensión más clara y mayor entendimiento, por medio de Jesucristo nuestro Salvador, a quien sea la gloria para siempre.[147]

La cuestión de las "sustancias" y la Trinidad

27. Que quien se interese por la verdad no se preocupe mucho por las palabras y el lenguaje, viendo que en cada nación prevalece un uso diferente del idioma; sino que dirija su atención al significado apuntado por las palabras, antes que a la naturaleza de las palabras que portan el significado, sobre todo en los asuntos de tal importancia y dificultad como, por ejemplo, cuando es objeto de investigación si hay alguna "sustancia" en la que ni color, ni forma, ni tacto, ni magnitud debe ser entendida como existiendo visiblemente a la mente sola, que cada cual nombra como a él le agrada; los griegos la llaman *aswmaton*, esto es, "incorpóreo", mientras la Escritura santa declara que es "invisible", porque Pablo llama a Cristo "la imagen del Dios invisible", y dice otra vez, que por Cristo han sido creadas todas las cosas "visibles e invisibles" (Col. 1:15, 16). Mediante esto se declara que hay, entre las cosas creadas, ciertas "sustancias" que son, según su naturaleza peculiar, invisibles. Pero, aunque estas no son "corpóreas" en sí mismas, hacen uso de cuerpos, mientras que son mejores que las sustancias corporales.

Pero la "sustancia" de la Trinidad, que es el principio y la causa de todas las cosas, de la cual son todas las cosas —"porque por Él fueron creadas todas las cosas, y todas las cosas subsisten" (Col. 1:16, 18; Jn. 1:3)–; no se puede creer que sea un cuerpo o esté en un cuerpo, sino que es totalmente incorpórea.[148]

---

[147] Cf. Filipenses 4:13, 14: "Hermanos, yo mismo no hago cuenta de haber lo ya alcanzado; pero una cosa hago: olvidando ciertamente lo que queda atrás, y extendiéndome a lo que está delante, prosigo al blanco, al premio de la soberana vocación de Dios en Cristo Jesús".

[148] "Orígenes demostró de forma tan convincente la espiritualidad de Dios, que en adelante desaparecen de la literatura teológica todas las interpretaciones materiales" (Johann Fischl, *Manual de historia de la filosofía*, p. 128. Herder, Barcelona 1994, 7ª ed.).

Por ahora sea suficiente lo hasta aquí dicho brevemente sobre estos puntos –aunque en una digresión, causada por la naturaleza del tema–, para mostrar que hay ciertas cosas cuyo significado no puede ser revelado a todos mediante palabras del lenguaje humano, sino que son dadas a conocer mediante simple aprehensión, antes que por cualquier propiedad de sus palabras. Y bajo esta regla debe ser llevado también el entendimiento de la Escritura sagrada, para que sus declaraciones puedan juzgarse no según la indignidad de la letra, sino según la divinidad del Espíritu Santo, por cuya inspiración ella fue puesta por escrito.

Hay ciertas cosas cuyo significado no puede ser revelado a todos mediante palabras del lenguaje humano, sino que son dadas a conocer mediante simple aprehensión, antes que por cualquier propiedad de sus palabras.

2

Recapitulación
Del Padre, del Hijo, y del Espíritu Santo, y de lo demás que se ha dicho antes

No decimos, como creen los herejes, que una parte de la sustancia de Dios se ha convertido en la sustancia del Hijo, ni que el Hijo ha sido creado por el Padre de la nada, esto es, fuera de su propia sustancia, de suerte que hubo un tiempo en que no existió.

La eternidad del Hijo

28. Ahora es el tiempo que, según la medida de nuestra capacidad, recapitulemos, por vía del resumen, lo que hemos dicho en sitios diferentes sobre puntos particulares, y ante todo replantear nuestras conclusiones en cuanto al Padre, el Hijo y el Espíritu Santo.

En vista de que Dios Padre es invisible e inseparable del Hijo, el Hijo no es generado de Él por "producción" (*prolatio*), como creen algunos, pues si el Hijo es una producción y nace de Él como las criaturas de los animales, forzosamente será un cuerpo tanto el que produce como el producido.

Por consiguiente, no decimos, como creen los herejes, que una parte de la sustancia de Dios se ha convertido en la sustancia del Hijo, ni que el Hijo ha sido creado por el Padre de la nada, esto es, fuera de su propia sustancia, de suerte que hubo un tiempo en que no existió, sino que, prescindiendo de todo sentido corpóreo en lo indivisible e incorpóreo, decimos que el Verbo y la sabiduría fueron engendrados sin pasión corporal alguna, como cuando la voluntad procede de la mente. Pero además Juan indica que Dios es luz (Jn. 1:5), y Pablo que el Hijo es el resplandor de la luz eterna (He. 1:3). Luego así como nunca pudo haber luz sin resplandor, tampoco pudo entenderse el Padre sin el Hijo, llamándose éste "imagen misma de su sustancia" (He. 1:3), de aquel Verbo y Sabiduría suyas. ¿Cómo, pues, puede decirse que hubo un tiempo en que no existió el Hijo? Porque decir eso equivale a afirmar que hubo un tiempo en que no existía la verdad, en que no había sabiduría, en que no había vida, siendo así que en todas estas cosas se estima que consiste de un modo perfecto la sustancia del Padre, y, en efecto, estas cosas no pueden jamás separarse de Él ni de su sustancia, cosas que aun cuando son muchas en el intelecto, en realidad y en su sustancia son una sola, y en ellas está la plenitud de la divinidad.

Sin embargo, esto mismo que decimos (que nunca hubo tiempo cuando no existió), debe oírse con perdón de la expresión, porque los términos "nunca" y "cuando" tienen de por sí sentido temporal, y todo lo que se dice del Padre, como del Hijo, y del Espíritu Santo debe entenderse como estando sobre todo tiempo y sobre todos los siglos y sobre la eternidad. Porque sólo esta Trinidad excede a todo sentido de inteligencia no sólo temporal, sino también eterna, mientras que todo lo demás que existe fuera de la Trinidad puede medirse por siglos y tiempos. Así, pues, este Hijo de Dios, en cuanto el Verbo es Dios, que estaba en el principio con Dios, nadie creerá que está contenido en lugar alguno, ni en cuanto es sabiduría, ni en cuanto es verdad, ni en cuanto es vida, o justicia, o santificación o redención; pues ninguna de estas cosas necesita un lugar para poder actuar u operar, entendiéndose sólo así respecto de los que participan de esta virtud u operación.

La divinidad del Hijo de Dios no estaba encerrada en lugar alguno; en otro caso, habría estado en aquél solamente y no en otro; sino que, no estando cerrado por ningún lugar, tampoco falta en ninguno.

Cristo formado en los creyentes

29. Y si alguien dice que mediante aquellos que son partícipes del Verbo de Dios, o de su sabiduría, o de su verdad, o de su vida, también el mismo Verbo y sabiduría de Dios parece hallarse en un lugar, debe respondérsele que no hay duda que Cristo en cuanto es Verbo y sabiduría y todo lo demás, estaba en Pablo, por lo cual éste decía: "Buscáis una prueba de que habla Cristo en mí" (2ª Co. 13:3). Y otra vez: "Y ya no vivo yo, mas Cristo vive en mí" (Gá. 2:20). Y estando en Pablo, ¿quién dudará que estaba igualmente en Pedro y en Juan, y en cada uno de los santos, y no sólo en los que están en la tierra, sino también en los que están en el cielo? Porque es absurdo decir que Cristo estaba en Pedro y en Pablo, pero no en el arcángel Miguel o en Gabriel. De lo cual se deduce claramente que la divinidad del Hijo de Dios no estaba encerrada en lugar alguno; en otro caso, habría estado en aquél solamente y no en otro; sino que, de acuerdo con la majestad de la naturaleza incorpórea, no estando cerrado por ningún lugar, se entiende que tampoco falta en ninguno; con esta sola limitación, que, aunque esté en muchos, como hemos dicho –en Pedro o Pablo, o Miguel o Gabriel–, no está, sin embargo, de la misma manera en todos. En efecto, está de

Después de estos puntos hemos de considerar la venida corporal y la encarnación del Unigénito Hijo de Dios, en la cual no debe creerse que la majestad de toda su divinidad quedó encerrada en la prisión de un cuerpo limitadísimo.

una forma más plena y más clara y, por así decirlo, más abiertamente, en los arcángeles que en los demás hombres santos. Y esto es evidente por la declaración de que los santos, cuando llegan a la más alta perfección, se hacen semejantes o iguales a los ángeles, según la frase evangélica (Mt. 22:30, de donde se deduce que Cristo se forma en cada uno en la medida en que lo permitan sus méritos.

La obra y encarnación del Hijo

30. Expuestas brevemente estas cuestiones acerca de la Trinidad, hemos de considerar después, brevemente también, que se dice que todo ha sido hecho por el Hijo: "Todas las cosas del cielo y de la tierra, las visibles y las invisibles, los tronos, las dominaciones, los principados, las potestades; todo fue creado por Él y para Él. Y Él es antes de todas las cosas, y todas las cosas en Él subsisten, y Él es la cabeza" (Col. 1:16-18). Con esto concuerda lo que dice Juan en el Evangelio: "Todas las cosas fueron hechas por Él, y sin Él nada de lo que ha sido hecho, fue hecho" (Jn. 1:3). Y David, señalando el misterio de la Trinidad entera en la creación del universo, dice: "Por la Palabra del Señor fueron hechos los cielos, y todo el ejército de ellos por el Espíritu de su boca" (Sal. 33:6).

Después de estos puntos hemos de considerar apropiadamente la venida corporal y la encarnación del Unigénito Hijo de Dios, en la cual no debe creerse que la majestad de toda su divinidad quedó encerrada en la prisión de un cuerpo limitadísimo, de suerte que todo el Verbo de Dios y su sabiduría y verdad sustancial y vida fue o arrancada del Padre o constreñida y circunscrita dentro de la brevedad del cuerpo, sin que pudiera operar en otro lugar alguno, sino que, entre uno y otro extremo el reconocimiento cauteloso de la piedad debe ser de tal naturaleza que ni crea que faltó a Cristo nada de la divinidad ni piense que se ha hecho ninguna división en absoluto respecto de la sustancia del Padre, que está en todas partes. Algo de esto indica también Juan el Bautista al decir a la multitud, estando Jesús ausente corporalmente: "En medio de vosotros está uno a quien vosotros no conocéis, que viene después de mí, a quien no soy digno de desatar la correa de la sandalia" (Jn. 1:26, 27), pues no podía decirse, ciertamente, del que se hallaba ausente, en lo que se refiere a la presencia corporal, que el Hijo de Dios se hallaba en medio de aquellos entre los cuales no estaba corporalmente.

No hay partes en Cristo

31. No crea ninguno, sin embargo, que nosotros afirmamos con esto que una parte de la deidad del Hijo de Dios estuvo en Cristo y el resto en otro lugar o en todas partes, cosa que sólo pueden creer los que desconocen la naturaleza de la sustancia incorpórea e invisible. Es imposible, en efecto, hablar de partes tratándose de lo incorpóreo, o hacer ninguna clase de división, sino que está en todas las cosas, y por todas las cosas, y sobre todas las cosas, del modo como hemos dicho antes, esto es, como se entiende la sabiduría, o el Verbo, o la vida, o la verdad, modo de entender que excluye, sin duda toda limitación local.

Cristo asumió un cuerpo humano y un alma humana

Queriendo, pues, el Hijo de Dios, que desea la salvación del género humano, aparecer a los hombres y conversar entre ellos, tomó no sólo un cuerpo humano, como algunos creen, sino también alma humana, semejante por naturaleza a nuestras almas, pero por su propósito y por su virtud, semejante a Él, y tal que pudiera cumplir indefectiblemente todos los deseos y disposiciones del Verbo. Que tuvo un alma lo indica manifiestamente el mismo Salvador en los Evangelios diciendo: "Nadie me quita mi *alma*, sino que yo de mí mismo la pongo. Tengo poder para ponerla y poder para volver a tomarla" (Jn. 10:18). Y otra vez: "Triste está mi alma hasta la muerte" (Mt. 26:38), y: "Ahora está turbada mi alma" (Jn. 12:27). Porque ni debe entenderse que el alma triste y turbada es el Verbo de Dios, que dice con la autoridad de la divinidad: "tengo poder para dar mi alma", ni decimos, sin embargo, que el Hijo de Dios estuvo en aquel alma como estuvo en el alma de Pablo, o de Pedro, o de los demás santos en los cuales se cree que habla Cristo del mismo modo que en Pablo; de todos ellos se ha de creer lo que dice la Escritura, según la cual nadie está limpio de maldad, aunque su vida fuere

El Hijo de Dios tomó no sólo un cuerpo humano, como algunos creen, sino también alma humana, semejante por naturaleza a nuestras almas. Que tuvo un alma lo indica de manera manifiesta el mismo Salvador en los Evangelios.

Ella sola, entre todas las almas, fue incapaz de pecado, porque fue perfectamente capaz del Hijo de Dios. Por eso también es una sola cosa con Él, y a la vez que recibe los nombres de Verbo, se llama Jesucristo, por el cual se dice que fueron hechas todas las cosas.

de un solo día. En cambio el alma que estuvo en Jesús, antes de conocer el mal, eligió el bien (Is. 7:16), y "porque amó la justicia y odió la iniquidad, le ungió Dios con óleo de alegría más que a sus compañeros" (Sal. 45:7). Así, pues, fue ungido con óleo de alegría cuando en virtud de una asociación inmaculada, fue unida al Verbo de Dios, y por esta razón ella sola, entre todas las almas, fue incapaz de pecado, porque fue perfectamente capaz del Hijo de Dios. Por eso también es una sola cosa con Él, y a la vez que recibe los nombres de Verbo, se llama Jesucristo, por el cual se dice que fueron hechas todas las cosas.

Y creo que es de este alma, que había acogido en sí la sabiduría, la verdad y la vida de Dios, de quien habló también el apóstol al decir: "Vuestra vida está escondida con Cristo en Dios. Cuando Cristo vuestra vida se manifieste, también vosotros os manifestaréis con Él en gloria" (Col. 3:3, 4). Pues, ¿qué otra cosa hemos de entender aquí por Cristo de quien se dice que está escondido en Dios y que después se manifestará, sino de aquel de quien se nos refiere que fue ungido con óleo de alegría, esto es, sustancialmente lleno de Dios, en quien ahora se dice oculto? Porque por esta razón Cristo es propuesto como ejemplo a todos los creyentes, para que, así como Él siempre y antes de conocer mal alguno, eligió el bien y amó la justicia y aborreció la iniquidad, y por esto le ungió Dios con óleo de alegría, así también cada uno de nosotros después de su caída o de su error, se limpie de sus manchas, habiéndole sido propuesto un ejemplo y emprenda el camino arduo de la virtud teniendo un guía de su ruta, a fin de que así, por este medio y en la medida en que esto puede alcanzarse por su imitación, seamos hechos participan- tes de la naturaleza divina como está escrito: "Quien dice que permanece en Él debe andar como Él anduvo" (1 Jn. 2:6).

Por consiguiente, este Verbo y esta sabiduría por la imitación de la cual nosotros somos llamados sabios o racionales, se hace todo a todos para ganarlos a todos; se hace débil a los débiles, para ganar a los débiles, y porque se hace débil se dice de Él: "Aunque fue crucificado en su debilidad vive por el poder de Dios" (2ª Co. 13:4). Y a los corintios, que eran débiles, declara Pablo que él no sabe otra cosa sino Jesucristo, y éste, crucificado (1ª Co. 2:2).

Participantes en la Trinidad

32. Algunos opinan que de esta misma alma, cuando tomó cuerpo de María se dijo lo que dice el apóstol: "Quien, siendo Dios en la forma, no reputó codiciable tesoro mantenerse igual a Dios, antes se anonadó, tomando la forma de siervo" (Fil. 2:6), que sin duda fue restablecida en la forma de Dios de modo más ejemplar y devuelta a la plenitud aquella de la cual se había vaciado.

Y como por la participación en el Hijo de Dios somos adoptados como hijos, y por la participación en la sabiduría de Dios somos hechos sabios, así también por la participación en el Espíritu Santo somos hechos santos y espirituales. Ya que es una sola y misma cosa participar del Espíritu Santo que participar del Padre y del Hijo, puesto que la Trinidad tiene una sola naturaleza incorpórea. Y lo mismo que hemos dicho de la participación del alma, se ha de entender también de las almas de los ángeles y de las virtudes celestes, ya que toda criatura racional tiene necesidad de la participación de la Trinidad.

Sobre la índole del mundo visible, cuestión que suele ser discutidísima, he hablado en lo que precede en la medida de mi capacidad, para los que suelen buscar también en nuestra fe la razón de creer, y para los que suscitan contra nosotros controversias heréticas, sacando a relucir con mucha frecuencia el nombre de materia, que ni siquiera han llegado a comprender. De este punto creo conveniente tratar ahora brevemente.

Por la participación en el Espíritu Santo somos hechos santos y espirituales. Ya que es una sola y misma cosa participar del Espíritu Santo que participar del Padre y del Hijo, puesto que la Trinidad tiene una sola naturaleza incorpórea.

La naturaleza de la materia

33. Y en primer lugar, ha de notarse que no hemos hallado hasta ahora en ningún pasaje de las Escrituras canónicas el mismo nombre de materia para designar la sustancia que se halla a la base de los cuerpos. Porque en el pasaje de Isaías: "y Él consumirá sus espinos" como el heno (10:17),[149] en que aparece la palabra *hyle*, esto es, materia, la palabra materia ha sido usada en lugar de *pecados*. Y si en algún otro lugar se encuentra por casualidad el nombre de materia, en ninguno, a mi juicio, se

---

[149] "Y la luz de Israel será por fuego y su Santo por llama, que abrase y consuma en un día sus cardos y sus espinos" (RV).

Muchos creen, sin duda, que hay una alusión a la materia misma de las cosas en lo que fue escrito por Moisés al principio del Génesis, pareciéndoles que con los términos tierra desordenada y vacía, Moisés no indica otra cosa que la materia informe.

hallará que significa esto de que ahora tratamos, a no ser únicamente en el libro de la Sabiduría que se atribuye a Salomón, libro al que, ciertamente, no todos conceden autoridad. Allí, sin embargo, encontramos escrito lo siguiente: "Pues no era difícil a tu mano omnipotente, que creó el mundo de la materia informe, enviarles muchedumbre de osos, o feroces leones" (Sb. 11:18).

Muchos creen, sin duda, que hay una alusión a la materia misma de las cosas en lo que fue escrito por Moisés al principio del Génesis: "Al principio creó Dios los cielos y la tierra. La tierra estaba desordenada y vacía" (Gn. 1:1, 2), pareciéndoles que con los términos tierra desordenada y vacía, Moisés no indica otra cosa que la materia informe. Y si en verdad esa es la materia, se concluye de ahí que los principios de los cuerpos no son incapaces de cambio, pues los que pusieron como principio de las cosas corporales, los átomos y lo indivisible, o lo que puede dividirse en partes iguales, o un elemento cualquiera, no pudieron colocar entre los principios el nombre de materia que significa de modo principal la materia. Ya que ni aun al poner a la base de todo cuerpo la materia, entendida como una sustancia convertible en todas las cosas, o mudable, o divisible, prescinden de sus cualidades y ponen a la base esta materia de por sí. Y con ellos estamos también de acuerdo nosotros, que negamos que deba decirse que la materia es ingénita o increada en cada género, como mostramos en la medida en que pudimos en lo que precede al demostrar también que del agua, la tierra, el aire, o el calor, las distintas especies de árboles sacan distintos frutos, o al enseñar que el fuego, el aire, el agua y la tierra cambian alternamente, resolviéndose un elemento en otro en virtud de cierta consanguinidad mutua; o al probar que de los alimentos resulta la sustancia de la carne de los hombres o de los animales, o que la humedad del germen natural se convierte en carne sólida y huesos; todo lo cual es una prueba de que la sustancia corporal es cambiable y de cualquier cualidad llega a cualquiera otra.

La materia y sus cualidades

34. Sin embargo, no debemos olvidar que una sustancia nunca existe sin la cualidad, y que es sólo por el intelecto que se discierne la materia como lo que está a la

base de los cuerpos y es capaz de cualidad. Algunos, pues, queriendo indagar demasiado profundamente estas cosas, se han atrevido a decir que la naturaleza corpórea no consiste sino en cualidades. En efecto, si la dureza y la blandura, lo cálido y lo frío, lo húmedo y lo seco son cualidades, y suprimidas éstas y todas las demás cosas de este género, se entiende que no hay a la base ninguna otra cosa, todo parecerá consistir en cualidades. De donde los que esto afirman han intentado sostener que, puesto que todos los que dicen que la materia es increada confiesan que las cualidades han sido creadas por Dios, resulta también, según ellos mismos, que tampoco la materia es increada, puesto que todas las cosas son cualidades y todos declaran sin contradicción que éstas han sido creadas por Dios.

Los que, por el contrario, quieren mostrar que las cualidades se añaden desde fuera a una cierta materia subyacente emplean ejemplos de esta especie: Pablo, sin duda alguna, o está callado, o habla, o vela, o duerme, o permanece en cierta actitud del cuerpo, puesto que o está sentado, o de pie, o acostado. En efecto, todas estas cosas son accidentes de los hombres, sin los cuales no se encuentran. Y, sin embargo, nuestra inteligencia no define manifiestamente de él ninguna de estas cosas, sino que lo entendemos o consideramos por medio de ellas sin abarcar en modo alguno al mismo tiempo la razón de su estado, ya vele o duerma o hable o calle, o se halle afectado por los demás accidentes que necesariamente se dan en los hombres. Luego, si se considera a Pablo sin todas estas cosas que pueden ocurrirle, también podrá entenderse sin las cualidades lo que está a la base de los cuerpos. Por consiguiente, cuando nuestro sentido, apartando de su intelección toda cualidad, considera, por así decirlo, el propio punto de lo subyacente, y se concentra en él, sin mirar en modo alguno a lo blando, o duro, o cálido, o frío, o húmedo, o seco de la sustancia, entonces, con un pensamiento en cierto modo simulado, le parecerá que contempla la materia desnuda de todas esas cualidades.

Argumentación bíblica

35. Quizá preguntará alguno si podemos hallar en las Escrituras algún punto de apoyo para esta teoría. Algo de esta índole me parece que se indica en los Salmos, cuando

Todas las cosas que son han sido hechas por Dios y que no hay nada que no haya sido hecho excepto la naturaleza del Padre y del Hijo y del Espíritu Santo, y que, queriendo Dios, que es bueno por naturaleza, tener criaturas a quienes hacer bien, hizo criaturas dignas.

dice el profeta: "Lo imperfecto tuyo vieron mis ojos" (Sal. 139:16),[150] donde parece que la mente del profeta, penetrando con una mirada sumamente perspicaz en los principios de las cosas y separando con su solo sentido y su razón la materia de las cualidades, comprendió lo imperfecto de Dios, que se entiende consumado por la adición de las cualidades. Y también en su libro dice así Enoc: "Llegué hasta lo imperfecto" (*Libro de Enoc*, cap. 17), que creo puede entenderse de la misma manera en el sentido de que la mente del profeta recorrió todas las cosas sensibles escrutándolas y considerándolas hasta que llegó a aquel principio en que vio la materia imperfecta y sin cualidades; y, en efecto, en el mismo libro está escrito esto que se pone en boca de Enoc: "Contemplé todas las materias", lo cual se entiende como si dijera he visto todas las divisiones de la materia, que se halla como rota, de una sola, en todas y cada una de las especies: en los hombres, los animales, el cielo, el sol y todo lo que hay en el mundo. Y ya hemos demostrado anteriormente como hemos podido, que todas las cosas que son han sido hechas por Dios y que no hay nada que no haya sido hecho excepto la naturaleza del Padre y del Hijo y del Espíritu Santo, y que, queriendo Dios, que es bueno por naturaleza, tener criaturas a quienes hacer bien y que se gozasen al recibir sus beneficios, hizo criaturas dignas, esto es, que pudieran recibirle dignamente, de las que dice que son los hijos que Él ha engendrado.

Todo, sin embargo, lo hizo con número y medida, porque Dios no tiene nada sin fin y sin medida, ya que todo lo abarca con su poder y Él mismo no es abarcado por el sentido de ninguna criatura, pues su naturaleza es sólo conocida de Él. En efecto, sólo el Padre conoce al Hijo, y sólo el Hijo conoce al Padre, y sólo el Espíritu Santo escruta las profundidades de Dios (1ª Co. 2:10).[151]

---

[150] De nuevo no coincide la lectura de Orígenes con nuestro texto.

[151] Hay un pasaje omitido por Rufino, por considerarlo contrario a la fe católica, y traducido por Jerónimo (Epíst. 94 *ad Avitum*), que dice: "En efecto, si el Hijo conoce al Padre, parece que puede comprenderlo en el sentido de que lo conoce como cuando decimos que el alma de un artífice sabe la medida de su arte. Y no cabe duda de que si el Padre está en el Hijo, es también comprendido por aquél en quien está. Pero si con la palabra comprensión no queremos sólo decir que no comprende con su sentir y su sabiduría, sino que el que conoce lo contiene todo con su

Así, pues, toda criatura se distingue por cierto número y medida: el número en los seres racionales, la medida en la materia corporal, de suerte que como era necesario que se sirviese de cuerpos, la naturaleza intelectual, que aparece como mudable y convertible por la condición misma en que fue creada (ya que lo que no fue y empezó a ser es declarado por esto naturaleza mudable), no tiene virtud ni malicia sustancial, sino accidental. Y puesto que, como hemos dicho, la naturaleza racional era mudable y convertible, para que tuviera un ropaje corporal diverso, de esta o de aquella cualidad, según sus méritos, fue necesario que Dios, que conocía de antemano la diversidad que había de producirse en las almas o poderes espirituales, crease, de acuerdo con ella, la naturaleza corpórea que, en virtud del cambio de cualidades, se mudara en todo aquello que las circunstancias exigiesen según la voluntad del Creador. Y esta naturaleza corpórea permanecerá necesariamente mientras permanezcan seres que necesiten un ropaje corpóreo; luego existirá siempre la naturaleza corpórea, de cuyo ropaje tienen que usar necesariamente las criaturas racionales; a no ser que alguno crea poder demostrar con algunas afirmaciones que la naturaleza racional puede vivir sin cuerpo. Pero ya hemos mostrado en lo que precede, al explicar esto con detalle cuán difícil es que sea así, y, a nuestro entender, casi imposible.

Y esta naturaleza corpórea permanecerá necesariamente mientras permanezcan seres que necesiten un ropaje corpóreo; luego existirá siempre la naturaleza corpórea, de cuyo ropaje tienen que usar necesariamente las criaturas racionales.

La inmortalidad de las criaturas racionales

36. Creo ciertamente que no ha de parecer contrario a nuestra obra tratar también en pocas palabras, y en la medida de lo posible, de la inmortalidad de las criaturas racionales. Todo aquel que participa de algo, es, sin duda, de una sola sustancia y de una sola naturaleza con aquel

virtud y su potencia, no podemos entonces decir que el Hijo comprende al Padre. En cambio, el Padre comprende todas las cosas y el Hijo está entre todas las cosas; luego también comprende al Hijo. Y si se investiga si verdaderamente Dios es conocido por sí mismo de la misma manera que es conocido por el Unigénito, también se pondrá de manifiesto que las palabras "el Padre que me envió es mayor que yo», son verdaderas en todos los casos; de modo que también cuando se trata de su conocimiento, el Padre es conocido por sí mismo más extensa y más clara y perfectamente que por el Hijo".

Como la misma naturaleza del Padre, del Hijo, y del Espíritu Santo, que es la sola luz intelectual de la cual participa toda criatura, es incorruptible y eterna, es muy consecuente y necesario que también toda sustancia que participa de aquella naturaleza eterna perdure siempre y sea incorruptible y eterna.

que participa de la misma cosa. Por ejemplo, todos los ojos participan de la luz, y por esta razón, todos los ojos que participan de la luz son de una sola naturaleza. Pero aunque todo ojo participe de la luz, sin embargo, como uno ve más agudamente y otro más confusamente, no todos participan igualmente de la luz. Asimismo, todo oído recibe la voz y el sonido, y por eso todos los oídos son de una sola naturaleza. Pero según la cualidad de pureza del oído, cada uno oye más deprisa o más despacio. Pasemos ahora de estos ejemplos sensibles a la consideración de las cosas intelectuales: toda mente que participa de la luz intelectual debe ser, sin duda, de una sola naturaleza con cualquier otra mente que participe del mismo modo de la luz intelectual.[152]

Si las virtudes celestes, entonces, tienen participación en la luz intelectual, esto es, en la naturaleza divina, por cuanto participan de la sabiduría y de la santificación, y las almas humanas han participado también de la misma luz y sabiduría, serán de la misma naturaleza que aquellas y de la misma sustancia. Pero las virtudes celestes son incorruptibles e inmortales; luego inmortal, sin duda, e incorruptible será también la sustancia del alma humana. Y no sólo esto, sino que, como la misma naturaleza del Padre, del Hijo, y del Espíritu Santo, que es la sola luz intelectual de la cual participa toda criatura, es incorruptible y eterna, es muy consecuente y necesario que también toda sustancia que participa de aquella naturaleza eterna perdure siempre y sea incorruptible y eterna, de suerte que la eternidad de la bondad divina sea entendida también por ella, siendo eternos los que alcanzan sus beneficios. Pero así como hemos salvado en los ejemplos la diversidad en la percepción de la luz al designar como más aguda o más obtusa la visión del que la mira, hemos también de salvar, según la intensidad del sentido o de la mente, la diversidad en la capacidad. Por lo demás, consideremos si no parece incluso impío que una mente que es capaz de

---

[152] Otro pasaje omitido por Rufino dice: "Dios y su Hijo Unigénito y el Espíritu Santo conocen la naturaleza intelectual y racional. La conocen también los ángeles y las potestades y las demás virtudes; la conoce el hombre interior, que ha sido creado a imagen y semejanza de Dios. De lo cual se concluye que Dios y todos estos seres son, en cierto modo, de una sola sustancia".

Dios sufra la muerte sustancial; como si el mismo hecho de poder entender y sentir a Dios no fuera suficiente para su perpetuidad, sobre todo siendo así que aun cuando por su negligencia caiga la mente de modo que no pueda acoger en sí a Dios pura e íntegramente, conserva siempre en sí, no obstante, como un cierto germen de reparación y renovación de un intelecto mejor, renovándose el hombre interior, que también se llama racional, conforme a la imagen y semejanza de Dios que lo creó. Y por eso dice también el profeta: "Se acordarán y se convertirán a Él todos los confines de la tierra, le adorarán todas las familias de las gentes" (Sal. 22:27).

La imagen de Dios en el hombre

37. Pero si alguien se atreve a atribuir la corrupción sustancial al que ha sido hecho a imagen y semejanza de Dios, extiende, a mi juicio, también la causa de la impiedad al mismo Hijo de Dios. Porque también Él se llama en las Escrituras imagen de Dios (Col. 1:15; 2ª Co. 4:4); o al menos, el que esto pretende, impugna la autoridad de la Escritura que dice que el hombre ha sido hecho a la imagen de Dios. Y en él se reconocen manifiestamente los indicios de la imagen divina, no en la imagen del cuerpo que se corrompe, sino en la prudencia del ánimo, la justicia, la moderación, la virtud, la sabiduría, la disciplina, en suma, en todo el coro de virtudes que, hallándose innatas en Dios por razón de su sustancia, pueden estar en el hombre mediante la diligencia y la imitación de Dios, como el mismo Señor lo indica en el Evangelio, diciendo: "Sed misericordiosos como vuestro Padre es misericordioso" (Lc. 6:36), y: "Sed perfectos como vuestro Padre Celestial es perfecto" (Mt. 5:48), pasajes en que se nos muestra de manera evidente que en Dios están siempre todas estas virtudes, y no pueden nunca añadírsele o retirársele, mientras que los hombres las conquistan poco a poco y una a una. Por esto parecen tener también cierto parentesco con Dios, y como Dios conoce todas las cosas y no se le oculta ninguna de las cosas intelectuales (en efecto, solamente Dios Padre y su Hijo Unigénito y el Espíritu Santo poseen el conocimiento no sólo de las cosas que han creado, sino también de sí mismos), la mente racional puede también, partiendo de lo pequeño a lo mayor, y de

La Escritura dice que el hombre ha sido hecho a la imagen de Dios. Y en él se reconocen manifiestamente los indicios de la imagen divina, no en la imagen del cuerpo que se corrompe, sino en la prudencia del ánimo, la justicia, la moderación, la virtud, la sabiduría, la disciplina.

Las cosas intelectuales deben buscarse no con el sentido corporal, sino con otro que llama divino. Con este sentido, pues, hemos de contemplar nosotros todas las cosas que anteriormente hemos dicho, que son racionales, y con ese sentido se ha de oír lo que hablamos.

lo visible a lo invisible, llegar a una inteligencia más perfecta. Porque está colocada en el cuerpo y procede de las cosas sensibles, que son corpóreas a las intelectuales.

Pero para que no parezca a alguien que decimos impropiamente que las cosas intelectuales son insensibles, citaremos como ejemplo una frase de Salomón que dice: "Hallarás el sentido divino" (Pr. 2:5).[153] En ella se muestra que las cosas intelectuales deben buscarse no con el sentido corporal, sino con otro que llama divino. Con este sentido, pues, hemos de contemplar nosotros todas las cosas que anteriormente hemos dicho, que son racionales, y con ese sentido se ha de oír lo que hablamos y considerar lo que escribimos. Porque la naturaleza divina conoce incluso aquellos pensamientos que revolvemos en nuestro interior cuando estamos callados. Así, pues, todo lo que hemos dicho y todo lo demás que sigue debe entenderse de la manera que hemos expuesto.

---

[153] "Hallarás el conocimiento de Dios" (RV).

Índice de Conceptos Teológicos

Títulos de la colección Patrística

Obras escogidas de Agustín de Hipona Tomo I
La verdadera religión
La utilidad de creer
El Enquiridion

Obras escogidas de Agustín de Hipona Tomo II
Confesiones

Obras escogidas de Agustín de Hipona Tomo III
La ciudad de Dios

Obras escogidas de Clemente de Alejandría
El Pedagogo

Obras escogidas de Ireneo de Lyon
Contra las herejías
Demostración de la enseñanza apostólica

Obras escogidas de Juan Crisóstomo
La dignidad del ministerio
Sermón del Monte. Salmos de David

Obras escogidas de Justino Mártir
Apologías y su diálogo con el judío Trifón

Obras escogidas de los Padres Apostólicos
Didaché
Cartas de Clemente. Cartas de Ignacio Mártir. Carta y Martirio de Policarpo.
Carta de Bernabé. Carta a Diogneto. Fragmentos de Papías. Pastor de Hermas

Obras escogidas de Orígenes
Tratado de los principios

Obras escogidas de Tertuliano
Apología contra gentiles. Exhortación a los Mártires. Virtud de la Paciencia.
La oración cristiana. La respuesta a los judíos.